ŒUVRES COMPLÈTES

de Théodore

Agrippa d'Aubigné

OEUVRES COMPLÈTES

de Théodore

Agrippa d'Aubigné

Publiées pour la première fois

D'APRÈS LES MANUSCRITS ORIGINAUX

PAR MM. EUG. REAUME ET DE CAUSSADE

*Accompagnées
de Notices biographique, littéraire & bibliographique,
de Notes & Variantes, d'une Table des noms propres
& d'un Glossaire*

PAR A. LEGOUËZ

Tome cinquième

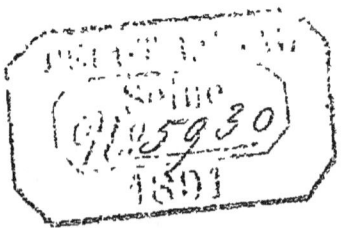

PARIS

ALPHONSE LEMERRE, ÉDITEUR

23-31, PASSAGE CHOISEUL, 23-31

M DCCC XCI

AVERTISSEMENT

La mort si regrettable de M. Réaume & une série de difficultés, qu'il est inutile d'expliquer aujourd'hui, nous ont empêché trop longtemps d'achever la publication des Œuvres complètes de d'Aubigné. Grâce au concours qu'a bien voulu nous prêter M. A. Legouëz, ancien collègue & ami de M. Réaume, nous reprenons maintenant cette publication pour ne plus l'interrompre. Les quatre volumes déjà parus contiennent toutes les œuvres littéraires de d'Aubigné, inédites ou déjà éditées. Nous avions songé un instant à donner aussi au public l'Histoire universelle du même auteur; mais nous avons reconnu que cet ouvrage historique était tout à fait en dehors de notre cadre, & d'ailleurs il aurait accru considérablement le nombre de volumes que nous pouvions confacrer à cet écrivain. Pour nous acquitter de toutes les promeffes que nous avons faites, il nous refte à donner une Notice biographique & littéraire de d'Aubigné, la Bibliographie de fes œuvres, des Notes & Variantes, une Table des noms propres & un Gloffaire. Ce fera la matière de deux volumes qui formeront les tomes V & VI des OEuvres complètes de d'Aubigné.

Pour répondre à une queftion pofée par la Société de l'hiftoire du Proteftantifme français, M. Réaume avait compofé une Étude hiftorique & littéraire de d'Aubigné : cette étude, qui a mérité le prix propofé par la Société, a paru, en 1883, à la librairie Eug. Belin. La courtoifie de M. H. Belin nous a permis de profiter de ce précieux travail & nous avons pu le reproduire prefque intégralement en tête du préfent volume ; nous remercions notre confrère de fon aimable obligeance. M. Legouëz, qui a pris la peine de remanier cette étude pour l'adapter à notre édition, a recueilli auffi toutes les notes & tous les papiers laiffés par M. Réaume ; ils lui ont fervi à rédiger la bibliographie complète des manufcrits, exiftants ou perdus, & des éditions, antérieurement publiées, des œuvres de d'Aubigné, ainfi que les notes & variantes fervant de commentaire aux quatre volumes que nous avons déjà donnés. — Le tome VIe & dernier contiendra la Table complète des noms propres avec des renvois à tous les passages où ces noms se rencontrent, & un Glossaire de la langue si personnelle & si curieuse de notre auteur : nous espérons que ce glossaire, entièrement dû à M. Legouëz, contribuera à faciliter l'étude d'un écrivain dont les obscurités rebutent trop souvent le lecteur.

Enfin, nous avons pu nous procurer une photographie de l'un des deux portraits authentiques que l'on a conservés de d'Aubigné; nous la reproduisons à la première page du présent volume. Nous publierons aussi, avec le dernier volume, un double fac-simile de l'écriture de d'Aubigné; elle permettra de se faire une idée des difficultés qu'offrait le déchiffrement de ses manuscrits & du pénible travail auquel se sont astreints les auteurs de notre édition.

A. L.

NOTICE

NOTICE

BIOGRAPHIQUE ET LITTÉRAIRE

SUR

TH.-AGRIPPA D'AUBIGNÉ

I. BIOGRAPHIE

CHAPITRE PREMIER

ous nous proposons d'écrire la vie de Théodore-Agrippa d'Aubigné, en recueillant dans ses divers écrits et dans sa correspondance tout ce qui peut mettre le mieux en relief notre personnage.

Nous jugerons ensuite d'un esprit libre et avec une impartialité qui nous est facile, l'apologiste protestant, le politique, le savant, le controversiste et le théologien, le capitaine et l'ingénieur, le critique littéraire et l'écrivain.

Cette étude nous expliquera la sévérité de ses contemporains, l'indifférence des âges suivants, le retour et la faveur de notre siècle.

Agrippa d'Aubigné est né en l'hôtel Saint-Maury, près de Pons, en Saintonge, le 8 février 1552[1]. Sa mère, Catherine de l'Estang, mourut en le mettant au monde, d'où le prénom d'Agrippa *(ægre partus)* donné à l'enfant.

Son père Jean d'Aubigné était-il de grande ou de mince noblesse, homme de plume plutôt que d'épée? C'est une question que M. H. Bordier a doctement traitée dans la *France protestante*, en s'appuyant sur des documents officiels et sur des arguments de grand poids. Voyons ce que nous fournit la *Vie à ses enfants* sur cette question d'origine.

Agrippa d'Aubigné, « qui ne s'estoit jamais soucié ni de biens, ni de maison, ni de tiltres, les avoit recouvrez avec quelques meubles du chasteau d'Archeac où ils avoyent esté mis en garde; et par là ayant appris son origine, » usa de cette découverte pour aider à la conclusion d'un mariage que ses envieux croyaient faire rompre faute de « quelques tiltres de noblesse ou d'antiquité. » Déjà Jean d'Aubigné avait eu à ce sujet un procès qui coûta « plus de mille escus et dura trois ans. » Notre d'Aubigné descendait-il, comme il écrit en avoir fait la preuve, des d'Aubigné d'Anjou? « Les contrats de mariage et les partages de six lignes » ont-ils péremptoirement prouvé sa descen-

---

[1]. Cette date a été souvent discutée. On a fait naître d'Aubigné en 1550, en 1551, en 1552. Divers passages de notre auteur semblent se prêter à ces différentes assertions. Voir notre t. Ier, pp. 5, 65, 118, 156, 320, 522 et aussi l'*Histoire universelle* (1626, 2e édit.), t. Ier, col. 1; t. II, col. 885, et t III, col. 226. Dans tous ces passages, d'Aubigné ne parle jamais de son âge que d'une façon approximative et qui laisse flotter la date de sa naissance entre les années 1550 et 1553.

dance « d'un Savari d'Aubigné, commandant pour le Roy d'Angleterre au Chasteau de Chinon »? Portait-il lui-même régulièrement les armes de la maison : « de gueules à un lion d'argent rampant, armé et lampassé d'or »? Problème de médiocre intérêt et difficile à trancher pour la critique de nos jours, puisque, au temps même des d'Aubigné, nous savons qu'il fut plusieurs fois soulevé sans être jamais résolu. Agrippa écrivait à son fils Constant : « Vostre memoire vous dictra non vostre eslevation, ny vostre nourriture plus digne du Seigneur que du pauvre Gentilhomme; » confession, en famille, d'obscurité et de pauvreté.

Nous reconnaissons que l'intérêt et l'amour-propre des d'Aubigné au XVIe siècle, qu'au XVIIe les courtisans de Mme de Maintenon, sa petite-fille, empressés à lui fabriquer une brillante généalogie, ont pu altérer la vérité, accepter pour authentiques des pièces supposées; nous admettons que l'hôtel de Saint-Maury, dont il ne reste pas trace, n'était qu'une simple maison de campagne, mais nous croyons que Jean d'Aubigné, qu'il fût d'ancienne noblesse ou « très petit gentillâtre, » était au moins autant homme d'action et d'épée qu'homme de loi et de plume. Qu'il fût ordinairement qualifié « noble homme et *sage*, licencié en droit et juge ordinaire des ville, terres et seigneuries de Pons en Saintonge, » juge ou bailli de Pons, etc., nous ne pouvons oublier que dans l'*Histoire universelle* et dans sa *Vie*, le fils cite le nom de son père comme « lieutenant de M. de Saint-Cire » pour le Poitou, parmi « les chefs signalés de chaque province, » c'est-à-dire parmi les affiliés de « l'entreprise d'Amboise. » Il était encore au siège d'Orléans. Ajoutons que c'était bien le fait d'un soldat téméraire de traverser Amboise avec un enfant, escortant une troupe de vingt chevaux, quand les têtes de ses compagnons d'armes étaient reconnaissables et « les murs de la ville encore garnis de pendus », sur un bout de potence. Un gentilhomme veut-il être « bien reçu dans les compagnies », il se fait recommander à Jean d'Aubigné ayant « commandement à Orléans ». Ici, nous voyons le père entreprendre un voyage en Guyenne « pour haster les forces » du parti et ses soldats « desbaucher le fils »; là, le sieur d'Aubigné mène son fils voir le sieur d'Achon et le Connétable qui étaient entre ses mains, « comme les ayant amenés prisonniers de la bataille de Dreux »; ailleurs, quatorze capitaines « touchent en la main, » pour essayer la reprise des Tourelles à Orléans, mais il n'y en eut que six qui tinrent promesse et sautèrent dans le retranchement. Jean d'Aubigné est un de ces vaillants et il paie son courage « d'un coup de picque au-dessoubs de la cuirasse », dont il allait bientôt mourir.

Ces citations nous paraissent suffire pour établir le double caractère de Jean d'Aubigné. Il est à la fois homme de conseil et d'action, homme de plume et d'épée, légiste et soldat. L'état même de « Maistre des requestes, pour servir de chancelier en la Cause, » ne semble guère lui avoir été donné qu'aux derniers jours de sa vie, lorsqu'il était déjà malade de sa blessure.

Tel père, tel fils : à six ans, Agrippa « lisait aux quatre langues » latine, grecque, hébraïque et française. A sept ans et demi, « il traduisit, avec quelque aide de ses leçons, le *Crito* de Platon. » Il est vrai qu'en dépit d'une belle-mère qui portait impatiemment la dépense, son père lui avait donné des maîtres et précepteurs quelquefois durs et « impiteux, » mais toujours savants et renommés, Jean Cottin, Peregim, Jean Morel, Mathieu Béroalde.

Encore enfant, d'Aubigné n'est pas seulement une précoce intelligence, c'est un petit héros de constance et d'intrépidité. Nous l'avons vu, à l'âge de huit ans et demi, au lendemain de l'exécution d'Amboise, chevauchant à côté de son père indigné, passer devant les restes mutilés des siens et la vengeance des Guises, et comme le père disait à son fils : « Mon enfant, il ne faut pas que ta teste soit espargnee après la mienne, pour venger ces chefs pleins d'honneur; si tu t'y espargnes, tu auras ma malediction, » Agrippa prononça son serment d'Annibal, et, sauf un jour de défaillance que nous signalerons, il tint parole.

A dix ans, fuyant Paris, avec son précepteur Béroalde et sa famille, il est fait prisonnier par une de ces troupes qui infestaient la campagne : là il pleura, non la prison, mais « la perte de sa petite espee. » Les fugitifs sont menacés du supplice; Agrippa répond que « l'horreur de la Messe luy ostoit celle du feu. » Pourtant l'issue fut moins tragique qu'on ne l'eût pu craindre. Moyennant une *gaillarde* dansée par l'enfant, une soixantaine d'écus distribués à deux des gardiens, une promesse « d'honorable recompense » pour le gentilhomme chef de la bande, toute la petite troupe parvint à prendre la clé des champs du côté de Montargis[1]. Là, il est recueilli par la bonne duchesse de Ferrare, qui, durant trois

---

1. La scène est originale et bien tracée, mais nous laisse hésitant sur la réalité du péril. Ces violons qui se trouvent là si fort à point pour la *gaillarde*, ce bourreau de Milly qu'on fait entrevoir comme un épouvantail, pour l'exécution du lendemain, ces féroces gardiens qui se contentent de soixante écus et finissent par laisser échapper la bande toute entière, toute cette mise en scène nous semble plus près d'une comédie bien jouée que d'une sanglante tragédie.

jours, s'amusa à écouter les discours du jeune stoïcien
« sur le mespris de la mort. » Si d'Aubigné échappe à
la peste d'Orléans et à mille dangers, grâce au dévouement de Béroalde et de son serviteur Eschalart, il
n'échappa point à la débauche.

Une grave réprimande paternelle le fait tomber en une
fièvre frénétique, dont il faillit mourir. A peine relevé,
il se jette aux genoux de son père et prononce une
harangue si pathétique, qu'il tire des larmes aux assistants. Recueillons ce trait au passage, parce que nous
y trouvons comme un premier linéament du caractère
de d'Aubigné ; c'est une nature exaltée, raisonneuse,
un tempérament oratoire.

A treize ans, d'Aubigné est déjà une sorte de savant.
« Il lisoit tout courant les Rabins sans poincts, et explicquoit une langue en l'autre, sans lire celle qu'il
expliquoit. » Son cours de philosophie et de mathématiques achevé à Genève, son curateur, sur « l'ignorance de quelques dialectes de Pindare, » le remit au
collège. Admettons, si l'on veut, quelques exagéra-
tions dans ces détails, malgré les nombreux exemples
de jeunes et précoces érudits à cette époque. Henri
Estienne, à quatorze ans, ne collationnait-il pas des
manuscrits pour une édition de Denys d'Halicarnasse!
Montaigne, un paresseux, ne parlait-il pas le latin avant
sa langue maternelle! Mais nous n'avons pas à chercher bien loin nos exemples. La fille du bourgeois
de Genève, chez lequel Agrippa fut placé, « avait la
langue grecque et hebraïque en sa main comme la
françoise, » et, sans « quelque aiguillon d'amour » que
l'écolier de treize ans ressentit pour son jeune professeur, Loyse Sarrasin, il était « entièrement détourné
de la langue grecque. »

Notre écolier approchait de ses quinze ans. L'indulgente autorité de « M. de Beze » pouvait calmer son impatience du joug, « mais les precepteurs estoient des *Orbilies*, » trop portés à lui appliquer le traitement infligé par Orbilius au jeune Horace[1]. De Genève, il s'en vint à Lyon, « sans le sceu de ses parents; » là, se remit aux mathématiques et « s'amusa aux theoricques de la magie. » Déjà se manifeste en lui un goût pour le merveilleux, dont il ne s'est jamais débarrassé. A Lyon, d'Aubigné est en rupture de ban, l'argent fait défaut, l'hôtesse en réclame; il regarde mélancoliquement couler la Saône, une horrible pensée l'obsède; mais « sa bonne nourriture lui faisant souvenir qu'il falloit prier Dieu devant toute action, le dernier mot de ses prieres estant : *la vie éternelle*, ce mot l'effraya et le fit crier à Dieu qu'il l'assistast en son agonie. » A ce moment, apparaît fort à propos un cousin qui, partant pour l'Allemagne, lui allait porter de l'argent à Genève. Toujours nous lui retrouvons au cœur un fonds de piété, une foi sérieuse et native qui ne l'abandonne pas aux plus mauvais jours.

D'Aubigné est retourné en Saintonge, c'est le temps des troisièmes guerres (1568); partout on y respire l'odeur de la poudre. En vain le curateur, qui connaît son pupille, fait emporter chaque soir ses habits. Le prisonnier « se devale » par la fenêtre, en chemise, nu-pieds, et s'en va rejoindre une troupe de hardis compagnons. A une lieue, il avait déjà conquis son arquebuse « et un fourniment tel quel » sur une troupe de papistes mis en déroute. A Jonzac quelques capitaines font habiller leur nouvelle recrue et voilà notre écolier passé soldat.

---

1. Horace, *Epit.*, II, 1, 70.

CHAPITRE II

Alors commence ce véritable roman d'ancienne chevalerie et le récit des grands coups d'épée, de pistolet, d'arquebusades, reçus, et surtout donnés, par notre héros. Ce ne sont que défis, bravades et folles témérités. L'auteur de la *Vie* s'y dédommage de la réserve imposée à l'historien. Les premiers temps furent rudes. Notre jeune soldat tremble souvent, non de peur, mais de froid ou de faim, à travers ce dur apprentissage, battant plaines et bois du Périgord, de la Saintonge, du Poitou. Dans cette région pourtant, il n'est qu'à demi affranchi, et se sent sous les regards de ses cousins « bien montez, dont il craint les reproches. » Il donne son coup de main aux sièges d'Angoulême et de Pons et venge, dans cette dernière ville, une sienne tante, malmenée par un capitaine brutal.

A partir de l'année 1569, d'Aubigné fait entrée comme acteur dans son *Histoire universelle*. Il assiste à l'escarmouche de Jazeneuil, et Dieu sait aussi avec quels détails il raconte cette mince affaire! Il était à la bataille de Jarnac, mais « manqua l'occasion de Moncontour. » En 1570, d'Aubigné se trouvait à la défaite de deux compagnies italiennes dans Jonzac. « On commençait à se fier en luy de mener vingt arquebusiers, enfants perdus; » et c'est à propos de ce même exploit qu'il se donne dans l'*Histoire*, s'y nommant pour la première fois, le titre de « Capitaine. »

C'est à la prise de Pons qu'Aubigné « porte sa première enseigne. » Il mène les enfants perdus au siège de Cognac, s'y signale par sa folle témérité, « commençant la barricade en pourpoint. » Anières, son capitaine, l'en récompense en lui faisant faire la capitulation. Cette campagne, qui clôt la première partie de sa jeunesse, se termine par une maladie. Pendant ses accès de fièvre, le moribond « faisoit dresser les cheveux à la teste des capitaines et des soldats » par le récit de ses pilleries. « Cette maladie, écrit d'Aubigné, le changea entièrement et le rendit à luy mesmes. » Il a environ dix-huit ans, prend conscience de ses actes, rougit d'avoir laissé un meurtre impuni et d'avoir osé commander avant l'âge de l'autorité. Il comprend la responsabilité morale, aveu grave pour ses fautes prochaines, si l'indulgence n'était due aux circonstances et à un soldat de dix-huit ans !

Dans cet intervalle des guerres civiles, Agrippa rentra chez lui, muni par son curateur de quelques écus et d'un bail de sa petite terre des *Landes*, mais il trouva son bien occupé par un maître d'hôtel du duc de Longueville qui s'en était rendu héritier. La maladie, la fièvre, les traces du charbon contracté à la peste d'Orléans, ont défiguré le misérable. Nul ne veut reconaître ce fâcheux revenant. Son spoliateur lui soutient qu'il a disparu dans une charge aux dernières guerres ; son fermier, en retard de trois termes, est du même avis ; ses parents maternels du Blaisois, fervents catholiques, l'aiment autant mort que vivant. Que va devenir Agrippa ? Il se fait transporter demi-mort par bateau à Orléans et, comme Démosthène, défend son bien et plaide sa cause avec des accents si pathétiques que le juge est convaincu, et les parties repentantes s'écrient que seul le fils d'Aubigné a pu plaider avec tant d'éloquence.

Notre enseigne se trouvait à Paris peu de jours avant le 24 août 1572. Les suites d'un duel, en le forçant à fuir, et peut-être aussi le conseil d'un huguenot prévoyant (Langoiran, depuis Montferrand), le sauvent du massacre de la Saint-Barthélemy. Il se retire dans la maison du sieur de Talcy, dont il courtise la fille aînée, Diane Salviati, celle même qui lui a inspiré son *Printemps*. Le père fut séduit par la délicatesse d'un amoureux pauvre qui, pouvant faire argent de pièces compromettantes pour le chancelier l'Hôpital, préféra les brûler, « de peur qu'elles ne le bruslassent, » et lui accorda sa fille; mais le mariage fut rompu « sur le different de religion. »

L'amour et la pauvreté avaient empêché d'Aubigné d'assister au siège de la Rochelle. C'est à l'époque de la paix qui le suivit (juillet 1573), qu'un maître d'hôtel du roi de Navarre fit souvenir son maître des services de Jean d'Aubigné et lui conseilla de se servir du fils, alors âgé de vingt et un ans, « comme d'un homme qui ne trouvoit rien de trop chaud. »

Sous le coup des menaces, le Béarnais avait dû consentir un édit, à l'effet « d'abolir la Religion Reformée aux terres de son obeyssance. » Il avait figuré avec Monsieur et le duc d'Alençon, son frère, le prince de Condé, les ducs de Guise, d'Aumale, de Nevers, et toute la fleur de la noblesse, au siège de la Rochelle. L'arrivée à Paris des ambassadeurs Polonais, venus offrir la couronne à Henri, fut l'occasion d'une entrée solennelle, de ballets et féeries où brillait confondue la jeunesse catholique et protestante. Catherine, faisant, pour ces fêtes, couper un bois de haute futaie aux Tuileries, semblait préluder aux somptuosités de Louis XIV. S'étonnera-t-on qu'à ce moment le serment d'Amboise fût loin du cœur de d'Aubigné et qu'il ait oublié la malédiction paternelle suspendue sur sa tête ? En écoutant le récit détaillé de quelques frasques peu honorables, « dont trois Rois et plusieurs Princes ne se sauvèrent que miraculeusement[1], » le jour même où mourait l'Hospital, nous soupçonnons fort que d'Aubigné était de ces équipées princières.

Quelques reparties courageuses à la reine-mère ne rachètent pas sa présence à la rencontre de Dormans ; on ne saurait l'excuser de s'être *rencontré* avec les reîtres appelés au secours des Réformés, trois ans après le massacre de la Saint-Barthélemy. Il a beau nous dire « que tout ce qui demeuroit à la cour estoit sifflé, que le roi de Navarre envoyoit à l'armée du duc de Guise sa maison, ses gardes, et sur tous ceux qui sentoyent le fagot et travailloyent à sa liberté, » on regrette de voir le « jeune guidon de Fervacques » acheter son accès à la cour par de semblables concessions. S'il joue un rôle moins compromettant au siège de Domfront, où il tenta de délivrer le comte de Montgommery qui y était enfermé, les explications qu'il donne à la décharge de sa conscience sentent trop les subtilités de la casuistique. « On lui apprit que, ne prestant point de serment, il pouvoit sans reproche laisser penser à ses ennemis ce qu'ils vouloyent, et estre dedans leur armee comme ennemi mesmement s'il se pouvoit garder de prononcer paroles desrogeantes à ce qu'il estoit. » Les Jésuites Arnou et May, qu'il devait poursuivre de ses épigrammes, n'ont jamais mieux trouvé. Guise et le roi de Navarre, à cette époque, « couchoyent, mangeoyent et faisoyent en-

---

1. *Hist. univ*, t. II, col. 665 et suiv.

semble leurs mascarades, balets et carrousels. » Guise n'est guère plus catholique que le Béarnais protestant; là est l'excuse pour le jeune écuyer du prince qui leur fait des vers, compose son ballet de la *Circé*[1], vit « en la familiarité des dames, » se bat en duel, « charge les badauts, » assiège les corps de garde de la ville, paraît avec le Béarnais et les Guisards en un tournoi avec tant d'avantages, que Diane de Talcy, l'ancienne maîtresse assez dédaigneuse, faillit, si nous en croyons d'Aubigné, en mourir de regret et de mélancolie.

Si d'Aubigné nous confesse lui-même « qu'il est assez vicieux en grandes choses, » du moins, nous le verrons, il s'est toujours dérobé à la honte de certaines complaisances pour le maître, réputées services de bon courtisan.

CHAPITRE III

Pendant que le roi de Navarre se laissait amuser par l'espoir du titre de lieutenant général, et par « amourettes que la reine mère suscitait, » son Écuyer, membre de l'Académie du roi, « uniquement aimé des deux frères Guisarts, » se soutenait, même auprès de Catherine, « par son sçavoir en choses agreables. »

Un soir que le roi de Navarre, tremblant de fièvre en son lit, soupirait et chantait un verset de psaume, d'Aubigné, pressé par Armagnac, premier valet de

---

1. Vers 1576, la reine mère, et non la reine de Navarre comme nous l'avons mis par erreur dans notre *Introduction* (p. xii), ne voulut pas faire exécuter ce ballet à cause de la dépense.

chambre, prit temps pour murmurer à l'oreille du malade cet éloquent discours qu'il cite en son *Histoire*[1] :

« Sire, il est donc vrai que l'esprit de Dieu travaille et habite en vous... Quel esprit d'estourdissement vous fait choisir d'estre valet ici, au lieu d'estre maistre là... N'estes-vous point las de vous cacher derriere vous-mesmes? etc. » C'est le chant de l'Exode; le sort en est jeté, l'instant est solennel, le maître est digne du serviteur et le serviteur du maître. Comme le dit magnifiquement notre historien : « L'âme du prince va répudier les delices, et son cœur espouser les dangers. » La fuite est décidée, l'entreprise bien menée. Au bout de quelques jours, le roi qui avait couché à Senlis est rejoint à Alençon (3 février 1576) par deux cent cinquante gentilshommes, premier noyau de cette armée qui allait lui conquérir un trône.

Pour avoir écouté et fait entendre la voix du devoir, ne demandez pas plus de prudence à d'Aubigné; il semble au contraire redoubler de folles témérités qu'il se complaît à raconter. Un jour, à Pithiviers, à la tête de trente hommes, il se démêle d'une suite de plus de huit cents chevaux. Une autre fois (1576) il veut, chargé d'une mission, pénétrer à Blois, où se tiennent les États assistés de dix mille hommes. Il se sait reconnu et n'entre pas moins dans la salle de bal; le lieutenant des gardes est à ses trousses, mais lui, « se coullant derriere les Majestez, puis par le cabinet de la Roine, » se sauve ensuite jusqu'aux écuries et à la rivière.

Au siège de Marmande, opéré par la Nouë, l'historien s'excuse de raconter plus expressément une charge, parce qu'elle est estimée « la plus desraison-

---

[1]. *Hist. univ*, t. II, col. 772.

nable de celles qu'a faictes le plus hazardeux capitaine de son siècle. » Le lieutenant de Vachonnière, qui y fait rage, est naturellement d'Aubigné, et celui-ci, dans sa *Vie*, enchérit, se vantant d'avoir dépouillé ses brassarts avant la charge, et, au plus fort de la mêlée, d'avoir sauvé un bracelet des cheveux de sa maîtresse, qui brûlait d'une arquebusade.

D'Aubigné a vingt-cinq ans. Homme de conseil aussi bien que d'épée, il fut, au début de l'année 1577, chargé en Languedoc d'importantes négociations secrètes. Grâce à son adresse, le roi de Navarre apprit que le maréchal Danville était sur le point de trahir le parti des Réformés. A Toulouse, le négociateur trompe les gens de la garde et un vieux conseiller du maréchal, en contrefaisant le Piémontais. Arrêté à Carcassonne, il sort de ce mauvais pas, grâce aux courtoisies de Joyeuse, qui lui donne des gardes pour l'accompagner jusqu'à Narbonne. A Pézenas, il gagne « par quelques gentillesses du temps, » où nous le savons expert, une dame centenaire d'Uzès; aidé de cette femme « d'esprit ferme et delié, » il tire, par ruse et diplomatie, des aveux du maréchal de Bellegarde, comme de Danville, arrache à ce dernier un regret de sa défection, ruine son crédit en le rendant suspect aux deux partis. « Je prie mon lecteur, écrit d'Aubigné, de ne s'ennuyer point, si je suis long en ce negoce qui n'est pas commun et en donnant la plus part de mon labeur aux gens de guerre, il faut quelque chose pour les negociateurs[1]. »

Nous l'excusons de raconter un peu longuement ce qu'il sait bien; le récit de ces négociations est d'ailleurs

---

1. *Hist. univ.*, t. II, col. 885.

une heureuse diversion aux faits d'armes; nous y voyons que même sur ce champ de bataille diplomatique, d'Aubigné fait encore la guerre en partisan, par coups d'audace et de surprise.

Avec un homme qui ne songe « qu'à briguer les recherches de peril et d'honneur, » sans compter les compagnons qui le sollicitent « d'aller chercher de quoi faire fumer le pistolet, » il faut négliger appels, défis, escalades, celles même où, comme au château de Marmande, « le lieutenant de Vachonnière » reçoit arquebusade qui l'envoie rouler au pied des rochers. Mais, en nul endroit, d'Aubigné ne nous faire assister à plus furieuse bataille qu'à Castel-Jaloux. « Je suis après, écrit-il, à vous conter un des plus opiniastres combats que j'aye veu, leu, ni ouy dire, » et nous savons s'il en a vu déjà de terribles! Comme presque toujours, c'est une affreuse mêlée, où chacun agit « suivant sa chaleur, et prenant les avantages du païs, comme l'occasion l'instruisoit. » Du côté des chefs, c'est une lutte homérique, sans merci, sans quartier. Vachonnière, les reins coupés d'une balle ramée et brûlant de quatre arquebusades, tombé entre les jambes du cheval de son lieutenant, le prie de se sauver, mais les voici bientôt compagnons de chute et recouverts de trois de leurs soldats morts. Le combat n'en continue pas moins : on se coupe la gorge avec les poignards. Pour sa part, d'Aubigné blesse encore trois ennemis en jouant de l'épée. Enfin, quatre compagnons le hissent sur un cheval et le sauvent blessé en cinq endroits. En ce récit, comme en beaucoup d'autres, d'Aubigné, qui se rappelle son Montluc, donne aux jeunes capitaines des conseils précis, tirés de l'action même qu'il vient de raconter.

C'est à ce terrible combat de Castel-Jaloux que nous devons *Les Tragiques*. Retenu au lit par ses blessures, enflammé d'une fièvre dont l'œuvre a gardé la trace, le poète en dicte « au juge du lieu les premieres clauses. »

La paix s'est faite, en 1577, sans aucun profit pour d'Aubigné. A vingt-cinq ans, il n'est encore qu'écuyer du prince et lieutenant. En vain ceux de Castel-Jaloux le réclament comme successeur de Vachonnière, en vain il s'empare de villes et de places, le ressentiment du roi, jaloux, dit-il, de son serviteur, ne lui permet pas d'espérer le moindre gouvernement. D'Aubigné dit adieu à ses amis, à son maître, non sans lui reprocher « ses douze playes sur son estomac. » Il a résolu de s'attacher au service de Casimir, fils du duc de Bavière, mais « en arrivant à Saint-Gelais, notre malcontent vit par une fenêtre Suzanne de Lezay (de la maison de Vivonne) et fut tellement picqué de cet amour, qu'il trouva son Allemagne chés les sieurs de Sainct-Gelais et de la Boulaye. » Ce nouvel amour, mêlé d'impatience du repos, ne devait pas laisser longtemps d'Aubigné au logis et l'empêcher de reprendre ses courses en Gascogne.

C'est à peu près à cette époque que se place un épisode douloureux. On a reproché, non sans raison, à notre capitaine d'avoir fait égorger vingt-deux soldats de Dax qui s'étaient jetés par terre pour demander la vie. Il n'est que juste d'ajouter que cette troupe avait été surprise « conduisant trois damoiselles condamnees à Bourdeaux d'avoir la teste tranchee, » et que le chef huguenot, lorsqu'il ordonnait cette exécution « en memoire des prisons de Dax[1], » ne faisait

---

1. Au moment de la Saint-Barthélemy, on avait égorgé les hommes, femmes et enfants qui s'y étaient réfugiés. *Hist. univ.*, t. II, col. 560.

qu'user de représailles ; et la preuve c'est qu'il rendait en même temps les armes et les chevaux à vingt cavaliers du vicomte d'Orte[1], les chargeant de rapporter à leur gouverneur « le different traitement qu'on faisoit aux soldats et aux bourreaux. » L'historien a conscience de « ces choses horribles et desnaturees, » mais les regarde évidemment comme la loi et le droit de la guerre.

Bornons-nous à mentionner l'entreprise sur Limoges, où notre capitaine joue un rôle important, et la trop longue leçon qu'il donne à ce propos « aux courages qui se confient aux intelligences. » L'historien entend par là les places surprises, non de vive force, mais par connivence et trahison.

Brouilles continuelles, suivies de réconciliations, telle est, en deux mots, l'histoire des rapports entre le roi et d'Aubigné. C'est un ménage d'amoureux qui ne peuvent ni vivre ensemble, ni se quitter. Quatre lettres écrites par le maître sont dédaigneusement jetées au feu par le serviteur ; enfin, sur le bruit de sa mort, le Béarnais ayant « montré un grand deuil et perdu quelques repas, » le mutiné, incapable de résister à de si touchants témoignages, se décide au retour et est reçu « avec caresses et promesses expiatoires. »

Toujours ombrageux et batailleur, d'Aubigné veut bien confesser ses fautes à la postérité, comme à ses enfants ; ainsi il avoue celle qu'il commit au siège de Blaye : l'oubli des échelles et encore sa vanité, quand il jura Dieu, un peu trop tôt, « qu'il estoit roi de Blaye » ; mais il ne souffre pas qu'Usson, gouverneur de Pons, conte « l'affaire au desavantage de l'entrepreneur. » Usson est forcé de se démentir, de signer

---

[1]. Le gouverneur de la frontière, d'Orte, avait refusé de prêter les mains à la tuerie qui suivit partout la Saint-Barthélemy.

une déclaration du roi de Navarre que les enfants de d'Aubigné « trouveront aux papiers du pere et garderont comme titre d'honneur. »

Nous ne reprocherons pas à l'historien une page consacrée au souvenir d'un frère cadet, bien digne de son aîné : « J'en dis beaucoup, mais c'est un frere. » Mot touchant, dicté par le cœur plus que par la vanité. Cet Aubigné se fit tuer bravement à la téte de trente des siens. « Voici de la cavalerie, » lui avait crié un vieux soldat : « Ce ne sont que des bestes de plus, » avait-il répondu. Et pourtant son aîné, qui ne prêchait pas d'exemple, il est vrai, l'avait gourmandé sur sa témérité : « Tu as gaigné reputation de soldat, ne sois pas avare de ta vie, mais mesnager. » « J'aurai bientost le plaisir d'estre homme, ou celui de n'estre plus, » repartit l'intrépide jeune homme. Bon sang ne pouvait mentir. Il fut enterré « dans les sepultures » des ducs de Thouars, des la Trimouille, ces dévoués partisans de la *Cause*, ces fidèles amis de d'Aubigné.

Neuf colonnes sont consacrées au siège de Montaigu ; mais aussi, que de « gentils exercices de guerre ! » En quatre mois, quarante ou cinquante escarmouches ! Le récit n'en semble pas moins agréable à l'historien que l'exécution ; pourtant il ne nous en raconte que quatre, la dernière avec plus de complaisance ; plus glorieuse, dit-il, « pour ce qu'elle se fit contre raison. »

Il est assez curieux de voir d'Aubigné, l'auteur du *Divorce satirique* et l'ennemi de Marguerite de Navarre, qui le payait de retour, se faire le champion de la princesse insultée à la porte Saint-Jacques[1]. Tout le

---

[1]. « Salern, capitaine des Gardes, la fit arrêter et démasquer à la porte Saint-Jacques, comme elle partait de Paris pour s'en retourner en Gascongne, trouver le Roi, son mari. » (*Hist. univ.*, t. II, col. 1083.)

conseil a décidé que le roi de Navarre « doit se ressentir des vilains affronts » qu'elle a reçus à Paris, mais tous, sauf d'Aubigné, « refusent l'exécution. » Au nom du roi son mari, outragé en sa personne, il va réclamer « justice notable » et porter à la cour, au roi son frère, une sorte de défi hautain que celui-ci entendit avec un dépit tel qu'il mit brusquement la main sur son poignard. Un trait que d'Aubigné ajoute en sa *Vie*, et pour lequel nous l'en croyons sur parole, c'est qu'il avait pris l'étrange résolution de tuer à gauche et à droite dans le cabinet, si on l'eût voulu poignarder.

Un des triomphes oratoires de d'Aubigné est celui qu'il remporta à Guistres (1585), non loin de Coutras, où il devait aider bientôt à une autre victoire. Le Béarnais, déjà en butte aux fureurs de la Ligue, après avoir proposé de soumettre sa cause à un concile libre ou de démêler sa querelle en personne avec le duc de Guise, réunit en conseil soixante de ses partisans. La plupart proposent aux réformés de s'abstenir et de laisser le catholique ruiner le catholique. Le vicomte de Turenne, qui parle le premier, opine en ce sens, et il avait déjà emporté vingt des voix suivantes, quand d'Aubigné, commandé à son rang, après un magnifique exorde, démontre que le parti ne peut rester seul désarmé, quand toute la France est en armes; il demande qu'on ploie devant le roi les genoux, mais tout armés, qu'on prête le serment en tirant la main du gantelet, et il conclut : « Si nous nous desarmons, le roi nous mesprisera, notre mespris le donnera à nos ennemis; uni avec eux, il nous attaquera et minera desarmez; ou bien, si nous nous armons, le roi nous estimera; nous estimant, il nous appellera; unis avec lui, nous romprons la teste à ses ennemis[1]. » Certes, c'était là de bonne politique et une méfiance bien légitime treize ans après la Saint-Barthélemy. Aussi Duplessis-Mornay, le prince de Condé partagent-ils cet avis, et le Béarnais, sur la fin de ce discours, s'écrie : « Je suis à lui. »

La reprise des armes fut signalée par un terrible combat à Contré, en Poitou, qui dura onze heures, où d'Aubigné, assiégé dans une maison en feu, y soutient trois assauts, fait éteindre le feu par quelques ennemis enfermés avec lui, et se retire après une capitulation dont il a dicté les conditions. « Ce petit combat, ajoute l'historien, resveilla les uns et les autres à la guerre de laquelle on doubtait auparavant. » On le voit, nul ne vaut d'Aubigné, soit de la langue, soit du bras, pour engager ou ranimer la lutte.

Notre capitaine faillit obtenir une charge importante au siège d'Angers, entrepris par le prince de Condé ; mais comme le prince, « un soir, en sa garde-robbe, disposoit de sa conqueste d'Anjou, à la façon de Picrocole, » parmi les membres du « Conseil de la chaire-percee, » c'est-à-dire au milieu de ses valets de chambre, il fut détourné par leur jalousie d'accorder cette faveur à d'Aubigné. Celui-ci, qui fut du moins à la peine dans cette fâcheuse campagne, en la retraite surtout, aurait dû s'estimer heureux, malgré cette blessure d'amour-propre, de n'avoir pas assumé la responsabilité des désastres de Brouage et d'Angers.

Tout semble désespéré pour le Parti (1586) ; Saint-Jean-d'Angely, la Rochelle sont en proie à la peste, à la famine. A peine trois ou quatre vaillants chefs

---

1. Une partie de ce discours est attribuée à tort au duc de Caumont par l'éditeur des *Mémoires de Caumont de la Force*. Note de M. Lud. Lalanne. (*Mémoires de Th.-A. d'Aubigné*, 1854, page 291.)

« gardent-ils quelque semence de troupe à leurs dépends. » Sur ces entrefaites, se tint un conseil entre le duc de Rohan, le comte de Laval, Saint-Gelais, le corps des Rochelois et autres de marque, où l'on délibéra de confier à d'Aubigné le soin de remettre en forme les compagnies ruinées et de « relever l'enseigne d'Israël. » Celui-ci répondit d'abord « que son dos, tout escorché du fardeau qu'on lui avoit laissé à la retraite d'Angers, estoit incapable d'une nouvelle pesanteur. » Mais le crédit des grands, l'acclamation des gens de guerre, les « violentes suasions et menaces » des ministres, les libéralités même des Rochelois fléchirent sa résolution, et la douceur qu'il éprouvait « à n'avoir plus le soin que de soi. » A la tête d'un corps d'environ deux mille hommes, il recouvre Tors et quelques autres « bicoques. » Accablé de famine et de pauvreté, il se résout, avec cinq cents hommes triés, à « s'aller perdre ou establir dedans l'isle d'Oleron. » D'Aubigné finit par s'en emparer après de rudes assauts, ayant combattu tout le temps « en chemise, » et confesse que, par pure vanité, il affronta sans nécessité la mousqueterie, monté dans un bateau avec deux compagnons. L'un d'eux, légèrement blessé, s'écrie, narguant l'ennemi, après le passage : « Pendez-vous, bourreaux, car c'est le gouverneur d'Oleron ! » D'Aubigné voyait enfin réalisé son rêve, il était gouverneur d'une place ! Mais il ne devait pas longtemps conserver sa charge. Surpris hors de son fort par deux grosses troupes, quoique séparé des siens, il repousse l'ennemi à coups d'épieu, mais à la fin demeure prisonnier de Saint-Luc. Nouveau Régulus, il s'en va, sur sa foi, à la Rochelle, et, malgré la connivence amicale de son vainqueur, en revient pour subir la peine de mort. La nuit même où il allait repartir, la prise d'un lieutenant du roi permit un échange de prisonniers et le sauva.

S'il faut en croire d'Aubigné, la magnificence avec laquelle le nouveau gouverneur traita le roi de Navarre et ses courtisans dans son île excita l'envie du maître et des serviteurs. On ne peut s'empêcher de songer, en souriant, toute proportion gardée, à Louis XIV jaloux de Fouquet et à la fête de Vaux. L'auteur de la *Vie* nous raconte bien d'autres « picoteries, » mais ce qu'il ne put endurer, ce fut la vente à Saint-Luc, un ennemi, de son gouvernement d'Oleron, si chèrement « acquis. » Son ressentiment fut tel qu'il songea un instant, à cette époque, à changer de religion ; s'il n'en fit rien, c'est qu'il ne parvint pas, malgré tous ses efforts, « à trouver en la Romaine une miette de salut. »

D'Aubigné, après une rude, mais heureuse campagne contre Joyeuse, était tombé malade pendant quatre mois ; avant même complète guérison, il se trouvait aux côtés du Béarnais, à la victoire de Coutras (20 octobre 1587), la première bataille rangée gagnée par les Protestants. Il prit place avec les maréchaux de camp, « servit le Roy d'Esquier » et « fut cinquieme à la disposition de l'armee, où son maistre ne refusa point ses advis. » C'est « par son conseil opiniastre » que fut rectifiée une mauvaise disposition de l'armée des réformés, qui n'avaient à leur gauche aucune infanterie. Si, dans l'*Histoire*, le narrateur s'efface devant le roi, la Trimouille, Harambure, ses grands amis, et une foule d'autres seigneurs et gentilshommes de marque, il se remet en scène dans sa *Vie* et complète le récit d'un duel pendant la bataille, où « le compagnon de Fouquerolles... passa l'espee en la visiere de Vaux. » Ce compagnon, qui « percea la teste » de son adversaire, c'est lui-même. La Roche Chandieu ayant commencé la prière, d'Aubigné fait entonner son psaume favori : « La voici l'heureuse journee. » Plusieurs catholiques s'écrièrent : « Ils tremblent, les poltrons, ils se confessent. » Vaux, « qui avoit plus souvent frotté ses genoux avec ces gens là que les courtisans, » répondit : « Quand les Huguenots font cette mine, ils sont prests de se bien battre. » En rendant ainsi justice à son ennemi, le vainqueur relève encore sa victoire.

On sait comment le roi, « donnant sa victoire à l'amour, » en perdit le fruit. Suivi d'une troupe de cavalerie, il perça toute la Gascogne pour aller porter drapeaux et trophées aux pieds de la comtesse de Guiche, lors en Béarn. Le prince était au plus fort de sa passion pour « la belle Corisande. »

C'est au retour du siège de Beauvois-sur-Mer qu'il faut placer un entretien que le Béarnais eut, à ce sujet, entre Saint-Jean et la Rochelle, avec le vicomte de Turenne et d'Aubigné. L'amoureux monarque avait fait promesse absolue de mariage; après avoir exposé ses perplexités à ses deux confidents, « il pria l'un et commanda à l'autre » de lui donner leur avis le lendemain. Le vicomte « apprehendant le pacquet » esquiva cette délicate consultation en gagnant de nuit Marans. D'Aubigné n'eut garde de manquer l'occasion d'un service à rendre et d'un édifiant discours à prononcer. Le roi remercia son conseiller et ajourna ses projets d'union à deux années; c'était plus qu'il n'en fallait pour tourner ailleurs ses volages désirs. C'est ainsi que Sully devait plus tard s'efforcer de refroidir la passion de son maître pour Gabrielle d'Estrées; mais cette fois, l'amour, aggravé de longue accoutumance, menaçait, si la mort n'était intervenue, de couronner la maîtresse reine de France.

Après Coutras, le roi, se sentant les coudées plus franches, songea à réaliser « un notable projet » dont d'Aubigné l'avait entretenu dès 1570. En s'assujettissant les embouchures de la Loire et de la Vilaine, et en fortifiant Saint-Nazaire, Guérande, le Croisic, par un système de retranchements, on s'assurait des revenus considérables sur les rivières et la domination absolue sur toute la contrée. Dix-huit ans après, le roi revint à ce projet, mais n'en voulut confier l'exécution ni à La Nouë, ni au vicomte de Turenne, parce qu'il craignit « de rien ajouter à la gloire de l'un et à la puissance de l'autre. » L'affaire fut mise entre les mains de Duplessis-Mornay, « plus au roi, plus ductile à ses volontés, » et d'Aubigné forcé, « comme autheur et necessaire à la besogne, d'y assister. »

La fin de cette année (décembre 1588) voyait s'accomplir le drame des États de Blois. Le duc de Guise, « absous des offenses passees, estoit condamné à mort pour les crimes à venir, » et Catherine, languissante, mourait le mois suivant, « accablee, disait-elle, des ruines de sa maison[1]. » Amis, ennemis, disparaissaient de la scène politique, et d'Aubigné, après quinze années de dévouement, attendait en vain du hasard et de son courage un gouvernement. Un heureux coup de main le rendait enfin maître de Maillezais[2] qui demeu-

---

1. « Ses devins lui avoient predit dés sa jeunesse qu'elle seroit accablee des ruines d'un edifice. Ceux qui interpretent les propheties après leurs effects expliquent... que l'edifice ruiné estoit la maison de Guise. » (*Hist. univ.*, t, III, col. 214.)

2. Maillezais, situé au confluent de la Sèvre-Niortaise avec l'Autise et non loin du confluent de la Vendée, dominait le cours de ces trois rivières.

rait « à son preneur. » Ce fut, écrit-il dans la *Vie*, « au regret de son maistre, qui luy ordonna le plus miserable estat qu'il peut, pour le faire desmordre; mais il estoit trop las de courir. » S'il est permis de révoquer en doute une poursuite aussi acharnée contre un bon serviteur, on est du moins convaincu de sa véracité, quand il ajoute que « cette retraite fut le premier repos qu'il eust essayé depuis l'aage de quinze ans jusques à trente-sept, ou environ, qu'il avoit lors; pouvant dire avec verité que, hormis les temps des maladies et des blessures, il ne s'estoit point veu quatre jours de suite sans courvee. »

CHAPITRE IV

A la mort de Henri III, le Béarnais se trouvait « demi-assis sur un trône tremblant. » Plutôt mourir de mille morts que souffrir un roi huguenot! Telle était la pensée des chefs catholiques, et Dampierre « fit ouïr tout haut ce que les autres serroyent entre les dents. » C'était à faire aux fidèles de la première heure d'achever leur œuvre. Le roi, tout troublé, « s'étoit retiré en une garde-robbe; » il prit d'une main La Force, et de l'autre un « Gentilhomme des siens. » La Force s'étant excusé, « l'autre, » c'est d'Aubigné, prononce un de ces discours un peu solennels et qui sentent plus le travail que l'improvisation. Il le convie à « s'appuyer aprés Dieu sur les espaules fermes, et non sur ces roseaux tremblants..., à serener son visage, » à songer qu'il est le plus fort, et capable, n'était « sa douceur accoustumee et bienseante à la dignité royale, d'un clin d'œil de faire sauter par les fenestres tous ceux qui ne le regardent point comme le Roi. » Henri IV devait user de moyens moins violents et plus sûrs; s'il n'était pas aussi bien disant que son fougueux écuyer, il savait beaucoup mieux prendre les hommes et gagner les consciences.

Il ne semble pas que d'Aubigné ait assisté à la victoire d'Arques, car non seulement il ne se nomme ni ne se désigne sous aucun titre dans la *Vie* et dans le chapitre de l'*Histoire* consacré à cette action, mais il raconte en le terminant que, quelques jours après son arrivée en l'armée du roi, celui-ci « le conduisit par la main en tous les endroits remarquables pour les combats. » L'historien se plaint que « la confusion des memoires l'empesche de dire les chefs des bataillons. » S'il n'a pu donner son coup d'épée à Arques, nul n'a loué plus magnifiquement les soldats en rapportant le mot de Mayenne. D'Aubigné pressait le vaincu d'expliquer sa défaite par quelques défauts de son armée : « Qu'on die que c'est la vertu de la vieille phalange huguenotte et de gens qui, de père en fils, sont apprivoisez à la mort [1]. »

Rien ne prouve absolument que d'Aubigné fut à Ivry. Quelques détails précis semblent pourtant d'un témoin oculaire et d'un acteur, et rien n'empêche de penser qu'il faisait dans la disposition de la bataille partie de ce qu'il appelle « le gros du Roi. » L'historien dément la harangue prêtée au roi, ainsi qu'une prière en laquelle les auteurs n'ont pas observé « le langage de Canaan » et « le font parler à Dieu par *Vous;* » mais

---

[1]. *Hist. univ.*, t. III, col. 399.

il laisse au vainqueur les paroles consacrées : « Mes compagnons, si vos cornettes vous manquent, ralliez-vous à mon panache blanc, vous le trouverez au chemin de l'honneur et de la victoire. »

La présence de d'Aubigné au siège de Paris est attestée par deux épisodes. « Il me souvient, lisons-nous dans l'*Histoire*, qu'ayant retiré en une partie de mon logis quatre femmes et dix-huit petits enfans beaux et plaisants, comme enfans de Paris, au retour d'une cavalcade, nous trouvasmes tout mort et quatre corps incognus qui servoyent de porte au logis ; tous les matins, nous avions de tels huissiers à monceaux. » Il prend sur sa foi, « appuyee de sa vuë, » un phénomène étrange, produit par la foudre, sur deux seigneurs, en la maison royale de Chaliot, où le roi était allé « pour festiner dix de ses privez[1]. »

La *Vie* et l'*Histoire* assignent un rôle assez important à notre maître de camp, à Chelles et à Lagny. Ce gentilhomme légèrement blessé dans une escarmouche et « dont il est marri de ne pouvoir donner le nom, » se nomme dans sa *Vie*. Pour la discussion militaire entre le roi, Biron et le *tiers*, d'Aubigné, en croyant lever le voile de l'anonyme dans la *Vie*, oublie qu'il a signé cette conversation dans l'*Histoire* de son *Aleph* ou signe particulier[2]. Il y soutenait que ce qu'on jetait dans Lagny « estoit ce qu'il falloit pour perdre et non pour secourir, » et, si son conseil eût été suivi, peut-être Lagny n'eût pas été emporté « sous la moustache du Roy » et la route de Paris ouverte au duc de Parme.

En cette année (1591), d'Aubigné, de retour en

---

1. *Hist. univ.*, t. III, col. 327. Voir aussi notre t. II, p. 285.
2. Ce signe était celui-ci : ./·

Poitou, sous les ordres de la Boulaye, y accomplit quelques-uns de ces exploits auxquels il nous a habitués. Ainsi, à la Boucherie, il se fait enlever par ses soldats au haut de la muraille et de là, « s'estant jetté au bas, accompagné d'un seul gentilhomme, donne aux basses-cours, mesle ceux qui se retiroient au chasteau » et y entre avec eux. Montreuil, près Poitiers, est encore emporté par sa témérité, après un rude assaut. Deux entreprises tentées sur Maillezais furent déjouées par son gouverneur. Il fit pendre les traîtres qui avaient ménagé la première et « degousta » le chef qui avait mené la seconde. Ces efforts sur Maillezais s'expliquent par l'espoir qu'avaient conçu les Ligués de délivrer leur roi Charles X, le cardinal de Bourbon, dont la garde avait été confiée à d'Aubigné, malgré les avis de Duplessis-Mornay. Il montra pourtant combien il en était digne, en bravant le poignard du capitaine Dauphin et repoussant avec indignation les deux cent mille ducats offerts par la duchesse de Retz.

Au siège de Rouen, d'Aubigné fut contraint de s'avouer vaincu en témérité par le roi (c'est le plus bel hommage à ses yeux). Un jour, l'Anglais Roger Willems et lui *n'osèrent*, au moins sur le moment, suivre Henri qui venait de passer la rivière en poussant son cheval et le forçant, « que du ventre, que des pieds, » à la traverser sur un batardeau. « Ici je me nomme, s'écrie l'historien, pour donner gloire à mon maistre aux despens d'un des plus vaillans hommes du monde et aux miens[1]. » Ne dirait-on pas, dans ces bravades où l'enjeu n'est qu'un point d'honneur parfois puéril, qu'il existe une sorte de rivalité jalouse entre le maître

---

1. *Hist. univ.*, t. III, col. 359. Voir aussi notre t. Ier, p. 167.

et le serviteur et que l'admiration désarme un instant le vaincu en présence d'une folie supérieure à la sienne?

D'Aubigné ne manque jamais de s'incliner devant ces actes de témérité et le mépris de la vie, qu'il s'agisse d'un roi ou d'un bouffon. Ainsi il paie en passant sa dette à Chicot, « bouffon quand il vouloit, » qui, acharné à la poursuite de Mayenne, s'était fait tuer entre les jambes cinq chevaux en deux ans, et périt d'un coup d'épée au siège de Rouen.

CHAPITRE V

Henri s'acheminait avec une lenteur décente vers la conversion. En juillet (1593), on l'avait vu assister pour la dernière fois au prêche, à Mantes; le 21 de ce mois, après une conférence théologique avec des évêques et une honorable défense, il était entré solennellement dans l'église de Saint-Denis, où il se confessa et ouït la messe. L'année suivante (février 1594), à défaut de la cathédrale de Reims, encore fermée au nouveau converti, il allait se faire sacrer à Chartres, prêter serment, suivant l'antique formule, « d'exterminer les hérétiques, » pour entrer enfin, le mois suivant, à Paris et entendre le *Te Deum* à Notre-Dame.

L'absolution papale devait se faire encore attendre dix-huit mois. Le souverain pontife la vouloit faire acheter et le roi de France était moins pressé de payer la réconciliation définitive au prix de concessions importantes et de publiques humiliations, joyeusement acceptées d'ailleurs par d'Ossat et du Perron, dans l'intérêt du Roi et de l'Église. Que pouvait cependant d'Aubigné pour prévenir ou combattre ces résolutions? Tandis que son maître était travaillé à Dreux par d'O, dont il nous donne le discours, lui, ne manquait pas de profiter des occasions pour démontrer au néophyte « la différence qu'il y avoit d'estre roi par la victoire ou par la soumission; » mais l'intérêt, la politique, la raison d'État, l'amour (car la duchesse de Beaufort avait été gagnée par l'espoir du mariage), la peur des jésuites (car l'attentat de Barrière donnait à réfléchir au roi), tout conspirait pour fermer ses oreilles à l'éloquence désespérée d'un La Roche Chandieu, d'un Duplessis-Mornay, d'un d'Aubigné.

Ce dernier raconte qu'il arriva, pour le siège de la Fère, à Chauny (1596), « portant le deuil de sa femme, morte quelques mois auparavant. » Sa douleur et l'amertume de la conversion royale n'étaient point faites pour adoucir l'humeur de d'Aubigné, qui se retira dans son gouvernement. Dès lors, l'*Histoire* ne lui prête plus aucun rôle militaire officiel, et la *Vie* ne nous révèle plus guère que de dures paroles, de sévères avertissements, des actes de méfiance ou de sourde hostilité. On peut dire que, dès lors, d'Aubigné n'est plus un maréchal de camp, au service du roi, mais un chef de mécontents, aussi peu satisfait de son parti que de ses adversaires.

S'il est venu au siège de la Fère, c'est surtout pour démentir, par sa présence, les sentiments de dépit et de crainte qu'on lui prêtait; car on allait jusqu'à dire que le roi avait juré en pleine table de le faire mourir. Un jour, pendant ce siège, il se présenta au logis de la duchesse de Beaufort, où le roi devait venir, et se plaça entre les flambeaux qui l'attendaient. Le prince l'apercevant dit : « Voilà Monsieur, Monseigneur d'Aubigné, » lui mit la joue contre la sienne, le fit promener plus de deux heures entre la duchesse et lui. C'est là qu'il prononça cette sombre prédiction, quand Henri lui montrait sa lèvre percée par le couteau de Chastel : « Sire, vous n'avez encore renoncé Dieu que des lèvres, il s'est contenté de les percer ; mais quand vous le renoncerez du cœur, il vous percera le cœur[1]. »

Le roi a encore quelques retours vers son compagnon, quelques mouvements de confiance amicale. Un jour il lui met sur les bras « le petit César, » le duc de Vendôme, fils de Gabrielle, lui demandant de l'élever en Saintonge. Une autre fois, le prince, attaqué à Travecy, près de la Fère, d'une grave maladie, semble le traiter en ministre et directeur de conscience. Il se met en prières et l'entretient quatre heures de ses péchés et de cas théologiques ; mais s'étant trouvé mieux le lendemain, « il ne voulut plus l'ouïr parler. »

Tandis qu'à certains moments la conscience de Henri semble parfois traversée de remords fugitifs, celle de d'Aubigné n'est travaillée d'aucune hésitation ; il poursuit son rôle d'opposition religieuse plus encore que politique. Voilà pourquoi, au synode de Saint-Maixant, aux assemblées de Vendôme, de Saumur, de Loudun, de Châtellerault, on le trouve toujours au premier rang, « s'affrontant sur le tapis » aux députés du roi, imposant silence au président Lefresne Canaye, qui s'était vanté au prince de lui acheter « tous les hommes de bonne maison ; » voilà pourquoi

---

1. T. Ier, p. 69, et t. IV, p. 24 ; *Hist. univ.*, t. III, col. 518.

chacun déchargeait sa haine sur « le *bouc du désert;* » voilà pourquoi nous verrons plus tard le théologien descendre en champ clos, pour se mesurer avec le redoutable convertisseur du Perron, avec le père Cotton lui-même.

Aux diverses assemblées où furent débattus les intérêts des deux religions, Vic, conseiller d'État, Calignon, chancelier de Navarre, Schomberg, le président de Thou, le secrétaire Villeroi étaient les députés royaux. Le duc de Thouars avait été choisi avec Duplessis-Mornay, le ministre Chamier et d'Aubigné, pour « contester sur le tapis les matières » qui n'eussent pu, sans trop de confusion, être digérées en pleine assemblée. Le président de Thou prit le premier la parole et il rappela que Schomberg était luthérien et « pas trop esloigné d'un bon Huguenot, » que, « depuis deux cents ans, les pupilles de la Trimouille ont eu ceux de Thou pour curateurs. » Il avertit que les concessions du roi ne peuvent que diminuer, et finit par proposer aux députés réformés le choix de dix maîtres de camp et de deux maréchaux de camp, « entre leurs confidens, » largement appointés sur l'impôt de Charente. La Trimouille repoussa ces offres de corruption : « Quand vous me donneriez la moitié du Royaume, refusans à ces pauvres gens, qui sont à la salle, ce qui leur est necessaire pour servir Dieu librement et seurement, vous n'auriez rien avancé ; mais donnez-leur les choses justes et necessaires, et que le Roy me face pendre à la porte de l'assemblee, vous aurez achevé et nul ne s'esmouvra. » Le Parti ne comptait plus beaucoup d'hommes de cette trempe, « de ces fideles partisans, » s'il faut en croire d'Aubigné lui-même, qui ne tarda pas à se retirer « à cause des corruptions et pensions. » On a vu le marché que le président Canaye proposait au roi, et voici le langage que ce dernier tenait un jour à notre auteur : « Je ne vous ay point encore parlé de vos assemblees, où vous avez failli à tout gaster, car vous estiez bon, et je corrompois tous vos plus grands, si bien que j'en ay fait un mon espion et vostre traistre pour 600 escus... Je puis me vanter qu'un homme des meilleures maisons de France ne m'a cousté à corrompre que 500 escus. » Si le propos est vrai, il faut avouer que ces traîtres mettaient leurs consciences à bien bas prix. Il est juste de remarquer aussi que le roi avait intérêt à exagérer ces tristes conquêtes. Nous avons vu la réponse de la Trimouille au président de Thou ; celle de d'Aubigné au roi en est le digne pendant : « Je sçay que tous nos plus apparents, hormis Monsieur de la Trimouille, vendoyent leur peine à V. M., comme estant là pour ses affaires ; je mentirois si je vous en disois autant ; j'y estois pour les Esglises de Dieu avec autant plus de juste passion qu'elles estoient plus abaissees et plus affoiblies... Sire, j'ayme mieux quitter vostre royaume et la vie, que de gagner vos bonnes grâces en trahissant mes frères et compagnons. »

Un des griefs du roi contre son écuyer, c'est « qu'il avoit trop aimé la Trimouille. » En effet, en dépit du roi, d'Aubigné, même dans le danger, resta fidèle à cette amitié. Il reprocha un jour à son ami qui le conviait par lettre « à venir, selon leurs jurements, mourir avec lui, » de s'estre cru obligé à lui rappeler ses promesses et engagements. Il ne se faisait pas illusion cependant sur l'inutilité de ces résistances, car un jour que le duc, voyant la tête de quelques assassins exécutés, changeait un peu de couleur : « Contemplez cela de bonne grace, lui dit d'Aubigné ; car faisant ce que nous faisons, il se faut apprivoiser à la mort. » C'était sans doute, à ce moment, exagérer le péril de la rébellion et la puissance de la répression ; mais les deux partisans étaient assez dévoués à la *Cause* pour tout braver. Ce qui prouve d'ailleurs que les ressentiments de Henri n'étaient ni bien terribles, ni surtout de longue durée, c'est que, malgré ces menées pour le fait de religion, nous retrouvons encore d'Aubigné deux fois à la cour en cette année de 1609.

Nous l'avons vu témoigner à la duchesse de Beaufort une sympathie dont l'*Histoire* a gardé les traces : « C'est une merveille, écrit-il, comment cette femme de laquelle l'extreme beauté ne sentoit rien de lascif, a pu vivre plus tost en Roine qu'en concubine, tant d'annees et avec si peu d'ennemis. » Gabrielle était pourtant en proie à de sombres pressentiments, à mesure qu'elle semblait s'approcher du trône. « Il me souvient, raconte l'historien, que, quand il fut question des mariages de Florence et d'Espagne, le Roy m'ayant donné à garder les deux premiers tableaux qu'il eut de ces princesses, il me permit de les montrer à la Duchesse et prendre garde à ce qu'elle diroit. Son propos fut : Je n'ay aucune crainte de cette noire, mais l'autre me meine jusques à la peur. »

Une autre fois, d'Aubigné nous fait assister à une scène de réception à la cour. Le duc de Savoie, dans l'espoir d'y avancer ses affaires, faisait jonchée d'or, employait 400.000 écus en présents et se montrait si beau joueur à la *prime* que, le roi perdant sur un coup 4.000 pistoles, le duc montra ses cartes à Guise et à d'Aubigné et « aussi tost comme ayant perdu mesla les jeux; » sur quoi, supplié par eux, le roi s'abstint de jouer désormais avec le duc.

Si violent partisan que fût d'Aubigné, sa violence aux intérêts des Réformés ne le faisait point consentir à certains moyens dont l'iniquité répugnait à sa conscience. C'est lui-même qui l'affirme en maint endroit, notamment dans sa *Vie*, en nous révélant que le gouverneur de place qui repoussa des ouvertures compromettantes, c'est le gouverneur de Maillezais. Une vaste conspiration s'était ourdie avec la faveur ou l'appui du pape, de l'empereur, du roi d'Espagne et du duc de Savoie. On devait abandonner aux Réformés une partie de la France occidentale; comme gage de foi, on leur remettrait Lyon, Dijon. En un mot, c'était, sous prétexte de religion, un démembrement de la France, au profit de l'étranger et de quelques ambitieux. D'Aubigné, dans un long discours en trois points, démontre la folie et l'iniquité d'un pareil projet, et le seigneur protestant lui-même (Bouillon), qui avait secrètement convoqué l'assemblée, et ses neuf chefs, n'eurent qu'une voix pour l'approuver.

Une preuve que la rupture ne fut jamais définitive entre le roi et son sujet, c'est que, non seulement Henri délibéra de l'envoyer en Allemagne « comme ambassadeur général, » mais il en fit un des rares confidents du *grand dessein* et le lui communiqua « tout du long. » Le gouverneur de Maillezais, qui était en même temps « vice-amiral de Xaintonge et de Poitou, » pour ne point demeurer « oiseux en si grand mouvement, pressoit Henri d'envoyer une fleche vers le cœur à son ennemi, » c'est-à-dire de jeter une ou deux armées en Espagne, par Saint-Sébastien et Perpignan, et il se chargeait d'entretenir autour de l'Espagne deux flottes qui nourriraient l'armée conquérante. Le projet n'agréa ni au roi ni aux ministres.

Au moment où d'Aubigné prenait congé de son maître pour retourner en Saintonge, celui-ci lui dit : « Aubigné, ne vous y trompés plus, je tiens ma vie temporelle et spirituelle entre les mains du Sainct-Pere, veritablement vicaire de Dieu. » C'était en mars 1610 ; D'Aubigné s'en alla « tenant non seulement le *grand dessein* pour vain, mais encore la vie de ce pauvre Prince condamnee de Dieu. » Deux mois après, le couteau de Ravaillac accomplissait la parole fatidique, prononcée en présence du roi et de Gabrielle d'Estrées, et d'Aubigné, qui croit invinciblement à certains pressentiments, quand, au premier bruit, on lui affirme que « le coup estoit dans la gorge, » répond « que ce n'estoit point à la gorge, mais au cœur, estant assuré de n'avoir point menty. »

L'*Appendice* de l'*Histoire* est comme l'hosannah triomphant, et quelque peu déclamatoire, du *grand dessein;* d'Aubigné avait oublié ces pages, quand il le condamnait presque dans sa *Vie*. Prédire la conquête de l'Europe, c'était aller plus loin que Henri IV et Sully lui-même dans leurs plus belles rêveries de l'*Arsenal*. Puis, après un court et sobre récit de l'attentat, « la plume lui tombe des mains, » ou plutôt il la passe à une femme, « dont l'esprit fut trié entre les delices du ciel, » Anne de Rohan[1], qui clôt le volume par treize stances célébrant les vertus du grand roi.

---

1. Anne de Rohan-Soubise, née en 1584, morte le 20 septembre 1646.

CHAPITRE VI

Après la mort d'Henri IV, d'Aubigné continue et aggrave son rôle d'opposition. Il protesta en Poitou contre l'élection irrégulière de la Régente, ce qui ne l'empêcha pas d'être choisi par sa province pour aller à Paris, « faire les soumissions. » Le conseil du roi fut scandalisé de ne pas voir un seul des députés s'agenouiller. D'Aubigné répondit à Villeroy que nobles ou ecclésiastiques « ne devoient au Roi que la reverence et non l'agenouillement. » En vain la reine le fit appeler quatre mois après et, deux heures enfermée avec lui, essaya de le gagner. Elle lui offrait d'augmenter sa pension de 5.000 francs, mais d'Aubigné savait ce qu'on exigerait de lui en retour et voulait rester indépendant. A l'assemblée de Saumur, il perdit l'amitié de Bouillon qui trahissait les intérêts du Parti pour ceux de la reine, et surtout pour les siens. Comme ce seigneur avait entrepris un long éloge du rôle de martyr : « Se preparer au martyre, lui dit d'Aubigné, est le faict d'un vrai chrestien, mais y engager ou y mener les autres, c'est de traistre et d'un bourreau. » Dégoûté de ces défections, de la vénalité des Ministres eux-mêmes, d'Aubigné quitta l'assemblée synodale de Thouars, prenant occasion de son âge, et disant que « ces assemblees publiques estoient devenues telles que des femmes publiques. » C'est lui qui flétrit le traité de Loudun (1616) en l'appelant : « une foire publique d'une generale lascheté et de particulieres infidelitez. » C'était une déclaration de guerre ouverte. Sa pension de 7.000 livres lui est supprimée, sa garnison ne reçoit plus de solde. Il reconnaît alors l'assiette du Dognon et se fortifie à tout événement. Ce qui l'encourageait à la résistance, c'était la fermeté de Rohan à Saint-Jean d'Angély. Ce dernier, malgré la défense de la reine, réunit une assemblée à la Rochelle (10 décembre 1612), intimide la reine qui recourt à la médiation de Duplessis et finit, entre autres concessions, par accorder les conseils provinciaux et la suppression de l'épithète de » pretendue reformee, » appliquée à la religion protestante.

Lors de la prise d'armes de Condé, d'Aubigné ne répond qu'avec réserve à ses avances. Il dicte ses conditions et songe avant tout à fortifier ses deux places. Choisi par le prince comme maréchal de camp, il ne veut pas recevoir sa commission de sa main, mais des églises assemblées à Nîmes. D'Aubigné en fut pour une dépense de 16.000 écus « bien advouez et comptez et point payez. » Condé, ayant fait sa paix, ne manqua pas de le desservir à la cour. Tantôt il le représentait « comme ennemi de la royauté, capable d'empescher un roy de regner absolument, tant qu'il vivroit; » tantôt le prince excitait contre l'auteur des *Tragiques* l'orgueilleux et vindicatif d'Épernon, en lui signalant des traits du livre des *Princes* comme dirigés contre sa personne, et lui faisait jurer la mort du poète.

Nous voyons encore d'Aubigné tenter quelques coups de main et batailler aux environs de son gouvernement pour le compte de la Rochelle; mais le temps de ces sortes d'exploits est passé, les grands ont fait leur paix et d'Aubigné songe à déposer ses charges, à confier ses places aux mains de personnes fidèles. A cet effet, il se pourvut à deux assemblées de la Rochelle ; mais une partie de la ville était tournée contre lui et l'avocat corrompu conclut « au rasement du Dognon et de Maillezais. » Villeroy s'empressa d'écrire à d'Aubigné pour lui confirmer la décision de ses bons amis de la Rochelle. Celui-ci n'était pas homme à se laisser « raser sa maison sur ses oreilles, » on le savait. Vignoles, maréchal de l'armée du roi, vint donc « voir, comme ami, » le gouverneur et s'assurer de là force véritable de ses places. Il rapporta que « Maillezais cousteroit toujours un long siege royal et le Dognon plus à estre assiegé que la Rochelle à estre prise. » C'était beaucoup dire, quelle que fût d'ailleurs la résolution du gouverneur. D'Épernon fit offrir 200.000 francs comptant ; d'Aubigne préféra remettre ses places à Rohan pour 100.000 francs, la moitié de cette somme comptant. De là, il transporta son logis à Saint-Jean d'Angély et donna ses soins à l'impression de son *Histoire*.

L'historien n'était pas assez occupé de son œuvre pour rester indifférent à la guerre que la reine-mère, soutenue d'une partie de la noblesse mécontente, suscitait à ce moment (1620) contre le roi, Luynes, son favori, et Condé. Rohan aurait voulu entraîner d'Aubigné qui fut consulté à Saint-Maixant avec huit autres amis. On ne parlait de rien moins que d'assiéger Paris à la tête de soixante mille hommes. Cette formidable rébellion se termina par la ridicule débâcle des Ponts-de-Cé (7 août). D'Aubigné ayant démontré l'impossibilité du succès, « proteste qu'il ne porterait point les armes pour le Parti et ne tireroit point sa petite espee hors du crochet. » Cependant, comme il aimait Rohan autant qu'il détestait Condé, il quitta le premier sur ces mots : « Je vous ay protesté n'estre point du parti de la Royne, mais je serai du party de Rohan à vostre extremité, et vous me trouverez bien à propos. »

La mère et le fils firent leur réconciliation à Brissac; Rohan et son parti durent désarmer. Le parti réformé s'était généralement abstenu, mais le légat du pape crut l'occasion bonne pour tourner la victoire contre les Huguenots, et réduire la résistance du parlement de Béarn. Louis XIII marcha sur Pau et le pays perdit en un jour liberté, culte, parlement et cette sorte d'autonomie conservée jusqu'à l'édit qui réunit le Béarn et la basse Navarre à la couronne de France.

C'est entre la paix *de la Reine*, signée le 16 août, et la réduction du Béarn, en octobre 1620, que se place la fuite de d'Aubigné, puisqu'il arriva, nous dit-il, le 1er septembre à Genève, où il s'était résolu « de venir prendre le chevet de sa vieillesse et de sa mort. » Non seulement d'Aubigné ne pouvait plus rien en France pour son parti, mais, sans défense, révolté par la trahison de son « abominable fils, » ne voulant plus respirer « son air empuanti, » traqué au passage de toutes les rivières dans un pays occupé par l'armée royale, il dut s'estimer heureux de pouvoir sauver sa vie, sa bourse, ses douze chevaux, traverser Châteauroux, Conforgien, Mâcon, Gex, échapper au marquis de Cyprières qui le poursuivit jusqu'aux portes de Genève et aborder enfin à « ce hâvre de grâce » qui avait jadis accueilli et instruit son enfance, qui allait protéger le vieux proscrit[1].

---

1. Dès 1616, d'Aubigné voyait clairement sa situation et la nécessité de se mettre à l'abri. Cf. deux lettres au duc de Rohan, t. Ier, pp. 338 et 349.

D'Aubigné, malgré ses soixante-huit ans, était encore plein de sève, de zèle pour la Cause. On n'ignorait pas son expérience, ses talents militaires, sa science spéciale d'ingénieur, qu'il n'était pas d'ailleurs homme à taire et à dissimuler. En 1602, Genève avait failli être surprise par le duc de Savoie. Le grand mouvement d'Allemagne qui précéda la guerre de Trente ans allait exposer Genève et les villes protestantes de la Suisse à de continuels dangers. Dans une longue lettre[1] adressée « aux magnifiques et très honorés seigneurs de Genève, » d'Aubigné, sur les menaces d'un siège « dont on bruit de toutes parts » met ses veilles, ses labeurs et sa vie à la disposition de sa patrie d'adoption. Il y expose son plan de fortifications, réfute les objections faites à son système, qui finit par triompher, puisqu'on le chargea de mettre la ville en état de défense. Sur ces entrefaites et tandis qu'on discutait ses plans, les Bernois envoyaient à Genève solliciter notre ingénieur de les visiter. Contre l'avis de tous les grands capitaines, et même du duc de Bouillon qui représentait « la défaveur de la situation, » contre le peuple ameuté qui voulait jeter dans l'Aar les entrepreneurs français, d'Aubigné eut l'honneur de planter le premier piquet et de donner le premier coup de maillet. On le voulut encore nommer capitaine général, et, sur son refus, l'un des trois qu'il avait désignés, le comte de la Suze, fut nommé.

Tandis que, grâce à notre réfugié, Berne était dotée d'un système complet de fortifications, la seigneurie

---

[1]. On peut s'étonner que cette lettre (t. Ier, p. 583), véritable petit traité sur la matière, ait été s'égarer dans la Blibliothèque publique de l'Université de Leyde, d'où nous l'avons fait revenir, grâce à l'obligeant concours de M. du Rieu, son bibliothécaire.

de Bâle réclamait à son tour ses conseils; mais les plans n'étaient adoptés qu'avec grands retards, et, des vingt-quatre bastions projetés, quatre seulement furent construits. Lenteurs imprudentes, car c'est, écrit-il, la conquête « la plus facile à laquelle Léopold puisse jetter l'œuil[1]. »

Il n'était pas depuis six semaines à Genève, que, par l'intermédiaire du sieur d'Avias, l'assemblée générale de la Rochelle, au regret de ses traitements iniques, lui envoyait une procuration générale des Églises et des lettres de créance pour les quatre cantons protestants, la ville de Genève, les villes hanséatiques, les princes protestants et les principaux Ministres. Ce titre de Procureur général, chargé vis-à-vis de la Suisse et de l'Allemagne protestante des intérêts de la Cause, ne suffisait pas à l'ardeur de d'Aubigné. L'ancien maître de camp rêvait toujours un rôle plus militant dans la politique. Ce rêve, il fut sur le point de le réaliser. Mansfeld, « malmené en Bohême, » et les deux ducs de Saxe-Weimar, devaient amener douze mille hommes de pied, six mille chevaux, douze pièces d'artillerie sur la Saône et y rejoindre d'Aubigné qui s'était engagé à s'y rencontrer avec eux, à la tête de six mille hommes. Dejà Mansfeld s'était avancé jusqu'en Alsace; d'Aubigné n'attendait plus que 200,000 livres par lettres de change de la Rochelle, quand il fut averti « que quelque gentil esprit de la Rochelle avoit proposé que ce grand affaire seroit mieux entre les mains de Monsieur le Duc de Bouillon, ce qui fut suivi gaillardement, le premier marchand demourant en croupe

---

[1]. T. Ier, p. 146. L'archiduc Léopold avait attaqué les Grisons révoltés, mais la France le força à abandonner la Valteline.

avec 500 pistoles de despence. » D'Aubigné ne semble pourtant pas avoir gardé rancune de ce déboire au duc de Bouillon, et il continue de le tenir au courant, parfois par lettre chiffrée, des événements de la guerre et de tous les bruits qu'il recueille[1].

En 1623, l'ambassadeur Squaramel offrait à notre réfugié le titre de « General des François[2] » au service de la république vénitienne. Les Français devaient en effet assister la Sérénissime Seigneurie « ouvertement ou couvertement. » C'est avec passion qu'il s'attache au parti de ceux « qui sont en possession d'attaquer et vaincre grand nombre avec peu…, mettre le mousquet en la main gauche et l'espee au poing, pour mesler chose de dure digestion aux Hespagnols. » D'Aubigné, que nous retrouvons tout entier en ces paroles, allait enfin, « avec 4000 François, » réaliser un vœu mélancoliquement exprimé dans son *Histoire*[3]. Lui, partisan, soldat de guerres civiles depuis cinquante-cinq ans, il allait, avec « de bonnes et guaillardes forces de France, travailler en Almagne sur la bourse de la Serenissime Seigneurie » et « chercher un' honorable mort sous un maistre qui ait l'entendement de se

---

[1]. T. Ier, p. 199. On se rappelle qu'à l'assemblée de Saumur, d'Aubigné avait déjà perdu l'amitié de M. de Bouillon. Voir ci-dessus, p. 50.

[2]. M. G. Cappelletti, qui a bien voulu se charger pour nous de rechercher si les archives diplomatiques de Venise contenaient quelque lettre de d'Aubigné, nous fait remarquer que d'Aubigné, conformément à la législation vénitienne, très formaliste à cet égard, ne pouvait correspondre directement avec le gouvernement sans un titre officiel. Les offres faites par le sénat de Venise ont donc passé par l'intermédiaire de son ambassadeur en Suisse, sans amener aucune relation diplomatique officielle entre la République et notre réfugié. — D'autre part, M. Rott. Thoreuf, secrétaire de la légation de Suisse en France, qui a fouillé les principales archives d'Italie, nous a dit n'y avoir rencontré qu'une fois, et incidemment, le nom de d'Aubigné.

[3]. *Hist. univ.*, t. III, col. 554. Cf. notre t. Ier, pp. 238, 239 et 249.

laisser bien servir. » Cette fois, d'Aubigné devait d'autant moins redouter quelque déboire, qu'à cette heure Venise était alliée à la France, et il ne doutait pas que le roi de France « n'eust trés agreable cest employ. » Miron, son ambassadeur, en avait décidé autrement, et Venise dut renoncer aux services d'un homme « tant hay de Sa Majesté. » Le 9 décembre 1623, le Petit Conseil de Genève reçut une lettre par laquelle le roi se plaignait que « aucuns de ses sujets, secouans le joug de son obeissance et du respect qu'ils lui doivent, s'estans retirez parmi eux, s'emportent imprudemment à plusieurs discours licentieux contre son authorité et le bien de son service, ce qu'il a esperé devoir estre reprimé. » D'Aubigné demanda des juges « non passionnez, » offrant, « si sa presence prejudiciait au bien de l'Estat, » de se retirer.

Une des plus rudes attaques qu'il eut à subir de ses persécuteurs de France fut qu'on le condamnait à avoir la tête tranchée « pour avoir revestu quelques bastions des pierres d'une esglise ruinee l'an 1562. » C'était sa quatrième condamnation capitale. Elle pouvait atteindre d'autant plus durement d'Aubigné qu'il était sur le point d'épouser « la vefve de M. Balbany, de la maison des Burlamasqui de Luques[1]. » Le jour même du contrat, lui-même alla porter la nouvelle de cet arrêt à la veuve, résolu d'en tirer une épreuve décisive, et, sur sa réponse pleine d'énergique résolution, le mariage fut conclu le 24 avril 1623.

[1]. Dans un ouvrage qui a pour titre : *Lucques et les Burlamachi* (Paris et Genève, 1848), M. Ch. Eynard a raconté, d'après les mémoires de Renée Burlamachi, la vie de cette femme singulièrement éprouvée par la perte de son premier mari et de ses dix enfants. Ces mémoires s'arrêtent à la mort d'une tante Calandrini (1601). Ils ne contiennent donc rien sur Agrippa d'Aubigné que Renée Burlamachi ne devait épouser que vingt-deux ans plus tard.

C'est à propos de ce mariage avec un « proscrit etesté » que le jeune Esaië de Baille [1], qui avait passé avec d'Aubigné l'hiver de 1622 à 1623, fait suivre une lettre touchante adressée au vieillard de ce postscriptum : « En eschange de votre beau quatrain, je vous donne ce malotru, à condition que Madame d'Aubigné ne l'entendra point :

> *Quand d'Aubigné se vit un corps sans teste,*
> *Il maria ce tronc pasle et hideux,*
> *Très asseuré qu'une femme bien faicte*
> *Auroit assez de teste pour tous deux.* »

Mme d'Aubigné, si elle vit le quatrain, en put apprécier la terrible galanterie, mais elle dut aussi ne pas tarder à s'apercevoir que cette tête septuagénaire, encore solide, n'abdiquait point, en fait d'autorité, la part du lion.

Dès le 21 juin 1621, d'Aubigné, d'abord logé « aux despens de la ville, » avait acheté et bâti la terre de Crest, qui en tout lui revint à 11.000 écus. Ce petit manoir, situé à dix kilomètres de Genève, existe encore dans son état primitif, avec ses quatre tours et son campanile. Aucun ne donne mieux l'idée de ces petits castels du seizième siècle, d'où l'on pouvait découvrir au loin l'ennemi et se défendre au besoin contre l'agresseur. Aussi peut-on croire que, si d'Aubigné, peu de temps avant son mariage, congédia les gentilshommes qu'il avait entretenus dans sa maison, il sut néanmoins s'y bien garder des entreprises de d'Épernon et de l'archevêque de Bordeaux qui, pour se débarrasser de lui, « desfrayerent jusques à dix assassins. »

---

1. M. Ch. Read a le premier publié cette lettre tirée du t. III, fol. 49 des manuscrits de Bessinges (*Bulletin*, 1875, XXIV, p. 323). M. H. Bordier, dans la *France protestante*, l'a restituée à son véritable auteur.

En 1625, « Monsieur le Connestable (Lesdiguières), estant à la guerre de Gennes, envoya le Conseiller d'Estat Bullion vers Aubigné... C'estoit pour une entreprise pour la Franche-Comté..., mais cela se sentit de la finguardise qui parut au reste de ceste guerre là. » Deux lettres, adressées à M. Bullion (2 avril et 18 juillet 1625), nous le montrent prenant feu de nouveau pour cette entreprise et pour « la plus difficile besongne à laquelle les François ayent esté descouplez depuis Charles VIII, » et il écrivait à ce propos au comte de la Suze : « Je ne puis vous mentir que ma piece de milieu (son cœur) ne se pourroit accorder avec mon loisir et mon inutilité, si la teste ne la faisoit taire, en luy alleguant la bienseance de mon aage. » D'Aubigné tient M. de Bullion au courant des nouvelles de France et de Savoie. « Quant à la Franche-Comté, ils ont levé deux mille cinq cens hommes de pied et cinq cens chevaux..... J'ay fait recognoistre cela par deux voyes. » Il supplie ses deux correspondants « de ne le point conter pour si vieux, » de se rappeler « qu'il est homme de siege et sans capitulation, » prêt à reprendre joyeusement, « sous le plus redouté Capitaine de l'Europe, la petite espee qu'il a mise au crochet. »

Nous avons tout lieu de supposer qu'on laissa s'éteindre ce zèle, sans l'employer, puisque, dans cette guerre, l'auteur ne signale aucun exploit qui lui soit personnel. D'autre part, la crainte continuelle d'une attaque sur Genève et la conscience d'un poste à garder fidèlement firent aussi rejeter à d'Aubigné l'invitation que lui adressa l'ambassadeur d'Angleterre « d'aller faire un tour en ce pays. » Il avait déjà accepté la commodité du bateau que le comte de

Carlisle faisait construire à Strasbourg pour son retour; mais le sentiment du devoir le retint au dernier moment.

CHAPITRE VII

D'Aubigné emploie les dernières pages de la *Vie* à exposer ses légitimes griefs contre un fils indigne, qu'il a flétri et déshérité dans son testament[1]. Il faut insister sur les « puantes actions », sur les « offences enormes » qu'il lui reproche ; car elles ont humilié, torturé le cœur de d'Aubigné, lui ont inspiré quelques-unes de ses pages les plus douloureusement éloquentes, et, comme il ferme son autobiographie sur cet amer souvenir, on est en droit de croire que la plume lui est tombée des mains de honte et de douleur.

Les plus heureuses dispositions, secondées par une éducation dirigée « avec tout le soin et despense qu'on eut pu employer au fils d'un prince, » ne surent préserver du désordre et de l'opprobre ce misérable, affamé de grossiers plaisirs. Tous les crimes ont souillé son existence : ivrognerie, débauches, jeu, fabrication de fausse monnaie, assassinats, enlèvements. D'Aubigné pardonna plusieurs fois ces scandales, essaya de couvrir son fils de son crédit, de son honorabilité; mais ce que l'austère protestant ne pouvait guère pardonner, ce fut de voir son propre sang pratiquer les Jésuites, renier sa foi, en trafiquer et tromper les deux

---

1. T. Ier, p 120.

partis. En vain le père lui donna la lieutenance de Maillezais, pour le rattacher au devoir ; Constant, qui a transformé la place en brelan, boutique de faux monnayeurs et mauvais lieu, essaie de la ravir par force à son gouverneur. Deux fois Maillezais et le Dognon offrirent le triste spectacle d'un fils, d'un beau-frère et d'un père se donnant assaut et luttant avec soldats, échelles et pétards, pour la reprise de ces places. Ces entreprises criminelles sembleraient trop insensées, si elles n'eussent été encouragées par la connivence de la cour ; aussi Rohan, gouverneur de la province, n'en put jamais obtenir justice.

En 1624, Constant vint à Genève tenter une réconciliation avec son père, mais un rapport fait au Petit-Conseil le signale comme créature des Capucins et des Jésuites et, quoique naguère en fort petit équipage à Paris, bien en couche et muni d'argent. Si la réconciliation ne se fit pas alors, un échange de lettres entre le père et le fils prouve que tant d'offenses n'avaient pas encore complètement découragé l'indulgence paternelle. Le 18 juillet 1625, d'Aubigné remercie le connétable Lesdiguières de « l'exces de ses courtoisies envers le pere et le fils. Si on luy tient promesse, je mettray l'espaule sous la sienne, pour luy ayder à la tenir. » Il s'agissait sans doute de conduire des troupes en Saintonge, mais d'Aubigné, qui connaît son fils, ne veut pas s'engager pour lui et se tient sur la réserve : « J'ay bien veu, lui écrit-il, reussir des voyages entrepris temerairement, et comme l'on dit, des embarquements sans biscuits, à ceux qui ne portoyent que leurs personnes, et non pas à ceux qui ont plus de charge d'âmes qu'un curé... »

L'apostasie arrache à d'Aubigné de véritables cris

de rage : « Surimeau, tenez pour certain que l'apostasie ou l'atheisme me sont insuportables envers ceux qui ne me touchent point de sang, [mais] qu'il n'y a regle mediocre en ma douleur ny en ma juste colere, quand le Diable a mis les ongles dans mes entrailles pour triompher du fils que Dieu m'avoit donné... Vous demandez que je vous ouvre, pour vous jetter à mes pieds, et je vous dis que ma porte ne vous peut recevoir que vous n'ayez brizé ou franchy les portes d'Enfer[1]. » Dans une autre lettre, également sans date, mais évidemment de la même époque, d'Aubigné écrit à Constant : « Vos desbauches et dettes vous ont osté l'orillier de la maison et le repos. La condition où vous estes vous est en horreur. Toutes ces maladies implicites demandent un grand changement d'air et le bain de vos sueurs. » Est-ce à ce moment qu'il fut question de l'envoyer auprès du roi de Suède? « Je suis après à envoyer mon desbauché dans l'armee de Danemark, où je lui ai preparé un ami pour le recevoir travesti et inconnu pour le commencement. » D'Aubigné avait prudemment disposé d'étape en étape le viatique indispensable à ce grand voyage, mais Constant voulait de l'argent comptant, et, trouvant « tout cela trop eslongné de ses pretentions, il convertit ce voyage en celuy d'Angleterre[2]. »

C'était le temps où Buckingham, affolé par sa passion pour la reine, humilié de son échec à Saint-Martin, assuré du concours de la Rochelle, se préparait à rompre avec Richelieu (1627). Quelques lignes adressées par d'Aubigné à M. de Savignac à Londres (22 no-

---

1. T. Ier, pp. 192, 298 et 316.
2. T. Ier, pp. 112 et 576.

vembre 1626), malgré l'obscurité de termes généraux, montrent l'agitation inquiète et les espérances du parti, plusieurs mois avant la rupture définitive (avril 1627) : « Vostre lettre m'a resjoui, me voyant... en possession d'une amitié que la parité des veuës, des desirs violents, des perils, des haynes, des sympathyes et peut estre des *desseins*, a fait toucher à la main et conjoincte sur l'autel du Tout Puissant. Si tout cela se pouvoit mettre en prattique, en nous tenans vous et moy par nos fidelles mains, Dieu, de foibles les rendroit fortes[1]. » Mais il fallait s'entendre avec le parti, et Constant, malgré les trop justes méfiances de son père, fut choisi pour porter les lettres en Angleterre. Il eut l'honneur d'être admis à un conseil secret, composé du roi, de Buckingham, de quatre Mylords et d'un envoyé du duc de Rohan. Entre autres résolutions, on décida : « d'envoyer querir d'Aubigné, » et Constant sut se faire donner cette commission. A l'aller comme au retour, malgré défense expresse, Constant avait passé par Paris, vu de nuit Schomberg, puis le roi, et livré les affaires d'Angleterre et de son parti. De retour à Genève, le fils, malgré ses serments, ne put tromper la perspicacité du père : « Voilà, écrit d'Aubigné, ce qui a deschiré l'amitié d'entre le pere et le fils. » Agrippa avait pu tout pardonner ou feindre l'oubli, mais, quand le renégat eut vendu son parti, d'Aubigné n'hésita plus à lui appliquer l'irrémissible flétrissure et à l'appeler, comme en son testament : « destructeur du bien et honneur de la maison[2]. »

En octobre 1628, d'Aubigné avait vu succomber la

[1]. T. Ier, p. 486.

[2]. Constant d'Aubigné mourut à Orange, le 31 août 1647, dans la foi de la religion réformée.

Rochelle devant l'opiniâtre ténacité de Richelieu; en mars 1629, le roi en personne forçait le pas de Suze; à ce moment, d'Aubigné, retenu au lit par l'érysipèle, écrit à Rohan, que la fièvre couche aussi dans le sien. Deux des plus héroïques défenseurs de la Cause sont malades, comme le parti lui-même. Le 27 mai, Privas, capitale du Vivarais protestant, est emporté d'assaut et ses meilleurs hommes pendus « pour couper le bras droit à M. de Rohan, » comme écrivait le roi à sa mère.

Rohan, dont la correspondance avec d'Aubigné paraît assez active en ces années fatales au parti, lutta jusqu'au bout et, quand la paix fut signée, le 28 juin 1629, à Nîmes, cet indomptable porteur de l'étendard d'Israël partit pour Venise, ne désespérant pas encore de fléchir et ramener la fortune. Dans une lettre qui semble adressée à Rohan, peut-être après la paix d'Alais, d'Aubigné écrit : « Vous prendrés donc la chemise blanche que vos sueurs demandent, premierement entre les bras de Madame, et puis entre les mains fidelles de ceux de Dieu qui vous a donné les cœurs. » Dans une autre épître, également sans date, mais adressée sûrement à Rohan, il envoie au vaillant lutteur ses vœux et souhaits avant le départ : « Cette lettre n'est pas pour vous dire en papier l'adieu que la prudence a empesché de vive vois, c'est une fasson que j'ay accoustumee il y a long temps, et qui s'apelle en Poitou le privilege d'Obigni. Aussi ne puis-je conter pour absens que les mors ou les revoltez; tous autres demeurent en mesme maison qui est l'Esglise de Dieu, et encores par là je tiens pour superflu de dire à Dieu à ceux qui meurent au Seigneur[1]. »

---

1. T. Ier, pp. 497 et 525.

A partir de 1627, la vie militante de d'Aubigné cesse ou se ralentit, plutôt parce que son activité demeure sans emploi que parce qu'elle est épuisée. La musique, sa correspondance, l'impression de ses ouvrages occupent des loisirs qui s'écoulent, soit dans la maison de ville de sa femme, soit dans son château du Crest. Un jour il traite la princesse de Portugal et ses six filles et leur offre en sa maison un grand concert de musique, comme nous l'apprend une pièce de vers adressée en cette circonstance à la princesse.

Deux lettres, datées de la dernière année de sa vie (1630) à Mesdames de Rohan et des Loges, sont un envoi de ses *Petites œuvres meslees*. A la première, il écrit galamment, à l'imitation des poètes antiques, qu'il porte envie à son livret, prêt de recevoir la clarté de ses yeux et d'estre touché par ses mains pures, et il lui recommande surtout la lecture de deux Psaumes. A la seconde il rappelle, non sans charme, le souvenir d'un danger qu'elle courut jadis, une nuit, à Maillezais, « avec sa gentille bande, » quand « une des roues de son carrosse eschappa dans un fossé taillé en roche de trente pieds de haut. »

Le vieillard a beau s'écrier, s'adressant à ses volages humeurs, à son caractère irascible et belliqueux :

Laissez dormir en paix la nuict de mon hyver!

jusqu'à son dernier jour, il attirera des tempêtes sur

Ce chef blanchi dessous les neiges entassees.

C'est sa femme qui l'écrit à son gendre, M. de Villette, trois semaines avant de lui fermer les yeux. « La grande promptitude de Monsieur n'est point amoindrie avec l'âge, ni son excellent esprit, à qui il donne quelquefois plus de liberté que les affaires de ce temps ne permettent. Je lui dis souvent qu'il est temps d'arrêter sa plume... Il a eu, ces jours passés, une bourrasque à cause du livre de F. *(Fæneste)* augmenté de nouveau, qui n'a pas été bien pris en ce lieu-ci. » Cette *bourrasque* avait valu à l'imprimeur Pierre Aubert une amende de cent écus ; l'auteur avait été réprimandé, prié de s'abstenir de telles publications, et l'édition du livre confisquée.

Au milieu de regrets amers et des plus sincères témoignages d'affection, la veuve de d'Aubigné, Renée Burlamachi, confesse que feu son mari « s'alloit mettre dans un labyrinthe de fâcheuses affaires, et qu'il y a beaucoup de particularités qui ne se peuvent écrire. » Jusqu'au dernier jour, notre proscrit reste ce qu'il a été toute sa vie, un indépendant redoutable à ses ennemis, parfois même gênant et importun à ses amis.

Anne de Rohan terminait par ces vers un sonnet adressé à la ville de Genève *Sur la mort de Monsieur d'Aubigné*[1].

> *Toi, grave sur sa tombe en tes larmes trempee :*
> *Ci-gist de qui l'esprit et la plume et l'espee*
> *Me pouvoient conseiller, louer et secourir.*

Genève souscrivit aux vœux et aux prescriptions de cet éloge funèbre. Elle fit inhumer son citoyen adoptif au cloître de la cathédrale de Saint-Pierre, et plus tard recueillit dans l'intérieur de l'église l'inscription latine composée par le défunt lui-même pour décorer

---

[1]. Théodore-Agrippa d'Aubigné mourut le 9 mai 1630 (29 avril, ancien style), le jour de l'Ascension.

son tombeau[1]. Le contraste du caractère genevois, austère et puritain, et de l'humeur toujours gauloise et frondeuse du vieux Saintongeois, explique les démêlés des derniers jours. Ces légers nuages entre le Conseil et le réfugié ne diminuent point la dette de gratitude de la France protestante envers la cité calviniste, qui recueillit, honora, protégea, pendant dix ans, une des plus glorieuses victimes de nos guerres civiles. D'Aubigné d'ailleurs, s'il inquiéta quelquefois Genève, sut acquitter lui-même par de réels services le prix de cette hospitalité.

---

1. Voici le texte exact de cette inscription, que le testament de d'Aubigné reproduit (Voir t. I*er*, p. 118), mais d'une façon tout à fait incorrecte : D. O. M. // *Testor, liberi,* // *quam vobis aptus* [pour *adeptus*] *sum,* // *solo favente numine,* // *adversis ventis* // *bonis artibus* // *irrequietus quietem,* // *eam colere, si deum colitis,* // *si patrissatis* [si vous marchez sur les traces de votre père], *contingat;* // *si secus, secus accidat.* // *Hæc pater iterum pater* // *per quem non a quo vobis* // *vivere et bene datum* // *studior*[um] *hæredib*[us] *monumento,* // *degeneribus opprobramento* // *scripsit.* // P. // *Theodorus Agrippa Albineus* // *octogenarius obiit anno* // MDCXXX *April. d.* XXIX.

II. APPRÉCIATION LITTÉRAIRE

A. — D'AUBIGNÉ HOMME PRIVÉ, HOMME PUBLIC

CHAPITRE PREMIER

Nous avons raconté, d'après ses propres témoignages, la vie d'Agrippa d'Aubigné. Fidèle à la méthode que l'historien s'est lui-même imposée, nous avons réservé notre jugement, ne voulant point mêler la critique à l'exposition des faits. Étudions maintenant les mobiles de sa conduite; mais, avant de juger l'historien et l'homme public, essayons de pénétrer dans son intimité et d'apprécier l'homme privé.

D'Aubigné blâme, dans la préface de son *Histoire*, « ces imprimeurs curieux de représenter en taille douce les autheurs aux premieres pages de leurs livres. Tel soin, dit-il, est inutile, car il ne profite point au lecteur de voir le visage et les lineaments de celui qui l'enseigne, mais bien ceux de l'ame; » modestie sincère ou simple réminiscence de Tacite, puisqu'il a deux fois au moins laissé peindre son image. D'après les deux portraits que nous connaissons de lui[1],

---

1. L'un de ces portraits est conservé à la bibliothèque de Genève; l'autre a été découvert par M. Charles Read à la bibliothèque de Bâle.

esquissons d'un trait rapide cette figure dont l'ensemble rappelle, moins la vivacité narquoise, la physionomie du Béarnais. Le portrait de Bâle, attribué à B. Sarbruck, est plus jeune et de plus fière allure que celui de Genève. Dans ce dernier, d'Aubigné a soixante-douze ans. Ses yeux sont en amande, le regard paraît un peu éteint et comme légèrement voilé. L'accord des deux artistes ne permet guère de croire à une trahison de leur pinceau. La tête est longue, le front haut, un peu étroit et fuyant. On sent que la foi a occupé ce cerveau tout entier, que l'idée religieuse a été le mobile de toute cette existence. Le nez puissant et busqué, la mâchoire et le menton carrés, indiquent une volonté opiniâtre. La bouche largement fendue, mais aux lèvres minces, est bien d'un satirique impitoyable. A la vue de cette tête, sans la connaître, nous dirions : c'est un huguenot du xvie siècle. D'Aubigné n'est donc pas un beau cavalier, un de ces élégants muguets, de ces Italiens parfumés, une de ces « épées dorées » qu'il a souvent raillées dans les *Tragiques* et *le Baron de Fœneste*. S'il n'a point laissé de membres sur les champs de bataille, comme la Nouë, s'il n'est pas défiguré d'une arquebusade « à travers les deux joues, » comme Montluc, il reproche assez souvent à son roi, pour que nous n'en ignorions, « sa peau percée en plusieurs endroits, » « ses douze playes sur son estomac. » Lui-même nous apprend qu'il est marqué au front d'un charbon, contracté à la peste d'Orléans, qu'une tentative d'empoisonnement « lui fit tomber tous les cheveux et peler la peau. » Bien que son robuste tempérament ait triomphé de vingt accidents, tant d'escalades, de chutes, de duels et de combats, où il est laissé pour mort, ont inévitablement gravé leur ineffaçable sillon sur ce corps « ferré, » sur cette face de rude soldat. Pendant cinquante-quatre ans, ce téméraire, amoureux de la mort, a couru au-devant de tous les coups, de toutes les blessures. S'il est vrai, comme il l'affirme, que la belle Diane Salviati, éloignée de lui, ne fit plus que languir, nous estimons que le talent du poète, « la fureur » des sonnets de son *Printemps* durent émouvoir et toucher la jeune fille au moins autant que les grâces de son amant. N'oublions pas cependant qu'il fut pendant quelque temps de toutes les fêtes, « mascarades, balets et carrousels de la Cour; » c'est « un des meilleurs hommes de barrière, de tournoi et de bague; » il est bel esprit, *académicien*, frondeur, déjà plein de reparties amères. D'Aubigné avait donc, à défaut de la beauté régulière des traits, l'esprit, l'adresse, l'audace poussée jusqu'à la folle témérité, et cette fierté vis-à-vis des hommes, appuyée sur la conscience de sa force, qui plaît singulièrement aux femmes.

D'Aubigné apparaît, parmi les hommes du XVIe siècle, l'égal de qui que ce soit en courage, en intelligence, en savoir; il est fier, vaniteux, plein d'honneur et de probité; mais ce type d'indépendance hautaine, d'inflexible droiture, ne se dégage pas d'abord et tout d'une pièce, comme ceux de la Noüe, de Duplessis-Mornay, qui paraissent avoir échappé aux emportements d'une orageuse jeunesse. D'Aubigné, auquel manquèrent les soins d'une mère, que son père, peu de jours avant sa mort, « baisa hors sa coutume, » et qui semble, dès l'âge de huit ans, n'être entre ses mains qu'un instrument de vengeance, est toute sa vie un indiscipliné, en révolte avec ses pédagogues et son tuteur, comme avec le roi et ses courtisans.

A dix-huit ans, il a subi toutes les épreuves, tout goûté, tout affronté : l'érudition, la magie, la peste, la misère, la maladie, la guerre, la pensée du suicide, la débauche ; il a vu la mort face à face, et de si près qu'on s'explique sa croyance aux pressentiments, au surnaturel. D'Aubigné est resté jusqu'au bout homme d'épée, amoureux « de gentils exercices de guerre, » de coups hardis, de duels. Il aime à jouer des mains, à défier le sort, à tenter l'impossible, à marcher au combat en pourpoint, en chemise, et aussi à le raconter. Pourtant, même avant l'âge mûr, cette fièvre d'activité, sans se refroidir, se concilie avec la raison, avec une ombrageuse et inflexible austérité. A l'âge où ses compagnons d'armes ne reconnaissent d'autre loi que celle du plaisir ou de l'intérêt, il s'est imposé un code immuable d'honneur et de devoir. Pas plus que le Béarnais, d'Aubigné n'a mis impunément le pied à la cour des Valois. Un instant il subit le prestige des Guises, au point de s'égarer un jour à Dormans dans les rangs catholiques, d'oublier les têtes d'Amboise et la menace de malédiction paternelle ; mais bientôt il s'affranchit « de cette corruption » que Jeanne d'Albret redoutait justement pour son fils, entraîne après soi son maître, le forçant à reconquérir dans le présent sa dignité, dans l'avenir un trône. Dès lors, et chaque jour, l'esprit de d'Aubigné se dégage et se moralise, non pas qu'il prêche la vertu, ce n'est pas un saint, mais il repousse avec indignation la corruption vénale, les bassesses intéressées, les services honteux, les accommodements et les capitulations de conscience. Nul n'a mieux saisi que Sainte-Beuve le trait original de cette physionomie : « Il gardait au cœur, en toutes ses licences, un coin de *puritain*, qui persista sans jamais tuer le vieil homme, et qui gagna seulement avec l'âge. Il dut à sa race, à sa trempe d'éducation et au rude milieu où il fut plongé, de conserver, à travers ses passions contradictoires et qu'il combattait très peu, un fond de moralité qui étonne et qui ne fait souvent que leur prêter une plus verte sève. »

Il faut donc distinguer trois périodes dans l'existence de d'Aubigné. C'est d'abord, après un rude apprentissage des armes, l'ami des Guises et le soldat de Dormans. L'émancipation de son maître achève sa réhabilitation; homme d'action et de parole, il ne risquera plus de défaillances. C'est enfin le malcontent, impitoyable railleur; c'est « l'imployable partisan, » cherchant de ses mains impuissantes à soulever l'Europe pour son parti; c'est le prédicant religieux, et, au milieu de ses crudités gauloises, l'austère moraliste.

CHAPITRE II

On ne saurait séparer l'homme de l'historien. Réservant pour le moment notre opinion sur les qualités et les défauts de son œuvre, nous devons examiner, dès maintenant, la valeur morale de l'historien, le degré de confiance qu'il mérite. Nous en croyons d'Aubigné, quand il affirme qu'il a bien pu « dire quelque menterie, sans estre menteur. » Il ne faut pas d'ailleurs mesurer ces âmes exaltées, échauffées par la foi, sur le patron de nos cœurs amollis, de nos esprits égoïstes et sceptiques. Ce qui nous paraît l'impossible est possible pour eux, ce qui nous semble folie est, à leurs yeux, tout simplement le devoir. « Alors, il fut permis d'avoir le cœur haut et de le sentir. » La génération qui vit la fin du dix-huitième siècle a retrouvé quelques gouttes de ce sang généreux ; en elle s'est éteinte la descendance de cette forte race du seizième siècle.

La passion et la vanité ont-elles, sinon dévoyé la conscience de d'Aubigné, du moins obscurci son jugement? Nous affirmons, après une consciencieuse étude, que nul historien du seizième siècle, ni du Haillan, ni La Popelinière, ni Davila « qui se sont monstrés parties, » ni Régnier de La Planche, ni le sage de Thou lui-même, n'ont eu un aussi grand souci de l'impartialité. S'il a accusé La Popelinière de « prevarication achetee, servitude reprochee en face à son autheur et qu'il lui a confessee avec larmes, » s'il a pu blâmer en de Thou « quelques affectations contre la maison de Lorraine, puis un changement à sa première édition qui montre ou precipitation ou foiblesse de courage, » c'est que, fort d'une bonne conscience sur ce point, il a lui-même constamment voulu « fouler aux pieds ses passions. »

L'historien sait et répète sans cesse que « son mestier est d'escrire sans juger des actions, comme les præmisses d'un argument, duquel celui qui lit amasse la judicieuse conclusion. » Il écrit au marquis de Courtaumer : « Donnez quelques soirees à un ami qui essaye de bien faire, si mon *Histoire* vous a apris que je serve à la louange ou au decry de mes amis et de mes ennemis, sans estre poussé aux mensonges, ny par la hayne, ni par l'amitié, en n'establissant ny la louange, ny le deshonneur, que par les actions simples et nuës sans y aporter jugement. » Et ce n'est pas seulement lui-même, ce ne sont pas seulement ses amis qui lui rendent ce témoignage. Un jésuite a dit de d'Aubigné et de son *Histoire* « qu'il ne quittoit pas son chemin pour juger, ni pour dire paroles injurieuses, mais qu'il faisoit parler les choses. » Dans la bouche d'un ennemi, ces mots ne sont-ils pas comme un aveu forcé d'exactitude et d'impartialité?

S'il juge d'un mot et en passant ses ennemis, il dit le bien autant que le mal. Les Valois, « la *Florentine*, » marqués au fer chaud dans les *Tragiques*, redeviennent des justiciables qui ont droit à l'équité. Il écrira de Catherine de Médicis « qu'elle n'avoit rien de commun en vices ni en vertus, » et ailleurs « qu'elle n'avoit rien de bas; » il reconnaîtra ses intentions sincères de conciliation au concile de Trente. N'est-ce pas enfin le ton véritable de l'histoire ce jugement définitif sur la mère des Valois? « Chacun admiroit de voir une femme estrangere, nee de condition impareille à nos Rois, au lieu d'estre envoyee en sa maison, comme plusieurs Roines douairieres, se jouer d'un tel royaume et d'un tel peuple que les François, mener à sa cadene de si grands Princes; mais c'estoit qu'elle se sçavoit escrimer de leurs ambitions, bien mesnager les esperances et les craintes, trancher du cousteau des divisions et, ainsi docte en toutes les partialitez, employer pour soi les forces qu'elle devoit craindre[1]. »

D'Aubigné se vante de n'avoir pas une fois prononcé « le vocable de cruauté, ny celuy de la rigueur, » à propos de la Saint-Barthélemy. De même il se refuse à parler des victimes des Espagnols en Amérique,

---

[1]. *Hist. univ.*, t. II, col. 689.

« parce qu'il ne sçauroit entrer en ce discours sans passion contre leurs cruautés et perfidies. » Scrupule véritablement blâmable, poussé jusqu'à ce point, puisqu'il substitue le silence à la justice et supprime le crime pour n'avoir pas à le flétrir.

D'Aubigné plaide au besoin les circonstances atténuantes, qu'il s'agisse d'amis ou d'ennemis. Antoine de Navarre « s'estoit ployé à tous sens et changements, plus par foiblesse de cervelle que de cœur. » Guise est « un grand capitaine, duquel le naturel se fust porté non à la ruine, mais à l'estendue de la France, en une autre saison et sous un autre frere. » Il a d'ailleurs toujours professé pour ce prince une haute admiration, souvenir de jeunesse et sympathie d'homme d'épée pour les vaillants. Ce dernier sentiment explique une sorte d'indulgence relative pour le baron des Adrets lui-même, « un renegat et un bourreau, » que sa férocité n'a pas empêché d'être « un capitaine excellent. » On sent que ce terrible exécuteur, digne pendant de Montluc, avait fait une forte et durable impression sur l'esprit de d'Aubigné enfant (1562). Comme celui-ci lui demandait pourquoi rien ne lui avait succédé, quand il eut quitté le Parti : « C'est, répondit le Baron, qu'avec les Huguenots j'avoys des soldats; despuis, je n'ay eu que des marchands qui ne pensent qu'à l'argent. » De tels éloges rachetaient sans doute, aux yeux de l'historien, bien des cruautés. D'ailleurs d'Aubigné est un partisan ; il ne condamne que les tueries inutiles et les capitulations mal gardées.

On a accusé d'Aubigné d'avoir marchandé l'éloge, par esprit de dénigrement et de jalousie. Disons plutôt qu'il le prodigue, aux catholiques comme aux protestants. Il a ses héros dans les deux camps : c'est l'Hospital, qu'il loue si bien d'un mot, en l'appelant : « le seul Chancelier; » c'est l'Amiral Coligny « qui excedoit son siecle; » c'est un Montbrun dont un jeune capitaine suisse disait : « Jules Cæsar, le roi François et lui ont deffaict notre nation; » c'est un Seré qui, mourant, envoie son gant sanglant à sa sœur « damoiselle de courage qui le garda entre ses plus precieux joyaux; » c'est Chambaut, qui tout blessé « se fait porter dans une chaire; » c'est La Rivière, « le plus diligent et plus laborieux caval leger qui fust au service du Roi; » c'est ce vaillant Martigues, « un des plus hasardeux et resolus capitaines du royaume, » loué par d'Aubigné, aussi bien que par la Nouë, pour avoir, au combat de la Levée (1568), fait une si belle trouée dans les rangs des Réformés; c'est Saint-Luc, « envié des courtisans, aimé des gens de guerre jusques à la mort, et aprés elle regretté; » c'est Chicot lui-même, cité à l'ordre du jour, pour s'être fait tuer cinq chevaux sous lui, en voulant se venger de Mayenne qui l'avait battu; c'est Givry, tué à Laon, « de qui l'on disoit qu'en esprit, en courage et en bienseance, nature avoit mis ses delices en lui. » Et, si l'on se plaît au contraste des personnages, c'est un Maurice de Nassau, restaurateur des mœurs et de la discipline militaire; c'est le meilleur ami de d'Aubigné, Claude de La Trimouille; c'est Rohan, combattant encore, comme dit Sénèque, un genou en terre. Arrêtons-nous, il faudrait, dans le camp des protestants, citer cette interminable liste de martyrs tirés de l'oubli, justement confondus en ces pages, comme sur des tables funéraires.

Ainsi l'historien distribue l'éloge à tous ceux dont les actions d'éclat sont parvenues jusqu'à lui. Regardant cet hommage comme une dette, il gourmande

l'indifférence des fils « qu'il faut inutilement prier. »
« Vous diriez que la gloire du pere rend le fils honteux, et que de peur d'estre obligé aux excellents traicts et parfaites beautez de nos ayeuls, nous en voulons supprimer la memoire et jetter au feu les tableaux. » Ici d'Aubigné se plaint de ne pouvoir, « par le mespris de la renommee, » donner le nom d'un faible navire, qui fit sauter un vaisseau ennemi; là, il regrette de ne pouvoir nommer « plusieurs simples soldats, qui ont mis le premier genou sur les creneaux ou arresté une desroute par leur vertu. »

Non seulement d'Aubigné, qui cite tant de justiciables à son tribunal, se plaît plus à l'éloge qu'au blâme, mais il ne veut pas déshonorer toutes les défaillances. Il sait que Dieu « s'est reservé sur les courages » et que les seuls *Fænestes* n'ont jamais eu peur. S'il confesse que les soldats du prince de Condé « de Reformés s'estoient rendu *defformés;* » s'il constate avec douleur « les vices desjà coulés » dans les armées protestantes, « qu'elles avaient fait la premiere guerre en anges, la seconde en hommes et la troisiesme en diables encharnés; » s'il n'est pas avare d'amères censures générales aux deux partis, il épargne souvent la tache d'une mention à des hommes dont il retient volontairement le nom au bout de sa plume. Ainsi, la ville d'Amiens est surprise par une ruse des Espagnols et la lâcheté de quelques gentilshommes français. L'historien les laisse, sans les nommer, se rejeter les uns aux autres la honte de leur panique; il ne désigne que le brave et irréprochable Saint-Surin. A Fontaine-Française, il donne la place d'honneur à La Trimouille, « qui s'estoit convié à servir au Roi de miroir, » mais il « n'arbore pas » les noms des gentilshommes de marque qui avaient fui, les excusant sur un passé sans reproche. D'aubigné, qui se connaît en bravoure, semble faire la part, en certains instants, d'une sorte de fatalité. Quelquefois il mettra sur le compte d'un sentiment de dédaigneuse commisération une lacune de sa mémoire qu'il ne tient pas à réparer : « Je ne suis pas marri d'avoir oublié le nom de ce gouverneur. » Il s'agit d'un gouverneur de Vitré, « corrompu par presents du duc de Mercœur. » Il faut avouer que contemporains, et Bretons surtout, ne pouvaient guère s'y tromper.

Malgré ce parti pris d'impartialité et même parfois d'indulgence, bien que l'historien répète fréquemment qu'il n'est « apologue d'aucun des partis et renvoye à leurs escrits, » l'*Histoire* est une longue apologie du parti, mais jamais il ne s'échappe en déclamations ; il laisse parler les faits d'eux-mêmes, les mettant habilement en relief, s'en rapportant à leur éloquence ou concluant par une réflexion brève et péremptoire. Controversiste à ses heures, d'Aubigné semble, dans son *Histoire*, presque dénué du sens et de la faculté critiques ; il ne discute pas, il ne veut pas s'attacher à démêler la vérité entre relations diverses d'un même fait, et il nous le dit expressément : « Je ne me suis pas attaché à cette histoire pour les contrarietez des rapports. » Il ne s'écarte de cette réserve que pour quelque intérêt religieux. En ce cas, il exposera avec équité la confession de chaque parti, « ne refusant à aucun un tiltre honorable : c'est celui que chacun s'attribue, afin que nul ne se puisse plaindre de son choix, sauf à renvoyer au jugement des consciences pour sçavoir qui abuse de son tiltre. » Cela dit, il transcrit sans commentaires la confession et les thèses des catholiques comme des protestants. Ce nom même de *Papiste* et de *Huguenot* (dont le premier surtout sent un peu le mépris), s'il se lit en quelque lieu, l'historien déclare que « ce sera en faisant parler quelque partisan passionné, et non du stil de l'autheur[1]. » En un mot, ce sont pièces officielles qu'il se borne à insérer en simple rapporteur, en greffier consciencieux.

Il faut avouer pourtant qu'ailleurs d'Aubigné a aussi pratiqué la méthode de Tacite. Il excelle, comme lui, en rapportant les bruits de la renommée ou les opinions des uns et des autres, à insinuer indirectement la sienne, à se décharger d'accusations qui pèseraient à sa conscience et démentiraient son plan d'absolue « æquanimité. » Il a contre la compagnie de Jésus de personnels et légitimes griefs ; il lui en veut même de sa « superbe » appellation. Mais c'est la Sorbonne, avec son jugement sur les menées et agissements des Jésuites, c'est Estienne Pasquier, avec sa plaidoirie contre Versoris, leur avocat, qu'il charge d'exécuter ses implacables ennemis. Dans l'exercice même de ses rancunes, il relève encore d'un mot cette secte redoutable « qui nous taillera tant de besogne, adoree de tant de gens, haye de plus, mesprisee de nul. » Jugement équitable en somme, et dont la portée ne s'arrête pas au seizième siècle.

On ne saurait demander à celui qui écrivit les *Tragiques*, *Fæneste* et *la Confession de Sancy*, de s'abstenir toujours d'un coup de langue, de repousser le trait qui s'offre à sa main. Il nous montrera Condé faisant la paix contre les volontés de l'Amiral et l'intérêt protestant, parce qu'il est : « desireux de la Cour, où il a

---

[1]. Cette pensée rappelle les belles paroles de l'Hospital : « Ostons ces mots diaboliques, lutheriens, huguenots, papistes ; ne changeons le nom de chrestien. » (Harangue prononcée aux Etats d'Orléans, le 13 décembre 1560.)

laissé quelque semence d'amourettes; » ce qui ne l'empêchera pas de rendre justice dans une page d'un grand souffle au courage héroïque de ce prince chevaleresque, mais « hesitant et peu sûr[1]. » Il effleurera d'une main légère, à propos de son abolition à Rome, l'ordre des *Frères humiliés*, « qui par ceste humilité estoient parvenus à si grandes richesses. » A propos de l'enthousiasme des ambassadeurs Polonais, reçus à une fête des Tuileries, et déclarant que le bal de France est chose impossible à contrefaire à tous les rois de la terre, d'Aubigné ajoute d'un trait concis : « J'eusse mieux aimé qu'ils eussent dit cela de nos armees. » Voulez-vous voir un homme bien drapé en cinq lignes ? Écoutez ce portrait de Bussi : « Ainsi mourut Bussi, homme sans ame, ayant un grand esprit, tant aux choses qu'aux langues, un courage desmesuré, mais qu'il employoit plus à mordre les chiens de sa meute que sur les loups; tellement qu'un bon capitaine l'eust desiré chez ses ennemis. »

D'Aubigné a aussi des réticences trop claires, des discrétions par trop indiscrètes. Il se retient « d'apposer un tableau publié de son temps pour montrer la haine que Monsieur (frère du roi) avoit acquise, de crainte qu'on le prenne pour certificateur des enormitez. » Si l'historien se croit de bonne foi réservé à l'égard de ce prince, « qui mourut ayant autant d'ennemis que de cognoissans, » il oublie nous avoir révélé, à la page précédente, que, « par le bruit de ses vices, il se voyoit toutes les dames ennemies. » On se demande quel trait peut bien manquer au tableau !

---

1. *Hist. univ.*, t. Ier, col. 395.

CHAPITRE III

Nous n'avons pas révoqué en doute la sincérité de l'historien. Qu'il se borne, suivant son plan, à l'exposition des faits, ou qu'il s'échappe en réflexions d'une concision expressive, il a trop sous les yeux, en écrivant, *la Postérité*, à laquelle il dédie fièrement son œuvre, pour n'avoir pas repoussé de toutes ses forces l'esprit de parti, les basses suggestions, les rancunes personnelles. Son énergique volonté pour y parvenir n'est pas contestable. Y a-t-il toujours réussi ? Et d'abord l'amour-propre, la jactance ne sont-ils pas la source d'une inévitable partialité, puisque ces défauts faussent le point de vue, en grossissant notre mérite, en diminuant celui d'autrui, en nous portant à pallier nos erreurs, à exagérer celles du prochain ? L'*Imprimeur* défend son auteur contre ses rivaux, qui ont dit assez méchamment que « l'*Histoire* est vrayement *sienne*, pour ce qu'elle est *de lui* principalement. » « Je respons, apologue de mon Mæcene, qu'ayant esté soldat 54 ans, capitaine 50, maistre de camp 44 et mareschal de camp 32 annees, il auroit esté trop lasche ou trop malheureux, s'il n'avoit à respondre en son nom de plusieurs exploicts; là où il a peu le taire sous quelque qualité, comme d'*Escuyer du Roi*, *Enseigne* ou *Lieutenant*, ou sous le mot vague de *Quelqu'un*, et cela aux plus hasardeux traits de sa jeunesse, il a laissé cette connoissance à ses plus proches et familiers, la desrobant au reste de ses lecteurs; là où il a eu tiltre de chef et s'est trouvé responsable des gestions, il n'a peu ni deu le faire, et ne l'a voulu aux negociations qui cedent aux coups d'espee en vanité. On lui avoit demandé permission de noter les endroits où il a desguisé son nom par sa marque qui est un aleph (·/.); il la refusa, en quoi on lui a desobei, à la seconde edition, presque par tout. Je l'ai pourtant ouy deffendant les Commentaires de Cæsar et ceux de Monluc, alleguant que le plaisir de dire est juste aprés la peine et le peril des actions. Il adjoustoit, qu'estre exact à conter ses actions estoit vanité; n'oser produire son nom, une immodeste modestie et une trop vaine et lasche discretion. » Est-il besoin d'ajouter que si l'*Imprimeur* tient la plume, c'est l'*Auteur* qui dicte ? Son style le trahit assez. Oui, nous partageons son avis sur la fausse modestie, pire qu'un peu de vanité souvent légitime ou excusable. Depuis le combat de la Roche-Abeille jusqu'à l'entrée du Béarnais dans Paris, que de pages où le nom de d'Aubigné s'impose, où sa place est marquée sur les champs de bataille, dans les conseils et dans l'intimité du prince!

D'Aubigné aime à se vanter, mais, s'il ne veut rien perdre de ses avantages, s'il ne veut pas surtout que ses enfants en ignorent, du moins il ne ment pas. L'écrivain prend soin d'établir une distinction entre son *Histoire* et la *Vie à ses enfants;* il a raison et nous ne saurions trop y insister. Sans doute l'auteur qui écrivait, au moins les dernières pages, postérieurement à l'année 1628, est vieux, triste et mécontent, mais pourquoi se croirait-il obligé d'y conserver le ton officiel de l'historien? Il s'adresse, non plus *à la Postérité*, mais *à ses Enfants;* de là un langage différent, des anecdotes sur sa personne que la modestie et les proportions du cadre ne le contraignent plus de taire. Le voile des pseudonymes, voile plus que transparent, il faut l'avouer, dans l'*Histoire*, se soulève. « Cet *En-*

seigne, ce *Guidon*, ce *Lieutenant*, ce *Capitaine*, dit-il à sa famille, c'était moi, » et nous nous en doutions un peu. Si l'on était tenté de faire un reproche à l'auteur de la *Vie*, ce ne serait pas de raconter, encore moins d'avoir imaginé ces folles bravades, ces hasardeuses témérités, mais de les raconter avec un repentir, au fond assez peu sincère, de se confesser avec une contrition suspecte et quelque peu vaniteuse.

Si d'Aubigné maltraite son maître qui ne l'a pas toujours ménagé non plus, c'est à l'oreille de ses enfants, dans un manuscrit dont il a expressément ordonné qu'il n'y eût que deux copies toujours gardées dans la maison, confidences privées et domestiques, dont il a pu ne pas prévoir l'impression. L'historien n'a voulu voir et transmettre que les traits principaux du roi, ceux qui intéressent la postérité; le père de famille jugeant l'homme, le compagnon ne n'est pas cru obligé de dissimuler ses faiblesses. Les anecdotes que le vieillard a souvent racontées à son foyer, interrogeant sa mémoire plus ou moins fidèle et ses souvenirs en partie déjà recueillis par son jeune ami Ésaie Baille, il les couche sur le papier pour lui et les siens, aidé de sa propre correspondance qu'il a sous les yeux. Peut-on lui contester le droit de réserver pour ses Mémoires « les choses trop particulieres qui n'estoient pas dignes de l'histoire? » Il n'y a pas là contradiction, mais supplément d'informations personnelles; ici l'officiel, là le particulier.

CHAPITRE IV

Qui a tort, qui a raison, dans les nombreux démêlés du maître et du serviteur ? Laissons la *Confession de*

Sancy, dont l'authenticité n'est pas douteuse, mais c'est un pamphlet que son auteur n'a pas signé. Encore moins irons-nous puiser au *Divorce satyrique*. Un tel procès exige des documents dont la valeur n'ait pas même été contestée. Ces documents sont la *Vie* et l'*Histoire*. Oui, dans la *Vie*, les accusations contre le roi, qui vont s'accumulant de plus en plus graves, peuvent parfois sembler calomnieuses. « La malice poussoit (le roi) à lui faire toutes sortes de querelles, à luy empescher tous payements, et mesme à lui gaster ses habillements, pour le reduire à la necessité. » C'est là ce que l'auteur appelle ailleurs « des picquoteries. » Le dépit d'un prince amoureux, qui ne trouve que rebuffades là où il attendait la complaisance d'un courtisan sans scrupules, la rancune d'un maître souvent malmené par un censeur sarcastique expliquent ces querelles, ces brouilles, toujours suivies de raccommodements.

« Nourri aux pieds de son Roi, desquels il faisoit son chevet en toutes les saisons de ses travaux, quelque temps eslevé en son sein et sans compagnon en privauté, » Agrippa d'Aubigné fut le *camarade* du Béarnais, étant tous deux, ou peu s'en faut, du même âge[1]. Pouvait-on deviner, vers 1572, et plus tard encore, la fortune réservée au prince de Navarre? Compagnons de tente et de table, ils ont partagé les plaisirs aussi bien que la gêne, la faim et la froidure. Henri, touchant déjà la couronne de la main, trouvait souvent sa marmite renversée. Pareille vie efface les distances, engendre liberté, surtout si le maître aime à rire et le sujet à gronder; car d'Aubigné n'est pas né seulement

---

[1]. D'Aubigné est né en 1552, Henri IV en 1553.

satirique, mais sermoneur[1]. Le calvinisme, avec ses allures graves et sententieuses, son caractère austère et arrêté, s'accommodait mal avec la mobilité gasconne. De là ces brouilles, ces récriminations, ces médisances, ces calomnies, si l'on veut, dont d'Aubigné n'a pas conscience. Ce sont blessures continuelles de part et d'autre, entre deux natures opposées, qui n'ont pas tort dans leurs mutuels reproches. Tandis que le caractère du serviteur s'épure, que sa conviction religieuse s'affirme, se fortifie jusqu'à l'inflexible austérité, le maître, flottant, indécis, égal à tous les partis, instruments possibles de sa grandeur future, pourra garder au fond de son cœur quelque attachement pour les compagnons désintéressés de sa fortune, pour les ouvriers de la première heure, mais il sera forcé de les sacrifier chaque jour à ces consciences qu'il s'agit de rassurer ou de gagner, surtout à ces appétits qu'il faut bien satisfaire. Agrippa n'a jamais pardonné au Béarnais ce qu'il appelle son infidélité et la trahison de son parti, pas plus que le roi au sujet sa raideur frondeuse, son intraitable fidélité à sa foi. Henri a devant les yeux son intérêt uni à celui de la pacification, d'Aubigné son serment, sa croyance, l'intérêt exclusif de son parti. Entre les hautes raisons politiques et la voix impérieuse d'une conscience, entre la conduite du roi et celle du sujet, chacun a le droit de choisir, mais nul, même au nom de la raison d'État, toujours si contestable, n'a droit de condamner la fidélité au devoir et au serment.

Quand l'auteur de la *Vie* reproche à son maître « la

---

1. Les *Méditations sur les Psaumes*, par exemple, ont presque le caractère de la prédication évangélique.

resolution de le poignarder et le jetter en l'eau, » quand il l'accuse d'avoir résolu la mort « de celuy que Dieu a choisi pour instrument de sa vie, » on se demande si, dans un moment d'implacable rancune, d'Aubigné n'a pas prêté au roi lui-même la pensée de voies de fait et de crimes dont ses nombreux ennemis doivent seuls porter la responsabilité. L'écrivain n'infirme-t-il pas lui-même ces allégations par certaines preuves d'intérêt et de sincère affection que le mutiné relate avec une orgueilleuse satisfaction ? D'Aubigné ne se complaît-il pas dans ces projets homicides, prêtés à son maître, et qui flattent encore sa vanité ? Il n'est pas donné à tous les sujets d'irriter leur prince jusqu'à lui suggérer la pensée d'un crime, encore moins de lui faire perdre « quelques repas » par repentir ! Le Béarnais a bien des défauts, bien des vices, il est égoïste et ingrat, comme tous les cœurs légers; mais, par cela même, il n'est ni cruel, ni vindicatif. D'Aubigné, de son côté, est naturellement moqueur, cassant, agressif, incapable de retenir un bon mot ou une remontrance importune. Serviteur dévoué, mais morose, parfois injuste, souvent prévenu, plus importun qu'un véritable ennemi, qu'il s'en vante ou s'en accuse, sa *Vie* est remplie de violences, tranchons le mot, de brutalités sans excuse. Quand M. de la Caze, le menant à Condé, voulait, disait-il, « le donner à ce prince » : « Meslez-vous de donner vos chiens et vos chevaux, » repart le jeune gentillâtre. Ce garçon de vingt ans, presque besogneux, ne payait-il pas d'une incongruité un bon office qu'il pouvait refuser poliment ? Quand d'Aubigné conduit de Ségur près d'une fenêtre, le menaçant de lui « faire voir ce saut, » si le roi retourne à la cour, on conviendra que la menace est brutale et que de tels procédés expliquent de violentes représailles.

Le jour où d'Aubigné accomplissait l'évasion du Béarnais, il lui a réellement ouvert « le chemin de la vie et de la gloire. » Ce jour-là, le serviteur a racheté au centuple, dans le passé et dans l'avenir, toutes les brusqueries, tous les vices de son caractère ; ce jour-là, il a aussi bien mérité de son roi qu'en ces deux occasions où il lui sauva la vie, qu'en tous ces combats, où il recevait pour lui « douze playes sur son estomac. » Henri a trop oublié ce service, comme aussi le serment de la *Coulture Sainte Catherine*, le baiser donné à la joue de ses sept serviteurs, comme il devait oublier le serment notable prêté devant Jeanne d'Albret et toutes ses forces, près de Tonnay-Charente, « serment presté sur son ame, honneur et vie, de n'abandonner jamais la Cause. »

Il ne faudrait pas croire que, comme Procope se vengeait par les confidences de l'*Histoire anecdote* des éloges officiels qu'il décernait à l'empereur Justinien, d'Aubigné n'a quelquefois maltraité son maître dans sa *Vie*, qu'après avoir fait un complaisant panégyrique du roi dans son *Histoire universelle*. Depuis la préface, où l'historien répond au prince, qui lui demandait de consigner en son *Histoire* un exploit cynégétique : « Sire, commencez de faire et je commencerai d'escrire, » jusqu'à la fin de son œuvre, d'Aubigné ne cesse d'enregistrer avec liberté les fautes du roi « dignes de l'histoire ». « Il auroit bien voulu, écrit-il, cacher les imperfections de la *Maison*, mais ayant presté serment à la verité, il ne peut espargner les choses qui instruisent. » En cela, l'historien se croit l'émule de Commines, qui a fait comme lui « chevet au pied du lit des Rois. » Il nous représente donc Marguerite de Navarre, persuadant au roi, son mari, « qu'un Cavalier estoit sans ame, quand il estoit sans amour, » tandis qu'elle-même ne cachait nullement « l'exercice qu'elle en faisoit, voulant par là que la publicque profession sentist quelque vertu, et que le secret fust la marque de vice ». « Le Prince (tendre de ce costé) eust bien tost apris à caresser les serviteurs de sa femme, elle à caresser les maistresses du Roi, son mari, les instruisant qu'elles avoyent en leur puissance la vie de leur maistresse et la disposition des plus grands affaires de la France, si bien qu'en concertant avec elles, la paix ou la guerre du Royaume estoient entre leurs mains. » Du XVIe au XVIIIe siècle, et peut-être au delà, combien la France n'a-t-elle pas vu de *guerres de Dames!* Mais ce qu'on lit avec surprise, même chez d'Aubigné, c'est cette connivence diplomatique d'un double adultère, mis au service des ambitions conjugales, c'est l'impudence de la femme instruisant à cette école un mari trop docile.

« La vertu et l'honneur guerriere du roi de Navarre (le second mot explique le sens du premier) commença, dit l'historien, à se demonstrer vers ce temps-là (1579). » Jamais d'Aubigné n'a contesté le courage du roi, mais il nous le montre faisant peu à peu son apprentissage sur les champs de bataille. Le courage, à ses yeux, on le sait, n'est pas ce sang-froid intrépide qui sied à un futur chef d'État, c'est l'aveugle témérité d'un soldat. Aussi, s'applaudit-il de le voir de jour en jour oublier son rang et sa grandeur, qui ne l'attachèrent jamais, comme son petit-fils, au rivage. Un jour, le téméraire s'enfonce dans un marais jusqu'à la ceinture, bravant à cent cinquante pas la mousqueterie ; une autre fois, d'Aubigné lui-même hésite un instant à suivre le prince. A ce coup, toute rancune dut un instant s'effacer de son esprit!

Nous avons déjà remarqué un procédé familier de l'historien pour exprimer des griefs personnels. Une partie de ses reproches, il les fait endosser par l'assemblée de la Rochelle (1588). Malgré sa précaution d'éloigner de l'assemblée quelques-uns de « ses domestiques » les plus mécontents, le prince ne put échapper à certains reproches des plus graves, entre autres « des Capitaines blessez, morts de necessité, les despences de ses amours, ausquels il avoit sacrifié les fruits de la bataille de Coutras, la vendition d'Oleron à Saint-Luc, durant la prise du Gouverneur, les Maîtres de Camp despouillés de leurs prisonniers ; par contre, les benefices dont il donnoit main-levee aux Liguez. » Encore, « y eut-il d'autres choses plus aigres, et que les vertus de ce Prince condamnent à l'oubli. » Ces griefs, dont quelques-uns pouvaient être légitimes, le roi les entendit avec une merveilleuse patience. Il trouva plus dur de voir les provinces travailler devant lui contre ce qu'ils nommaient la *tyrannie protectorale*[1]. Des cautions et garanties qu'elles lui offraient naquit un dépit que le roi sut dissimuler, car « il acheva l'assem-

---

1. Condé assassiné à Jarnac en 1569, les calvinistes avaient proclamé chef et *protecteur* des Églises le Béarnais, fils de Jeanne d'Albret ; la république religieuse, constituée par les assemblées de Montauban, Milhaud, Nismes, abdiquait en faveur d'un prétendant. Le protectorat d'Antoine de Navarre et de Condé eût dû les dégoûter du patronage des princes, mais il fallait bien « donner une tête au Parti. » Tandis que les provinces appelaient la tutelle royale « tyrannie protectorale, » le prince, de son côté, ne subissait qu'avec une déférence apparente les plus dures remontrances. D'Aubigné, agitateur des assemblées calvinistes, serviteur mécontent de la royauté et qui semble en constante opposition avec tous les partis, est, à quelques égards, la personnification frappante de ces sentiments contradictoires.

blee par la recherche et reconciliation de tous ceux qui avoyent mal parlé de lui, desquels il savoit les paroles et les gestes par le moyen d'un serviteur secret, payé pour lui dire tout de tous, sans espargner les choses odieuses et sales, fausses ou veritables, sans que ce fidele mirouër espargnast les termes et gestes licentieux. La compagnie se separant, communia à la Cene, à laquelle ce Prince se composa, au contentement de tous. » Le passage est curieux et bien étudié, mais que nous sommes loin du type légendaire de Henri, gai, jovial, facétieux, insouciant, prompt à la riposte, sans détour ni malice, incorrigible paillard, mais bon cœur, une sorte de Louis XII plus spirituel, en un mot, du monarque populaire de *la poule au pot !* Nous estimons que le portrait tracé ici par d'Aubigné n'est pas trop éloigné de la vérité. Cette merveilleuse patience à supporter des reproches amers, ce désintéressement apparent des questions personnelles, ce maniement habile des hommes et des consciences pratiqués secrètement et isolément par des procédés policiers, n'était-ce pas un apprentissage à l'art de gouverner un royaume ? L'orateur de l'assemblée de la Rochelle préludait aux souplesses, à l'adroite bonhomie mêlée de quelques rudesses, qui devait mater et séduire les notables de Rouen (1596). Et qu'on ne croie pas que ces finesses gasconnes, cette longanimité, naturelle ou calculée, ne se concilient pas avec l'emportement de la passion ? Ne vit-on pas ce roi, déjà vieillissant, courir, travesti, après une jeune princesse dont il avait éloigné le mari ? Ne le vit-on pas aussi ardent à cette ridicule équipée que dans sa jeunesse, lorsque, après la victoire de Coutras, il en comprometttait le succès pour porter ses drapeaux conquis aux pieds de la belle

Corisande? Folies justement reprochées, et que l'histoire a enregistrées sans conteste.

Un des historiens les plus autorisés du règne de Henri IV, Auguste Poirson, qui déteste d'Aubigné de toute la vénération qu'il porte à son monarque préféré, ne veut pas que le roi, « pour monstrer combien il estoit juste aux mesures, se soit donné le plaisir de la chasse, » comme le prétend d'Aubigné, le jour même où l'archiduc Albert d'Autriche, à la tête des vieilles bandes espagnoles, venait essayer de délivrer Amiens par une victoire. Il ne veut pas que ce soit Mayenne qui seul, en l'absence du roi, ait soutenu le premier choc et forcé l'ennemi à reculer. L'argumentation de l'historien nous paraît peu probante. « D'Aubigné, dit-il, n'assistait pas aux faits qu'il raconte; son témoignage est suspect de partialité; il est notoirement entaché d'inexactitude; il est contredit par tous les auteurs contemporains, au nombre de sept. » Qu'il nous suffise de demander si les sept historiens contemporains assistaient à l'affaire? si les écrivains royalistes sont plus impartiaux que d'Aubigné? si les relations officielles, publiées au jour le jour, pouvaient mentionner l'absence royale? si ne point parler d'un fait c'est en démontrer la fausseté? Enfin, était-ce la première fois que le roi sacrifiât le devoir ou les prescriptions de la prudence à une frivole fantaisie?

La défense du sieur de Sancy, par le même critique, ne nous paraît guère plus heureuse. En admettant que l'auteur du pamphlet ait méconnu de véritables services rendus à Henri, quand Sancy alla lui lever des mercenaires en Suisse, que la haine de d'Aubigné contre un renégat l'ait aveuglé, il n'en reste pas moins établi que Sancy, qui fit preuve d'incapacité dans l'administration financière, réclamait au trésor 300.000 livres qui ne lui étaient pas dues. Que Sancy n'ait point commis à Orléans, lors de la Saint-Barthélemy, les cruautés qu'on lui impute, parce que l'*Histoire* ne l'a pas nommé, nous voulons bien lui laisser le bénéfice de ce silence, mais en vérité était-ce la peine de dépenser tant d'encre pour prouver, contre d'Aubigné, que Sancy fut un voleur, mais non un assassin ?

Il est difficile de ne point reconnaître, ce que nous voulions établir, que si d'Aubigné a souvent été sévère pour le roi, il ne l'a pas été moins dans l'*Histoire* que dans la *Vie*, et que la différence réside plus dans le ton et la forme que dans le fond des jugements. Il faut lire dans un des meilleurs chapitres de l'*Histoire* (Le déclin de la Ligue[1]) le parallèle de Mayenne et de Henri IV. L'écrivain, loin de faire, comme quelques-uns, une caricature du premier, relèvera les qualités d'un esprit que l'obésité n'avait alourdi ni émoussé ; il louera « sa probité humaine, une facilité et une liberalité qui le rendoit trés agreable aux siens : c'estoit un esprit judicieux et qui se servoit de ses experiences, qui mesuroit tout à la raison, un courage plus ferme que gaillard, et en tout se pouvoit dire capitaine excellent. » Si le portrait semble un peu flatté, celui du roi est de main de maître, ou plutôt de vieux serviteur qui connaît le fort et le faible : « Le roi avoit toutes ces choses, horsmis la liberalité ; mais à la place de cette piece, sa qualité (de Prince heritier) arboroit des esperances de l'avenir qui faisoyent avaler les duretez du present. Mais il avoit, par dessus le duc

---

1. *Hist. univ.*, t. III, col. 398.

de Mayenne, une promptitude et vivacité miraculeuse et par delà le commun. Nous l'avons veu mille fois en sa vie faire des responses à propos, sans ouïr ce que le requerant vouloit proposer, et aller au devant des demandes sans se tromper. Le duc de Mayenne estoit incommodé d'une grande masse de corps qui ne pouvoit supporter ni les armes ni les courvees. L'autre, ayant mis tous les siens sur les dents, faisoit cercher des chiens et des chevaux pour commencer une chasse, et quand ses chevaux n'en pouvoyent plus, forçoit une sandrille à pied. Le premier faisoit part de cette pesanteur et de ses maladies à son armee, n'entreprenant qu'au prix que sa personne pouvoit supporter. L'autre faisoit part aux siens de sa gayeté et ses capitaines le contrefaisoyent par complaisance et par emulation. Les deux sens externes estoyent merveilleux en ce Prince, premierement la veuë, laquelle mariee avec l'experience, jugeoit de loin non seulement les quantitez des troupes, mais aussi les qualitez, et à leur mouvement, s'ils branloyent, ou marchoyent resolus ; mais l'ouïe estoit monstrueuse, par laquelle il apprenoit des nouvelles d'autrui et de soi-mesme parmi les bruits confus de sa chambre et mesmes en entretenant autrui. »

Comme exemple de cette finesse de l'ouïe, l'auteur cite un conte bien plaisant. Frontenac et lui, à l'autre coin de la chambre, en un lit faisant pendant à celui du roi, drapaient leur maître à l'envi. D'Aubigné ménageait sa voix, les lèvres sur l'oreille de son compagnon qui lui répétait souvent : « Que dis-tu ? » — « Sourd que vous estes, interrompit le roi, n'entendez-vous pas qu'il dit que je veux faire plusieurs gendres de ma sœur ? » « Nous en fusmes quittes pour dire, ajoute d'Aubigné, qu'il dormist et que nous en avions bien d'autres à dire à ses despens. »

Si le roi a l'oreille trop fine et trop curieuse, d'Aubigné, de son côté, est une bien mauvaise langue qui ne ménage pas au prince ses vérités. Ajoutons que ce n'est pas un trop méchant maître que l'on ose impunément traiter avec cette familiarité.

Dans le portrait précédemment cité, l'écrivain ne vante guère du roi que son esprit de repartie, son tempérament de fer, sa vigoureuse santé, l'acuité extraordinaire de ses sens. N'est-ce pas faire bien modeste la part des talents militaires, quand Mayenne a été nommé par lui « capitaine excellent » ? C'est que le roi de Navarre est bon surtout pour entraîner les siens, payer de sa personne et affronter la mort dans une mêlée [1]. L'éloge qu'on fit de d'Aubigné, en le lui présentant, que « c'estoit un homme qui ne trouvoit rien de trop chaud », pouvait s'appliquer aussi bien au maître qu'au serviteur. Mais combien cette vaillance semble frappée d'impuissance dans les occasions où sont requis le jugement et le sang-froid ! Combien le duc de Parme, secourant Paris et Rouen, « sous la moustache du roi », justifie l'éloge de d'Aubigné qui l'appelle « le plus accompli de son temps en toutes les vertus de capitaine general. »

D'Aubigné ne pardonne pas au roi sa « ladrerie ». Encore l'attribue-t-il à un passé besogneux : « Les miseres, dit-il, avoyent laissé long temps sur sa peau la crasse de la chicheté. » Mais la conversion est à ses

---

[1]. Un jour, Napoléon, appréciant les qualités militaires de plusieurs généraux, Turenne, Condé, le prince Eugène, Henri IV, Catinat, s'exprimait ainsi : « Henri IV a toujours mis la bravoure à la place de tout : il n'a livré que des combats et ne se fût pas tiré d'une bataille rangée. » (Mme de Rémusat, *Mémoires*, 1802-1808, ch. v.)

yeux le crime irrémissible du Béarnais. L'historien suit et explique avec une vive pénétration la décadence de la Ligue, l'avènement du *Tiers-parti*, composé des compagnons du vieux cabinet et serviteurs du feu roi, auquel venaient se joindre un Lavardin, « las d'avoir tant esté à un parti, d'O, ennuyé d'estre financier sans argent, » et, dans le nombre, quelques-uns « qui prenoyent à bon escient le mescontentement de la Religion. » Les Réformés se moquaient de ce tiers-parti, et « en parloyent au Roi avec grand mespris... » Mais, « comme les corps fievreux sentent douleur des moindres attouchemens, l'esprit du Roi malade de tant de symptosmes divers prit à bon escient la fievre et trembla de cette menace, disant à ses familiers que ce parti, quelque mal faict qu'il fust, en perissant feroit perir l'Estat ». Cette frayeur est comme le premier symptôme de son changement. L'historien raconte tout le travail savant de la conversion, les menées suivies pour « oster au Roi l'horreur du siege de Rome, » les pratiques de quelques ministres affamés et avaricieux, Morlas, Rottan, d'un du Perron, « de qui le courage, l'esprit et l'impatience excedoient ceux de Morlas. » D'Aubigné accorde d'abord au roi l'honneur d'une assez sérieuse défense, mais d'O, Sanci, Salettes, le ministre de Serres, inquiet d'une vieille créance, arrivent à la charge, renforcés du baron de Salignac, de Sponde, qui, pour preuve de sincère conversion, trame une entreprise, s'en démêle et laisse rouer ses compagnons. La cheville ouvrière c'est du Perron, « monstrueux en savoir, » qui entretenait le Roi familièrement à son chevet, de vers français, de bons contes et finalement de conversion. A ce déploiement de forces s'était jointe une alliée bien redoutable :

Gabrielle, qui, au commencement de ses amours avec le roi, « ne recevoit un serviteur qui ne fist la cene, » et, sur l'espérance du mariage, « employa sa grande beauté et les heures commodes des jours et des nuits » pour achever la défaite de son amant.

Henri a écrit à sa maîtresse : « Ce sera dimanche que je fairay le sault perilleux[1]. » Mot léger, pour ne pas dire plus, qui ne semble guère indiquer les tourments d'une conscience aux abois. D'Aubigné ne paraît pas croire à une comédie habilement préparée pour sauver les apparences, encore moins à une indifférence cynique. Ce sont là des soupçons qui n'entrent pas facilement dans ces âmes profondément religieuses du seizième siècle. Il croit à une conquête savamment entreprise et péniblement achevée ; il croit « aux larmes » du Béarnais. C'est une conscience qui subit un siège régulier et doit, comme toutes les places, succomber à la longue. L'historien nous montre « insensiblement attendries les fermetez du Roi, qui vid en mesme temps prés de soi tous les Grands mutinez, son parti s'en aller en pieces, les Liguez sur le poinct des Estats et de l'Election d'un Roi, ses anciens serviteurs Reformez contemptibles par la pauvreté, la pluspart esloignez de sa presence, aprés y avoir mangé jusques à la chemise, privez, non seulement des recompenses, mais des moyens de subsister. » Sans doute l'excuse tourne, suivant l'habitude, en amères récriminations ; mais ne faut-il pas tenir compte à d'Aubigné de signaler cette sorte de nécessité politique, que lui n'admet pas, pour son compte, mais qui paraît s'imposer fatalement au roi ? Aux yeux des

---

1. *Lettres missives de Henri IV*, t. III, p. 821.

protestants, la grande tache inexpiée par l'Édit de Nantes, c'est d'avoir estimé que « Paris vaut bien une messe, » c'est d'avoir acheté le trône par l'apostasie. Eh bien! d'Aubigné qui a entendu « souspirer le Roi en ses perplexités, » qui l'a vu hésiter, souffrir, pleurer, se révolter à certains instants, lave cette tache autant qu'il est en lui par le tableau même de ces souffrances. C'est un service rendu à la mémoire royale, capable de racheter « quelques franchises et sévérités de son village. »

Enfin voici le roi « au precipice de sa conscience » et bientôt à la messe. Le jour où d'Aubigné entendit de sa bouche ces paroles : « Aubigné, ne vous y trompés plus, je tiens ma vie temporelle et spirituelle entre les mains du Sainct Pere, veritablement vicaire de Dieu, » tout fut consommé entre ce fils rentré au giron de l'Église catholique, apostolique et romaine, et celui qui appelait le Pape « l'Antechrist; » le dernier lien du cœur était rompu. Il faudra que la mort ait passé par là pour rappeler au serviteur ce long passé, pour lui faire verser de vraies larmes, pour évoquer une image de Henri le Grand purifié, idéalisé.

CHAPITRE V

Nous ne donnerions pas à ce jugement critique sur l'historien sa conclusion, si nous omettions de dire que l'*Histoire universelle* est une des plus belles apologies du Protestantisme au xvie siècle. L'écrivain a beau s'en remettre à l'éloquence des faits, il s'échappe en quelques passages pour présenter les revendications légitimes du Parti.

D'Aubigné, « encore dans sa jeune ardeur, » animé d'une véritable vocation, annonçait déjà dans ses *Tragiques* le dessein d'écrire une histoire, non monarchique, mais religieuse, donnant gloire à Dieu, à ses élus, à ses martyrs.

> *Que si Dieu prend à gré ces premices, je veux,*
> *Quand mes fruicts seront meurs, lui payer d'autres vœux,*
> *Me livrer aux travaux de la pesente histoire*
> *Et en prose coucher les hauts faicts de sa gloire.*
> *Alors ces heureux noms, sans eslite et sans choix,*
> *Luiront en mes escrits plus que les noms des Rois*[1].

Dans une lettre où l'historien demande des *mémoires*, c'est-à-dire des matériaux, il rappelle expressément le but de son labeur entrepris, « pour ce seul esgard que nous puissions faire sçavoir de nos nouvelles à la Posterité par nos mains, à ce que nostre justice et vertu [ne] soyent estouffees, comme il est advenu aux Albigeois, nos predecesseurs. »

Les accusations ont été nombreuses contre les Réformés : infidélités au roi, presque abandonné au siège d'Amiens par les Protestants; violence faite au roi pour le sommer de changer une trêve religieuse en édit de paix perpétuelle; comparaison de ces exigences avec la douceur des premiers Réformés, qui, désarmés, prêchaient en secret, priant pour ceux qui les menaient à la mort. Ceux-là ne demandaient que la liberté du prêche, et eux réclament plus de deux cents places de sûreté, des Chambres mi-parties... et avec tant de parité que « cela se peut appeler *faire un Estat dans l'Estat.* » L'argumentation de d'Aubigné est serrée et précise. C'est un chapitre auquel il attache

---

1. *Tragiques. Feux*, v. 43; tome IV, p. 150.

de l'importance, car il en a reproduit les idées en plusieurs endroits et particulièrement dans son traité *Du debvoir mutuel des Roys et des subjects*[1] : « A quoi les Reformez respondoyent, et par discours et par escrits, que tout ce que disoyent leurs adversaires en termes generaux n'estoit que trop vrai; que toutes differences qui faisoyent parti estoyent ruineuses en un Estat : les termes de guerre, de paix, de traité, d'envoi de tambours, de trompettes, de represailles, et tout ce qui s'observe entre gens de diverses nations; mais sur tout [que] les demandes de pleiges à la foi Royale, et les places de seureté et d'ostage estoyent vocables ignominieux à la France, et ruineux à l'Estat, et que partant les autheurs et causes de telles horreurs sont execrables devant Dieu et punissables à jamais. Que donc il faloit mettre le doigt de l'espreuve sur ceux-là, pour executer sur eux la vengeance de Dieu, devant lequel ils ont à respondre de cinq cents mille morts[2] par le cousteau, par le feu, par la faim, sans distinction de l'enfant, de la femme et du vieillard. »... Après sept ou huit mille morts par supplices exquis et dont les archives font foi, les plus grands, lassés d'espandre le sang, voulurent vider la querelle du juste ou de l'injuste au Colloque de Poissy. « La Religion Reformee de là fut toleree par l'Edict de janvier et eut une paix gagnee par les morts sans revanche, et par le sang des agneaux; et ne se pouvoit telle paix appeler extorquee, ni l'attribuer aux armes des subjects contre leur Roi : et est à noter pour jamais, que *tant qu'on a fait mourir les Reformez par les formes de la justice, quelque*

---

1. Voir *Hist. univ.*, t. III, col. 627, et notre t. II, p. 57.

2. *Le Traité des debvoirs* réduit ce chiffre à cinquante mille morts.

inique et cruelle qu'elle fust, ils ont tendu les gorges et n'ont point eu de mains. Mais quand l'authorité publique, et le magistrat, lassé des feux, a jetté le cousteau és mains des peuples, et, par les tumultes et grands massacres de France, a osté le visage venerable de la Justice, qui a pu defendre aux miserables d'opposer les bras aux bras et le fer au fer, et prendre d'une fureur sans justice la contagion d'une juste fureur[1]?... »
Il faudrait citer tout ce magnifique et éloquent chapitre. L'historien, continuant sa triomphante apologie, démontre que toutes les prises d'armes n'ont jamais été que pour défendre des édits violés et répondre à des ruptures de paix, que tous les édits ont toujours été faits pour réparations à la rupture et confirmation des premières paix.

Mais « pourquoi à l'insuffisante foi Royale a-t-on du joindre la parole des Estrangers et la caution de tous les corps de France ? » L'apologie répond : « Quand tant de sceaux ont esté brisez par les massacres generaux de la Sainct-Barthelemi, ceux qui ont repris vie dans les cendres du Parti, ne voyans plus de foi publique, ont demandé des places de refuge, d'ostages et de seureté, qui sont des noms fascheux, reprochables à ceux qui ont diffamé la France, mais sans fraude à ceux qui les doivent à la benediction de leurs armes et à leur necessité. »

A ceux qui accusent les Protestants de n'avoir point fourni au siège d'Amiens, selon leur proportion, l'*Histoire* répond qu'ils sont « mauvais arithmeticiens, » qu'il y avait, sur une armée de quinze mille hommes, plus de quinze cents des plus grands Seigneurs du

---

1. *Hist. univ.*, t. III, col. 626-28.

parti, que la besogne la plus difficile fut faite par le régiment de Navarre, qui y perdit plus de trois cents hommes et son commandant. C'est assez répondre, ajoute d'Aubigné, au reproche « qu'il n'est pas temps de remuer les partialitez du royaume, quand il est attaqué par le dehors. »

Les Protestants impartiaux ne sont point embarrassés pour répondre aux adversaires qui leur reprochent d'avoir sacrifié à l'intérêt leurs devoirs de citoyens et de fidèles sujets, ils comprennent cependant les griefs et les accusations des partisans de la monarchie catholique; ceux-ci, habitués à contempler avec une pieuse admiration un certain idéal politique et religieux, ne pardonnent à aucune défense même légitime, à aucune revendication qui en ait pu contrarier l'avènement; ils ne songent point au prix dont la France l'a payé; ils ne se demandent pas si notre nation n'aurait pas atteint, et surtout conservé, un plus haut degré de puissance et de fortune, à supposer entre les deux partis un déplacement de la victoire.

Le chapitre sur « l'ordre nouveau pour les Reformez après la mutation du Roi » contient des révélations intéressantes. *L'ordre nouveau* est une contre-partie, nous dirions presque une contrefaçon de la Ligue, mais infiniment moins séditieuse. La question religieuse et la question politique, toujours inséparables, dominent à tour de rôle. Sans doute le Conseil de la Province s'arrogeait une partie des pouvoirs royaux, sans doute il était fâcheux de faire intervenir dans les affaires du protestantisme « la Reine d'Angleterre et MM. des Pays-Bas, » mais, sans compter que l'intervention de l'étranger, soldé par son gouvernement ou par ceux qui l'appelaient, paraît au xvie siècle aussi naturelle que légitime à tous les partis, il ne faut pas perdre de vue ce qu'était la France en 1594, un champ de bataille où la persécution, la perfidie, l'assassinat et toutes les iniquités ont fait descendre les Réformés. Plus de vingt-deux ans après la Saint-Barthélemy, ils avaient encore raison de réclamer toutes les garanties, de maintenir leurs deux cents places de sûreté, de trouver à peine suffisantes contre la monarchie catholique les garanties de l'Édit de Nantes. Cela est si vrai, que le premier serment imposé au souverain montant sur le trône de France, était l'obligation « d'exterminer les hérétiques. » Sans doute, à la date de 1594, les réformés n'en étaient plus à redouter les bûchers et les massacres en masse ; mais le formidable travail des ministres corrompus, des Jésuites tout puissants, la foi vacillante du roi désireux de la paix à tout prix, n'était-ce pas là d'assez menaçants symptômes que les traités les plus formels seraient à peine une sauvegarde suffisante pour leurs libertés ? Sans vouloir sonder les secrets replis de la conscience du roi, voyons ses actes : Henri ridiculement ajourné, malgré ses génuflexions, par l'inflexibilité papale, jusqu'au jour où il reçoit la bastonnade sur le dos d'Ossat et de du Perron, Henri suivant les processions, touchant les écrouelles, Henri faisant enlever à Saint-Jean d'Angély le petit Condé pour qu'il fût élevé dans le culte catholique, Henri rendant à Mercœur la Bretagne, qui d'elle-même abandonnait son duc, pour marier avec sa fille le petit César, bâtard de Gabrielle ; Henri laissant mourir à trente ans, de misère et de faim, Châtillon, le fils de Coligny, Henri tournant le dos à tous ces vaillants « qui l'avoient apporté sur leurs espaules deçà la riviere de Loire, » voilà le protecteur sur qui reposaient toutes les espérances du parti! Lorsque Henri IV, débarrassé des intrigues espagnoles et jésuitiques, de la noblesse catholique repue d'or et de gouvernements, assis lui-même sur le trône, accordait enfin son fameux Edit de Nantes aux Huguenots, pour salaire de leurs sueurs et de leur sang, croit-on qu'il les payât trop cher, croit-on surtout qu'il cédât à des exigences immodérées? Et encore cet édit ne fut-il enregistré par certains parlements que deux ans, et même dix ans plus tard, avec des restrictions défavorables aux Protestants.

Ne nous étonnons donc pas de la mauvaise humeur évidente de d'Aubigné dans la sèche et courte analyse qu'il nous donne de l'Edit : « Vous n'attendez plus que la paix promise à la fin du livre, et l'œuvre à la lecture de laquelle je ne convie que ceux que leurs affaires y convieront; encor vous en aurez les articles abbregez [1]... » Et le chapitre se termine par ces mots: « Le reste est du style. Cet Edict donné à Nante, l'an 1598. » Cet acte, qui clôt l'ère des guerres civiles, célébré peut-être avec un peu trop d'enthousiasme par les historiens les plus impartiaux[2], d'Aubigné l'enregistre comme par scrupule d'exactitude et comme un simple papier d'affaires! Le moindre reproche qu'on puisse adresser ici à l'historien, c'est, en étranglant un fait capital, d'avoir manqué aux lois d'une juste proportion.

---

1. *Hist. univ.*, t. III, col. 730-732.
2. Voir Henri Martin, *Histoire de France*, t. X, p. 425.

CHAPITRE VI

Nous voulons nous arrêter sur les opinions, ou du moins sur les tendances républicaines qui ont été prêtées à d'Aubigné. Ch. Labitte, dans un livre érudit et ingénieux[1], a montré chacun des deux partis, catholique et protestant, passant tour à tour, suivant les circonstances, de l'opinion monarchique à l'opinion démocratique. Il importe en effet de ne voir, à aucun instant, dans ces revirements une évolution sincère de l'opinion publique; ce ne fut jamais qu'une vaine et fugitive apparence, un prétexte à couvrir l'intérêt de l'heure présente. Les Ligueurs ont pu traîner le roi et la royauté dans la fange, soutenir la légitimité du régicide, mettre à la fin par deux fois leur théorie en pratique, organiser dans Paris une sorte de commune fanatique, mais ils ont si peu songé à supprimer la royauté soumise à Rome, qu'ils ont, avant de se vendre au Béarnais converti, battu monnaie pour le vieux cardinal Charles X et conspiré de livrer le trône à une infante d'Espagne mariée au jeune duc de Guise. Les Réformés ont pu se faire l'illusion d'asseoir un jour, avec le prince de Navarre, leur foi sur le trône, mais, déçus de cet espoir, ils n'ont jamais pensé, pas plus que les catholiques, à le renverser.

D'Aubigné a été, dans le sens des opinions démocratiques, moins loin que la plupart des pamphlétaires

---

1. *De la démocratie chez les prédicateurs de la Ligue*, p. 79 etc.

du seizième siècle[1] : il est ennemi de la tyrannie, non de la royauté ; il poursuit les princes, non l'institution. D'ailleurs partout et toujours, il met au-dessus de tout le service de Dieu. Si Henri IV a été assassiné, « c'est que Dieu sçait vendanger les esprits de ceux qui l'abandonnent. » Son amour des républiques s'est accentué en Suisse où il a respiré l'atmosphère d'une république protestante. Dans son exil, rêvant l'union des républiques et des protestants contre les monarchies catholiques, répondant aux attaques personnelles du jésuite Arnou, qui l'accuse « de montrer dans son *Histoire* des affections cachees et partisannes en tout ce qui touche la Religion et les republiques, » il ne se défendra plus du titre de « républiquain, » mais il ne faut pas donner à ce mot plus de portée qu'il n'en a sous sa plume. Son œuvre entière démentirait une signification exagérée.

Les violentes invectives contre la tyrannie et les débauches royales qui remplissent les *Tragiques* ne prouvent rien contre notre thèse ; d'Aubigné se défend lui-même dans la préface de son poème. On l'avait accusé devant le roi, « d'affecter plus le gouvernement aristocratique que le monarchique. » En présence des sieurs du Fay et du Pin, « lesquels discourroient avec avec luy sur les diversitez des Estats, » interrogé quelle estoit de toute administration la meilleure, d'Aubigné répondit : « que c'estoit la monarchicque

---

[1]. La seconde moitié du XVIe siècle a produit une multitude de pamphlets contre la royauté. Qu'il nous suffise de citer les plus connus : « *Short treatise of political power* (1558) de Jean Poynet, qui, écrit en anglais, ne devint pas populaire en France, mais fournit une mine d'arguments aux publicistes qui vinrent après Poynet ; *Traité de la servitude volontaire* de la Boétie, publié seulement en 1578, mais composé certainement vers 1546 ; la *Franco-Gallia* (1573) de François Hotman ; *Vindiciæ contra tyrannos* (1579), de Hubert Languet ; *De jure regni apud Scotos* (1579), de Buchanan, le maître de Montaigne.

selon son institution entre les François, et qu'après celle des François, il estimait le mieux celle de Pologne. » Pressé davantage sur celle des François, il repliqua : « Je me tiens du tout à ce qu'en dit du Haillan, et tiens pour injuste ce qui en a esté changé, quand ce ne seroit que la submission aux Papes. » Cette profession, qui met nettement la royauté héréditaire au-dessus de la royauté élective, est confirmée dans trois stances où l'auteur range, dans les premiers vers, les gouvernements par ordre d'excellence.

> *Le Regne est beau mirouër du regime du monde,*
> *Puis l'Aristocratie en honneur la seconde,*
> *Suit l'Estat populaire, inferieur des trois*[1].

Le traité *du Debvoir mutuel des Roys et des Subjects* nous fournit une autre profession qui, malgré quelques restrictions, n'est pas moins explicite : « Or avant sortir du palais de la conscience, je leve la main à Dieu que, nonobstant ces choses, je tien l'estat de la Royauté le plus honorable et excellent de tous, quand elle est appuyée des correctifs qui l'empeschent de tomber en la Tirannie..... Nous tenons l'estat où chacun se trouve pour le plus desirable, en practiquant ce que dit Guicciardin, qui est de le rappeler souvent à sa premiere institution. » Ainsi, loin d'être un *révolutionnaire*, subordonnant la forme du gouvernement à des droits naturels, imprescriptibles, à la justice absolue, au bonheur populaire, d'Aubigné partage sur ce point

---

[1]. Dans une lettre à M. Boullet, l'auteur semble tracer ainsi le plan d'un éloge de la royauté : « Nous pourrions faire l'ouvrage triparty : au premier poinct, la description d'un roy vertueux, et cela distingué par les quatre vertus cardinales; le second, de l'utilité que reçoit le peuple de ces vertus, et pour le tiers, la felicité qui en redonde à luy-mesme. » (T. Ier, p. 470.)

l'opinion du sceptique Montaigne et celle du bon M. Pibrac :

> *Aime l'Estat, tel que tu le vois estre :*
> *S'il est royal, aime la Royauté :*
> *S'il est de peu, ou bien communauté,*
> *Aime l'aussi, car Dieu t'y a faict naistre.*

Inutile d'ajouter que d'Aubigné ne pousse pas aussi loin que ces écrivains l'insouciant optimisme. Il lui faut des garanties contre la tyrannie possible. La première de ces garanties est une aristocratie digne, quelque peu hautaine, faisant payer à la royauté ses services par une indépendance souvent gênante, mais toujours désintéressée. Elle n'a point « les genoux escorchés, » ni rien de commun avec ces « champignons » ambitieux et cupides « qui possedent l'Estat et le mangent, qui n'ont plus de place que celle du Roi où ils puissent poser leur coussinet. » Ces nobles sont les ennemis de la véritable aristocratie, mais ils sont encore bien plus les ennemis de la royauté.

D'Aubigné ne veut de la royauté ni tyrannique, ni esclave. Si elle abdique et subit un joug étranger, celui de Rome surtout, il la méprise, il la dégrade :

> *Mais j'appelle les Roys, ploiez soubs un supresme,*
> *Tyrans tyrannisez, et non pas des vrais Roys.*
> . . . .
> *Roys de Septentrion, heureux Princes et sages,*
> *Vous êtes Souverains, qui ne debvez hommages,*
> *Et qui ne voyez rien entre le Ciel et vous.*

Pour le service de Dieu, il ne compose pas. Les fières paroles qu'il met dans la bouche de M. de Rohan sont sa propre profession de foi, son ultimatum politique : « De l'honeur et du bien du Party, c'est de quoy je ne trafique point. Il y en a plus experimentés que moy : je feray gloire de leur obeir quand ilz voudront avoir pour but le bien de l'Eglise..... Aux despans de la foi donnee et des sermans prestez devant la face de toute l'Eglise, je ne puis accepter l'amitié de personne : de toutes autres choses, j'en feray litiere pour la reunion. »

En France, pays longtemps soumis au régime monarchique, on s'est habitué à appeler républicain un homme d'opposition ; en ce sens d'Aubigné est un républicain. Mais il ne le fut pas, et ne pouvait l'être, s'il faut entendre par ce mot un ennemi de l'institution monarchique ; nulle part, non plus, en dehors de la question religieuse, il ne manifeste ce sentiment du droit populaire ou du moins cette sympathie, cette indignation généreuse à la vue des faibles opprimés, qui est le véritable signe de l'esprit démocratique.

De même que Rohan, d'Aubigné, en France comme dans son exil à Genève, n'a jamais eu qu'une préoccupation, les intérêts du Parti. Il fut en Suisse le *Procureur des Eglises* bien plus que le fidèle sujet de son roi. Dans les premières années de son exil, il déploie une fiévreuse activité. Ainsi, en 1622, dans une mission remplie à Berne, il s'efforce de réveiller « cest ours endormy. » Il parvient à mettre sur pied douze mille hommes, et à cette troupe qui manque de chefs, il promet de donner « les meilleures testes de Montauban. » Et si l'on redoute « ces courages violens, » l'ancien écuyer du roi de Navarre écrira à l'ambassadeur de Venise, Cavassa : « J'ay appris aux escuries que les chevaux de bon espron ne laissent pas d'avoir la bouche bonne et estre de facile arrest. »

v. 7

Le faisceau des villes de l'Union évangélique, formé par Henri IV pour la défense des libertés germaniques, union expirée en mai 1621, avait été rompu. Autant que le pouvaient ses mains débiles, d'Aubigné essayait de le renouer. Cette pensée lui fait oublier ses dissentiments avec Bouillon ; elle lui fait aussi fermer les yeux sur la défection de Lesdiguières qui abjurait à Grenoble, vingt-neuf ans, jour pour jour, après son roi. Le nouveau Connétable jouait un rôle militaire trop important dans le Midi, pour que notre réfugié ne s'efforçât pas d'entretenir avec lui, dans l'intérêt protestant, de bonnes relations. L'union du Parti, c'est pour lui la condition du salut. En 1622, il écrivait à M. Lutzelmann, magistrat de Bâle : « Ce seroit une marque de nostre paix faite avec le Ciel, si, comme toute l'Europe infidelle renge ses hommes, ses tresors et ses desseins soubs l'estendart de persecution et de la croisade, ainsy, si *tous nos divers partis n'en faisoyent qu'un*, et si nous prenions de bons yeux pour voir les desroutes encores plus prochaines que celle de Prague, et que par tel exemple, nous peussions devenir advisez, sans que ce fust à nos despends. »

Le passage suivant d'une lettre aux seigneurs de Berne est encore plus formel : « Il est certain que les divers interets de tous les Princes qui abaissent leurs sceptres soubs le joug de Rome sont aujourd'huy adunis et ameutez à un dessein qui est d'esteindre deux choses, premierement la verité de Dieu et puis les Republiques et leur liberté. Nous cognoistrons que Dieu aura faict la paix avec nous, quand nous respondrons à la fureur de nos ennemis par la fermeté de nos courages, et sur tout à leur complot et conjuration generale par une generale et saine union. »

Les intérêts politiques du parti font ici de d'Aubigné un franc républicain, ce qui n'infirme point nos assertions précédentes. Quand il aspirait à former des républiques « une generale et saine union » contre les ennemis de la vérité de Dieu, il ne songeait nullement à combattre une forme de gouvernement, mais à unir contre les nations papistes leurs ennemis naturels, les républiques, même celle de Venise. Il tient son ambassadeur en méfiance contre la cour de France : « Jamais monarque, lui écrit-il, ne fut bon support des republiques. »

Quand d'Aubigné peut concilier ses sentiments de Français et de Calviniste, comme dans le différend de la Valteline, où la France et l'Espagne se disputent cette porte ouverte sur l'Italie, alors son activité redouble, on le sent plus à l'aise ; sa correspondance avec Lesdiguières, Rohan, le comte de la Suze, l'ambassadeur Cavassa, est plus fréquente et moins énigmatique ; ses lettres deviennent presque claires ; point de lacunes, point de sous-entendus, accompagnés de ce refrain, irritant pour notre curiosité : « Ceci n'est point bon pour le papier, » ou bien encore : « Cela ne peut se faire que par un trés bon chiffre. »

De la double politique de Richelieu, implacable aux Protestants français, favorable à ceux de l'étranger, d'Aubigné n'a vu se réaliser que le premier acte ; la chute de la Rochelle a retenti douloureusement dans son cœur, car, malgré ses ressentiments personnels contre la municipalité Rochelloise, il savait rendre justice à l'héroïsme et il ne put se dissimuler que c'était l'anéantissement de la Réforme comme parti politique.

Libre du côté de la France, Richelieu, qui avait déjà commencé contre l'Autriche un système de guerre indirecte, allait se jeter dans la mêlée et faire reculer la fortune de l'Autriche. D'Aubigné, dont la correspondance trahit l'impuissante agitation, de 1620 à 1628, n'avait rien pu pour conjurer les succès du Cardinal-Ministre. En vain offre-t-il à Mansfeld, comme à tous les chefs du parti, le secours « de sa petite espee » et son inépuisable dévouement. Il a vu triompher l'Autriche sur toute la ligne, l'union évangélique dissoute, le Palatin dépouillé, le Danemark deux fois vaincu par Wallenstein et Tilly, la Bohême asservie et dépeuplée de ses sujets Réformés, tous les états protestants écrasés par l'empereur Ferdinand et son terrible lieutenant, Wallenstein. Dans une admirable épître de consolation que d'Aubigné adresse à Rohan, après la mort de son fils, il trace un éloquent tableau de l'état de l'Europe vers 1626 : « Vous voyez, Monseigneur, quel est le visage de l'Europe entiere, espouvantable de trente-quatre grandes armees, sur lesquelles le ciel gresle et faict plus de meurtres justes que d'injustes... L'Italie, l'Almagne, la France et les Pays-Bas sont puants de morts, et plus que les charougnes y puent les defections, les infidelitez et le mespris de toute vertu. Les chefs des armees enseignent leurs soldats au mespris de la foy, et font trafic avec la mort de ces ames miserables, pour emplir leurs coffres d'or et de sang. Ceux qui sont cogneus pour y aporter plus de probité sont rejettez, la faveur partage les honneurs, et la vertu repoussee enfonce le chappeau : si bien qu'un mourant courageus, à qui la vie montreroit d'un des costez du lict ce tableau pour y venir vivre, tendroit la main gauche vers la ruelle à la mort qui luy en prometroit l'exemption [1]. »

---

1. Voir t. Ier, pp. 403 et 404.

L'auteur ou l'instrument de tous ces maux, c'est Wallenstein. Le premier échec du redoutable envahisseur au port de Stralsund date de novembre 1628. C'est la flotte suédoise qui eut l'honneur d'arrêter l'invasion du Nord. Ce succès est comme le préliminaire des négociations que Charnacé, l'envoyé de Richelieu, va entamer et péniblement ménager pendant deux années entre le roi de Suède et la France. Elles aboutissent enfin; un traité est conclu qui met au service du génie politique l'épée d'un grand capitaine. La France et la Suède, alliées en mars 1630, vont terrasser l'Autriche; c'est six semaines après la conclusion de ce traité que meurt d'Aubigné.

En comparant ces dates et remarquant la fatalité qui avait réservé tant d'amertumes à la vieillesse du proscrit protestant, sans lui laisser entrevoir le relèvement du Protestantisme européen, pour le consoler de l'écrasement de la Réforme en France, nous nous rappelions les triomphantes paroles dont l'historien saluait *le grand dessein* interrompu par le couteau de Ravaillac. « Le consentement des peuples, qui est (bien souvent) la voix de Dieu, sembloit promettre sa benediction. Les nations avoyent posé leurs haines, vouloyent arracher leurs bornes pour l'amour d'Henri, les Alemans s'armoyent à la Françoise, pour combattre de mesme... Tout cela pour faire un Empereur des Chrestiens, qui de sa menace arresteroit les Turcs, pour reformer l'Italie, dompter l'Espagne, reconquerir l'Europe, et faire trembler l'Univers. » D'Aubigné ne devait pas voir réaliser ce grand dessein de Henri IV, débarrassé de rêveries chimériques, conçu et modifié d'après un plan pratique, préparé par la lassitude et l'effroi de l'Allemagne, mûri et exécuté par le concours de deux hommes de génie. Nul doute que d'Aubigné eût salué cette ère nouvelle avec joie, et qu'il eût à demi pardonné la ruine de la Rochelle et des places fortes du Midi, qu'il se fût du moins sincèrement rallié à la politique française et à un ministre qui relevait en Europe la cause du Protestantisme.

Pour pénétrer la pensée et la politique de d'Aubigné pendant cette période de six années, nous n'avons que sa correspondance militaire et diplomatique; or rien n'est plus vague et plus obscur. Les perpétuelles fluctuations de la politique française et savoisienne, les périls incessants courus par Genève dont notre réfugié s'est constitué le défenseur et le pourvoyeur, les précautions imposées à un exilé quatre fois condamné à mort en France, en butte aux soupçons, aux persécutions de ses ministres, les conseils et renseignements qui risquent de ne point arriver à leur adresse, autant de motifs qui, joints à l'obscurité naturelle de l'écrivain, épaississent les nuages sur ces missives et ne laissent pas toujours facilement lire entre les lignes, à deux siècles et demi de distance.

D'Aubigné a-t-il été factieux, traître à son roi et à son pays? Bien que nous aimions les questions précises et les réponses nettes, il est des circonstances où la réponse catégorique, par oui ou non, est impossible. C'est un progrès des mœurs et de la moralité publique que la question du devoir vis-à-vis de la patrie ne puisse jamais être douteuse en notre temps. Il n'en était pas ainsi aux XVIe et XVIIe siècles. Pour un Biron que l'on verra payer sa trahison de sa tête, les Rohan, les Soubise, les Bouillon, et plus tard les Turenne, les Condé semblent avoir pu, sans se déshonorer, appeler l'étranger au secours de leurs ressentiments personnels ou des intérêts de leur parti. La France alors n'est point encore la France ; elle est un champ clos où luttent Protestants et Catholiques, où le coreligionnaire étranger est un allié naturel contre le concitoyen dissident. Au milieu des fluctuations et revirements de la politique française, avant la ferme direction imprimée par Richelieu, où était le devoir pour un croyant tel que d'Aubigné? Il veut, comme l'écrivait Claude de la Trimouille, « toujours rester François, » mais il subordonne ses vœux et sa conduite à la cause de l'Église : « Il n'y a rien dans les bornes du service de Dieu, que je ne face avec gayeté de cœur et passion. » Nous devons l'en croire, et de même quand d'Aubigné écrit au roi (février 1617): « Despuis la paix de Loudun, je me suis privé de toutes compaignees, et ceux qui m'ont recherché chez moy ne se peuvent vanter que j'aye favorisé, ny de parolle ny d'effect, aulcun partisan, ne respirant que le service de Vostre Majesté et le repos de ma derniere vieillesse soubz ses bonnes graces. » L'année suivante, d'Aubigné renouvelle à M. de Pontchartrain les mêmes protestations de fidélité, y ajoutant même une sorte de confession et d'amende honorable pour sa conduite passée[1]. Qui pourrait, connaissant d'Aubigné et sa vie, mettre de telles déclarations sur le compte de la faiblesse et de l'intérêt? Nous croyons fermement que, dégoûté de la pusillanimité, de la vénalité des siens, il put quelquefois regretter de s'être engagé si avant, qu'il eût voulu « mourir serviteur Partisan du Roi. » Mais il était de ceux qui n'estiment pas que l'infidélité d'autrui délie les serments de fidélité. Ce

---

1. Voir t. II, pp. 689-690.

qui l'afflige et l'irrite, c'est qu'on oublie ses services passés, c'est qu'on ne tient nul compte de ses promesses et de ses serments. En vain invoque-t-il « les services d'un père, d'un frère tué au siège de Montaigu, de dix parents morts à la querelle des Bourbons, » en vain se défend-il d'avoir parlé « licencieusement » de la personne royale, en vain demande-t-il que la pension de 7.000 livres, qu'on ne lui servait plus, soit restreinte à un écu, pour lui permettre « d'adjouster la marque de domestique à celle de subject, » peines perdues : la cour semble ne vouloir jamais oublier ce mot terrible du prince de Condé : « que d'Aubigné estoit ennemi de la Royauté et capable d'empescher un Roy de regner absolument, tant qu'il vivroit. »

Dans une lettre, sans date ni suscription, notre Réformé a écrit ces belles paroles : « J'ai resolu n'entretenir point Vostre Altesse des affaires françoises : car ma conscience ne les pouvant approuver, *ny ma condition les condamner*, il ne me reste que le taire et attendre le resultat du Ciel. » C'était là sans doute la meilleure ligne de conduite, mais ce rôle de silence et d'abstention, en de pareils temps, était impossible pour un tel caractère. Quand la politique française semble osciller du côté de la Réforme, quand, par exemple, elle menace l'Espagne et l'Autriche, d'Aubigné regrette son inactivité et son exil; il rentrerait en France, s'il le pouvait honorablement. Il écrit à Rohan : « Si j'avois auprez de nostre Roy (Louis XIII) le quart de credit que le pere m'avoit donné, j'espererois luy faire un des signalez services que pauvre soldat ait jamais faict à Prince, mais Dieu ne permet pas qu'il y ait oreilles pour nous. » La politique française menace-t-elle les alliés naturels de la Réforme, veut-elle contrecarrer leurs desseins, d'Aubigné combat cette influence et ne ménage pas ses avis aux membres de l'Union; il détourne Rohan de toute alliance, hors celle de Venise : « Tout ce que vous negotierez avec qui que ce soit, horsmis les Venitiens, se tournera en infidelité, et changement pourpensé de longue main, et pour les voisins, en mesfiances, longueurs et mortelles stupiditez. » Dans une autre lettre, il revient plus clairement sur ces « mesfiances, » et conseille à la Sérénissime Seigneurie « de ne confondre pas les forces Venitiennes dans les forces Françoises, mais de les apliquer au grand bien de l'Union et à l'avantage de Venise, pour le fruit de ses despenses et labeurs. » Enfin, dans une lettre, adressée probablement à M. de Cavassa, d'Aubigné met à la charge d'un ami un plan qui consistait, avec une assistance de 200.000 escus aux Grisons, à intervenir dans leur différend et à contre-balancer l'influence en ce moment prépondérante de la reine mère. Cette année même, Fargis négociait pour Richelieu un traité conclu à Madrid à l'insu de Venise, de Turin, du duc de Savoie : le culte catholique était seul autorisé en Valteline, les Grisons étaient sacrifiés et durent s'incliner comme leurs alliés. N'est-ce pas le résultat de ce traité que notre proscrit entrevoit et cherche à combattre dans ce plan ? A supposer que cette lettre eût été surprise, évidemment il encourait une cinquième condamnation capitale, comme coupable de conspiration à l'étranger contre la sécurité de l'Etat.

Au milieu des obscurités forcées d'une telle correspondance, quelques phrases trahissent l'attitude de d'Aubigné et la politique des principaux chefs du parti français. En 1621, il écrit au duc de Rohan : « Vostre lettre au Roy a esté reveuë, jugee utile et admiree en ce pays, sur tout pour vostre souplesse et dextérité à confire vos hardiesses et fermes advertissements en la douceur des respects et du debvoir. » On ne saurait mieux dire ; Rohan, comme d'Aubigné, excellait à envelopper la résistance sous une forme respectueuse. Ils plient et ne rompent point. D'Aubigné, exilé, assagi par la connaissance des hommes, de rang et de fortune plus modestes, se bornera au rôle de *Procureur*, de conseiller et d'ingénieur ; Rohan, jeune et ardent, restera jusqu'au bout l'homme d'action, il luttera pied à pied, et, réduit aux abois, finira par traiter avec l'Espagne. Quelque jugement qu'il encourre pour cet acte de folie et de désespoir, Rohan, du moins, n'a jamais trahi son parti et ses amis.

Sans instituer un parallèle entre deux hommes de conditions si inégales, l'un prince et chef de parti, avec lequel on dut toujours compter, l'autre, gentilhomme obscur et sans fortune, serviteur importun par sa vertu et dont on s'est débarrassé, nous croyons que d'Aubigné n'eût jamais, pour son compte, servi l'Espagne contre la France ; mais nous reconnaissons qu'il n'a vu dans la politique française que les intérêts protestants. Quand elle les a servis, d'Aubigné, de son exil, a passionnément souhaité faire acte de bon Français en même temps que de zélé Protestant. Quand ces intérêts ont été sacrifiés, il ne s'est point abstenu de vœux et de conseils contraires à cette politique ; enfin, quand il offre à M. de Bullion, à Lesdiguières, au Roi de leur consacrer les restes d'une ardeur qui ne peut s'éteindre, c'est qu'il n'aura point, malgré ses ressentiments, à tirer « sa petite espee » contre son roi, contre la France.

CHAPITRE VII

Pour achever de faire connaître l'homme, pour compléter son portrait, nous n'avons plus qu'à relever quelques traits de caractère, à répondre aux reproches qui lui ont été adressés.

Mérimée a écrit de notre auteur : « Il eut fort peu d'amis et je ne sais s'il aima personne. » Nous ne nierons pas que, dans sa vieillesse surtout, il n'ait une pointe de jalousie contre de bons serviteurs, contre ceux qui possédèrent la faveur du roi. Ainsi d'Aubigné n'a pas grande affection pour Sully, auquel il attribue la confiscation d'une partie de ses pensions. Il ne s'en cache pas à Rohan et relève cette injustice : « Monsieur vostre beau père a trez bien prattiqué (la diminution) à mes despens, ce que j'attribuë, en faisant justice contre moy, pour n'avoir pas esté lors son confident. »

Sully, protestant des plus tièdes, plus dévoué à la personne du roi qu'à la Cause, s'était heurté, lors de l'assemblée de Châtellerault, à l'inflexible rigueur de d'Aubigné. Mais ce n'est pas seulement sur le terrain des assemblées, qu'ils s'étaient rencontrés. Sully, gougerneur du Poitou, s'étant obligé à la reine que personne ne bougerait pour le prince de Condé, arriva à Maillezais, croyant intimider son gouverneur ; on en vint aux mains, et la cavalerie de Sully fut chassée. A l'époque *du grand dessein*, d'Aubigné, comme vice-amiral de Saintonge et de Poitou, avait proposé au roi d'équiper deux flottes et de nourrir son armée en Espagne ; c'est Sully qui « traverse l'affaire. » Ces griefs personnels n'ont cependant pas empêché l'historien de rendre justice aux qualités de l'homme et du financier : « Le Roi mit les finances és mains du marquis de Rosni, depuis duc de Suilli, pource qu'il trouvoit en lui un esprit fort general et laborieux et une austérité naturelle, qui, mesprisant les bonnes graces de tous, portoit l'envie des refus, et par là fit la bourse du Roi. » Il faut savoir gré à d'Aubigné de n'avoir pas insinué que cette austérité de l'*Argentier* du roi ne l'empêcha pas d'édifier sa fortune avec une âpreté peu édifiante.

Pourtant il faut bien l'avouer, d'Aubigné, que ses qualités, presque autant que ses défauts, ont empêché d'être ce qu'on appelle un politique, un homme d'État, ne pardonne pas volontiers à ceux qui ont eu un crédit plus suivi que le sien. Les d'Ossat, les du Perron, les Sully, les Duplessis-Mornay lui portent ombrage. Ne demandons pas l'impossible à l'impartialité de l'historien, qui ne peut voir en ces personnages que des rivaux, des adversaires ou même des ennemis.

Un homme que d'Aubigné n'a pas assez mis en lumière, et vis-à-vis duquel échoue son effort d'impartialité, c'est Duplessis-Mornay. Ne fut-il pas le négociateur ordinaire du prince de Navarre, n'est-ce pas lui qui conclut, entre autres, le traité qui rapprocha le Béarnais de Henri III ? On croirait que cette haute personnalité gêne l'amour-propre de notre historien et qu'il en voudrait diminuer la stature. Ainsi, dans une assemblée tenue à Guistres, près Coutras, devant le roi de Navarre, tandis qu'il se prête à lui-même un long discours politique, il se contente d'ajouter négligemment : « Cette opinion fut fortifiee de quelques exemples qu'apporta le Plessis-Mornay. » Disons, moins pour excuser que pour expliquer le sentiment de l'historien, que ces deux fidèles serviteurs de la Cause se sont souvent rencontrés, ou plutôt heurtés, sur le même chemin. L'exécution d'un projet conçu par d'Aubigné pour « assujettir l'embouchure de la Loire » et dominer ainsi la Bretagne, fut confié à Duplessis-Mornay, « parce qu'il estoit, dit-il, plus au Roi, plus ductile à ses volontez et de qui la reputation ne donneroit que lustre à celle du superieur. » D'Aubigné ne cède-t-il pas ici à un sentiment d'étroite jalousie ? Il l'appelle pourtant quelque part « pilote de tempeste et non pas d'eau douce, » mais le confondant en ce passage avec Turenne, Bouillon, Clervaut, Constant et le secrétaire Pin. Nulle part il ne lui dénie la décision et le courage militaire. A Henri IV qui se vante en riant d'avoir « su faire d'un escritoire » un capitaine, d'Aubigné répond : « Que cet homme de lettres ne laisse pas d'être capitaine et qu'il l'a vu faire le soldat. »

Est-ce pour ménager Duplessis, qui sembla vaincu à la conférence de Fontainebleau (1600), que d'Aubigné n'en dit rien, sous prétexte que « sa profession l'empesche de la desduire davantage ? » Passant presque sous silence cette conférence fameuse, il pouvait se dispenser de rappeler que « ceste meme dispute fut relevee à quinze jours de là par lui d'Aubigné contre le mesme Evesque, dont les extraicts deposés entre les mains du Roi se pourront voir imprimés. » Un passage de la correspondance prouve d'ailleurs qu'en ce duel théologique, d'Aubigné ne relève qu'une faute en Duplessis, c'est « de s'estre persuadé tant de services et de merites envers (le roi), qu'il presideroit favorablement pour luy. » S'il ne lui a manqué pour triompher que la faveur royale, pourquoi d'Aubigné ne relève-t-il pas le vaincu dans son *Histoire*, comme il le fait dans sa correspondance? L'événement en valait la peine, par le retentissement que lui donnèrent les catholiques.

Il faut dire que Duplessis n'aime pas plus d'Aubigné qu'il n'en est aimé. Quand on voulut confier à ce dernier, en sa place de Maillezais, la garde du cardinal de Bourbon, Duplessis s'y opposa, objectant « les grands mescontentements de d'Aubigné et ses perpetuelles riottes avec son maistre. » C'était méconnaître sa probité et le calomnier. En résumé, sans nier que ces dissentiments avec un homme tel que Duplessis puissent jeter un jour fâcheux sur le caractère de d'Aubigné, reconnaissons que l'accord était difficile entre deux serviteurs dont l'un « le Pape des Huguenots » a joué toute sa vie le rôle de conciliateur, dont l'autre ne brilla point par des qualités de modération.

Peut-être pourrions-nous encore réclamer en faveur de quelques autres personnages de moindre étoffe. Ainsi, Ségur, que nous voyons jouer un rôle important dans la correspondance de Henri IV, et fréquemment envoyé par le roi auprès d'Élisabeth, figure deux fois[1], et seulement à côté de d'Aubigné, dans l'*Histoire*, pour y jouer un rôle diplomatique des plus effacés. Dans la fameuse négociation de Languedoc (1577), si habilement menée par d'Aubigné, Ségur est « un homme *facile*, » une sorte d'homme de paille et de comparse que le maréchal Danville trompe et joue à plaisir. Un passage de la *Vie*, déjà cité, où d'Aubigné menace Ségur de le faire passer par une fenêtre, nous

---

1. *Hist. univ.*, t. Ier, col. 882 et 1143.

rappelle à propos les sentiments de notre historien pour son collègue d'ambassade. D'Aubigné a, comme il le dit, servi son maître « à sa fantaisie » et il est difficilement impartial pour ceux qui, ayant servi le roi à la sienne ou à la leur, s'en sont bien trouvés. Mais qui lui reprochera ses justes sévérités pour la trahison d'un Condé, pour l'insolence d'un d'Epernon, dont il connaît « la pesante haine, » pour un apostat comme Sancy, que, dans l'*Histoire*, il a plutôt ménagés ?

Pour dire, avec Mérimée, « qu'il n'a point eu d'amis, » il faut oublier, non seulement tant de capitaines qu'il a si chaleureusement vantés [1] et dont quelques-uns ont dû le payer de retour, un La Nouë, par exemple, dont il vante en vingt endroits avec une déférence affectueuse le courage, la clémence et la probité, mais encore un comte de La Suze qui l'appelait son père ; toute la famille Rohan, hommes et femmes, avec lesquels il entretient une correspondance si élevée et si touchante ; un Tronchin, le légataire de tous ses papiers, dont il écrit : « Je ne m'ayme pas tant que je crois estre aimé de luy, » un Esaïe Baille, qui l'entoure d'un filial et respectueux attachement. N'oublions pas surtout son meilleur ami, Claude de la Trimouille, dont l'affection suffirait à le venger d'une injuste accusation.

Plusieurs épîtres de consolations, adressées à ses amis dans leurs deuils et afflictions, prouvent son influence morale et son autorité sur leur esprit. Nous avons déjà cité une belle lettre de ce genre à M. de Rohan. La lettre à la sœur du roi [2], la duchesse de Bar,

---

1. Voir ci-dessus, p. 65.
2. Voir t. Ier, p. 531.

n'a pu être dictée que par une sympathie, une véritable affection mutuelle. Elle renferme des lignes d'une tendresse quasi paternelle, d'autant plus charmante qu'elle est plus discrète. Quand il rappelle à cette sœur si longtemps sacrifiée par l'égoïsme fraternel, si ferme en sa foi, ces airs de musique dont il fournissait autrefois les paroles, ces larmes qui semblaient mieux séantes à sa beauté que la gaieté même; quand il la fortifie « pour le bon Combat, » on sent que cet ami, jadis poète de chambre, aujourd'hui directeur d'une conscience endolorie, est l'ami fidèle, éprouvé, des bons et surtout des mauvais jours.

La lettre à Catherine prouve les sentiments de d'Aubigné pour la princesse; deux fragments d'une lettre de celle-ci[1] montrent que d'Aubigné était payé de retour par la duchesse de Bar : « M. d'Aubigné, vous avez satisfait... aux devoirs d'un amy, en ce que vous n'avez point craint la hayne des puissances qui dominent aujourd'huy, pour m'instruire à mespriser ce que ces lasches et ignorants adorent, en me faisant part de vostre entendement et de vostre cœur... je n'ay que fayre de vous exhorter à la continuation de tous ces bons offices. Cela ne peult venir en doute qu'à ceux qui ne vous ont pas cognu, ou qui malureusement voudroient oublier les preuves de Vostre magnanimité. » Dans un autre passage de cette lettre, la princesse remercie d'Aubigné du bel éloge qu'il lui a décerné en disant « que la loy salique n'avoit pas partagé la con-

---

[1]. Ces fragments ont été conservés dans les manuscrits de Bessinges. L'un d'eux a été imprimé dans le *Bulletin de l'Histoire du protestantisme* (1874), p. 28. Ils pourraient bien faire partie de la « response » de Madame au *Traité des douceurs de l'affliction* que d'Aubigné promet « au recueil qu'il espere faire » (Préface des *Tragiques*.)

stance en sa maison, » c'est-à-dire l'avait donnée aux femmes et refusée aux hommes[1]. D'Aubigné n'est pas seulement un ami, c'est, nous l'avons dit, un véritable directeur de conscience pour Catherine.

Le roi, fatigué de voir sa sœur se rendre « opiniastre en sa Religion, » veut la mettre aux prises avec quelques docteurs choisis par lui. Il aime ces conférences, où triomphe l'éloquente érudition de du Perron. Ce sont tournois qui amusent sa curiosité et rassurent peut-être les inquiétudes de sa conscience. Catherine, obligée de subir cette nouvelle inquisition imposée à sa foi, cède et « lui laisse le choys des douze, horsmis de trois qu'elle a voulu nommer. » Ces trois hommes de son choix sont M. de Courde, son Pasteur et d'Aubigné. Elle n'a qu'une terreur, « c'est qu'il ne fraude son esperance, par la profession qu'il fait d'un autre mestier et par les haines qu'il a desja acquises. » En cela elle se trompe, d'Aubigné est bon sur tous les champs de bataille et s'inquiète moins d'encourir de nouvelles haines que de perdre d'anciennes amitiés.

CHAPITRE VIII

Si tels furent la conduite et les sentiments de d'Aubigné dans la pratique de l'amitié, on peut croire qu'il n'a trahi aucun des devoirs d'un chef de famille.

Nous avons vu en quels termes il parle de sa docte mère qu'il ne connut point, de son père qu'il connut si peu. Nous savons aussi l'amère douleur que lui fit

---

1. Allusion à un passage de l'*Hist. univ*, t. II, col. 676.

ressentir la mort de sa première femme. Quand il ne nous raconterait pas lui-même ces trois années de nuits pleines de larmes, l'étrange maladie qu'il contracta « pour vouloir s'empescher de pleurer, » ses œuvres, remplies de ce souvenir, nous montreraient l'exquise sensibilité d'une âme qu'on a peinte comme insensible à tout ce qui n'était pas orgueil ou intérêt. Mais nulle part cet accent de regret conjugal n'est plus touchant que dans une de ses *Méditations*[1] : « Tu ne m'as point blessé aux extremités et membres qui, retranchés, laissent le reste traîner quelque miserable vie, mais tu m'as scié par la moitié de moi-mesme, tu as fendu mon cœur en deux et dissipé mes entrailles, en arrachant de mon sein ma fidele, trés aimee et trés chere moitié, laquelle, comme genie de mon ame, me tenoit fidele compagnie à tes louanges, m'exhortoit au bien, me retiroit du mal, arrestoit mes violences, consoloit mes afflictions, tenoit la bride à mes pensees desreglees et donnoit l'esperon aux desirs de m'employer à la cause de la verité. » Sous ces figures un peu forcées, on sent bien la violence d'une douleur inconsolable, la justice rendue à la salutaire influence d'une femme douce et pieuse !

Nous ne reviendrons pas sur la blessure infligée au cœur d'un père par un fils indigne, « aimé outre mesure, » qu'il tenta vainement de sauver et de ramener ; nous avons suffisamment montré que ce cœur sai-

---

[1]. Voir t. II, p. 202, et aussi *Poesies religieuses*, t. III, pp. 276-279. Parmi les vers latins composés par d'Aubigné, quatre pièces sont consacrées au regret de Suzanne de Lezay. M. Dufour, de Genève, avait bien voulu revoir pour nous une copie de ces vers latins, extraits des manuscrits de Bessinges ; mais nous n'avons pu l'utiliser. (Cette copie est conservée à la *Bibliothèque protestante* de la rue des Saints-Pères.)

gnait autant d'affection trompée que d'orgueil paternel humilié.

Un fils naturel, Nathan, « recommandable par probité de vie et doctrine non commune, auquel il a permis, lui et les siens, de porter son nom, » l'eût consolé dans sa douleur, s'il n'avait rougi jusqu'à son dernier jour « de son ord péché, » scrupule qui peut paraître étrange, mais qu'explique le regret de sa première femme et l'ordinaire austérité de sa vie dans la période de maturité.

La correspondance accuse l'inquiète sollicitude de d'Aubigné pour l'éducation de ses filles, son affection pour ses gendres, Josué de Caumont, sieur d'Adde, « son brave Dadou, » et Benjamin de Valois, sieur de Villette, le mari de Louise-Arthémise, qu'il appelait « son unique et sa fillette. » S'il témoigna quelque préférence à celle-ci, ce partage inégal prouve la partialité, mais non la sécheresse de cœur.

Théophile Lavallée va jusqu'à insinuer, sans oser toutefois excuser Constant, que les ressentiments paternels étaient exagérés, qu'ils n'étaient point partagés dans la famille. Par contre, il nous montre le père uniquement occupé d'affaires d'intérêt, âpre au gain, dur à ses débiteurs, d'humeur procédurière, s'efforçant de tromper ses enfants sur ses revenus en se disant réduit à la misère, enfin laissant un testament entaché, « comme tous les actes de ce personnage, de duplicité et d'obscurité[1]. »

Nous ne suivrons point Lavallée dans le détail des affaires et intérêts de famille, ce serait tout un dossier à produire et un procès dénué pour nous d'intérêt.

---

[1] Théoph. Lavallée, *La Famille d'Aubigné*, pp. 21, 45, 46.

L'auteur nous fournirait lui-même des arguments contre sa thèse, car il nous montre à la fois d'Aubigné « malheureux en affaires, » victime de confiscations — ajoutons privé de ses pensions — et dur en affaires, âpre au gain. En vérité, ce n'est pas aux gens dépouillés et réduits à la gêne qu'il faut demander d'être larges et, comme l'on dit, coulants en affaires. La prodigalité est facile aux consciences vénales; les honnêtes gens sont obligés d'y regarder de plus près. Lavallée a surtout puisé les éléments de son réquisitoire dans les papiers autographes de Sansas de Nesmond, gendre de Caumont d'Adde, dont le biographe lui-même trace le portrait suivant : « c'était un Gentilhomme catholique, n'ayant que peu de bien, mais fort instruit et fort méchant, neveu d'un Président au Parlement de Paris, comptant d'autres parents dans la magistrature... C'était le procédurier le plus retors qu'on puisse imaginer, se complaisant dans les chicanes, courant à un procès comme à une fête. On comprend ce que devait peser auprès d'un tel homme la réputation de son beau-père d'Adde et celle du grand-père de sa femme!

L'inventaire du défunt sous les yeux, le même biographe ajoute : « qu'il aimait le luxe et vivait dans une sorte d'opulence. » Nous n'avons pas à défendre d'Aubigné d'une assertion qui n'est pas d'ailleurs tournée en accusation directe. Par goût, autant que par nécessité, il était simple et économe. Une lettre, peut-être adressée à Constant, gouverneur de Marans, nous le montre gourmandant assez vertement son compagnon d'armes, sur ses habitudes de luxe et de dépense, sur sa volerie, sa vanité pour ses oiseaux. Il lui reproche ses grands bâtiments pour la montre, et surtout ce sot respect humain qui le fait rougir de sa bibliothèque et de ses vers, parce qu'il est du bel air d'être ignorant et de préférer la chasse aux belles lettres. Cette vanité de paraître, d'Aubigné la laisse à son *Baron de Fœneste*, il est, lui, le brave *Enay*, il lui suffit d'être ce qu'il est réellement.

En présence de tant de fortunes scandaleuses, comparant ses longs services à sa médiocrité, d'Aubigné avait bien quelque droit de se trouver maltraité. Il avoue pourtant lui-même avoir reçu du roi « autant de biens qu'il lui en falloit pour durer et non pour s'eslever. » En somme, si d'Aubigné fut maigrement appointé de 7.000 livres de pension, c'est qu'il ne voulut pas plus acheter les faveurs de la Régente qu'il n'avait fait celle du Roi par ses complaisances. D'Aubigné a été intègre et incorruptible, mais il n'a pas eu la modestie de sa probité.

CHAPITRE IX

Nous avons apprécié le caractère moral de notre Réformé; voyons quelle fut la nature, l'étendue, la portée de son esprit.

Un trait qui frappe tout d'abord à la lecture de ses œuvres, c'est la lutte d'une haute intelligence, fortifiée de toutes les connaissances scientifiques de son temps, contre les vulgaires préjugés. Il croit aux miracles, aux prodiges, aux apparitions, aux pressentiments, au surnaturel, en un mot, et discute sérieusement des faits de sorcellerie et des pratiques diaboliques. Elles règnent, il est vrai, avec Catherine, sa cour italienne et ses alchimistes. Bodin, un précurseur de

Montesquieu, l'un des esprits les plus éclairés de son temps, écrit sa *Demonomanie*, et, trois ans après, sa *Republique*. Les savants réformés, Ambroise Paré, Bernard Palissy, qui voient la nature de près et ont secoué le joug « des superstitions romaines, » échappent davantage à ces faiblesses. D'Aubigné ne les a dominées à aucun âge. A six ans, « veillant dedans son lict, pour attendre son precepteur, il ouït entrer dans la chambre, et puis en la ruelle de son lict... une femme fort blanche, qui luy ayant donné un baiser froit comme glace, se disparut. » Cette hallucination enfantine a hanté son cerveau toute sa vie, et, dans sa vieillesse, il la revoit encore et l'enregistre dans sa *Vie*. Tempérament fiévreux, il donne corps à ses visions. N'oublions pas non plus qu'il s'est, dans sa première jeunesse, « amusé aux *theoricques de la magie*. » Il a le pressentiment certain de la mort de son père; il prédit à ses parents maternels qu'un jour ils lui feront hommage. Il annonce à deux misérables leur mort et jusqu'au nombre de coups sous lesquels ils doivent succomber. D'Aubigné a vu un tableau de tout ce qui depuis est arrivé et « les memoires de toute la Chrestienté distinguee par provinces, » entre les mains de Gaspard Baronius, neveu du Cardinal, et il y croit assez pour consigner le fait dans l'*Histoire universelle*. « Voilà, ajoute-t-il, où il s'est fait *sçavant en predictions*, et non pas pour avoir eu chez luy le Muet qu'on luy reprocha. » Il faut lire dans la *Vie* la description de ce muet « que les plus doctes ont tenu pour dæmon encharné, » le récit de ses divinations et « ses pensees les plus secrettes, desquelles il faisoit rougir et paslir chacun. » D'Aubigné avait fait défense à ses enfants et domestiques d'interroger le Muet sur l'avenir, et ceux-ci naturellement ne faisaient pas autre chose. Quoique le père leur donnât l'exemple de la réserve, ses ennemis ne manquaient pas d'attribuer aux révélations du Muet les salutaires avis que d'Aubigné puisait dans « son employ aux affaires et sa longue experience. » Sans avoir la prétention d'expliquer ce mystère, disons qu'on se heurte à l'insondable, aussitôt que la raison délaisse l'ordre des phénomènes naturels.

Nous ne reprocherons pas à l'écrivain d'enregistrer certains faits invraisemblables dont il a été le témoin, et en quelque sorte la victime. Sa bonne foi est évidente, lorsqu'il nous raconte que « un soir lui arriva chose qui sera attestee par six ou sept hommes d'honneur encore vivants : c'est qu'estant couché sur la paillasse, en achevant sa priere, il receut trois coups d'une large main, ces trois coups si resonnants que toute la compagnie à la lueur d'un grand feu eut les yeux fichez sur lui, dés le premier coup... Sur les mesmes mots (de la priere recommencee), il receut trois autres coups plus grands que les premiers, aux yeux de tous... » Le même soir, le capitaine d'Aubigné, son cadet, venait d'être tué. « Les diverses interpretations, il les garde pour les familieres instructions de sa maison. » Bien qu'il ait oublié de les fournir, au moins dans sa *Vie*, nous pouvons conjecturer que d'Aubigné vit là un avertissement céleste, un peu rude, du deuil qui le frappait. Dans une imagination vive, après une pénible journée, pendant un sommeil fiévreux, le rêve se confond avec la veille, l'hallucination avec la réalité; le souvenir ne les distingue plus et, après l'événement, tout se transforme en pressentiment.

Ces hommes, intrépides en présence d'un danger réel et devant la mort, demeurent déconcertés et rêveurs devant des apparitions qui feraient de nos jours sourire un enfant. A Moncontour, raconte l'historien, le vieux juge du lieu, grand vieillard « en vetement sale et tout plumeux, » arrête le roi pour lui faire un long discours rempli de prédictions sinistres. Henri promit de ne point oublier la harangue, et d'Aubigné en est tellement frappé, qu'il lui consacre deux colonnes de son *Histoire*[1].

Ce qui étonne, c'est que d'Aubigné, qui fait profession « d'oster ces *bigotteries* de son livre, ne recevant pour prodiges que ce qui l'est à bon escient, » qui se pique de distinguer entre les phénomènes naturels intéressant l'histoire, et les relations « des augures et prodiges, » ne fasse pas difficulté de recueillir lui-même de toutes mains et consigner les anecdotes les plus invraisemblables ou les moins intéressantes. « C'est une demoiselle de Bacouë qui rêve la mort de deux enfants; » c'est une grand'mère « dont les mamelles, aprés une priere, furent à l'instant pleines de laict, » et qui, pendant dix-huit mois, nourrit un nouveau-né privé de sa mère; c'est la description d'une « estoile sans queue, formant lozange, qui parut au ciel vingt-six mois et demi, sinistre presage, au dire des savants eux-mêmes, pour l'auteur du massacre de la Sainct-Barthelemy[2]. » Ailleurs c'est un nuée ronde, d'une couleur horrible à regarder; « ceste nuee sembloit un chapeau, qui avoit au milieu de soi une ovalle, des couleurs d'une gorge de coq d'Inde, que leur

---

1. *Hist. univ. Appendix,* col. 736.
2. Voir le sonnet épigrammatique, t. IV, p. 340.

spectateur jugea pareille en toute chose au flegmon qu'on lui avoit arraché dans l'apostume de sa peste qu'il avoit euë à Orleans. » Nous voulons bien en croire d'Aubigné sur l'étrange phénomène météorologique qu'il nous décrit, mais, en certifiant qu'il a vu cette nuée entrer et fondre auprès du clocher, matin et soir, pendant dix-huit mois que dura la peste de Saintonge, il encourt le reproche d'avoir grossi et dénaturé un phénomène naturel, ajouté foi à des témoins suspects et épouvantés, enfin de s'être naïvement attaché à une coïncidence fortuite [1].

Cinq lettres, adressées à M. de la Rivière [2], premier médecin du roi, nous permettent de pénétrer plus avant dans les opinions de d'Aubigné, sur ce qu'il appelle un peu ambitieusement « des poincts de science. » La Rivière est un esprit libre, d'humeur gaie et quelque peu sceptique, qui fait profession de « *n'avoir jamais rien veu de surnaturel.* » Son « ancien compagnon de lettres » l'interroge avec une sincère déférence sur quelques faits et phénomènes étranges. C'est d'abord la polyglotte de Cartigny, une pauvre villageoise ignorante, qui « respondoit disertement en toutes langues au ton de celuy qui parloit, la bouche fort ouverte, sans user aucunement ny de la langue, ny des levres. » Cette possédée corrige et reprend les savants sur leur mauvaise prononciation hébraïque, elle s'entretient avec des Persans, des Arabes, des Arméniens.

Le muet, dont nous avons déjà parlé, fait retrouver les clefs perdues, voit les absents dont il révèle les

---

[1]. D'Aubigné avait, à la prière de Mlle de Belle-Ville, sœur du Lieutenant du Roy en Xaintonge, composé un petit *Traité sur les comètes* que lui-même déclare perdu. (T. Ier, *Introduction*, p. XII.)

[2]. T. Ier, p. 422 et suivantes.

moindres actes; à l'aide de signes, il découvre aux assistants leurs plus secrètes pensées. Malheureusement, nous n'entrevoyons les réponses de la Rivière qu'à travers les lettres de son correspondant. Tandis que le médecin fait « *Madame Nature puissante de tout cela,* » d'Aubigné ne songe pas un seul instant à contrôler les faits eux-mêmes. La critique scientifique lui est aussi étrangère que la méthode de critique historique. « C'est un Dæmon incarné » que Dieu inspire « pour convaincre ceux qui lui ostent la gloire du surnaturel. » Une telle explication suffit à sa *science*, ou pour mieux dire, à sa foi.

Dans une autre lettre, d'Aubigné, partagé entre l'humanité et le respect des Écritures qui ont prononcé contre les Sorciers et Enchanteurs, réclame au moins une juridiction sérieuse et compétente pour les accusés de sorcellerie. Pendant une grande peste, qui ravagea le centre de la France, les loups venaient ravir les enfants jusque dans les maisons et le peuple crut aux loups-garous. Un misérable fou, s'accusant d'avoir dévoré toutes les victimes, allait subir le supplice, quand un magistrat d'Angers s'avisa de lui demander: « Qui avoit mangé Pierre Hérault? » « Moi, repondit le monstre. » Pierre Hérault était le lieutenant criminel même qui présidait le tribunal. On refit le procès et le pauvre homme fut trouvé innocent. D'Aubigné conclut que les sorciers doivent être punis sévèrement, « non pour leur fantaisie, mais pour leurs actions effectuelles, qui ne paraissent que trop. » A Pau, une belle fille, au sortir d'un prêche sur les sortilèges, s'en vint demander la prison comme criminelle de sorcellerie. Le président, un vieillard, « lassé des misérables procés qu'il avoit entre les mains, la renvoie; mais le geôlier du Châtelet l'écoute et l'enferme. Les auditions de cette fille furent trouvees si admirables par le Parlement, que le Roy fut prié de vouloir assister à la confrontation de plus de quarante personnes prisonnieres sur le rapport de la fille. » Le roi accepta et mena avec lui plusieurs personnes parmi lesquelles Duplessis-Mornay et d'Aubigné. La fille confessa être allée aux grands sabbats en esprit, aux petits en corps, avoir, sur l'ordre du *Mestre*, déterré un enfant qui fut partagé entre quatre-vingts personnes. Sur ces révélations, trente-quatre d'entre elles furent condamnées : la fille assista à leur supplice, une corde au cou, à son grand regret de ne mourir point, « ayant esté, dés l'age de neuf ans, menee au sabat et marquee du Diable. » Quelles terribles et douloureuses révélations sur l'ignorance et la crédulité d'un siècle, où les dénonciations d'une hallucinée, affolée par une sotte prédication, envoient au supplice trente-quatre victimes, condamnées sous les yeux du roi et des plus doctes personnages !

La troisième lettre à la Rivière semble démentir quelque peu le passage de la *Vie* où d'Aubigné se défend d'avoir « essayé aucun experiment » de la magie. Il nous confesse que « la folle vivacité de sa jeunesse n'a rien trouvé de difficile de quoy elle n'ait voulu pouvoir parler; » qu'il « s'accosta » neuf mois à Lyon d'un aventurier, Loys d'Arza, se donnant pour « magicien et bastard d'un duc de Milan. » Ce charlatan le fit passer de l'astronomie à la judiciaire (l'astrologie), lui interpréta le quatrième livre d'Agrippa[1], *la Clavicule* de Salomon, *les Fascinations* de Zoroastre, « avec

---

[1]. Agrippa de Nettesheim, médecin et philosophe, 1486-1535.

force autres petits livrets de cette marchandise. » Malgré ce mépris, que nous croyons sincère à l'époque où il écrit, « cette marchandise » permit à notre nouvel adepte de charmer la cour de Catherine, « où les magiciens estoient merveilleusement recerchez. » Les filles de la Reine se couvraient le visage de leur masque en lui parlant, de peur qu'il ne lût leurs pensées. Il disait à l'une le nom de son amant, il montrait à une autre, dans un miroir, « le plus accompli de ses trois amants. » A ce jeu, et dans cette cour, notre magicien avait bien des chances de tomber juste, et l'on conçoit qu'il fût pour ces filles un objet de terreur et d'irrésistible curiosité.

Un jour, d'Aubigné prêta le concours de sa science au roi Henri III, qui, lassé de voir sa mère exploitée par les magiciens, voulut dévoiler la supercherie du curé de Saint-Saturnin de Tours. Celui-ci, placé entre une récompense et le gibet, finit par tout confesser. A ce propos, d'Aubigné nous apprend qu'il avait curieusement étudié, dans le fameux Jouan Picatrix de Tolède, « sur les poincts des images d'or et de cire ; car ils avoyent esté cerchez sur les accusations de la Mole et de Cauconnas. » Ainsi d'Aubigné, tout en faisant la part des tours de physique et des mystifications, dont sa jeunesse s'est amusée, est demeuré en quelques points le disciple convaincu de Louis d'Arza. Il estime « qu'il y a des sorciers qui, trompez par le Diable d'un plus honneste nom, en trompent les autres. » Même au milieu des éclairs de son bon sens, la *Demonomanie* ne perd pas tous ses droits.

Un gentilhomme des parents de d'Aubigné s'est épris d'amour, a poussé jusqu'aux promesses de mariage, pour une demoiselle de moindre condition, très laide, et de contraire religion. Notre savant ne doute point que pareil mystère ne soit causé par philtres et drogues pharmaceutiques, agissant sur la partie du cerveau où gît l'imagination. A côté du mal, il indique le remède. Il faut, dit-il, « priver de la frequentation, donner des exemplaires nouveaux et nouvelles idees, suggerer en la place quelque chose qui vainque le premier objet. » La nourriture excellente, les puissantes odeurs, les tableaux choisis, les musiques ravissantes ne sauraient nuire à distraire le gentilhomme amoureux; quant aux « amulettes et marmelades de pommes de Capendu, » nous aimons à croire que le médecin la Rivière n'en a pas reconnu l'efficacité.

Lescot, dont l'auteur entretient son savant correspondant, nous paraît un simple prestidigitateur. Il tire de sa pochette un amas d'habillements de sa hauteur, ou bien faisant asseoir autour d'une table vingt-sept personnes, il force la compagnie à « penser une mesme carte, hors mis la plus belle qui en aura une à part. » Qui n'a vu, peut-être exécuté, le tour de la carte forcée? Mais voici qui est moins banal. Un jour, il lui propose de l'emmener « par dessus le Louvre. » « Je ne say s'il l'eust peu faire, mais je ne le voulus pas essayer. » Parole de charmante naïveté, où l'on ne sait qui domine du doute, de l'admiration, ou de l'effroi. D'Aubigné, dira-t-on, avoir peur! Mais lui-même confesse qu'un mot de Lescot « lui gela le sang. » Il est vrai que ce terrible homme, peu soucieux de son salut, qui se bat une nuit par semaine avec le diable, fit une mauvais fin, « bien digne de sa vie : » Un cocher More, en Toscane, l'enleva un beau jour en l'air, au galop de quatre chevaux noirs! « Tels galands, ajoute d'Aubigné en forme de conclusion, ne sont differents des sorciers que de noms et se damnent avec plus de lustre. »

D'Aubigné est puissant par l'ardeur de sa foi, la probité de ses convictions, l'imagination, qualités qui font le poète et le grand écrivain. Ce qui est hardi chez lui, c'est le caractère, non l'esprit. Sous ce rapport, il est inférieur à Ramus, à Bèze, à l'Hôpital, à Mornay. L'étendue manque à cette intelligence. Son instruction, si vaste qu'elle nous paraisse, surtout pour un homme d'épée, est un bagage d'érudition scolastique plutôt que littéraire, acquis prématurément par un enfant précoce qui s'est, à longs intervalles, remis sur les bancs, mais qui n'a jamais secoué l'ancien joug, affranchi sa raison.

CHAPITRE X

Au sortir d'une visite à l'Académie de Genève, d'Aubigné écrit à M. Thompson, précepteur de ses enfants. L'éducation, lui dit-il, y est excellente, solide, elle fait de bons grammairiens « qui ne sont pas, comme ceux des Jesuittes, fondez à la piaphe. » On y forme des Pasteurs modèles, « tant pour interpreter l'Escriture fidelement que pour travailler contre les mauvaises mœurs. » Voilà qui est bon, mais le visiteur fait ses réserves. « Quelques Docteurs de ce lieu, lassez des intrigues de logique, se defendent du labeur par la conscience, et pensent avoir assez dict contre un sophisme aigu, de l'avoir nommé sophisme, sans prendre la peine de le demesler et perser, tant en la malice des vocables et omonimies, qu'en celle des constructions. » Eh quoi! bons et candides docteurs, simples esprits, cœurs excellents, vous rêvez de substituer l'interprétation des Écritures et les préceptes de la morale aux Métaphysiques qui permettent de « desnoüer les ambages des distinctions! » Mais vous avez compté sans ce soldat casuiste, armé de dialectique jusqu'aux dents, sans cet adversaire de du Perron et du Jésuite Cotton, qui n'entend pas voir discréditer ces armes dont il a, en un jour de triomphe, terrassé ces admirables théologiens! Sans doute d'Aubigné vit en un siècle de combats; on lutte avec la plume, avec la parole autant qu'avec le fer; soit, mais pourquoi vouloir faire de ces jeunes gens plutôt « des serpents » que de douces « colombes? » Sont-ils tous appelés à descendre en champ clos? N'en faut-il pas réserver pour la parole de Dieu, pour l'enseignement moral et la simple pratique des vertus évangéliques?

Il n'est pas jusqu'aux filles que d'Aubigné ne veuille fortifier d'un peu de dialectique. A cet effet, il a composé une petite *Logique* pour les siennes, mais il désire qu'elles n'en usent « qu'en elles-memes, et non envers les personnes qui leur sont compagnes et superieures. » Il peut être dangereux qu'une femme fasse sur son mari « usage des *elenches*. » Est-il bon, en effet, que la femme, cuirassée de logique, triomphe trop sûrement d'un mari, dont le cerveau peut n'être pas fortifié de tout cet arsenal. Le petit traité paternel devra donc enseigner à bien raisonner pour soi, non à discuter. D'autres exemples ont prouvé ce dont sont capables les femmes, parmi lesquelles l'auteur cite la Marguerite des Marguerites, Loyse Labé, la reine Élisabeth, Olympia Morata, les duchesses de Rohan, les dames des Roches, illustrées par la muse d'Estienne Pasquier, Catherine de l'Estang, sa propre mère, dont il a conservé le Saint Basile grec, annoté de sa main[1]. Malgré son admiration pour l'excellence d'un tel savoir, il n'exhorte au labeur des lettres que les Princesses, pour le gouvernement et le maniement des affaires. Les lettres sont, à ses yeux, un luxe inutile pour les demoiselles de moyenne condition, comme ses filles, qui auraient pourtant bien voulu apprendre avec leurs frères[2]. La raison de d'Aubigné est plus poétique que plausible : « Quand le rossignol a des petits, il ne chante plus. » L'instruction n'est-elle donc pour les femmes qu'un aimable ramage ? et puis, dirons-nous, le rossignol ne doit-il pas apprendre à chanter à ses petits ?

Les idées de d'Aubigné sur la pédagogie appliquée à ses propres enfants sont donc : pour les filles, une culture des plus modestes, qui ne leur puisse inspirer le mépris du ménage, de la pauvreté et du mari ; pour les fils, une solide instruction, fortifiée de toutes les subtilités de la dialectique. D'Aubigné les veut prêts, comme lui, à descendre au besoin, armés de pied en cap, dans le champ clos de la discussion théologique.

---

1. On peut s'étonner de ne pas voir rappelé ici le souvenir de cette jeune Loyse Sarrazin, qui l'incitait si bien à l'étude du grec. A-t-il craint de mêler ce souvenir juvénile à celui de sa mère, dans une lettre adressée à ses filles ?

2. Dans une lettre à M. de Rohan (T. Ier, p. 402), d'Aubigné écrit : « Dieu m'a visité de la perte de deux enfans. » Le contenu de la lettre semble indiquer qu'il s'agit de deux fils.

CHAPITRE XI

L'espace, la compétence et surtout le goût des polémiques religieuses nous manquent pour apprécier la valeur de d'Aubigné comme controversiste et théologien. D'ailleurs, la discussion théologique nous semble trop souvent une vaine querelle de mots, où les combattants ne sont mis d'accord que par une autorité infaillible imposant silence à l'une des deux parties. On sait le mot de Descartes : « Je pensais que pour entreprendre d'examiner (les points de théologie et vérités révélées), il était besoin d'avoir quelque extraordinaire assistance du ciel [1]. » Cette assistance nous fait défaut; par conséquent, sans nous engager témérairement sur les pas de d'Aubigné, dans le détail de ses luttes et de ses victoires théologiques, nous nous bornerons à en rappeler les circonstances.

Nous avons déjà parlé de la fameuse conférence de Fontainebleau; Duplessis-Mornay, placé dans des conditions inégales par la partialité du roi, et provoqué par du Perron qui accusait de fausses citations l'auteur du traité *de l'Église* (1578), y sembla succomber sous la triomphante éloquence de son adversaire. Que, l'année précédente, le ministre Daniel Tilenus ait battu en retraite devant du Perron, que la foi de Harlai de Sancy ne lui ait su résister, nous n'y contredirons point. Nous estimons surtout que Duplessis-Mornay commit une faute en négligeant de vérifier

---

[1]. *Discours de la Méthode*, 1re partie.

lui-même tous les textes invoqués, et une plus grave encore en se laissant traîner, mal préparé, à cette joute oratoire. Nous voulons bien enfin que le fougueux convertisseur, « monstrueux en science, » abondant « en discours bien polis, » ait réellement triomphé de son rival sur dix-neuf des cinq cents passages allégués comme tronqués, mal cités ou interprétés. Ce duel, quelles qu'en aient été les conditions et l'issue, n'est, à nos yeux, qu'une petite curiosité historique qui ne prouve rien pour la valeur des personnages, encore moins pour celle des deux doctrines. Nous ne rappelons ces faits que parce qu'ils se rattachent à une conférence de même genre où d'Aubigné joua un rôle important.

Nulle part le goût de d'Aubigné pour la logique et la dialectique ne trouve meilleur emploi que dans la polémique religieuse ; aussi son goût n'est-il pas moindre pour la théologie. De 1580 à 1586, il semble s'en être particulièrement occupé. Lui-même nous raconte que, sous le coup de graves mécontentements, il sentit sa foi ébranlée, se remit aux livres, « cerchant avidement si en la Romaine il se pourroit trouver une miete de salut, » et ne s'affermit en sa religion qu'après avoir feuilleté Panigarole, Campianus et Bellarmin. C'est à cette époque, sans doute, qu'il acquit ce fonds de connaissances dont il usa contre du Perron et le Père Cotton. Peu d'années auparavant, se trouvant à Libourne, avec « une grosse Cour de Princes, » il eut l'occasion de voir le Connétable de Portugal. Ce connétable, fort épris d'une dame, fait avec d'Aubigné échange de distiques français et latins sur sa passion, et leur amitié « esmeut entr'eux d'estranges dialogues sur le fait de la Religion. »

Notre Réformé était donc habitué de longue date et armé pour ce genre de discussions. Il nous raconte que, quinze jours après la victoire de du Perron, lui-même fut mis aux prises, à Paris, par le roi avec le vainqueur. La dispute dura cinq heures, en présence de quatre cents personnages de marque.

L'Évêque s'échappait en interminables discours, mais notre dialecticien l'enferma, suant à grosses gouttes sur un Chrysostôme, dans un syllogisme tiré de ses propres arguments :

« Quiconque est faux en une matiere ne peut estre juste juge en ceste matiere. — Les Peres sont faux en la matiere des controverses, comme il paroist en ce qu'ils se sont contredits. — Donc les Peres ne peuvent estre juges en la matiere des controverses. »

La mineure demeurait à prouver. C'est pour achever cette démonstration, que d'Aubigné « escrivit un traité *De dissidiis Patrum*, auquel l'Evesque ne respondit point, quoyque le Roy se fust rendu pleige pour luy. »

Dans deux lettres, adressées à M. Montauzier, notre théologien calviniste revient complaisamment sur cette conférence, qui prend dans son esprit les proportions d'une revanche de Fontainebleau. On a révoqué en doute la véracité de ce récit[1] : « C'est vraiment chose admirable, dit M. l'abbé Féret, que ces victoires dont personne n'a jamais entendu parler ! » Nous voulons bien admettre du Perron parmi les grands hommes de l'Église catholique, mais nous avons droit à réclamer des raisons plus solides pour accuser d'Aubigné de mensonge et de calomnie. « Sa

---

1. *Le Cardinal du Perron*, Paris, Didier, 1877.

Vie, que l'auteur écrivait pour ses enfants, a vu pour la première fois le jour en 1729...; la contradiction était impossible. » Depuis quand la véracité d'un écrivain devient-elle suspecte par ce fait seul que son manuscrit n'a pas été imprimé de son vivant? A ce compte, la plupart des Mémoires, forcément condamnés à attendre la mort de l'auteur, souvent même des contemporains, seraient un tissu de mensonges. « Comment, continue le critique, une pareille conférence n'a-t-elle pas été mieux *exploitée* par les Protestants? » Il suffisait que les catholiques et du Perron fussent intéressés à étouffer un petit échec, pour que l'*exploitation* en devînt difficile.

Le biographe de du Perron insiste sur cet argument qui lui paraît décisif, que les deux lettres de d'Aubigné ont été écrites longtemps après l'événement et s'adressent à un ardent coreligionnaire. Les deux lettres étant *sans date*, on ne saurait affirmer qu'elles ont été écrites longtemps après la conférence. Que d'Aubigné, sur des questions religieuses, soit en correspondance avec un coreligionnaire plutôt qu'avec des catholiques, cela paraît assez naturel. Encore, si c'était la fidélité de sa mémoire qui fût mise en suspicion; mais les détails de cette conférence abondent, précis, originaux, pris sur le vif; c'est donc une question de bonne foi, de probité. Eh quoi! Cette scène, ou plutôt ce roman, serait sorti tout entier du cerveau de d'Aubigné! Ce dialogue, sorte de prologue à l'action, ces dix prosélytes dont il s'agit de triompher, tous les témoins, les quatre cents personnes, docteurs de Sorbonne, jésuites, moines, membres du Parlement, et le menu détaillé du festin, et l'argumentation des deux parties, et le fameux syllogisme, et les perplexités de l'évêque baigné de sueur, et l'intervention du roi, et le traité *De dissidiis patrum*, tout cela fantaisie, imagination, mensonge ! Mais d'Aubigné n'est plus un témoin suspect, un sectaire partial et gonflé d'orgueil, c'est un impudent charlatan, dont les œuvres suspectes et mensongères ne valaient certes pas la peine d'être exhumées de la poussière du château de Bessinges !

Quand d'Aubigné écrivait au ministre Goulard, en 1616, à Genève : « Lorsque *la publique dispute que j'eus avec le cardinal du Perron* me laissa à prouver les discords des Pères en mattiere de la foy, vous m'envoyastes un Alman... etc. » Faut-il donc supposer que Goulard, personnage considérable et des plus justement honorés, était de connivence avec son correspondant ou qu'il est dupe d'un hardi mensonge ?

Quelque opinion que l'on se forme de la science théologique de d'Aubigné, on ne saurait nier qu'il ait joui d'une grande autorité parmi les siens, dans toutes les questions religieuses. Nous le voyons figurer dans presque toutes les assemblées provinciales de l'Ouest, et y jouer son rôle. Les Églises le protègent et réclament en sa faveur auprès du Béarnais. Au synode de Saint-Maixant, c'est lui qui « releve les affaires toutes perdues. » A la grande assemblée qui dura près de deux ans, à Vendôme, à Saumur, à Loudun, il gagne, au milieu des compromis de conscience, l'honorable surnom de *bouc du désert*. Quand la duchesse de Bar, obsédée par les convertisseurs, cherche un appui et un refuge, d'Aubigné a l'honneur d'être un des trois conseillers qu'elle se choisit.

Notre polémiste devait se retrouver encore une fois face à face avec « son grand ami » du Perron, dans une nouvelle conférence. Il s'agissait d'un accord entre les deux religions. Notre Réformé avait eu soin de s'y préparer par une conversation préalable avec Dumoulin, Chamier, Durand et quatre autres Pasteurs. L'entrevue, pas plus qu'aucun des « colloques » où la dualité de culte a été mise sur le tapis, ne pouvait amener de résultat. Du Perron, malgré quelques grosses hardiesses contre Rome, comme l'élection d'un Primat en France, se sépara sans rien conclure. D'Aubigné, qui paraît avoir au fond une grande estime pour les talents du cardinal, le menaça en riant d'écrire au pape « ce qu'il avoit, en ce jour là, oüy dire sous un bonnet d'escarlatte. »

Le récit d'une autre dispute de d'Aubigné avec le Père Cotton nous entraînerait trop loin, d'autant qu'elle porte tout entière sur des subtilités de grammaire et de traduction. Au reste, la lutte ne fut pas longue. Comme le Père Jésuite perdait pied, « une grande barbe » lui vint tendre la perche en s'écriant : « Monsieur, on vous attend où vous savez, il y va de vostre promesse. Là dessus, Cotton quitta la compagnie, sans dire à Dieu à personne. » « C'est un *rude* homme, » s'écria Fervaques. « Oui, répondit d'Aubigné, qui aime ces jeux de mots, il en est aux *rudiments*. » Singulier mélange de recherche et de naïveté, d'érudition et de mauvais goût, de subtilités scolastiques et de plaisanteries soldatesques, où nous voyons, en même temps que l'expression de la vérité, une curieuse peinture des mœurs et de l'esprit du seizième siècle.

A cette théologie de moyen âge, toute hérissée de syllogismes, quelques succès qu'elle ait pu valoir à notre polémiste, nous préférons de beaucoup ces pages d'enseignement moral et dogmatique, où l'écrivain s'efforce de consoler, à la manière antique, des âmes affligées et persécutées.

Bien que du Perron, encouragé par de faciles succès, ait entrepris la conversion de la duchesse de Bar, et qu'à un moment, il ait cru la sœur du roi « en assez bon chemin et le cœur fort touché, » il est certain qu'elle demeura « en chemin » et resta fidèle à sa foi. C'est au moment où son mari tremblait sous l'excommunication, où elle-même était en butte à un véritable martyre, que d'Aubigné prend la plume et réconforte cette âme endolorie. Après les doux souvenirs de jeunesse et de respectueuse affection, que nous avons rappelés plus haut, le consolateur, oubliant un instant sa cliente, prend en main la cause de la liberté individuelle, interroge cette puissance, « ce monstre, cette idole » qui dispose des vies et des consciences. De quel droit le pape sépare-t-il ce que Dieu a conjoint ? Lui doit-on femmes, enfants, vie temporelle et éternelle ? Ici plus d'argumentation scolastique, ni de vaine métaphysique. La question de droit et de liberté de conscience, nettement posée, ramène l'écrivain à son sujet favori, l'apologie de la doctrine protestante. Ce n'est plus une large exposition historique, comme dans l'*Histoire universelle*, mais une sorte de bréviaire éloquent, de catéchisme à l'usage des âmes hésitantes. Il s'agit de les fortifier contre « les seducteurs de ce siècle qui choisissent les ames affamees et destituees de la parole de Dieu, » contre les convertisseurs, contre un du Perron, à qui il veut disputer et ravir cette conscience. Nous ne résumerons pas ce petit traité qui est lui-même un résumé de quelques pages. Disons seulement que le controversiste y défend l'austère spiritualisme calviniste, y repousse « la mutation du pain en chair precieuse de Christ, » l'adoration « des sainctz de pierre et de bois » et des reliques, la vente des indulgences, la rémission des sacrilèges ; s'appuyant sur les principes de la primitive Église, il rejette les traditions incertaines ou contradictoires, aussi bien que les inventions et nouveautés papales. Il termine enfin en opposant la simplicité, la pureté du culte des protestants, à la parure, au luxe de ses adversaires.

Il y a chez d'Aubigné une veine de mysticisme qu'explique, surtout en ses dernières années, une vive piété échauffée par son génie poétique. Telle est l'inspiration des douze *Meditations sur les Pseaumes*. « Aux piccoteries des controverses » il a préféré les passages de l'Écriture qui sont « comme un esmail sur l'or, comme les pierreries exquises, et relevent le langage le plus eslevé. » Ne sent-on pas en effet le souffle des Écritures et leur poésie originale dans plusieurs passages des *Méditations*, comme dans cette page éloquente de l'épître à la sœur du roi ? « Bienheureux qui meurt au Seigneur en la maison de Dieu, entre des mains fidelles, pleuré de larmes sans feintes, et qui, agreable flambeau de l'Eglise, s'esteind aux regrets des bons, et ne delaisse pas une puante fumee au nez de la posterité. Au contraire, malheur de mourir sur le precipice de l'enfer, dans un lit assiegé d'idoles, environné de bouches blasphementes, d'un consert de demons, et voir les ennemys de Dieu, et de vous, qui avecq soupirs contrefaicts, preparent leurs impures mains à vous fermer les paupieres. » Ces dures récriminations s'allient à une touchante familiarité : « Il faut oster du sein de Dieu les causes de son yre, non les moyens de punir, et ne faire comme je voyois ces jours mes petits enfans bien empeschez à depeupler ma basse court de vervenes, incurieux d'aracher les ofances, mais cuidants en vain faire perir les moyens des chastimens. » Quand d'Aubigné, opposant la beauté de l'âme à celle du visage, s'écrie : « Pleust à Dieu que (le duc de Bar) eust les yeux ouvers pour les beautez de l'ame !... Tous ces rayons esloingnez du grand soleil de lumiere, ne sont que petits gaiges de la beauté sans mesure, de la félicité indicible, de l'incomprehensible splandeur qui est preparee aux Agneaux de Christ, en la face de l'Eternel, » ne croirait-on pas entendre Fénelon ? Lui seul, en effet, parmi les écrivains catholiques, rappelle cette flamme mystique qui devait le rendre suspect à l'orthodoxie de Bossuet.

CHAPITRE XII

D'Aubigné, en écrivant son *Histoire*, s'était proposé un triple but : présenter l'apologie du protestantisme, de ses héros et de ses martyrs ; écrire l'histoire militaire du Béarnais ; instruire par ses récits, quelquefois par son exemple, les capitaines de l'avenir.

Montluc, auquel d'Aubigné a souvent songé, écrit au début de ses Mémoires : « ..... Aprés tant et tant de peines par moy souffertes pendant le temps de cinquante cinq ans que j'ay portez les armes pour le service des roys mes maistres, ayant passé par degrez et par tous les ordres de soldat, enseigne, lieutenant, capitaine en chef, maistre de camp, gouverneur des places... et mareschal de France, me voyant stropiat de presque tous mes membres..., j'ay voulu employer le temps qui me reste à descrire les combats auxquels je me suis trouvé pendant cinquante deux ans que j'ay commandé, m'asseurant que les capitaines qui liront ma vie, y verront des choses desquelles ils se pourront aider. » Telle est aussi la prétention de d'Aubigné ; lui aussi voudrait que son livre devînt « la bible du soldat. »

D'Aubigné écrit donc « en faveur et à l'honneur des gens de guerre. » « Son labeur leur est voué proprement, » et, à certains chapitres, il leur conseille « de sauter outre, pour chercher ce qui est de leur mestier. » Ils n'ont pas à « jouer du poulce » longtemps, car la moitié du volume est remplie par les surprises et reprises des places de guerre protestantes et catholiques. Ce qui frappe aujourd'hui le lecteur, c'est l'étrange monotonie des incidents. Les plus grandes batailles de d'Aubigné ne sont le plus souvent que de « gentils » combats, comme celui de la Roche-Abeille. La lutte n'en est pas moins terrible et sanglante, mais l'horizon est étroit, les grandes lignes et la variété font défaut. Le reste du temps, il court la campagne, muguetant l'ennemi, cherchant à brûler l'amorce, à faire fumer le pistolet, mêlant, démêlant, enfonçant des gros de cavalerie, ou bien prenant de petites places et des bicoques par escalade, mines et pétards. Quelles que soient les inventions et les folles témérités du soldat, il n'y a pas cent manières de risquer sa vie devant l'ennemi; aussi l'horrible le dispute-t-il à la monotonie dans le récit de ces faits militaires. Il a manqué à d'Aubigné la grande guerre et les batailles rangées. Que n'a-t-il eu au moins son siège de Sienne ! « Il est, dit-il, homme de siege et sans capitulation. » Le lecteur préférerait quelquefois le voir capituler après une longue et héroïque défense comme Montluc.

Ce n'est pas seulement aux gens de guerre que d'Aubigné donne des leçons militaires. M. Huguetan, avocat à Lyon, lui avait demandé « toutes les choses qui font besoin en un siege. » Dénombrement des hommes de guerre et de service, pionniers, canons, coulevrines, mousquets, piques, armures, quantité et fabrication de poudre, rien n'est oublié, pas même « l'huile de petrole, » ce fatal engin d'incendie. L'abondance de ces détails prouve l'expérience du soldat, et l'intérêt en est relevé par quelques beaux préceptes, tels que celui-ci : « Faites justice pitoyable, hormis aux propos de lascheté, rebellion, cry de nation et trahison, » et cet autre, adressé à M. de Brederode, qui reçoit aussi de son correspondant une leçon militaire : « Un homme de bataille ne doit pas avoir seulement du courage pour soy, mais en suffisance pour en distribuer par paroles et par exemples à ceux qu'il voit branler. » Avec des hommes tels que nous connaissons Montluc et d'Aubigné, on est sûr au moins qu'ils ont toujours joint l'exemple au précepte.

M. de Sainte-Marthe avait demandé des détails sur le maréchal de Biron à d'Aubigné, qui lui envoie une véritable biographie. En effet, celui-là « vault la peine que sa vie soit au rolle des illustres, et non pas ceux qu'on y a mis pour avoir esté regents de classe. » N'est-ce pas un trait décoché en passant contre le biographe littérateur qui prise plus un homme de lettres qu'un soldat et qui avait, dès 1598, fait paraître ses *Gallorum doctrina illustrium Elogia* ? D'Aubigné lui reprocherait volontiers, comme à de Thou, « la trop ennuyeuse recerche des hommes de lettres de son temps, » au détriment des capitaines « mal partagez. » Parlez-nous d'un Biron; il a bien écrit un livre sur l'*Office du Mareschal de camp*, mais c'est en se jouant et pour instruire, lui aussi, les capitaines de l'avenir. Il a cette prodigalité, cet orgueil, cet insolent dédain, même de ses plus illustres pairs, qui sied aux grands seigneurs non moins qu'aux grands capitaines. Comme il demandait qui l'on avait envoyé à une rude escarmouche : « M. de Chastillon y est, » lui fut-il répondu. « Il falloit y envoyer un homme de guerre, » reprend l'orgueilleux maréchal, au grand étonnement de tous ceux qui connaissaient Châtillon [1].

On sait que d'Aubigné fut vice-amiral de Saintonge et de Poitou. Pour un ancien « Capitaine de carabins, » il semble assez expert dans la langue navale et ne décrit pas mal les combats livrés en ces parages marécageux des îles de Ré, d'Oléron, et aux abords de la Rochelle, combats assez simples et primitifs, si on les compare aux grandes batailles livrées, à cette même époque, dans les mers du Levant. En ces engagements côtiers, on voit figurer pataches, chaloupes, traversiers, plutôt que galères et vaisseaux. Il y a un élément qui manque trop souvent à ces batailles navales, c'est l'eau. Les bâtiments, à chaque instant, « s'assablent et s'eschouent. » Éviter ce danger ou le braver, échapper, dans ces passes étroites et ces marais, aux canonnades ennemies, ou bien « ajuster sa musqueterie, » comme on le voit au combat d'Oléron, constitue presque l'art unique des combattants.

Dans une de ses Odes, le poète rappelle qu'il a fait son apprentissage de marin, mais il avoue que sa nature

---

[1]. Brantôme est plus équitable envers Chastillon : « Maintenant il me faut parler d'un très grand Capitaine, s'il en fut oncques. » (*Vie des hommes illustres et grands capitaines*, Disc. 79.)

fut mal faite[1] » pour cette bataille incertaine, où le sol mouvant dérobe l'homme aux coups de son ennemi.

Là où d'Aubigné excelle et, comme l'on dirait de nos jours, *sa spécialité*, dans sa vieillesse surtout, c'est la fortification. Si quelque chose montre, nous ne disons pas la profondeur, mais l'étendue de cet esprit, c'est le nombre de matières où la critique est forcée de confesser son incompétence à juger un tel homme. Nous sommes pourtant disposé à prendre ses titres au sérieux, non sur ses propres affirmations, mais sur des faits, sur ses œuvres, puisque trois villes suisses, Genève, Berne, Bâle, eurent foi en sa science, lui confièrent d'importants travaux qui furent en partie exécutés. Ces plans, discutés dans les Conseils de ville par des hommes du métier, nationaux ou étrangers, amèrement critiqués par les rancunes de propriétaires expropriés, n'avaient donc pas manqué de ce contrôle qui éprouve la valeur des conceptions. D'Aubigné se vante d'être surtout homme pratique, « empirique, » comme il dit. « La vérité, écrit-il à M. Turettini (1622), est que tout ce qu'avoit fait faire M. de Betune, assisté de M. de Vendasme, estoit bien selon l'art, et fort joly ; mais j'ay apris à n'aymer rien de joly contre un Prince qui menace de quarante canons..... Je cede en science aux excellentes personnes à qui vous en pouvez communiquer, mais j'ose dire que un moindre medecin, qui a l'œuil et la main sur son malade, en doit mieux ordonner qu'un suffisant, à qui on en porte l'urine bien loin. »

La lettre la plus importante, sur ce sujet des fortifications, est adressée au Conseil de Genève. Elle est

---

1. Voir t. III, p. 140.

accompagnée d'un plan de la ville. D'Aubigné semble y avoir prévu et réfuté d'avance toutes les objections à son système. Un demi-siècle d'expérience justifiait la confiance qu'inspirait notre réfugié dans toutes les questions militaires. On le choisit comme arbitre dans les discussions ; il donne des consultations à distance, ainsi que l'attestent sa lettre au marquis de Castelnault et au sieur de Campet, et ses deux lettres à M. de Saint-Gelais, sur l'office de mareschal de camp. En ces dernières, où il se rappelle sans doute le livre du maréchal de Biron, il déclare que les trois plus beaux titres de l'homme de guerre consistent en une belle retraite de faible contre fort, une entrée dans une ville bien assiégée, enfin le logement fait à la vue ou connaissance d'une puissante armée.

D'Aubigné est au courant des inventions modernes, assez simples d'ailleurs et peu nombreuses à cette époque ; il faudra encore attendre un demi-siècle et Vauban. M. Lubzetman, un théoricien sans doute, lui demandait de remplir de terre certaines tours ; il lui apprend « qu'il y a cinquante ans que cela ne se fait plus. »

Détail vraiment curieux : d'Aubigné semblerait, dans une de ses lettres, avoir conçu l'idée d'appliquer l'électricité à la télégraphie, ou du moins avoir trouvé un système de *téléphonie :* Voici le propre des deux engins dont il se sert : « C'est pour faire conferer le conseil d'une ville assiegee avec celuy d'une armee qui la vient secourir, et dire, toutes les vingt-quatre heures, ce qu'on pourroit dire de bouche, en quatre ou cinq, avec distinction de personnes opinantes et de leurs noms, et en toutes les langues qui seront entenduës par ceux qui en ont besoin..... Encore faut-il vous dire que le secret est aussy puissant pour parler de Londres à Paris, voire à Madric, qu'au travers des trois murailles où vous l'avez veu essayer[1]. » Quels sont ces deux engins? M. de Mayerne assistait bien à l'une des trois épreuves qui ont eu lieu à Genève, mais d'Aubigné a gardé son secret.

Quoi qu'il en soit, on est étonné de voir la curiosité de cet esprit inventif, de cette intelligence ouverte à toute spéculation, ne demeurer étrangère à aucune des connaissances humaines. Et, lorsque l'on pense que ce théologien polémiste, ce poète inspiré, cet historien éloquent, a été soldat pendant plus d'un demi-siècle, on ne craint pas de déclarer que d'Aubigné, dans ce siècle fécond en grands hommes, a été l'un des hommes les plus extraordinaires de son temps.

---

1. Voir t. Ier, p. 300. *Lettre à M. de Mayerne.*

B. — D'AUBIGNÉ HISTORIEN ET POÈTE

CHAPITRE PREMIER

Nous croyons n'avoir négligé dans l'œuvre entière de d'Aubigné aucun trait important capable de faire connaître sa vie, son caractère, son esprit, ses qualités et ses défauts. Notre jugement sur l'homme reposait sur une série d'actes et de paroles que notre devoir de biographe a été de trier soigneusement et de mettre en relief. Notre tâche de critique littéraire sera plus courte et plus facile, car nous ne prétendons ni résumer ici tant d'œuvres originales, ni substituer au goût du lecteur une appréciation personnelle. Nous craindrions aussi d'encourir le reproche de partialité : on soupçonne toujours un éditeur, surtout l'éditeur de textes inédits, de faiblesse pour les écrivains qu'il livre à la publicité. Ce qui est vrai, c'est qu'un long commerce avec d'Aubigné finit par dissiper quelques-uns des nuages qui enveloppent trop souvent sa pensée; ainsi l'œil s'habitue à voir et à lire dans une demi-obscurité. Disons aussi qu'à estimer dans la pratique de la vie de hautes vertus et une incorruptible probité, le critique le plus impartial, gagné par la valeur morale de l'homme, risque parfois de pardonner trop facilement des vices de forme et les plus graves défauts de l'écrivain.

Nous parlerons d'abord de l'*Histoire universelle*, qui

est, avec *Les Tragiques*, la maîtresse pièce de l'œuvre de d'Aubigné.

L'*Histoire* semble composée sur un plan symétrique et bien conçu, que l'*Imprimeur*, c'est-à-dire l'auteur, expose au lecteur avec une visible satisfaction. Elle se compose de trois tomes et chaque tome de cinq livres. « Chacun de ses livres finit par une fin de guerre, ayant pour sa borne un edict de Paix ou chose equipolente, et lors que les guerres sont avancees à la conclusion d'un traitté, nostre Histoire prent l'essort, premierement par un chapitre qui lie les affaires de France avec ses quatre voisins, et puis court en quatre autres les quatre parts du monde, gardant le dernier pour les conditions de la Paix, avec telle proportion, que qui voudroit prendre par collomnes tous les chapitres, avant le dernier de chaque livre, trouveroit en sa main une histoire de tout le Septentrion en bonne forme, de celui qui precede, une de l'Occident, et ainsi des autres deux. » On dirait un casier à tiroirs étiquetés, dans lequel l'auteur a fait entrer à sa place chaque denrée historique, suivant sa provenance. L'auteur n'a pas compris que ce procédé de classification peut convenir aux sciences naturelles, mais ne constitue pas une méthode d'exposition historique. Sans cesse le lecteur est distrait et dérouté par ce morcellement symétrique; il entre en méfiance contre une trop régulière ordonnance, se demandant comment le hasard a pu amener quinze paix ou traités à point nommé, pour conclure chacun de ses livres. C'est dans ce cadre artificiel que l'auteur a enfermé les emprunts faits aux historiens contemporains, ses souvenirs personnels et les mémoires qu'il demande avec insistance aux synodes et assemblées protestantes, aux maîtres de camp des deux partis, aux ambassadeurs, aux étrangers. Cette division, subordonnant l'histoire du monde pendant plus d'un demi-siècle à des trêves, à des événements qui n'intéressent que la France, force l'écrivain à remplir certains chapitres outre mesure, à en laisser d'autres presque vides. De là, un embarras pour la division des chapitres qui se trahit, de la première à la deuxième édition, par de nombreux remaniements. Il rattache les tronçons épars de ses annales par des raccords pénibles, des transitions parfois naïves. Il revient sur ses pas et retourne au commencement de l'année, « ayant estendu quelques branches plus avant, » et, comme il a conscience de ce désordre, il ajoute : « L'histoire qui traite plusieurs choses est contrainte à cela, ou il faudroit qu'elle sautelast sans cesse et n'achevast aucun discours. » Ailleurs, il s'excusera « de sortir de l'année du livre, » ne voulant plus avoir à retourner « en lieu tant esgaré. » Bien que cette *Histoire*, écrite sous forme d'annales, porte le millésime à chaque page en titre courant, on a quelque peine à établir nettement l'ordre chronologique pour chacun des faits particuliers. Ailleurs encore, il confesse « qu'une feuille de copie perduë a tranché le discours des affaires d'Auvergne ; il le reprend, à charge d'y observer l'ordre, quand il y remettra la main. » Ou bien n'ayant pu, faute de mémoires, « donner un notable combat, il le promet à l'autre edition. » Notez que d'Aubigné a soixante-quinze ans quand il promet cette troisième édition, qui, à certains égards, n'eût pas été inutile[1]. Des mémoires, traduits pour l'insertion, au-

---

1. Dans la *Vie*, la confusion est plus grande encore. L'auteur écrit, il est vrai, sa correspondance sous les yeux, mais on sait qu'elle est rarement datée ; souvent aussi, il trace ses mémoires au hasard de ses souvenirs.

raient pu être résumés et soumis à une critique plus sévère. De longues histoires, romans de sérail, des tueries invraisemblables, même pour l'Orient, ressemblent trop à des remplissages. Encore ces ressources lui font-elles parfois défaut : « Que si en divers endroits, avoue-t-il, nous n'avons pu exprimer à nostre gré quelques exploits consequentieux, regardez d'où est datté le livre, c'est d'un desert, refuge ordinaire de la pauvreté comme de la verité. Là, il a fallu travailler sans pupitre, sans conseil de doctes, avec peu de memoires et *peu expres.* » Parfois d'Aubigné refuse d'employer « des escripts excellents et laborieux, » comme ceux de Villeroi, « parce qu'il n'avoit qu'un but, les louanges de la cour. » Notre historien « aime mieux estre manque en quelques poincts qu'à estre esclave en tous. » Louable sentiment d'indépendance, dont on doit féliciter l'écrivain, sachant surtout que cette communication ne lui était faite « qu'à la charge de prendre loi des corrections de Villeroi. »

Aussi, malgré son titre, le monument de d'Aubigné n'est pas une Histoire universelle, mais plutôt l'histoire des guerres religieuses en France pendant le seizième siècle. Le reste n'est le plus souvent que hors-d'œuvre, pièces de rapport mal agencées, « bordures » destinées seulement à justifier un titre ambitieux. A un autre point de vue, cette œuvre puissante, originale, irrégulière, compromis entre l'histoire et les mémoires, n'a pas les proportions harmonieuses, le caractère impersonnel de l'une, encore moins la simplicité et les qualités spéciales au genre des mémoires.

Partout les grandes lignes du monument disparaissent sous une luxuriante végétation. Pourquoi, par exemple, décorer du nom de « victoire » un combat où figurent treize à quatorze cents arquebusiers, cent cinquante enfants perdus er quelques chevaux? Tout semble au même plan et d'égale valeur, parce que le capitaine a vu de trop près ce que raconte l'historien. La perspective, qui met tout à sa place sur un champ de bataille, n'est pas le fait du combattant. Une bataille, au seizième siècle encore, se compose d'épisodes séparés, où chaque acteur principal, ignorant ce qui se passe à ses côtés, exagère par vanité, et souvent à son insu, sa part d'action personnelle. D'ailleurs, d'Aubigné raconte en homme du métier, pour les hommes du métier, et ne veut omettre aucun détail technique; ajoutez qu'il supprime des éclaircissements indispensables aux profanes et même à tout lecteur. Les récits de combats chez lui ressemblent à des parties de barres, dont la confusion se démêle difficilement. Si, parmi tant de narrations obscures, la bataille de Dreux se lit avec intérêt, c'est que l'auteur y fait mouvoir d'assez grandes masses, dont les lignes ne nous échappent pas, que les principaux acteurs sont des personnages connus, que le peintre a su donner du jour et de la perspective à un plus vaste tableau, enfin qu'il termine son récit par un résumé clair des « six choses notables en cette bataille. »

Parfois cependant d'Aubigné met en pleine lumière quelque chef héroïque, et lui prête des paroles de grand souffle. Un La Vergne et un Condé à Jarnac, un Rohan au siège de Lusignan, nous reposent de la mêlée, nous distraient de sa fatigante confusion et communiquent l'unité à une sorte de petit drame épique. L'historien, en racontant, obéit à son impression, à des souvenirs personnels, jamais aux règles du genre et aux lois de la proportion. Ainsi, pourquoi la rencontre de la Roche-Abeille est-elle narrée avec prolixité? D'abord, parce qu'il y assistait, et que sa narration trop complaisante y trouve une consolation aux défaites de Jarnac et de Moncontour. De plus, en ce gentil combat, il n'y eut pas vingt hommes qui ne fussent tués à coups d'épée et armes d'hast. C'est une formidable rencontre d'honneur en champ clos, comme d'Aubigné les aime.

L'historien pouvait-il éviter les défauts que nous signalons? Ne tiennent-ils pas à l'étendue et à la nature du sujet qu'il embrasse sans l'étreindre, à son caractère, à sa vie agitée, à ses trop courts loisirs, aux persécutions qu'il a subies. Quand on voit l'auteur en butte à la haine des Jésuites, son livre condamné et brûlé, on se demande comment l'historien a pu ronger son frein, et, parmi de pareilles entraves, en donner deux éditions.

Dans une lettre à Sillery, il montre comment « le fardeau de son entreprise a redoublé sur la fin de son labeur, pour la peine qu'il y a, en ne servant que la verité, à se garder des haynes fraisches et des interets encores en fleur. » Il y raconte comment deux censeurs acceptés par lui, l'Evesque de Nantes et M. d'Aillé, prirent frayeur de mouvements de troupes et s'envoyèrent excuser par un Carme déchaussé : « Mes imprimeurs, que j'avais faict venir de loin avec grand'despense, le papier, les presses aprestees, et, plus que tout cela, la conscience trez asseuree de n'avoir point franchy les barrieres du devoir, me firent achever mon ouvrage aussytost attaqué à la solicitation des Jesuites et condamné par la brieve sentence du Lieutenant civil. » L'auteur réclame du moins le jugement de « quelques personnages de probité et de savoir, bien instruits au livre du monde, lesquels ayants veu et reveu ses trois tomes (deuxième édition) y cottent les poincts qui peuvent offenser..., afin de reparer tout en une edition qu'il veut donner au contentement de luy-mesme et de ses Seigneurs et amis. » Une lettre à M. de Lomenie [1624] nous apprend qu'il s'interrompit d'écrire l'histoire, au moins jusqu'à cette année, car il y confesse « qu'il n'y a pas donné, ny n'y veut donner aucun coup de plume, tant qu'il aura de si dangereux interpretes à ses pures et simples narrations. »

Dans son embarras de continuer son *Histoire*, et surtout d'obtenir un privilège, d'Aubigné frappe à toutes les portes. C'est ainsi qu'il supplie le jésuite Fulgence, un Vénitien, il est vrai, de faire venir son livre *des Histoires*, de l'honorer de ses censures et de lui envoyer des mémoires. Il consignerait volontiers entre ses mains ses derniers manuscrits corrigez et augmentez d'une bonne partie. Pour en finir avec les éclaircissements que l'historien nous donne lui-même, dans sa correspondance, sur ses persécutions et sur son ouvrage, citons encore ce passage d'une lettre à M. d'Expilli [1626]. L'auteur a enfin triomphé, son *Histoire* s'imprime, et il en juge la valeur : « Je suis à la fin de la correction et augmentation, pour faire dire à mon Imprimeur que son Lecteur verra la différence qu'il y a entre les livres revestus en une bonne ville ou qui sont sortis tout deschirez du *Désert*[1]. » L'auteur n'a-t-il

---

1. David Clément, dans sa *Bibliothèque curieuse, historique et critique* (t. II, p. 188 et suiv.), porte sur les deux éditions de l'*Hist. univ.* un jugement comparatif fort exact. Réfutant l'opinion du Père Lelong, copiée par le Père Niceron dans ses *Mémoires* (t. XXVIII, p. 220), David Clément s'exprime ainsi : « Je dirais plutôt que l'auteur a revu son *Histoire* à Genève, qu'il l'a corrigée et augmentée.... J'ai confronté ces deux éditions ; j'ai trouvé que l'auteur avait

pas, en quelque sorte, devancé dans ces dernières lignes le jugement de la postérité sur son livre « incognu au vulgaire, hay et persecuté des mercenaires, aymé de peu et de bons ? »

L'*Histoire universelle* n'a plus à redouter la persécution, mais l'indifférence et l'oubli. Puissions-nous ramener sur l'historien l'intérêt, la justice et la sympathie de quelques lecteurs !

CHAPITRE II

Ce serait un parallèle intéressant et fait pour relever le mérite de notre écrivain, de comparer d'Aubigné avec les historiens ses contemporains. Il en a cité quelques-uns avec honneur, entre autres de Thou, qui échappe en partie au parallèle, s'étant, malheureusement pour sa gloire et pour les lettres françaises, servi de la langue latine[1]. D'Aubigné lui a évidemment em-

---

fait usage de sa liberté dans la deuxième, qu'il y avait changé l'ordre des chapitres, qu'il en avait rassemblé deux en un, qu'il avait souvent partagé un en deux, qu'il avait divisé les chapitres en plusieurs articles, qu'il y avait distingué les choses remarquables en les faisant imprimer en caractères italiques, qu'il avait omis certains traits qui n'étaient pas assez circonstanciés, qu'il avait retouché le style et ajouté plusieurs choses considérables, dont il avait eu des instructions plus particulières depuis la première édition. » Après comparaison d'un passage dans chaque édition, le bibliographe ajoute : « Après cet échantillon, le lecteur sera en état de juger des prérogatives de la deuxième édition, que je préférerais pour l'usage, quoiqu'elle n'approche pas de la première, si l'on a égard à la beauté de l'impression. Pour bien faire, il les faudrait avoir toutes deux dans une bibliothèque bien assortie. »

1. *Historia mei temporis*. L'œuvre personnelle de de Thou, qui renferme 126 livres, s'étend des règnes de Louis XII et François Ier jusqu'à la naissance du Dauphin (1601). Les livres qui la continuent jusqu'à la mort de Henri IV sont de Nicolas Rigault.

prunté le plan, et au moins l'idée générale de son *Histoire universelle*. De Thou fait aussi une grande part aux royaumes étrangers, mais il leur consacre des livres entiers, par conséquent une narration plus suivie, ce qui vaut mieux; il les termine volontiers par la mort de grands hommes, comme d'Aubigné par des édits de paix.

L'historien allemand, Léopold Ranke, prétend qu'on aperçoit partout dans le livre de d'Aubigné des extraits du président de Thou, de la Planche et des autres. Notre historien a mis dans son œuvre assez du sien, pour demeurer, malgré quelques emprunts indéniables, le plus original des historiens du seizième siècle. Ces emprunts d'ailleurs, il ne les a pas dissimulés. Il dira du président de Thou : « De cet auteur excellent, bien que j'eusse achevé avant luy, *j'ay tiré beaucoup de choses*, comme estant plus tardif à l'impression. »

S'il nous était possible d'analyser ici, même sommairement, quelques-uns des historiens de la seconde moitié du xvie siècle, nous voudrions donner une place au calviniste Régnier de la Planche. Comme le titre de son livre l'indique [1], il a consacré tout son volume, plus de sept cents pages, au règne éphémère du jeune François II. Une éloquente prédication religieuse, une courageuse apologie de la Renaudie, l'intrépide conjuré d'Amboise, un âpre réquisitoire contre la maison des Guises, surtout contre le Cardinal de Lorraine, tels sont les principaux éléments de ce livre, auquel il ne faut pas demander la qualité maîtresse de l'historien, l'impartialité. D'Aubigné y arrive presque par un héroïque effort

---

1. *Histoire de l'Estat de France, tant de la Republique que de la Religion, sous le regne de François II*. 1 vol. petit in-18, de 765 pages, sans nom de lieu, 1576.

de sa volonté, souvent même en se fermant la bouche. Régnier de la Planche, honnête et sincère dans ses inimitiés, semble n'avoir d'autre souci que la poursuite de cette maison des Guises, « qui se rebecquent contre Dieu. » Un jour, nous raconte-t-il, parce qu'on le regardait « comme servant de conseil bien avant au mareschal de Montmorency, » il fut appelé au cabinet de la reine mère et interrogé, tandis que le cardinal de Lorraine l'écoutait, caché derrière une tapisserie. On avait espéré obtenir de lui quelques utiles révélations, sous menace, s'il ne disait tout ce qu'il savait, « d'estre mis en cage pour apprendre à chanter. » La Planche, « homme libre et d'entendement, » résista aux promesses comme aux intimidations, et, s'indignant contre « l'accouplement de la maison de France et de la maison de Lorraine, » fit subir au Cardinal de dures vérités. L'historien se donne quelque part le titre « d'homme politique plutôt que religieux » et confesse « s'estre abusé pour avoir mis en avant des differents de la Religion, non moins qu'en ce qu'il dit de l'intention qui avoit esmeu la Renaudie. » Cette passion de partisan, cette raison éloquente et courageuse qui lui avait déjà dicté son *Livre des marchands*, sont-elles bien le fait, dans le sens où il entend ces mots, d'un historien *politique* plutôt que *religieux*? Nous n'oserions l'affirmer. Sans doute, comme Régnier de la Planche le dit en terminant son livre, « la posterité admirera et detestera tout ensemble, en voyant la France servir, sous François II, de theatre où furent jouees plusieurs terribles tragedies; » mais elle sera tentée de reprocher à cet honnête homme, modeste confident d'un des principaux acteurs, d'avoir été trop ému pour la raconter en historien impartial.

C'est évidemment la Popelinière[1] qui tient la plus grande place, sinon dans l'œuvre, du moins dans la pensée de notre auteur. Après quelques atteintes sur la faiblesse de son caractère, d'Aubigné rend, à plusieurs reprises, justice à la Popelinière. C'était un homme de guerre, en même temps qu'un écrivain. « Il a pris, dit-il lui-même, l'occurrence des guerres civiles pour juste occasion de joindre la connaissance des lettres à la pratique des armes. D'Aubigné ne pouvait manquer de priser une telle alliance de goûts chez un contemporain « qui savait faire autre chose que des histoires. »

L'auteur de l'*Histoire de France*, qui la commence, comme d'Aubigné, à l'an 1550, « a passé également tous les grades ordinaires, soit sur terre, soit sur mer, soit en charge d'infanterie, soit en la conduite de cavalerie. » Il a été employé pour des négociations politiques ou guerrières. Il « a eu en tous lieux assez de moyens pour s'enquérir et rechercher les plus Grands de quelque condition qu'ils fussent, de ce qu'il pouvoit ignorer, voire d'acheter à deniers contans ce que l'humeur d'aucuns luy eut autrement denié. » Sa fortune lui a permis de voyager beaucoup, « pour mieux concevoir à l'œil et plus au naïf et représenter les places, rivieres, passages, rencontres, assemblées et autres notables particularités. » D'Aubigné, lui aussi, eut un instant de semblables facilités, mais la mort de Henri et les intrigues des Jésuites ne l'en laissèrent pas jouir longtemps[2].

---

1. *Histoire de France, enrichie des plus notables occurrences survenues ès Provinces de l'Europe et pays voisins, soit en paix, soit en guerre, depuis l'an 1550 jusqu'à ce temps* (1577). 2 vol. in-f°, 1581. La Rochelle, Abraham H. (Haultin).

2. « Il y a quinze ans que le roi Henri le Grand fut induict par un Jesuite de deffendre à M. d'Aubigné le travail de l'Histoire; M. le cardinal du Perron,

La Popelinière, comme d'Aubigné, avoue ses emprunts, pour les premiers troubles, à Belleforest, et à l'*Histoire Ecclesiastique* (de Th. de Bèze). Pour les autres, « les discours n'en sont dus qu'à lui et à ceux qui lui ont fourni quelques memoires » « lesquels il nommera tousjours, s'ils le trouvent bon. » Il y a là un souci constant d'exactitude, auquel d'Aubigné ne s'est pas aussi rigoureusement astreint. Pour les affaires estrangeres, « il en parle, tantot d'après les plus renommés auteurs, tantot comme celuy qui en a veu et entendu bonne partie, mesmement, d'Angleterre, Flandres et pays voisins. » D'Aubigné dut plusieurs fois partir pour l'Allemagne ou l'Angleterre, mais ne partit jamais; il refusa du roi cette dernière mission en de fâcheuses conjonctures, ne voulant, dit-il, « porter le noir. »

La Popelinière, rendons-lui cette justice, ne sait pas bien mentir, puisque, au rapport de d'Aubigné, il vint un jour lui confesser avec larmes que dans un passage de son Histoire, il avait « vendu sa plume. » Un maître en l'art de mentir, c'est Paul Jove, « qui disait haut et clair ne se soucier de mentir en affaires de consequence, ou à l'appettit des Grands qui l'appointoient, d'autant que pour un de son temps qui cognoistroit le faux avec le vray, toute la posterité tiendroit ses temoignages pour veritables. » La Popelinière, qui rapporte ce cynique propos de l'évêque italien, confesse assez naïvement « qu'il aimeroit mieux mentir à ses contemporains, qui en fin pourroient descouvrir la verité,

au contraire, poussa Sa Majesté à permettre, et puis à commander expressement, la poursuite de ce labeur, si bien que le Roi en veint à promettre une somme raisonnable pour faire un voyage aux pays esloignez, voir les places desquelles le sit a contribué au succez des sieges et combats... Ces promesses estant differees et mal sollicitees par un esprit bandé ailleurs, furent rendues vaines par la deplorable mort de ce grand Roi. » (*Hist. univ.*, p. 11.)

qu'à ses arriere-neveux. » Cette confession rend vraisemblable l'accusation de d'Aubigné.

Le ton de la Popelinière est beaucoup moins superbe que celui de notre historien. Tandis que celui-ci n'a souci que de la vérité, si désagréable qu'elle puisse être, celui-là n'a d'autre souci que celui de « complaire ; » il n'épargne rien pour « agreer » à son lecteur.

La Popelinière est modéré comme d'Aubigné, le premier par tempérament, le second par empire sur sa passion. Sachons d'autant plus de gré à ce dernier de s'être, en ce point, réglé sur son devancier, d'en avoir parfois presque copié les expressions, quand il déclare vouloir éviter « l'envie que ces noms factieux de Papistes et de Huguenots ont apportée. » L'auteur de l'*Histoire de France* « condamne les fautes reciproques des deux partis, comme fort eloignees de Chretiens ; » il essaie d'établir une balance égale. Bèze, le remerciant de l'envoi de son livre (Lettre du 15 janvier 1581), le louait de ne s'être « formalisé pour les uns ny pour les autres. »

Malgré son ton de gentilhomme militaire, la Popelinière a de singulières préoccupations d'homme de lettres ; il se pique de créer des termes indispensables à la langue militaire[1], « de bien exprimer le naturel de chaque chose par des noms et termes significatifs, » qu'il a inventés et mieux accommodés, s'efforçant de les rendre « les plus doux à l'ouye et à l'oreille qu'il lui a été possible. » D'Aubigné, lui, se crée sa langue, sans y songer et sans le dire, une langue unique au XVIe siècle. Lorsque la Popelinière parle de « la rudesse de son naturel langage, » on est tenté de sourire en se rappelant les véritables « franchises et severitez de

---

1. *Assauts volontaires, recognoissance, assaut colonel*, etc.

village, » « la rustique liberté » de d'Aubigné. Quand le premier invoque « la grace de celuy qui pourra bienheurer le commencement, suitte et derniere fin d'un tel ouvrage, » on songe à « ce Dieu vivant, auquel seul appartient honneur et empire à l'éternité, » dont l'invocation conclut si majestueusement la belle préface de l'*Histoire universelle*.

La comparaison des deux historiens ne permet pas de douter que l'esprit du nôtre n'ait été quelquefois hanté par d'inévitables réminiscences, mais telle est la vivacité de l'impression, telle l'originalité du style, que c'est le devancier qui semble l'imitateur.

La Popelinière, se rappelant son Polybe, semble nous promettre des aperçus philosophiques, quand il reprend la matière de son histoire d'un peu plus haut, « considerant comme les causes des accidens humains s'entretiennent d'un lien eternel et connu de peu de gens. » Mais souvent ces promesses se réduisent à un vain étalage d'érudition, de rhétorique et de vulgaire sagesse. Comment s'étonner que les massacres de la Saint-Barthélemy, que l'assassinat de Coligny, ne lui inspirent que de froides réflexions morales sur l'incertitude des choses humaines, quand nous le voyons comparer les « *decedez pour le fait de conscience* au papillon, lequel voletant autour de la lumière, en fin en esprouve la vertu qui le brusle pour trop aimer ? » L'historien se console de ces atrocités, en pensant que les victimes « esprouverent la verité de leur Religion, heureuses d'echanger contre une gloire perdurable une vie trainee parmi les ordures de la vanité de ce monde. » Puis, après une longue dissertation pour prouver que « nous faisons nostre fortune nous-mesmes, » l'auteur conclut que « *les François n'ont d'un bon jugement preveu les accidens.* » Ainsi les catholiques ne sont pas innocents, mais les protestants sont coupables de n'avoir pas deviné qu'on ne les attirait à Paris que pour les égorger et que la Cour tramait depuis longtemps « ces matines parisiennes! » L'historien, on le pense bien, nie la culpabilité du roi; il va plus loin et conteste aux victimes le droit de légitime défense, s'appuyant sur l'exemple du Christ! Combien, au sortir de la lecture de ces pages, l'on apprécie davantage la mâle sobriété d'un d'Aubigné qui, presque seul de tout son siècle, a su échapper aux obsessions de l'érudition antique, en présence des drames sanglants de l'histoire qu'il avait vécue! Combien l'on admire ce sang-froid de l'historien assez maître de lui pour s'en remettre à la terrible éloquence des faits, sans y mêler la sienne!

La Popelinière pousse l'esprit pratique jusqu'aux dernières limites et développe, avec une complaisance naïve, qui rappelle un peu trop les quatrains de Pibrac, des adages tels que ceux-ci : « En toute chose il faut considérer la fin. » Comme il a blâmé l'imprévoyance des Réformés, il leur reproche de « reboucher les yeux à toutes raisons aparentes, de mespriser la consideration de tous moyens humains, de s'enfondrer de gayeté de cœur à tous perils et pertes evidentes. » Sans doute, la Popelinière ne manque pas d'un certain bon sens humain et pratique; mais d'Aubigné, qui personnifie la résistance héroïque, l'esprit chevaleresque et militaire du protestantisme, a pour devise : « Fais ce que dois, advienne que pourra. » C'est lui qui a dit dans un vers d'allure toute cornélienne :

« *Je vois ce que je veux et non ce que je puis.* »

En un mot, la morale de la Popelinière, c'est l'utile ; celle de d'Aubigné, le devoir.

CHAPITRE III

D'Aubigné appelle quelque part Tacite « son maistre, » et avec raison. Il a comme lui, au milieu de sa prose, des images et des formes poétiques ; il a aussi le bonheur d'expression et ces rencontres de mots créés, qu'inspirent seules la foi sincère ou les haines vigoureuses. Ce grand style, qui peint d'un mot, qui substitue à l'idée abstraite l'image saisissante, ne l'abandonne même pas entre les bras de la mort. Nous l'avons vu, demi-mourant à Casteljaloux, dicter les premiers vers de ses *Tragiques*. Jusque dans son testament (écrit le 30 avril 1630, neuf jours avant sa mort), il peint d'un mot la cupidité des princes, en parlant « de leurs mains longues, » et la miséricorde de Dieu, « à qui il tend les bras et consigne son ame. » Certes, ce n'est pas le tabellion qui a trouvé ces images. D'Aubigné n'est pas, comme on l'a dit, un écrivain de transition ; si sa vie s'est attardée jusqu'au premier tiers du XVIIe siècle, il n'en appartient pas moins tout entier au XVIe. Sa phrase ne s'est pas encore dégagée de la période latine ; il ne la moule, ni ne la cisèle, mais la laisse flotter indécise et comme désarticulée (nous parlons de sa prose historique), à moins qu'une forte émotion ne lui inspire un mot énergique, un trait concis et admirable, qui ramasse et condense la phrase. Sa narration négligée, confuse, partant souvent obscure, semble parfois n'être que le cadre mal dégrossi dans lequel il enferme ses discours, morceaux de prédilection soigneusement travaillés, où l'orateur atteint souvent le plus haut degré de l'éloquence. Ces grands discours, qu'on a reprochés à l'historien, sont la beauté, parfois même le repos du livre. Ce ne sont pas, d'ailleurs, de purs exercices oratoires, mais aussi des documents justificatifs, faisant connaître la situation, les vœux, les exigences des partis; un discours renferme souvent une exposition de doctrine, un manifeste de parti, une apologie; quelques-uns même sont des pièces officielles. Sainte-Beuve a judicieusement remarqué qu'il y avait en d'Aubigné beaucoup moins de hasard et de verve à bride abattue qu'on n'est habitué à le supposer : « Plusieurs de ses discours sont tout à fait dans le goût et le ton de ceux des meilleurs historiens de l'antiquité, fermes, pressés, pleins d'oppositions et d'antithèses pour les pensées comme pour les mots..... Ils sont pleins de réminiscences latines et d'une langue de Renaissance encore plus que gauloise, qui n'en est pas moins belle et originale de combinaison et de mélange. »

Rien n'égale la richesse des images chez d'Aubigné, prosateur ou poète. On pourrait lui adresser le reproche d'Estienne Pasquier à Montaigne : « Tu es trop espez en figures[1]. » Ces métaphores, qui se pressent sous sa plume, il les emprunte à tous les métiers, et avec tant de naturel, qu'elles ne sont pas l'ornement, mais la substance de son style, ou plutôt son style même. Comme d'Aubigné a été maréchal de camp, ingénieur, amiral, il emprunte ses images à ces divers

---

1. *Lettres* d'Est. Pasquier, liv. XVIII, lett. 1re.

métiers, sans compter les termes de vénerie, fauconnerie, voire même de médecine. Qu'il y ait abus et profusion de métaphores en ce style cavalier, soldatesque, familier, trivial même, cela est certain. Il n'exprime pas, il peint toutes ses pensées, les plus simples, les plus ordinaires; sa plume est un pinceau.

Selon que les nouvelles lui arrivent, rares ou abondantes, elles sont « gelees ou degelees. » Un courage persistant devient « une vertu qui fume encore. » D'un maréchal épuisé de fatigue et d'insomnie, il dira que « la terre lui est venue sur le visage; » d'une contrée bien connue de lui, qu'elle est « son vieux breviaire. » Son expérience redoute « les haynes fraisches et les interets en fleur. » La confiance de l'historien reçoit les mémoires qu'on lui envoie « sans trebuchet. » A Genève, sa patrie d'adoption, où il est venu prendre « le chevet de sa vieillesse et de sa mort, il a voué son dernier fumeau. » Condamné à mort, d'Aubigné se nomme « un banni etesté. » Parle-t-il d'une charité courageuse ? elle n'est point « cachee sous le muids. » Il appelle son cœur « sa piece du milieu; » il ne dira pas je vieillis, mais « le poil blanc m'avertit de me haster. » Aider quelqu'un, c'est « mettre l'espaule sous la sienne. » Reçoit-il lui-même un secours ? « on a mis de l'huyle à sa lampe. » D'Aubigné a des comparaisons plaisantes et inattendues; un ami maladroit veut forcer sa nature: « Tu es propre à cela, lui écrit-il, comme un crucifis à jouer du sublet. » Tantôt ses images sont familières et, si l'on peut dire, domestiques; ainsi les débauches de son fils Constant « lui ont osté l'orillier de la maison, » et ses maladies morales réclament « un grand changement d'air et le bain de ses sueurs. » A l'héroïque Rohan il conseille de prendre « la chemise blanche que ses sueurs demandent. » C'est surtout quand il parle de sa conscience et de la cause de Dieu, que sa colère et sa foi ne tarissent plus d'images bibliques et ambitieuses : « La vérité a attaché à sa ceinture la clef du temple de l'honneur; » « Dieu n'a pas le bras racoursi aux miracles; » « Dieu sçait vendanger les esprits de ceux qui l'abandonnent; » et lui-même, grand justicier du Parti, se regarde comme « le rasoir des langues venimeuses. »

Les métaphores militaires débordent à chaque page; elles sont le fond de sa langue. Transcrivons au hasard : « Mettre l'estendart au vent, ou au sac, allumer la mesche, faire brusler l'amorce, percer la picque basse, mugueter l'ennemi, » faire un logement en vue de l'ennemi, « la truelle en main, l'espee de l'autre. » Braver et menacer, c'est « fermer le poing, enfoncer le chapeau; » au contraire, se soumettre honteusement, c'est « parler le chapeau à la main, la main estendue, » ou même « mettre une bouze de vache sur sa teste ! » La trivialité n'est pas pour lui déplaire; il écrira couramment : « Tourner le c... à la mangeoire; » et encore, c'était un capitaine excellent le c... sur la selle, etc. » Tournez la page, le poète vous offrira les plus gracieuses images : marcher devant un prince, un jour de bataille, c'est « lui servir de miroir et lui abattre la rosee. » Ce qu'il a dit de ses épigrammes, qu'elles « sentaient un peu la mesche et la poudre, » est vrai de tout ce qui sort de sa plume, prose ou vers.

L'amiral des côtes de Saintonge se trahit aussi fréquemment : « Dieu a conduit mon petit vaisseau à baisser la voile et terrir au havre de grace; » « Nous avons besoin de pilotes de tempeste et non pas d'eau doulce; » « Notre amitié a jeté ses ancres sur le roc asseuré de la vertu; » « Une tranquillité de duree et non un nid d'alcyons. »

Il énonce certains axiomes expressifs qui sont de petits tableaux : « Les chiens ne cognoissent plus celuy qui leur porte le pain, quand les veneurs ouvrent la porte du chenil; » « J'ay appris aux escuries que les chevaux de bon espron ne laissent pas d'avoir la bouche bonne et estre de facile arrest; » « Il faut ouvrir la gueule au bœuf qui a foulé le grain; » ou encore, « Un excellent médecin, auquel on apporte l'urine de loin, (ne vaut pas) un moindre, qui voit l'œil du malade et qui taste son poulx. »

Est-il besoin de dire qu'un tel écrivain cultive l'antithèse et la cultive à outrance ? Ce sang qu'il a vu couler en tant de combats, ne l'inspire pas toujours mieux que Théophile, Brébeuf, Corneille, et autres poètes postérieurs, dont le xviie siècle n'avait pas encore affiné le goût. D'Aubigné écrira : « Le sang qui a signé la guerre n'est pas encore sec par les champs, et aussi peu seiche l'encre qui vient de signea la paix. » Il ne craint pas les jeux de mots par allitération : « On est venu des ergos aux fagots et puis des arguments aux armements; » « Les erreurs dégénèrent en horreurs; » « Les distinctions (subtiles) sont exstinctions de la verité. » Il opposera fort complaisamment les mots « ouvertement et couvertement, » « travailler du pic et de la pique, » etc.

D'Aubigné affecte volontiers le pluriel des substantifs abstraits; il écrira : « vos hardiesses, vos prudences, des magnanimités, tant de constances esmerveillables, les succès de nos attentes, les franchises et severitez de mon village. » S'il abuse de ces formes, il faut reconnaître qu'elles donnent souvent à la phrase une grande et fière allure.

En résumé, si la langue de d'Aubigné a échappé au pédantisme érudit de la Renaissance par cette luxuriante imagination qui tire ses expressions non des livres, mais de la nature, de la vie courante, du champ de bataille, de tous les métiers, n'allons pas jusqu'à prétendre que son style ne soit pas fortement imprégné de latinisme. D'Aubigné ne serait point de son siècle; mais, quoique nourri de grec et de latin, il n'en hérisse pas sa prose et ses vers; il est trop riche de son propre fonds pour emprunter même aux anciens. C'est un érudit, qui se dissimule toujours sous la casaque du soldat; il a tenu plus longtemps et plus volontiers l'épée que la plume.

CHAPITRE IV

A seize ans d'Aubigné adressait sa première pièce de vers à M. de Ronsard. Comme toute la France, il a admiré, envié le chef de la Pléiade; mais, bien que son disciple en sa jeunesse, d'Aubigné, même dans son *Printemps*, dans ce qu'on pourrait appeler ses *Juvenilia*, n'a point autant *ronsardisé* qu'on le pourrait croire[1].

---

1. Voici le langage que d'Aubigné lui-même prête au « bonhomme Ronsard » en sa préface des *Tragiques* (T. IV, p. 6.) : « Mes enfants, deffendez vostre mere (la langue françoise) de ceux qui veulent faire servante une Damoyselle de bonne maison. Il y a des vocables qui sont françois naturels, qui sentent le vieux, mais le libre françois... Je vous recommande par testament que vous les employiez et deffendiez hardiment contre des maraux, qui ne tiennent pas elegant ce qui n'est point escorché du latin et de l'italien, etc. » Qu'il y ait en

Nous ne voudrions point surfaire la valeur des œuvres exhumées par nous de la bibliothèque de Bessinges, et nous avouons en toute sincérité que si le tome Ier, rempli par la correspondance de notre écrivain, renferme des révélations curieuses, des documents historiques intéressants, des pages d'une admirable éloquence, le tome III, qui contient l'*Hécatombe à Diane*, et, sous le titre de *Printemps*, des poésies de toutes sortes, *Stances, Heroïdes, Elegies, Sonnets, Chansons*, etc. (sans compter un poème didactique en quinze chants, *La Creation*), n'augmentera guère la gloire du poète des *Tragiques*. D'Aubigné semble un peu de cet avis, mais il ne faudrait pas trop le prendre au mot. Tout en parlant avec dédain des poésies qu'il a « autrefois brouillees en sa jeunesse, » le poète n'en témoigne pas moins une certaine faiblesse pour ces premiers essais auxquels il trouve « quelque fureur qui sera agreable à plusieurs. » En dépit de l'arrêt brutal dicté plus tard par le poète vieilli aux héritiers de ses manuscrits : *ure, seca (brûlez, coupez)*, ces mots de l'auteur lui-même prouvent qu'il n'en eût pas réprouvé la publication [1].

D'Aubigné est un homme d'impression; son style, sa prose, et surtout ses vers, ont subi l'influence de toutes les situations, de tous les milieux, de tous les

---

chez Ronsard un double courant, grec et latin d'une part, gaulois et français de l'autre, que le premier ait, chez le lyrique, submergé le second, que le poète ait, un instant, comme le dit La Bruyère, détourné, retardé la langue, cela se peut : mais on voit combien est injuste la sentence de Boileau, qui a condamné Ronsard, pour avoir, par principe et de parti pris, « en français, parlé grec et latin. »

1. Un manuscrit de l'*Hécatombe à Diane*, d'une écriture très soignée, portant quelques corrections de la main de d'Aubigné, était évidemment destiné par lui à l'impression. On trouve même dans ses papiers le brouillon d'une table, sorte d'ébauche d'une classification définitive de ses écrits.

âges qu'il a traversés. D'abord disciple attardé de Ronsard, avant de trouver sa veine, au milieu de quelques lueurs de sentiment, il a débuté par entasser dans son *Printemps* les miévreries et les recherches des poètes de la Pléiade[1]. Mais, croyant et passionné, il ne saurait soupirer longtemps ses amours dans cette langue d'emprunt, molle et artificielle. Esprit véritablement gaulois, il est né satirique. Comme la haine du mal enfante l'hyperbole et que l'indignation fait le vrai poète, en pleurant sur les martyrs de la foi et sur les misères de la France, en flétrissant la corruption florentine, il donne carrière à « son satirique Demon » avec une furie vengeresse que nul poète français n'avait encore atteinte et n'a jamais dépassée. Avant notre siècle, nous n'avons qu'un grand satirique politique, c'est d'Aubigné. Que les éclairs sortent d'une nuée épaisse, c'est la condition de tous les orages ; les éclairs d'un ciel serein ne sont jamais qu'un pâle et lointain reflet. Le poète, dans ses *Tragiques*, se dédommage par avance de la sagesse que s'imposera l'historien. Il maudit, il stigmatise, il couvre d'opprobre et déshonore des victimes que l'on serait tenté de prendre en pitié ; et pourtant, le poète nous les fait si bien haïr, que, quand nous les retrouvons, devenues ses justiciables dans l'*Histoire*, nous reprocherions presque à l'historien son impartiale longanimité.

1. D'Aubigné se moquait plus tard de ces mignardises du siècle passé : « Ma persécution, écrivait-il à Mme de Rohan, me faict souvenir des tiltres de *douces rigueurs*, de *belle meurtriere* et de *favorable mort*, que nous apliquions autrefois à nos maistresses du siecle. » (T. Ier, p. 396.) D'Aubigné sent pourtant qu'il est resté homme du xvie siècle. Dans sa vieillesse, il se méfie de son style archaïque et fait passer un petit factum « au rabot de Paris. » Il demande qu'on le corrige « au style du siecle et de Paris. » Peut-être quelque ironie se cache-t-elle sous cette modestie apparente.

Veut-on sentir au vif combien la verve enfiévrée du satirique diffère de la mesure que s'impose l'historien? Que l'on compare dans les *Tragiques* et dans l'*Histoire* le portrait de Henri III :

« *Le geste efféminé, l'œil d'un Sardanapale*[1], »

donnant à ceux qui le voient l'idée

« *En la place d'un Roy, d'une p..... fardée,*
. . . .
Si, qu'au premier abord, chacun estoit en peine
S'il voioit un Roy femme ou bien un homme Royne! »

Admirable développement du « *semivir* » de Virgile, immortelle flétrissure imprimée au front du roi des *Mignons*, par l'indignation puritaine du poète huguenot. A l'historien, il suffira de faire comprendre que le roi n'a tenu aucune des promesses du prince, d'autant plus coupable d'avoir perverti des dons naturels : C'était « un prince bien disant, d'agreable conversation avec les siens, amateur des lettres, liberal par delà tous les rois, courageux en jeunesse et lors desiré de tous; en vieillesse, aimé de peu, qui avoit de grandes parties de Roi, souhaité pour l'estre, avant qu'il le fust, et digne du royaume, s'il n'eust pas regné : c'est ce qu'on en peut dire en bon François. » Ainsi, tandis que dans son poème, d'Aubigné s'abandonne à « la passion partisane » et avoue qu'avant tout, il a voulu « esmouvoir, » dans l'*Histoire*, s'inspirant d'un souvenir de Tacite jugeant Galba, il se borne au rôle de narrateur équitable et impartial.

Ne demandons pas la modération aux poètes ven-

---

1. *Tragiques*. Princes, t. IV, p. 94

geurs qui écrivent à l'adresse de la postérité des *Tragiques*, des *Némésis*, des *Châtiments*. Horace, le sage Horace lui-même, semble excuser les violences d'Archiloque. Permettons à ces justiciers de s'enivrer en leur propre fureur, de dépasser dans leurs audaces Juvénal et Pétrone. Ne paient-ils pas d'ailleurs assez cher leur triomphante immortalité? Car le goût imprescriptible conserve ses droits. En méconnaissant cette loi que la mesure est peut-être la seule véritable force, en oubliant que l'invective continue risque de fatiguer le lecteur et de discréditer le poète, ils savent, ces illustres et sublimes insulteurs, que, s'ils enlèvent d'enthousiastes admirations, ils ne gagneront jamais complètement le suffrage des délicats.

M. Sayous[1] a justement apprécié le style des *Tragiques*, en condamnant « les périodes empêtrées, les ellipses inouïes, les digressions, les sens rompus et mal renoués qui font souvent de telle de ses pages un dédale inextricable au milieu duquel la pensée fuit, échappe à la vue et disparaît quelquefois pour ne plus reparaître; » mais, ajoute le critique, reconnaissant le génie du satirique : « un peu plus loin, et même au plus épais du labyrinthe, on retrouve tout à coup le poète avec son vers d'airain, ses hardies et fortes images, son trait de feu et ses coups de massue. »

D'Aubigné a conscience de ses obscurités, mais il aime mieux solliciter la patience de ses lecteurs et leur recommander plusieurs lectures que s'imposer à lui-même un sérieux travail de correction. Deux éditions des *Tragiques* ont paru de son vivant; le manus-

---

1. *Études littéraires sur les écrivains français de la Réformation.* (1841), t. II, p. 221.

crit de Bessinges (tome VII) a été imprimé par M. Ch. Read en 1872, et dans notre édition en 1877. Là comparaison de ces diverses éditions permet de remarquer que le poète ajoute des vers, et modifie son œuvre plutôt qu'il ne la corrige et ne l'amende. Ce n'est pas à d'Aubigné qu'on pourrait reprocher que ses écrits sentent l'huile; aussi bien, il est malaisé de polir des vers improvisés « à cheval ou dans les tranchees, » de limer un poème qui a été le fruit d'une fiévreuse inspiration. Les titres mêmes de cette épopée du Calvinisme, *Feux, Fers, Vengeances*, etc., trahissent l'exaltation du satirique. Ces malédictions sont le cri d'une âme troublée, parfois hallucinée, mais à laquelle la passion dicte des vers sublimes. Dante peignant le supplice des réprouvés a-t-il trouvé un vers plus expressif que d'Aubigné qui ne voit sortir de l'enfer

« *Que l'éternelle soif de l'impossible mort?* »

Et quelle plus rayonnante peinture du bonheur des élus expliquant eux-mêmes leur divine extase :

« *Car nous sommes vestus de splendeur éternelle!* »

Ces vers d'une sublime et simple beauté ne sont pas une heureuse rencontre. Le poète a souvent de ces inspirations, de ces coups d'ailes tout puissants, mais son goût ne distingue pas entre le *terrible* et le *hideux*. Parmi les bûchers, les cris d'angoisse, les flots de sang versé, il trouble et épouvante son lecteur plutôt qu'il ne le touche et ne l'émeut. Toutefois, au milieu de ces épouvantements, de ces malédictions infernales, le satirique, subitement rasséréné, soupire parfois quelque vers d'une tendre mélancolie qui semble une brise rafraîchissante. Est-ce là un effet de contraste habilement ménagé par l'artiste, quelque chose comme la science des demi-teintes, des *clairs-obscurs*, ou plutôt des tons poussés au noir, qui font saillir la pleine lumière? Nullement; ce sont des cris arrachés à l'âme même du poète-soldat, du sectaire farouche, du mystique rêveur; et ses violentes antithèses ne semblent que l'expression prime-sautière d'un esprit tour à tour agité de sentiments divers, en proie à toutes les émotions qui peuvent secouer une poitrine humaine.

Cette variété d'accents et de tons n'apparaît pas seulement d'une œuvre à l'autre; mais, dans le même ouvrage, toujours sincère en ses élans, l'auteur des *Tragiques* tour à tour déverse un fiel amer ou brûlant, ou répand des larmes de compassion. Il est à remarquer que les premiers livres sont plus satiriques, les derniers plus mystiques et religieux. Le dernier livre, celui du *Jugement*, où le poète, enivré de colère et de foi, va chercher l'Éternel jusque dans la profondeur des cieux, ne s'inspire-t-il pas du plus ardent mysticisme? Le satirique s'est transformé en prophète vengeur, et, s'il s'arrête de chanter, c'est que

Extaticque (il) se pasme au giron de son Dieu!

Nous avons déjà signalé dans la *Lettre à Madame, sœur du Roi*, de véritables effusions mystiques, un souffle enflammé de poésie biblique; et, ce qui peut surprendre, ces accents religieux se concilient, jusqu'en son extrême vieillesse, avec l'esprit satirique et gaulois de l'écrivain. L'année même de sa mort, il édifie et scandalise tour à tour le Conseil de Genève par le recueillement de ses *Méditations* et la crudité gauloise de son *Baron de Fæneste*.

Si la muse des *Tragiques* châtie avec emportement les mignons de cour, raffinés d'honneur, singes efféminés, mais dangereux, du Valois leur maître, on se rappellera que le blessé de Castel-Jaloux traçait ses premiers vers vengeurs à vingt-cinq ans. Dans le *Baron de Fæneste*, le satirique, plus que sexagénaire, ne daigne plus s'irriter; il se contente de bafouer un hobereau gascon, affamé, copiste maladroit des galants et des raffinés, qui, n'ayant que la cape et l'épée, n'ose user de son épée, type grotesque de ces gentillâtres bavards, poltrons, ignorants, venus des bords de la Garonne pour chercher fortune dans la domesticité des grands seigneurs à la cour de la Régente. Panache, bottes, éperons, poignard, épée, rien ne lui sert que pour *paraître*. Enay, au contraire, est le modèle de ces braves huguenots de l'ancien régime qui, sans grand profit pour eux, ont porté leur maître d'au delà des rives de Loire au trône de France, qui ne paient guère de mine, mais préfèrent l'*être* au *paraître*. Enay offre une généreuse hospitalité au famélique gascon; il est vrai qu'il la lui fait payer d'une grêle de railleries que Fæneste ne comprend pas, ou fait semblant de ne point comprendre : ventre affamé n'a point d'oreilles.

Que le patois gascon du *Baron* soit une invention médiocre, que ce jargon, malgré sa clarté, ait pu nuire au succès du roman[1], cela se peut, mais quelle mine

---

[1]. P. Mérimée dit au contraire, dans la préface de son édition du *Baron de Fæneste* (p. XVIII), que ce genre de comique était alors fort goûté, et il s'appuie sur l'exemple des comédies de Molière pour prouver que la mode en dura assez longtemps. Il est trop facile de répondre que le patois des paysans de Molière est plus clair, et n'est d'ailleurs qu'un accident comique, loin de se prolonger dans un roman de trois cents pages.

abondante de contes plaisants et racontés avec une légèreté d'allure qu'on n'attendait pas de la férule un peu lourde de d'Aubigné! Dans ce cadre anecdotique et romanesque reparaît le controversiste. Le gentilhomme protestant ne perd pas l'occasion de remporter de faciles victoires théologiques sur un convive qui, en défendant mollement les miracles, la messe et les reliques, tient moins à triompher qu'à réparer longuement les brèches de son estomac. Dans ce roman, aussi bien que dans le pamphlet du *Sancy*, d'Aubigné nous apparaît comme un véritable ancêtre de Voltaire. C'est la même verve, le même esprit dans la polémique religieuse, assaisonné d'un sel plus grossier[1].

La contradiction entre des œuvres si diverses n'est qu'apparente. Le double caractère persistant de l'homme et de l'écrivain est le génie oratoire et satirique et le dogmatisme religieux. Ce dogmatisme éclate tantôt dans une controverse sérieuse et éloquente, plus volontiers encore dans une polémique satirique. C'est une des originalités de d'Aubigné que cette piété exaltée et profonde qui se concilie avec la gaieté, avec une franchise téméraire, avec une verve parfois bouffonne et cynique[2].

L'esprit d'invention que nous avons déjà signalé

---

1. Remarquons en passant que d'Aubigné emploie fréquemment un des procédés de satire familiers aux auteurs de *la Ménippée*, celui qu'on pourrait appeler : *la confession involontaire*. Ce genre d'ironie produit les effets les plus comiques en mettant en scène des victimes qui se flagellent elles-mêmes impitoyablement.

2. Il est telle des épigrammes de d'Aubigné qui n'est qu'ordurière. La curiosité exigeante de l'érudition contemporaine ne nous permettait guère de supprimer quelques pièces et quelques rognures, auxquelles la réputation de l'auteur n'avait rien à gagner Nous l'aurions fait cependant, si nous ne savions combien il est difficile de s'arrêter, une fois qu'on s'est engagé dans cette voie de suppressions et d'*expurgations* arbitraires.

chez d'Aubigné s'est porté sur la versification et la prosodie française. S'il n'a pas inventé les *vers mesurés* (c'est-à-dire le système métrique substitué au système syllabique), il s'y est du moins essayé après une discussion sur ce sujet avec La Nouë et Rapin et un défi porté par ceux-ci à notre auteur. Il nous semble avoir raison contre eux en soutenant que « nul vers mesuré ne pouvoit avoir grace sans les accents non seulement d'eslevation, mais de production, et que la langue françoise ne pouvoit souffrir, sans estre ridicule, ce dernier des accents. » A lire les pièces de vers mesurés composées par d'Aubigné, à l'exemple de Baïf et de Jodelle, on se confirme dans l'opinion qu'il les a justement condamnés et qu'il eût pu les supprimer sans grand dommage pour sa gloire. Il conclut que « tels vers de peu de grace à les lire et prononcer, en ont beaucoup à estre chantés, comme il a veu en des grands conserts faits par les musiques du Roy. » C'est sans doute pour ce motif que, malgré ces critiques, il leur a fait grâce. La Nouë attaque encore d'Aubigné sur l'article de la musique. Ce dernier est accusé d'aimer trop « à paistre la partie sensuelle, » de se plaire « au gros bruit. » Reproche qui ne nous surprend pas trop, car notre mélomane est avant tout un soldat et un batailleur, et il ne s'en défend que mollement. Rien chez lui ne trahit l'artiste et la délicatesse de goût.

D'Aubigné, toujours en quête d'innovations, est encore avec Louis Megret, Jacques Pelletier, P. Ramus et Antoine de Baïf, parmi les novateurs qui rêvèrent de substituer à l'orthographe étymologique l'orthographe de prononciation. Entre divers avantages, il y voit celui « d'espargner aux estrangers le tiers de leur labeur. » Il faudrait, pense-t-il, l'autorité d'un roi savant et d'un excellent chancelier secondé des meilleurs parlements. D'Aubigné se trompe doublement : le souci de la prononciation, si différente de province à province, à cette époque surtout, ne pouvait que compliquer les difficultés orthographiques ; chaque province aurait eu son orthographe, comme elle avait sa prononciation. D'autre part, un roi et son chancelier peuvent, du jour au lendemain, interdire d'écrire des actes en latin, ordonner de les rédiger en français, mais leur autorité échouerait devant une réforme orthographique. De pareilles révolutions ne se décrètent pas ; c'est l'usage, ce souverain maître, qui les accomplit peu à peu.

CHAPITRE V

D'Aubigné, avons-nous dit, malgré sa profonde admiration pour de Thou, ne pouvait s'empêcher de lui reprocher d'avoir sacrifié les capitaines à « la trop ennuyeuse recerche des hommes de lettres de son temps. » Il consent qu'on rende cet honneur « aux Scaligers, aux Turnebe et gens de telle marque, mais non à une autre classe de plus obscure condition. » Aussi notre historien, qui consacre tant de récits à l'instruction des gens de guerre, a été d'une déplorable sobriété à l'égard des gens de lettres, ses contemporains. Il n'en parle que par hasard et pour ainsi dire en passant. « C'est, écrit d'Aubigné, ce que me dit un jour Michel Montaigne, assavoir que les pretendans à la couronne trouvent tous les eschelons jusques au marchepied du throsne et petits et aisez, mais que le dernier ne se pouvoit franchir pour sa hauteur[1]. » Quelle curieuse échappée sur la conversation de deux grands esprits, l'un catholique sceptique, l'autre ardent réformé ! Comme cette image expressive nous fait regretter le laconisme de l'un des deux interlocuteurs !

Pibrac a l'honneur extraordinaire de cinq mentions. On s'est habitué à regarder comme un bonhomme naïf le versificateur qui a rimé les *Quatrains moraux*. Tel ne nous le représente pas l'auteur de l'*Histoire*, mais comme un orateur politique que la cour réserve pour les plus difficiles conjonctures. Alors il se rend « merveilleux en délicatesse de langage, expert en ses termes, subtil en raisons, le tout fortifié d'exemples agréables, » rapportés de son voyage en Pologne, à la suite de Henri III. Déjà, en cette expédition, il s'était montré « le plus eloquent et elegant que nostre siecle ait porté, et le mieux accommodant le geste et la grace aux paroles triees. » Il n'est pas dans toute l'*Histoire* un orateur ou un écrivain mieux traité.

Les renseignements de d'Aubigné, en ces matières littéraires, sont parfois inexacts ou incomplets. Après avoir estimé à sa juste valeur *Le Catholicon d'Espagne* ou *Menippee*, en l'appelant « la plus excellente satyre qui ait paru de (son) temps, » et la déclarant « la plus grande playe qu'ayent receu les Liguez, » il l'attribuera tout entière à un aumônier du cardinal de Bourbon, sauf quelques vers qu'il laisse à Rapin.

D'Aubigné insiste un peu plus sur les écrits qui ont une portée politique ; ce sont même les seuls auxquels il daigne consacrer quelques lignes, et nous ne sau-

---

1. *Hist. univ.*, t. III, col. 402.

rions l'en blâmer, car, tout éphémères qu'ils paraissent, ils furent un jour des armes de combat redoutables. A ce titre « *la Gaule françoise* de François Hotoman » et « la *Defense contre les tyrans* de Hubert Languet » avaient droit aux honneurs de l'*Histoire*. Le livre de *La Servitude volontaire* de la Boétie ne serait pas, comme on l'a dit, inspiré par l'indignation des représailles que vint exercer Montmorency sur les Bordelais. D'Aubigné reproduit une version différente : « Le jeune escholier voulait voir, au Louvre, la salle du bal ; un archer lui laissa tomber sa hallebarde sur le pied ; » la victime irritée et criant justice « n'eust que des risees des grands. » C'est assigner une cause bien mesquine à cette éloquente déclamation.

Parmi les œuvres « d'esprits aiguisez et affinez entre les dures affaires, » l'historien cite : « *L'excellent et libre discours*, attribué au Faï, petit-fils du chancelier de l'Hospital. » Michel Hurault, sieur du Fay, a composé plusieurs de ces discours bien supérieurs même au livre de la Boétie, et d'Aubigné semble ignorer que *L'Anti-Espagnol*, cette vigoureuse invective contre les jésuites et l'Espagnol, est du même écrivain.

L'auteur, en un passage, glisse très modestement le nom des *Tragiques* avec le *Passe-partout des jésuites*, « et autres tels livres d'Autheurs inconus[1]. » Nous ne doutons pas qu'il ait voulu introduire ici le titre de sa satire, comme certains peintres d'histoire peignent, dans un coin de leur tableau, leur propre portrait ou celui d'un membre de leur famille. Satisfaction bien légitime, mais fallait-il nommer les *Tragiques* parmi les pamphlets ligueurs ou anti-ligueurs ?

---

1. *Hist. univ.*, t. III, col. 401.

Les historiens avec lesquels d'Aubigné a réglé hâtivement sa dette dans la préface ne sont plus cités que fort rarement dans le cours de l'ouvrage. Ce sont ceux auxquels il a fait quelques emprunts, sur le patron desquels il a pu se conformer, ou simplement qui ont quelque titre à son admiration. Si grande soit-elle pour Sleidan[1], « excellent historien » allemand de la Réforme, il l'exprime d'un mot; il renverra à du Haillan[2] pour quelques détails de négoce, paiera un mot d'éloge à Guichardin, Machiavel, Guillaume de Bellay, Commines, Jean de Serres[3]. S'il fait plus d'honneur à Montluc et à la Popelinière, en les mentionnant plusieurs fois, c'est à titre de capitaines.

Ronsard même, « gentilhomme de courage, » est cité pour « avoir fait ses legionnaires dans le Vendosmois, » avec cette remarque étrange sous la plume d'un poète, que « les vers ne lui avoyent pas osté le courage de l'espee. » Dans deux lettres seulement, d'Aubigné, moins dédaigneux, s'est donné plus librement carrière. Un correspondant, dont nous ignorons le nom, s'avisa de lui demander un jour « un rolle des poetes de son temps et son jugement sur leurs merites, » et d'Aubigné satisfit cette curiosité dans une lettre de six pages[4]. Avant François Ier, ce n'est que « barbare grosserie. » Alain Chartier doit l'honneur d'une mention moins à son talent poétique qu'au baiser qu'une princesse déposa sur ses lèvres. D'Aubigné a essayé de faire son profit du « *Romman de la Rose* et de livres

---

1. Jean Philipson, dit *Joannes Sleidanus*, 1506-1556.
2. Bernard de Girard, seigneur du Haillan, 1536-1610.
3. Jean de Serres (1540-1598), frère d'Olivier de Serres, auteur du *Theatre d'agriculture*.
4. T. Ier, p. 457 et suiv.

pareils. » C'était pour lui le fumier d'Ennius; il l'a quitté pour les écrits des derniers siècles qu'il partage par « volées. » « Nous donnerons pour chef à la premiere bande M. de Ronsard, que j'ay cogneu privement, ayant osé, à l'age de vingt ans, luy donner quelques pieces, et luy, daigné me respondre. » Comme le ton est changé! comme nous sommes loin du jugement sur ce gentilhomme « à qui les vers n'avoient pas osté le courage de l'espee. » C'est qu'aussi ce n'est plus l'historien capitaine qui parle, c'est l'homme de lettres, le poète, le disciple de la Pléiade, jugeant le prince des poètes de la Renaissance : « Je vous convie, et ceux qui me croiront, à lire et relire ce poete sur tous. C'est luy qui a coupé le filet que la France avoit soubs la langue, peut estre d'un style moins delicat que celuy d'aujourd'hui, mais avec des avantages ausquels je voy ceder tout ce qui escrit de ce temps, où je trouve plus de fluidité, mais je n'y voy point la fureur poetique sans laquelle nous ne lisons que des proses bien rimees. » Rapproché de l'éloge que l'auteur décerne à son *Printemps*, « où il y a plusieurs choses moins polies, mais quelque fureur, » ce passage nous permet de résumer la théorie poétique assez simple de notre écrivain. Bien qu'il ait été lui-même un raffiné, au moins à la surface et dans quelques parties de son œuvre, il fait profession de préférer l'énergie, la *fureur* à la grâce et à la *fluidité*. Il est de l'avis de Henri III, « en reputation d'en bien juger, » qui, trahissant sa propre Académie pour celle de Navarre[1],

---

1. « Le Roi mon maistre avoit dressé une petite Academie à l'imitation de celle de la cour. MM. Duplecis, Dubartas, Constant, le Président Ravignan, la Nagerie, Ville Roche et Pelisson en estoient. » Hotoman et Pelisson y étaient les deux plus grandes autorités. (T. Ier, p. 441.)

disait : « Je suis las de tant de vers qui ne disent rien en belles et beaucoup de paroles ; ils sont si coulants que le goust en est aussy tost escoulé ; les autres me laissent la teste pleine de pensees excellentes, d'images et d'amblemes desquels ont prevalu les anciens. » Race bien dépravée, mais singulièrement affinée que ces Valois ! Charles IX s'incline devant la royauté poétique d'un Ronsard ; Henri III l'énervé, l'efféminé, reste encore capable de préférer l'énergie du style à la mignardise. Que de pensées, d'images et « d'amblemes, » dans les *Tragiques*, les *Epigrammes* et la prose de d'Aubigné ! Et combien ce style généreux et corsé nous réchauffe mieux que l'insipide fluidité de la plupart des contemporains ! Toujours conséquent avec lui-même, notre écrivain condamne les poètes qui voudraient « reduire les constructions françoises au langage commun. » Il donne « plus de privilege aux locutions emphatiques et majestueuses. » D'Aubigné est un soldat, et, jusque dans ses goûts littéraires, nous retrouvons quelque chose de son humeur batailleuse et turbulente.

Un reproche qu'il adresse encore « aux legislateurs, ses contemporains, » c'est de ne pas « faire voir de leurs mains des poemes epiques, heroïques, ou quelque chose qui se puisse appeler œuvre. » Il songe à *La Franciade* de Ronsard, tout inachevée qu'elle soit restée. *La Semaine* ou *Création* de du Bartas, qu'il se vante quelque part d'avoir « fait courtisan, » l'empêchait sans doute aussi de dormir, car il nous a laissé une *Creation*[1], médiocre poème didactique qui, pour

---

1. Disons-le franchement, *La Création* est une erreur de d'Aubigné. La science d'un Manilius, celle d'un Lucrèce, sont relevées par des beautés poétiques, chez l'un par l'orgueil national, chez l'autre par le sentiment du néant de l'homme. La physique de du Bartas, au milieu de son emphase méridionale,

être long et complet, n'en est pas davantage une
« œuvre achevée. » Inutile d'énumérer après d'Aubigné les deux autres « volées » de poètes français et
latins qui se rattachent à la Pléiade, phalange mobile,
composée de sept chefs, mais où les contemporains
ont enrôlé tous les versificateurs qui suivirent, de
près ou de loin, le drapeau de la Renaissance.

D'Aubigné a vu Malherbe, et le nomme parmi ces
poètes qui ont « accoursy la liberté de la poesie. »
Il eût, croyons-nous, partagé l'avis de Lingendes qui
disait « que Malherbe n'estoit qu'un tyran, et qu'il
abattoit l'esprit aux gens. » Qu'aurait dit Malherbe des
Tragiques, s'il eût seulement daigné les lire? Pas un
vers n'eût sans doute échappé à sa pointilleuse et
pédantesque critique.

D'Aubigné n'a pas nommé une fois Mathurin Régnier, et pourtant ces deux satiriques, si différents
d'esprit et de tempérament, sont de même lignée littéraire. Tous deux, en pleine révolte contre la férule
d'un Malherbe, se sont forgé une langue faite de sens
et de génie, coulant leur vers de premier jet, sans
souci des règles de la grammaire, ni même de la dé-
cence; vrais poètes au sens propre, créateurs de leur
idiome. Régnier a mis sa muse au service de la morale
vulgaire et du bon sens; d'Aubigné s'inspire de ses
haines politiques, de ses convictions religieuses; de là,
chez le premier, un style plus correct, plus clair, plus
naturel; chez le second, une langue inégale, heurtée,
sublime et bizarre, biblique et familière, téméraire et

s'échauffe d'inspirations bibliques, parfois même prophétiques; d'Aubigné, qui
n'est plus ici sur son terrain, déduit longuement en vers techniques et mortellement froids une nomenclature d'histoire naturelle. C'est à peine si Dieu et
l'infini inspirent à l'auteur de *La Création* quelques vers supportables.

aventureuse dans ses tours comme dans ses expressions, pleine de nuées obscures, mais par instants illuminées de splendides éclairs.

CHAPITRE VI

Pourquoi d'Aubigné semble-t-il, presque de son vivant, avoir été enseveli dans l'oubli? Pourquoi sur l'homme, sur son œuvre, quelques dédaigneuses critiques, quelques éloges plus rares encore, un silence presque universel? Notre étude a répondu d'avance. La vie de d'Aubigné, son caractère, les défauts et plus encore les beautés de ses écrits, expliquent cette longue conspiration, ou plutôt cette connivence de la rancune et de l'injustice.

« Que voulez-vous que j'espere parmy ces cœurs abastardis, écrivait l'auteur des *Tragiques*, sinon de voir mon livre jetté aux ordures. » Ses œuvres, conservées dans les familles protestantes, puis insensiblement délaissées pour leur langue rude et archaïque, auraient pu y espérer un retour de faveur, mais la censure catholique ne s'était pas contentée d'attendre l'oubli fatal et la désuétude des nouvelles générations. Un grand nombre d'exemplaires avait péri; l'*Histoire universelle* avait été brûlée, l'édition de 1630 du *Baron de Fœneste* poursuivie et confisquée par les rigueurs du Conseil de Genève. Aussi ne s'étonne-t-on pas de lire, dans la préface d'une édition de 1731, l'anecdote suivante: « Le grand Condé, se trouvant assez peu occupé dans son gouvernement de Bourgogne, voulut relire le *baron de Fæneste*, mais on le chercha inutilement dans tout le pays; enfin ses gens lui déterrèrent un *Fæneste*, à un prix excessif qu'ils payèrent sans marchander. » En 1654, le médecin Gui Patin demande, dans une lettre, qu'on lui envoie un ou deux exemplaires d'une édition nouvelle des *Tragiques*, qu'il croyait qu'on venait de publier; mais Gui Patin est un original. Il faut donc la fantaisie d'un grand seigneur désœuvré, ou la passion d'un médecin bibliophile, pour que nous voyions par hasard lever l'espèce d'interdit jeté au xviie siècle sur les écrits de d'Aubigné. D'ailleurs, dès le vivant de l'auteur, les exemplaires manquaient absolument : « On achetait, écrit-il lui-même, des impressions entières, comme on avait fait de deux livres polemiques siens, pour les jetter au feu, » et, d'autre part, comme l'atteste une lettre de Joseph Scaliger, la réputation de causticité de l'auteur lui faisait attribuer des pamphlets auxquels il était étranger. Infaillible moyen pour tuer un écrivain, de supprimer ses chefs-d'œuvre et de lui prêter les sottises d'autrui!

Il n'y avait donc plus de place dans la France monarchique et catholique pour cet incorrigible Alceste politique, qui fit bien de chercher à Genève, avec « le chevet de sa vieillesse et de sa mort, »

un endroit écarté
Où d'être homme d'honneur il eût la liberté !

Brantôme, appréciateur plus sérieux de la vaillance des capitaines que de la vertu des dames, trace le portrait de d'Aubigné en trois lignes : « Il est bon celuy-là pour la plume et pour le poil, car il est bon capitaine et soldat, très sçavant et très eloquent et bien disant, s'il en fut oncques. »

L'historien italien Davila, tout dévoué à la reine Catherine et aux Valois, le nomme six fois dans son récit des guerres civiles de France et l'associe glorieusement à Duplessis-Mornay dans la résistance aux tentatives de conversion du roi. « Ils s'efforçaient, écrit-il, de démontrer qu'il ne fallait pas préférer les espérances du monde à sa conscience. »

L'Estoile, plus royaliste que catholique, en citant une réponse au roi de ce « vrai et franc Huguenot, » ne peut s'empêcher de la trouver « un peu bien eslongnee de ce grand respect et obeissance qu'ils protestent de rendre à leurs rois, » mais il ne dissimule pas une certaine sympathie pour « ce brave gentilhomme et docte, » qui osa défendre en plein Conseil, devant la Régente, une religion en laquelle « ni Pape, ni Cardinal, ni prelat, evesque, ne quelconque autre personne ne les pouvoit dispenser de la subjection naturelle et obeissance qu'ils devoient à leurs rois et princes souverains. » L'Estoile ne craint pas d'appeler d'Aubigné « l'un des plus beaux esprits du siecle. »

Si ces témoignages, favorables à notre Réformé, ne sont pas les seuls au XVIe siècle, nous croyons pouvoir affirmer qu'ils sont rares, des plus concis, peu en rapport avec l'importance de ses services et l'intimité dont il jouit auprès du roi. On s'étonne de ne le voir nommé que deux fois dans la volumineuse correspondance de Henri IV, à propos des négociations pour la paix, dont il fut chargé auprès du maréchal Danville, et dans une lettre à Condé. Il n'a même pas l'honneur d'une lettre ou d'un billet dans ces neuf volumes! Simple hasard, mais qui semble conspirer à son effacement. D'Aubigné a payé la rançon de son intégrité, de sa vertu, d'un caractère difficile, qui ne lui permirent jamais de s'insinuer et d'occuper les premiers rangs.

Duplessis-Mornay et Sully n'ont pas plus de sympathie pour d'Aubigné qu'il n'en a pour eux. Les *Mémoires des sages et royales œconomies d'Estat* ne le nomment que pour le charger des plus graves accusations. A les en croire, les visées de notre Huguenot mal content n'allaient à rien moins qu'à jeter au milieu de la France les fondements d'une république calviniste, libre et absolument indépendante du souverain. A la date de 1585, ils le citent parmi ceux qu'entraînait le vicomte de Turenne sous la protection de l'Électeur Palatin. C'est, appliqué à un particulier mal en cour, l'éternel grief invoqué contre le parti protestant tout entier. Nous avons montré ce que ces accusations avaient d'exagéré[1].

Au XVIIe siècle, le silence se fait de plus en plus profond sur sa mémoire. Mézeray, esprit libre et assez impartial, cite avec éloge une action d'éclat de d'Aubigné[2]. Mme de Caylus, arrière-petite-fille de d'Aubigné, par les femmes, a consacré à son aïeul quelques lignes insignifiantes dans ses *Souvenirs*.

Fait-on, par hasard et en passant, mention de d'Aubigné, c'est rarement pour le louer. Nous trouvons son nom cité avec indignation dans une brochure de 1631[3], pour avoir « exagéré les calomnies » en rapportant sur Catherine de Médicis un méchant discours tiré de la légende de Saint Nicaise.

---

1. V. ci-dessus, p. 93 et suiv.

2. V. le récit de cette généreuse action ci-dessus (p. 23 et suiv.).

3. *Defense du Roy et de ses Ministres, contre le manifeste que sous le nom de Monsieur on fait courre parmy le peuple* (par le s[r] des Montagnes). Paris, 1631. In-12 de 152 pages.

On veut bien imaginer à Mme de Maintenon une généalogie royale qui la rattache à Jeanne d'Albret, en faisant épouser à la reine de Navarre le père même d'Agrippa, Jean d'Aubigné, — d'autres se contentent d'en faire son chancelier, — mais nul ne songe à rappeler devant la toute puissante favorite le terrible huguenot, le proscrit quatre fois décapité ! Qui sait si Constant n'obtiendrait pas une plus facile réhabilitation, malgré quelques grosses taches indélébiles ? Madame de Maintenon est au fond justement fière de son illustre aïeul, mais elle en parle peu et seulement à quelques intimes. Veut-elle se féliciter d'une énergique résolution ? « Je me trouve un peu petite-fille d'Agrippa, » écrit-elle au duc de Noailles[1]. Mais ce sont là des boutades à la huguenote, qui seraient d'assez mauvais ton à la cour.

Tout en conservant précieusement un manuscrit de la *Vie* de son grand-père[2], la favorite n'en fait pas moins tous ses efforts pour arrêter l'impression commencée lors de la paix de Riswick. Il faut avouer que certaines confidences sur le grand Henri pouvaient n'être pas du goût de son petit-fils : et puis, le grand siècle est venu et la parole ne sera désormais donnée qu'aux admirateurs, qui ne discutent pas plus les personnes royales que l'institution monarchique.

Même à l'étranger, au siècle suivant, on ne juge guère favorablement ces Mémoires de d'Aubigné : « Sa vie écrite par lui-même, dit l'auteur des *Trois siècles de la littérature française* (Ant. Sabatier de Castres), est encore moins bonne (que son *Histoire*); il

---

[1]. Lettre à M. le duc de Noailles, 15 juin 1706.

[2]. C'est le manuscrit de la bibliothèque du Louvre, disparu dans l'incendie de 1871, qu'a publié M. Lud. Lalanne en 1854.

y a pris la licence pour la franchise, ce qui l'a engagé dans des détails qu'il aurait dû supprimer. »

Bayle, qui ne décerne guère d'éloges sans restriction, attribue au nom de Mme de Maintenon, sa petite-fille, « la glorieuse part qu'obtient d'Aubigné, quelque digne qu'il en soit lui-même, dans une *Histoire du comte d'Albe*. » L'auteur du *Dictionnaire historique et critique* se contente, pour louer l'historien, de reproduire dans une note l'article fort inexact du *Mercure galant* de janvier 1705, où on lit le passage suivant : « Il nous reste de lui une *Histoire de France* écrite avec un désintéressement qui lui a attiré des louanges de tous les auteurs contemporains et de ceux qui sont venus après lui. On regarde son ouvrage comme un chef-d'œuvre en fait d'histoire, et quelques auteurs en font même plus de cas que de celle de M. de Thou qui est cependant fort estimée... »

Le *Mercure*, on le sait, ne mérite aucune autorité ; ce recueil est en grande partie un annuaire de noblesse, dont les pièces sont généralement fournies par les intéressés eux-mêmes. Nous n'y trouvons, aux dates de septembre 1688 et d'avril 1698, qu'une courte biographie assez élogieuse et ce jugement critique : « Cet Agrippa a pris soin de composer lui-même sa Vie, dont il y a ici un manuscrit écrit de sa main. C'est une pièce curieuse. » Le *Mercure* ne se compromet pas, bien que l'éloge s'accentue davantage, toujours discret et pour cause, avec la faveur croissante de Mme de Maintenon ; mais un certain d'Aubigné étant venu à mourir en odeur de sainteté (mai 1703), le rédacteur ne perdra pas l'occasion d'un éloge délicat à Mme de Maintenon.

On peut s'étonner que Bayle ait emprunté un jugement au *Mercure,* mais on sait qu'il ne faut pas demander à sa critique la suite et l'unité de vues. Ses notes, bien plus importantes que le texte même de son dictionnaire, le démentent souvent au lieu de le confirmer. L'auteur y prend plusieurs fois à partie d'Aubigné. Il lui reproche « les licences un peu trop cyniques de sa plume, » critique à laquelle nous voulons bien souscrire, à condition de la renvoyer ensuite à son auteur.

Parmi une demi-douzaine de passages réfutés ou critiqués par Bayle, la discussion la plus curieuse est celle qui concerne Marie l'Égyptienne, « fameuse débauchée et fameuse convertie. » L'auteur de *la Confession de Sancy*[1] s'empare de cette légende, mais, suivant le critique, pour en faire un perfide usage : « L'omission de cet auteur à l'égard de sainte Marie l'Égyptienne et de sainte Madeleine est inexcusable ; car il suppose que ces deux prostituées montèrent tout droit des lieux infâmes au rang de saintes canonisées, et, par cette supposition, il prétend prouver que la légende est très capable de lâcher la bride aux dames... Aprenons de là que les auteurs satiriques sont les gens du monde... qui raisonnent le plus mal et qui communiquent le plus un certain plaisir qui empêche de rechercher en quoi consistent leurs sophismes. » En dépit du ton grave et doctoral de cette leçon sur les devoirs du critique, ne soyons pas trop dupes de ce petit réquisitoire, n'oublions pas que le censeur de d'Aubigné est lui-même un protestant ou, pour mieux dire, un sceptique, qui prêche le principe de tolérance par le spectacle des contradictions humaines.

---

1. Voir t. II, p. 248 et suiv.

N'éprouve-t-il pas, lui aussi, « ce certain plaisir » dont il parle, à discuter si longuement cette ridicule légende de Marie l'Égyptienne, passant plus ou moins directement « des lieux infâmes » au rang de sainte canonisée ? Si Bayle est le précurseur de Voltaire, il est surtout le petit-fils d'Érasme ; audacieux et prudent à la fois, il attaque ce qu'il paraît défendre.

L'auteur de l'*Histoire de l'Édit de Nantes*, Élie Benoit, ne manque pas de répéter contre d'Aubigné les griefs connus : « Libres et satyriques discours, reproches continuels de ses services. » « Aubigné, y est-il dit, qui se croyait mal payé de ses services, *extorqua* par ce moyen (un brevet contenant une distribution de vingt-trois mille écus à divers particuliers) une somme modique de vieux restes d'une pension qu'on lui avait retenue. » (1598.) Ne semble-t-il pas que les termes mêmes de l'auteur impliquent contradiction et qu'il eût dû écrire non pas *extorsion*, mais *restitution partielle* ?

L'*Histoire universelle* n'est pas mieux traitée en plein xviiie siècle ; question de goût, il est vrai, plus encore que de politique. L'auteur de la préface de 1731 du *Baron de Fœneste* juge l'*Histoire* « si mal rédigée et d'un style si plat, qu'elle est *dégoûtante*, » mais *les Mémoires de sa vie* « sont écrits d'un style aisé et beaucoup plus agréable. » Appréciation toute naturelle chez l'éditeur. L'*Histoire* a défié les retouches par son sujet et sa masse imposante ; les *Mémoires*, courts et anecdotiques, ont subi d'agréables manipulations.

Si l'on a la patience de feuilleter les nombreux recueils, *Bibliothèques raisonnées*, *Bibliothèques curieuses*, *Annales littéraires*, qui ont pullulé au xviiie siècle, on voit leurs auteurs se copier les uns les autres et s'emprunter les mêmes platitudes. C'est bien traiter d'Aubigné que lui donner quelques lignes de biographie vague et incolore; ainsi fait d'Auvigny, auteur du recueil des *Hommes illustres de France*, tandis qu'il consacre un volume à Coligny, un à Tavannes, deux à Mayenne, deux aux Rohans, un à Gontaud de Biron, à Montluc, à Strozzi, etc.

Un autre semble reprocher à notre Réformé de n'être pas un fervent catholique et exprime ses regrets en ces termes : « Tous les états, toutes les conditions, depuis le sceptre jusqu'au capuchon, ont passé par son étamine. Il serait à souhaiter seulement que *ce pilier de la Religion réformée* eût traité un peu plus sérieusement les choses sacrées. »

Citons un dernier extrait de ces *Annales littéraires* qui les résume toutes. Après avoir rappelé la condamnation de l'*Histoire universelle*, le critique ajoute pour la justifier : « L'auteur est en effet fort satyrique et parle fort mal de tous ces princes (Charles IX, Henri III et Henri IV), dont il révèle sans ménagement les défauts, vrais ou faux, qu'on leur a attribués. Son style est des plus mauvais, il ne s'exprime point comme les autres hommes, mais par des métaphores quelquefois si obscures, qu'on ne l'entend point. Son *Histoire* est moins une narration suivie qu'un discours libre ou un entretien. Au reste, il y a bien des choses *curieuses* qu'on ne trouve point ailleurs. »

La Beaumelle, dont la critique est aussi superficielle que le goût peu sûr, admire la *Confession de Sancy* : « Cette satyre est un chef-d'œuvre; elle est fine, délicate, remplie d'allusions et de fiel. Le plus bel esprit de ce siècle ne la désapprouverait pas. » Il écrivait ce jugement avant sa brouille avec Voltaire. L'auteur des

Mémoires de Maintenon est au contraire impitoyable pour le *Baron de Fæneste*, qu'il juge en ces termes : « C'est un dialogue entre un homme sage et un Gascon évaporé qui raconte ses aventures. On y cherche l'auteur de la *Confession de Sancy*, et l'on n'y trouve qu'un mauvais plaisant... Ce n'est qu'un dégoûtant amas des plus plates trivialités, moitié gascon, moitié français. » Moins sévères, le grand Condé, Bayle, Vertot, goûtaient fort le *Baron de Fæneste*, et nous serions bien étonné que Voltaire l'eût dédaigné.

Dans un mémoire lu à l'Académie française par le marquis d'Argenson (1755), où l'on s'attendait à trouver un peu plus de critique et d'impartialité que chez les auteurs précédents, nous lisons ce jugement : « Le style et les préjugés de l'historien font les défauts de son histoire... Quoique homme de cour, il se sert de basses expressions, et, ne se donnant pas pour homme de lettres, il s'est fait un style de métaphores insupportable aux lecteurs ; il est immodéré, quand il parle des catholiques, et *traite sans respect les vices d'Henri III*. » Ce dernier trait, en plein XVIIIe siècle, ne confond-il pas ? Si le marquis académicien n'a guère lu d'Aubigné, il a du moins appris à l'école de Commines et préconise le grand art « de savoir se taire » sur les vices royaux.

En résumé, si nous consultons le XVIIIe siècle sur d'Aubigné, nous voyons tous les littérateurs de l'érudition ecclésiastique répéter le même jugement : c'est un cynique, sans respect pour les puissants de la terre, qui ne sait ni composer, ni écrire ; cependant ils ne dissimulent pas que certaines hardiesses piquantes ont allumé leur curiosité. Quant aux penseurs et aux philosophes, c'est à peine s'ils ont nommé d'Aubigné : il est trop croyant, trop religieux.

Après deux siècles d'oubli, l'Académie française, en 1828, donna le signal de la réhabilitation pour d'Aubigné, en rappelant l'attention sur le xvie siècle. Que l'Académie n'eût pas alors, en dictant son programme, une visée si haute, que le jugement des deux lauréats[1], embarrassés d'un trop vaste sujet, soit superficiel, nous le croyons volontiers; mais l'impulsion était donnée, et Sainte-Beuve, préludant à sa carrière de critique, prit prétexte de cet appel pour substituer au discours de rhétorique demandé un sérieux travail d'érudition[2]. Remontant aux sources, cherchant à « ressaisir un premier âge dans sa fleur, » il retrouvait à la suite de la Pléiade et ressuscitait en quelque sorte d'Aubigné. Aussi l'étonnement ne fut pas trop grand, lorsqu'en 1835, dans la préface du *Dictionnaire de l'Académie*, Villemain demanda pourquoi l'auteur des *Tragiques* et de l'*Histoire universelle*, « le véhément d'Aubigné, » n'était pas compris parmi les écrivains qui avaient le mieux parlé notre langue.

Peut-être a-t-il manqué quelque chose à Sainte-Beuve pour estimer à son prix la vraie grandeur et l'austère vertu; il n'en a pas moins eu le premier, parmi nos contemporains, le sentiment de d'Aubigné et de sa valeur. Par deux fois, à vingt-cinq ans de distance, il lui a rendu une éclatante justice. Cette mine, si laborieusement exploitée par tant de biographes érudits, tant de critiques et de littérateurs, les Lalanne, les Mérimée, les Géruzez, les Feugère, les Read, les Sayous, les Heyer, les Bordier, les

---

1. Philarète Chasles et Saint-Marc Girardin partagèrent cette année le prix décerné par l'Académie française.

2. *Tableau historique et critique de la Poésie française au seizième siècle*. (Paris, Charpentier, 1843.)

Lenient, — et nous en oublions sans doute, — c'est Sainte-Beuve qui l'a rendue à la lumière après deux siècles, et, si une édition des œuvres complètes d'Agrippa d'Aubigné a été entreprise de nos jours, nul doute que l'illustre critique n'ait, par ses travaux et son initiative, quelque part lointaine dans cette publication longtemps attendue.

Un historien qui a plongé dans le passé par son érudition et sa sympathie pour toutes les misères, qui l'a souvent fait revivre par la chaleur de son âme et de son imagination, Michelet, a tracé en quelques lignes ce portrait d'Agrippa d'Aubigné : « En d'Aubigné, l'histoire c'est l'éloquence, c'est la poésie, c'est la passion. La sainte fierté de la vertu, la tension d'une vie de combat, l'effort à chaque ligne, rendent ce grand écrivain intéressant au plus haut degré, quoique pénible à lire; le gentilhomme domine et l'attention prolixe aux affaires militaires. Il a des magnanimités inconcevables, jusqu'à louer Catherine [1]. »

En quelques mots, Michelet embrasse l'homme et l'écrivain tout entier. Que ces lignes si vraies de l'historien-poète du dix-neuvième siècle soient l'inscription pieusement déposée par notre admiration sur le monument de l'historien-poète du XVIᵉ siècle !

---

[1]. Michelet. *La Ligue et Henri IV* (p. 466).

BIBLIOGRAPHIE

NOTICE BIBLIOGRAPHIQUE

I

LES MANUSCRITS

A.

Les seuls manuscrits vraiment originaux, sinon toujours autographes, des œuvres d'Agrippa d'Aubigné sont ceux que l'on conserve au château de Bessinges, près Genève, et dont nous avons déjà parlé dans notre *Introduction*. Ces manuscrits nous ont fourni non seulement le texte de tous les ouvrages inédits compris dans la présente édition, mais aussi d'importantes corrections pour la plupart des œuvres antérieurement publiées dont nous avons pu revoir le texte primitif.

Ils se composent de dix volumes, différents de format et de grosseur. En voici le contenu sommaire d'après la description détaillée qu'on trouvera dans le *Bulletin de la Société du protestantisme français* (année 1863, pp. 339 et 405) :

> Vol. I{er}. Sonnets sur d'Aubigné; — Remarques sur l'*Histoire;* — Livres IV et V du tome IV de l'*Histoire universelle* (l'édition de 1626 ne renferme que trois tomes); Notes pour les autres livres; — quelques Poésies.
>
> Vol. II. Collection de *Lettres* adressées à divers correspondants et classées sous les rubriques suivantes : missives et discours militaires, mémoires d'État, lettres d'affaires personnelles, de piété ou de points de théologie, de points de science; — *Epitaphe latine* en l'honneur de Daniel Chamier.
>
> Vol. III. Minutes de la main de d'Aubigné et lettres de divers; — Poésies autographes, etc.; — Certificat ou passeport (autographe); — *Lettre* de la sœur du Roi à d'Aubigné. — N. B. En tête de ce volume se trouve, sur un feuillet à part, la copie autographe d'un catalogue ou récépissé détaillé des papiers de d'Aubigné, tels qu'ils se composaient le 27 février 1633, lorsque sa veuve et son fils Nathan Lafosse en firent la délivrance à Théod. Tronchin.
>
> Vol. IV. La *Confession de Sancy* (1re et 2e parties); — *Iambonica* (poésies latines).
>
> Vol. V. La *Vie à ses enfants* (achevée à Genève).
>
> Vol. VI. Œuvres en prose et en vers, entre autres un *Traité sur les Guerres civiles;* — *Epigrammata* (en latin); — le *Printemps* : livre Ier, Hécatombe à Diane; — du *Devoir mutuel du Roy et des subjects;* — Poésie sur les *fermes* (en la foi); — l'*Hiver* (poésie); Prières du matin et du soir (en vers), etc.
>
> Vol. VII. Les *Tragiques* et autres Poésies françaises et latines.
>
> Vol. VIII. Copie de l'*Hécatombe* et des stances,

odes, etc., composant les livres II et III du *Printemps,* avec corrections et additions de la main de d'Aubigné.

Vol. IX. Poésies, à M. de Ronsard, etc.; — le *Caducée* ou l'Ange de Paix; — *Lettre à Madame,* sœur unique du Roy.

Vol. X. Copie de la *Création,* poème en quinze chants, corrigée de la main de d'Aubigné.

B.

En dehors de ces manuscrits originaux, il existe un assez grand nombre de copies des *Mémoires* d'Agrippa d'Aubigné *(sa Vie à ses enfants)* :

1° Le *manuscrit,* qui, après avoir appartenu à Mme de Maintenon, était conservé à la *Bibliothèque du Louvre* et qui a disparu dans l'incendie de 1871. Ce manuscrit in-folio était coté F. 325 et intitulé *Manuscrits originaux sur la maison d'Aubigné et sur celle de Mme de Maintenon.* — 2° *Le manuscrit de la Bibliothèque nationale,* compris dans le Supplément français du fonds Bouhier n° 33; c'est une copie du XVIIIe siècle. — 3° et 4°. Deux autres copies exécutées pendant la seconde moitié du XVIIe siècle et qui se trouvent à la *Bibliothèque de l'Arsenal,* la première, dans le tome XIII de la *Collection Conrart;* la seconde, qui occupe les pp. 1-101 dans le manuscrit n° 3850 et qui est suivie du *Testament* de d'Aubigné. — 5° Une troisième copie de ces Mémoires, plus ancienne, mais incomplète, qui forme le n° 6824 d'un Recueil manuscrit de pièces sur l'Histoire de France.

Le tome III de la *Collection Conrart* contient aussi une copie manuscrite de la *Confession de Sancy.* On peut rapprocher cette copie du texte que nous avons emprunté aux manuscrits Tronchin. Nous donnons dans nos *Notes* les variantes du manuscrit in-4°, n° 7892 du fonds Béthune, publiées dans l'édition de 1744. — Quant au *Divorce satyrique*, la même édition signale un manuscrit de l'abbaye Saint-Germain des Prez, n° 1075, que nous ne connaissons pas.

Un manuscrit conservé à Londres au *British Museum* (fonds Harléien, n° 1216, in-4°) contient une copie des *Tragiques* et des *Petits poèmes*. Sur le premier feuillet de ce manuscrit est écrit :

> Feu M. Dobignie, peu de jours avant sa mort, me commanda de faire tenir ce livre à son très cher et honoré frère [Philippe Burlamachi], lequel il a prié de le garder en tesmoignage de son affection.

Nous devons citer encore le *manuscrit* acquis par M. *Ch. Read* à la vente Monmerqué (1861) et d'après lequel il a publié son édition du *Printemps* (Voir ci-après). Ce manuscrit sur papier est un in-folio de 192 ff (384 pages) et est intitulé *Recueil de poésies du* XVIe *siècle;* l'écriture paraît être du même siècle.

Enfin à cette liste doit s'ajouter : 1° la *Lettre à Messeigneurs de Genève*, conservée à la Bibliothèque de l'Université de Leyde, fonds latin, n° 267 (Voir notre *Introduction*, page VII et notre tome I, p. 583); 2° les *Lettres* de sources très diverses, appartenant à des collections publiques ou privées, que l'on trouvera au tome 1er, page 553 et suivantes, et dans l'*Appendice* du tome II.

II

ÉDITIONS IMPRIMÉES DU VIVANT DE L'AUTEUR

Nous rangerons ces éditions sous trois chefs : les *poésies de jeunesse*, les *écrits satiriques* ou *politiques*, l'*Histoire universelle*.

A.

1° Vers funebres | de Th.-A. d'Aubi | gné Gentilhomme | Xantongois. | Sur la mort d'Estienne | Jodelle Parisien, Prince des Poëtes Tragiques. | *A Paris | par Lucas Breyer Libraire, tenant sa boutique | au second pillier de la grand Salle du Palais* | MDLXXIV | *avec Privilege*, in-4° de 6 feuillets.

Ces *Vers funèbres*, ont été réimprimés à la fin des éditions des OEuvres de Jodelle, publiées en 1583 et 1597.

2° Petites | oevvres | meslees | du | sieur d'Aubigné. | Le contenu desquelles se void és pages sui | vantes. La Preface. | *A Geneve,* | *chez Pierre Aubert,* | *Imprimeur ordinaire de la Republi* | *que et Academie.* | MDCXXX. | *avec permission et privilege.* Petit in-8° de VIII-175 pages, plus la table.

Ce volume contient 125 pages de prose *(Meditations sur les pseaumes et l'Hercule chrestien)* et 50 pages de poésies avec une nouvelle préface sur les vers mesurés. — D'après M. Sayous, cette publication n'aurait été faite qu'après la mort de d'Aubigné, par les soins de Tronchin et de Nathan. M. Ch. Read, dans la préface de son *Printemps* (1874), établit qu'il y eut deux tirages de cet opuscule, et ce qu'il y a de singulier, c'est que le premier tirage qui porte la date de 1629 est intitulé *Second Recueil des Petites OEuvres meslées* du Sr d'Aubigné.

N. B. Les pièces de vers que nous avons données, tome III, pages 258-269, se trouvent dans *le Sejour des Muses, ou la Chresme des bons vers*, publié à Rouen, 1626, in-12.

B.

1° LES | TRAGIQUES, | donnez au public par | le larcin de Promethee. | *Au Dezert* (Maillé), | *par L. B. D. D.* (le bouc du Désert), 1616, petit in-4°.

> Édition originale, en caractères italiques : elle comprend XXVI-396 pages (ou plutôt 298, la pagination sautant par erreur de 244 à 343). La ponctuation y est si défectueuse, qu'elle rend parfois le sens inintelligible. — Dans un passage de l'*Histoire universelle* (t. III, col. 401), d'Aubigné parlant, à la date de 1593, des pamphlets dus « à la plume des Reformez » et qui « estoyent leus par delices, mesmes de leurs ennemis, » cite « les *Tragiques,* le *Passe-partout des Jesuites* et autres tels livres d'Autheurs inconus. » Ce passage a fait croire à une édition antérieure; mais rien jusqu'ici n'en a prouvé l'existence. Tout ce qu'on peut supposer, c'est qu'en 1593 des copies manuscrites de tout ou partie de ce poème circulaient déjà dans le public.

2° LES | TRAGIQUES, | ci-devant donnez au public | par le larcin de Promethee, | & depuis avouez & enrichis par le sieur d'Aubigné, | contenant sept livres intitulez : les Miseres, Princes, Chambre doree, les Feux, les Fers, Vengeances, Jugement, avec une preface en vers & une inscription en prose pour la paix donnée par Henry IIII à la France. *Sans lieu ni date* (J. Moussat, au Dezert, 1620), petit in-8°.

Seconde édition, également en caractères italiques. Elle contient 333 pages et un certain nombre de feuillets non paginés contenant en tête le *Titre*, l'*Avis aux lecteurs* et la *Preface*, en vers, plus trois *Sonnets* et un alinéa en prose, à la fin. Il en existe un exemplaire à la Bibliothèque de l'Arsenal. — L'édition citée comme ayant été imprimée à Genève, chez la veuve et les héritiers de Pierre de la Roviere, 1623, et celle qu'on trouve mentionnée dans une lettre de Guy-Patin à Spon (1654), comme ayant été publiée depuis peu, n'ont rien d'authentique.

3° LES AVENTURES | DU BARON DE | FAENESTE. | Premiere partie, reveüe & corrigee | & angmentee *(sic)* par l'autheur. | Plus a esté adjousté la seconde | partie ou le Cadet de | Gascogne. | *A Maillé,* | MDCXVII, petit in-8°.

La formule de ce titre a fait supposer une édition antérieure, qui ne paraît pas avoir jamais existé.

4° LES AVENTURES, etc., comme ci-dessus. Plus a esté adjousté la seconde partie, avec promesse de la troisiesme. *Sans lieu,* MDCXVII, petit in-8°.

5° LES AVANTURES | DV BARON DE FAENESTE. | Premiere partie | reveüe, corrigee & augmentee | par l'autheur. | Plus a esté adjousté la seconde | partie, avec promesse de | la troisiesme. | *A Maillé,* | *par J. M.* (Jean Moussat) *imprimeur & libraire* | MDCXVII, in-12.

Cette édition a été imprimée avec les caractères

qui ont servi pour la première édition de l'*Histoire universelle*. Elle contient 175 pages, y compris la garde qui précède le titre.

6° LES | AVENTURES | DU BARON DE | FÆNESTE. | Troisiesme partie. | Ensemble les premiere & seconde, reveües, corrigees | & augmentees par l'autheur de | plusieurs contes. | *A Maillé, par J. M. imprimeur ordinaire de* | *l'autheur.* | MDCXIX, petit in-8°.

> La troisiesme partie de cet ouvrage a été publiée deux fois à part en 1619, et une troisième fois à Maillé en 1620, par le même Jean Moussat.

7° LES AVANTURES | DU BARON DE | FÆNESTE | comprinses en quatre parties, | les trois premieres reveües, augmentees & | distinguees par chapitres. | Ensemble | la quatriesme partie | nouvellement mise en lumiere, | le tout par le mesme autheur. *Au Dezert.* | *Imprimé aux despens de l'autheur.* MDCXXX, petit in-8° de VI-308 pages, sans les preliminaires ni la table.

> Cette édition, publiée à Genève, fut supprimée dès son apparition, comme renfermant des blasphèmes et des impiétés « qui scandalisent les gens de bien ; » l'imprimeur fut arresté et « condamné à une amende de cent escus ; » quant à l'auteur, il fut réprimandé publiquement. Deux autres éditions ont été publiées en 1629 et en 1631 ; elles sont de beaucoup inférieures à celle de 1630. Une édition portant la date de 1640 paraît n'être qu'une réimpression ou plutôt une contrefaçon de l'édition de 1630.

N.-B. Nous pouvons encore ranger sous le même chef la *Lettre à Madame, sœur unique du Roy* (Voir notre tome I, page 531), que l'on croit avoir été publiée vers 1600, sous ce titre : *De la douceur des afflictions. A Madame* [Catherine de Bourbon, sœur de Henri IV et duchesse de Bar].

C.

1° Nous n'avons pas, on le comprend, à donner la bibliographie complète de l'*Histoire universelle;* cependant nous ne pouvons négliger de mentionner la publication des deux premiers volumes, imprimés à Maillé (Saint-Jean-d'Angely), qui portent les dates de 1616 et 1618. D'Aubigné s'étant vu refuser le privilège pour le troisième volume, le fit néanmoins paraître à la fin de 1619; mais une sentence du Lieutenant civil, en date du 2 janvier 1620, le supprima immédiatement, et l'œuvre tout entière fut condamnée à être brûlée à Paris par la main du bourreau, en l'Université, devant le Collège Royal. On peut lire, à cet égard, une lettre intéressante de d'Aubigné au chancelier Sillery (tome I, pp. 200-204). Depuis, l'auteur, retiré à Genève, fit imprimer, sous la rubrique d'Amsterdam, une nouvelle édition de son *Histoire universelle,* avec suppressions et additions. (Voir ci-dessus notre *Notice biographique et littéraire,* pp. 150, 151). En voici le titre exact :

HISTOIRE | VNIVERSELLE | du sieur d'Aubigné, | comprise en trois tomes. | Seconde edition, augmentee de no | tables histoires entieres, et de plusieurs additions et corrections faites par le mes | me Auteur. | Dediee a la Posterité. | *A Amsterdam,* | *Pour les heritiers de Hier. Coṁelin.* | MDCXXVI, in-folio à deux colonnes.

Le petit conseil de Genève avait concédé à l'imprimeur P. Aubert un privilège qui lui fut retiré cinq mois plus tard. L'édition fut néanmoins imprimée à Genève, mais *secrètement* et sous la rubrique d'Amsterdam. — Les tomes Ier et IIe contiennent 1190 colonnes ayant une seule et même pagination : de 1 à 518 pour le premier tome et de 519 à 1190 pour le second. Chaque tome est divisé en *cinq* livres, subdivisés en 131 chapitres environ pour le premier tome, et en 118 pour le second. Le tome IIIe contient 744 colonnes et comprend également *cinq* livres, subdivisés en 140 chapitres, plus un *Appendix* et un *Indice* (ou *Table*) des matières contenues dans les trois tomes. Il y a quelques erreurs dans la pagination et le numérotage des chapitres.

N.-B. Une nouvelle édition de l'*Histoire universelle*, par M. le comte de Ruble, grand in-8°, est actuellement en cours de publication.

2° LETTRE DU SIEUR D'AUBIGNÉ, dediee à la Postérité. *Imprimé à Maillé, jouxte la coppie.* MDCXX, petit in-8° de 16 pages.

Cette plaquette, citée par le P. Niceron sous le titre de *Lettre du sieur d'Aubigné sur quelques histoires de France et sur la sienne,* n'est, comme nous l'avons dit dans notre Introduction, autre chose que la préface de l'*Histoire universelle,* imprimée et publiée à part. Elle existe à la Bibliothèque du palais de Fontainebleau.

III

ÉDITIONS POSTÉRIEURES A LA MORT DE L'AUTEUR (XVIIe ET XVIIIe SIÈCLES)

Il faut distinguer tout d'abord les éditions d'ouvrages déjà imprimés du vivant de l'auteur et celles d'ouvrages encore inédits. Parmi les premières, nous n'avons à citer qu'une mauvaise reproduction du *Baron de Fæneste*, publiée en 1729 et en 1731, à la suite des *Mémoires* de d'Aubigné. (Voir ci-après, nos 6 et 7.) L'*Histoire universelle*, les *Tragiques* et les autres écrits en vers ou en prose de notre auteur sont tombés dans le plus profond oubli. Comme ouvrages inédits, nous ne trouvons que la *Confession de Sancy* et les *Mémoires*.

1º CONFESSION CATHOLIQUE DU SIEUR DE SANCY (par d'Aubigné), *Cologne, P. Marteau*, 1660, petit in-12.

> Cette première édition fait partie du *Recueil de diverses pièces servant à l'Histoire de Henry III*.

2º LA MÊME, avec les remarques de Le Duchat. *Cologne (Hollande)*, 1693, 2 vol. in-12.

3º LA MÊME, avec les remarques de Le Duchat, nouvelle édition. *Cologne*, 1699, 2 vol. in-12.

> Les remarques de cette édition sont bien meilleures que celles de l'édition de 1693.

4º LA MÊME, avec les remarques de Le Duchat augmentées de celles de Jean Godefroy. *Cologne (Bruxelles, chez François Foppens)*, 1720, in-8º.

> Cette édition fait partie du *Journal de Henry III, roy de France et de Pologne, par Pierre de l'Estoile*. Les additions de Godefroy sont à la fin du volume.

5º LA MÊME, avec les remarques de Le Duchat et de Jean Godefroy, augmentées de celles du nouvel éditeur. *La Haye (et se trouve à Paris, chez la veuve de P. Gandouin)* 1744, in-8º.

> Cette édition a eu pour base l'édition de 1720; elle remplit tout le cinquième volume du *Journal de*

> *Henri III*, cité ci-dessus. L'*Avis au lecteur* du quatrième volume donne à son sujet plusieurs renseignements intéressants, et les pages 563-589 du même volume contiennent les variantes d'un manuscrit du temps.

6° LES AVANTURES DU BARON DE FAENESTE, par Théod.-Agrippa d'Aubigné, édition nouvelle augmentée de plusieurs remarques historiques, de l'*Histoire secrète de l'auteur, écrite par lui-même*, et de la *Bibliothèque de Me Guillaume*, enrichie de notes par M*** (Le Duchat), *à Cologne, chez P. Marteau (Bruxelles, Franç. Foppens)*, 1729, 2 vol. petit in-8° formant 630 pages, sans la Préface et les Tables.

> Cette édition a été fort négligée. Dans son *Éloge de M. Le Duchat (Ducatiana*, Amst., 1738), M. Formey nous apprend que ce commentateur avait envoyé au libraire Foppens des notes sur Fæneste avec un exemplaire de 1630 et une copie de la Bibliothèque de Me Guillaume. A mesure qu'il faisait de nouvelles découvertes il les envoyait, comptant que le tout paraîtrait à sa place; mais l'individu chargé de diriger l'impression gâta tout, altéra la préface, rangea fort mal les additions et corrompit tout à fait la ponctuation des notes, en sorte que Le Duchat fut très mécontent du travail. — C'est dans cette édition que parurent pour la première fois les *Mémoires* de d'Aubigné. Le *Journal littéraire* de la Haye (tome XVI) assure que l'impression de ces Mémoires avait été commencée au XVIIe siècle, vers 1697, mais que Mme de Maintenon était parvenue à la faire arrêter.

7° LES AVANTURES DU BARON DE FAENESTE, par Théod.-Agrippa d'Aubigné, nouvelle édition augmentée de plusieurs remarques historiques et précédée de l'*Histoire secrète de Th.-A. d'Aubigné, écrite par lui-même & adressée à ses enfants. La Haye & Amsterdam, Fréd. Bernard (Paris, Jacques Guérin)*, 1731, 2 vol. in-12.

C'est d'après l'édition de 1729 que celle-ci a été faite : elle contient un nouvel « *Avertissement au lecteur* » et les *Additions* y ont été mises à leur place ; aussi a-t-elle été longtemps considérée comme la meilleure, et son texte des *Mémoires* de d'Aubigné a été reproduit par Buchon dans le *Panthéon littéraire*. Cependant, si l'éditeur de 1729 s'était contenté dans l'*Histoire secrète* de moderniser le style de d'Aubigné, celui de 1731 a été plus loin. « Il a, dit M. L. Lalanne, tronqué ou allongé certains récits, supprimé des pages entières et intercalé des anecdotes plus que suspectes. »

8° MÉMOIRES *de la vie de Théod.-Agrippa d'Aubigné*, ayeul de Madame de Maintenon, écrits par lui-même (revus & corrigés par Du Mont), avec les *Mémoires de Fréd.-Maurice de la Tour*, prince de Sedan (rédigés par Aubertin, son domestique), une *Relation de la cour de France en 1700*, par M. Priolo, ambassadeur de Venise, et l'*Histoire de Madame de Mucy*, par Mlle de*** (Valdory), *Amsterdam, chez Jean-Frédéric Bernard*, 1731, 2 vol. in-12.

Cette édition, mieux imprimée que la précédente, en diffère surtout en ce que l'éditeur a partout donné la parole à d'Aubigné. « Je naquis en l'hôtel Saint-Maury... » et ainsi de suite jusqu'à la fin. Les leçons en sont très différentes de celles du manuscrit du Louvre.

IV

ÉDITIONS MODERNES

Nous suivrons pour l'énumération de ces éditions l'ordre chronologique.

1º MÉMOIRES DE THÉODORE-AGRIPPA D'AUBIGNÉ, publiés pour la première fois d'après le Manuscrit de la Bibliothèque du Louvre, suivis de fragments de l'*Histoire universelle* de d'Aubigné, qui se réfèrent à ses *Mémoires* et les complètent, et accompagnés de pièces inédites, par M. Ludovic Lalanne. *Paris, Charpentier*, 1854, in-12 de xii-468 pages.

> Parmi les pièces inédites que renferme cette édition, on remarque surtout le Testament de d'Aubigné, celui de Jacqueline Chayer, mère de Nathan, l'Énumération des biens que possédait d'Aubigné, des Généalogies en vers de sa famille, etc. On a dit avec raison que cette édition est la première édition sérieuse de ces Mémoires; malheureusement le manuscrit du Louvre n'était encore qu'une transcription inexacte du manuscrit original.

2º LES AVENTURES DU BARON DE FAENESTE, par Théodore Agrippa d'Aubigné. Nouvelle édition revue et annotée par M. Prosper Mérimée, de l'Académie françoise. *A Paris, chez P. Jannet, libraire (Bibliothèque elzévirienne)*. MDCCCLV, in-16 de xx-348 pages.

3º DE LA DOUCEUR DES AFFLICTIONS, opuscule inconnu de Théodore Agrippa d'Aubigné, adressé en l'an 1600 à Madame, sœur de Henri IV, auquel on a ajouté le morceau intitulé l'*Hercule chrestien*, tiré de ses *Petites œuvres meslees*, par F.-L. Frédéric Chavannes (extrait du *Bulletin de la Société de l'Histoire du Protestantisme français* et tiré à 150 exemplaires). Paris, *Aubry*, 1856, brochure in-8º de 32 pages.

4º LES TRAGIQUES, par Théodore Agrippa d'Aubigné. Nouvelle édition, revue et annotée par Ludovic Lalanne. *A Paris, chez P. Jannet, libraire (Bibliothèque elzevirienne)*. MDCCCLVII, in-16 de XXXIX-351 pages.

> Cette édition est accompagnée d'un petit glossaire et d'une table des matières.

5º LES TRAGIQUES (par Agrippa d'Aubigné). Édition nouvelle, publiée d'après le manuscrit conservé parmi les papiers de l'auteur, avec des additions et des notes, par M. Ch. Read. *Paris, Jouaust, Librairie des Bibliophiles*. 1872, in-8º de xlvij-360 pages.

> Prosper Mérimée avait commencé à préparer cette édition dès 1869. M. Ch. Read l'acheva et put en faire revoir le texte sur le manuscrit de Bessinges par le pasteur Theremin (1870).

6º AGRIPPA D'AUBIGNÉ. Le Printemps, poème de ses amours. Stances et odes publiées pour la première fois d'après un manuscrit de l'auteur ayant appartenu à Mme de Maintenon, avec une notice préliminaire, par M: Ch. Read. *Paris, Jouaust (Cabinet du Bibliophile*, nº XVIII), 1874, in-12 de XXX-147 pages.

> Le nombre total des pièces fournies à M. Read par le ms. Monmerqué est de 48 (26 stances et 22 odes); on y compte 20 odes de plus que dans notre

édition, mais aussi 6 stances de moins. Les *cent* sonnets du premier livre du *Printemps* ne s'y trouvent point.

V

OUVRAGES PERDUS OU FAUSSEMENT ATTRIBUÉS A D'AUBIGNÉ.

Nous trouvons d'abord parmi les œuvres de la jeunesse de d'Aubigné le ballet de *Circé*, composé en 1576; il n'en est resté aucune trace.

La plupart des nombreux écrits polémiques ou théologiques sortis de la plume de d'Aubigné paraissent avoir été détruits soit du vivant de l'auteur, soit par ses exécuteurs testamentaires et même plus tard. Nous citerons en ce genre :

1° Le traité *De Dissidiis Patrum*, cité dans *Sa Vie à ses enfants*. Voir notre tome I, page 74;

2° Un *Mémoire* cité également dans *Sa Vie* (page 78) et dont l'auteur dit qu'il « a toujours estimé cest escrit le plus heureux de tous les siens; »

3° Un livre cité dans une lettre de d'Aubigné à ses filles (tome I, p. 447) et qui « estoit des moyens de reunir les esprits à une religion. » Nous ne croyons pas devoir reconnaître ce livre dans l'ouvrage suivant dont voici le titre *in extenso :*

Libre | discours sur | l'Estat present | des Églises

reformees en | France, auquel est premiere | ment traicté en general des | remedes propres à compo | ser les differens en la Reli | gion à leur naissance, puis en | suitte ceux qui sont pro | pres pour esteindre le schis | me qui est auiourd'huy en | tre les François, tant en ce | qui concerne la Religion | qu'en la Police, | MDCXIX, *sans lieu,* in-12.

Au bas du titre, ces mots ont été tracés par un contemporain : *Par le S^r d'Aubigny.*

Nous avons reconnu aussi que « l'Instruction d'Estat et advis salutaires aux Princes, Republique et Peuples, » que nous nous proposions de publier (Voir notre *Introduction,* p. XII), n'était pas de d'Aubigné. Le Roman que nous avons cité au même endroit, comme œuvre inédite : « Suite des amours du brave cavalier, le fort Loys et la belle dame Rochelle, » a été imprimé. La Bibliothèque de la ville de la Rochelle en possède un exemplaire.

Ajoutons encore, pour être aussi complet que possible, l'indication de « quelques livrets anonimes ou imprimez soubs d'autres noms, » donnée par d'Aubigné lui-même dans une lettre à M. Goulard (tome I, p. 473), livrets auxquels il semble faire allusion dans un passage de l'*Histoire universelle.*

Viennent ensuite plusieurs livres d'*Epigrammes latins,* cités dans l'avis *Aux lecteurs* qui précède les *Tragiques* (tome IV, page 9). Nous ignorons si ces épigrammes sont les mêmes que les *Epigrammata* contenus dans le volume VI des manuscrits de Bessinges (Voir ci-dessus) et que le cadre de notre édition ne nous a pas permis d'y insérer.

Nous doutons également que les « Espitres familieres » citees dans *Sa Vie* (tome I, page 93) soient celles que nous avons imprimées sous le titre de *Lettres familieres* (tome I, pp. 351-370).

Notons enfin parmi les écrits mentionnés par d'Aubigné : 1° un « Abregé de Logique en françois » (tome I, p. 445); 2° un écrit « Sur les commettes » (tome I, p. 447).

Le *Bulletin de la Société de l'Histoire du protestantisme français* (année 1863, p. 362) contient la note que voici : « On lit dans une lettre d'un certain Branchas à Peiresc, datée de Courtezon près Orange, le 7 novembre 1631, le passage suivant : « D'Aubigné a faict « aussi les *Divers prodiges de ce temps* en vers et quel- « ques autres livres en latin, lesquels M. le Gouver- « neur m'a dict avoir veu à Leyden. Le tout se trouve « chez un libraire de Lyon, nommé Pierre Ravaut. »

Quant à la satire en prose « dans le goût de Sancy » publiée en 1873 par M. Ch. Read, sous le titre de l'*Enfer*, comme étant de d'Aubigné, rien ne prouve qu'il en soit véritablement l'auteur.

NOTES ET VARIANTES

NOTES ET VARIANTES

TOME PREMIER

SA VIE A SES ENFANTS

Page 3. — Le début de la *Preface* est assez obscur. En voici le sens général : « Les vies des empereurs et des grands écrites par les anciens ne peuvent guère servir qu'aux empereurs et aux grands. On y voit en effet la lutte et le triomphe du pouvoir contre des égaux *(preſſes du coſté)* ou des inférieurs *(ſouſlevements du deſſous)* ; mais on n'y peut apprendre la résistance à une puissance supérieure, qui vous écrase *(porter les fardeaux du deſſus.)* » Henri IV craignait cette lecture pour les siens; celle de Tacite, à son avis, enflait le courage et inspirait l'esprit de révolte : aussi conseillait-il à Neuvy de lui préférer quelque vie d'un compagnon de son rang. C'est ce conseil que suit d'Aubigné en écrivant sa *Vie*. — Rapprocher ce passage d'une lettre de d'Aubigné (p. 274) : « Ceux de la Ligue, desquels je dis, comme des Reformez, qu'ils ont eu à combattre *ſur eux, aux coſtés & deſſous*. » Voir aussi p. 295.

— *de l'antiquité*. Var., *dans l'antiquité* (Éd. L. Lalanne).

P. 4. — *Neuvy*. Les seigneurs de Neuvy étaient une des nombreuses branches issues de la maison de Montmorency. Celui dont il est ici question, maître de camp dans l'armée du roi de Navarre, fut tué en 1589 au siège de Villebois.

— *prinſt l'eſſort*. Var., *ne prist l'essor*.

L'*Hiſtoire Vniverſelle* de d'A. embrasse tout l'intervalle du temps qui s'étend de l'an 1550 à l'an 1601. L'auteur l'a *dediee à la Poſterite*.

— *vous donnent ſans envie l'emulation*. Var., *vous donnent de l'envie*.

— *d'eſtre de leurs gardiens*. Var., *d'estre leurs gardiens*.

P. 5. — *L'an 1551*. D'A. commence toujours l'année à Pâques; il faut donc lire 1552. Ce ne fut qu'en 1564 que l'ordonnance de Roussillon fixa le commencement de l'année civile au 1ᵉʳ janvier; et de plus, à Genève, l'ancien calendrier resta en usage pendant tout le XVIIᵉ siècle.

P. 6. — *Jean Cottin*, né à Gisors, adopta les rêveries des Anabaptistes et fut brûlé à Rouen en 1559.

— *Peregim*. Var., *père Gim*.

— *ſe diſparut*. Var., *disparut*.

P. 7. — *Matthieu Beroalde* (Beroal ou Brouart), savant théologien et chronographe, père de François Béroalde, sieur de Verville, auteur du *Moyen de parvenir*, naquit à Saint-Denis vers 1520 et mourut ministre à Genève en 1572. — Une note de la nouvelle édition de la Croix du Maine et Duverdier (donnée par Rigoley de Juvigny en 1772), t. II, p. 104, fait allusion à ce passage : « Il court une vie manuscrite du grand-père de Mᵐᵉ de Maintenon, le fameux Th.-Agr. d'Aubigné, faite par lui-même, où il est parlé avec éloge de M. Béroalde qu'il dit avoir eu pour précepteur. »

— *perdre quelque choſe pour celuy qui vous a tout donné*. Dans son *Teſtament* (p. 119) d'A. montre qu'il n'avait pas oublié ces paroles de Beroalde : « Sur tout je les exhorte [ses enfans] à l'amour de Dieu, à... affecter de perdre tout pour celui qui a tout donné. »

— *ayant recouvré*. Var., *ayant recouvert*.

— *Preſident l'Eſtoile*. C'est le père de l'auteur du *Journal de Henri III*.

— *Courance,* commune de Seine-et-Oise, à 30 kil. d'Étampes.
— *luy firent voir.* Var., *luy firent entendre.*
P. 8. — *à la compagnee.* Var., *de la compagnie.*
— *Milly,* chef-lieu de canton, à 26 kilom. d'Étampes.
— *Il faut que je meure ou que je vous sauve tous.* Var., *Il faut que je vous sauve tous.*
— *ce petit homme.* Var., *ce petit enfant.*
— *La Duchesse de Ferrare.* Renée de France, fille de Louis XII et d'Anne de Bretagne, veuve du duc de Ferrare, Hercule d'Este, fut une zélée protectrice des Réformés. Il ne tint pas à elle d'arrêter le massacre de la St Barthélemy. C'est elle qui adressa au duc de Guise ces prophétiques paroles « Si j'eusse esté à la Cour, je l'aurois bien empesché, & cette playe saignera longtemps, d'autant que jamais homme ne s'est attaqué au sang de France, qu'il ne s'en soit trouvé mal. »
P. 9. — (1563). *Sur la fin de l'annee.* C'est à dire au commencement (5 février), comme nous l'avons expliqué ci-dessus.
P. 10. — *le Conestable,* Anne de Montmorency, un des prisonniers de la bataille de Dreux (19 déc. 1562). La *paix* qui suivit, et à la négociation de laquelle prit part le père de d'A., fut signée le 12 mars 1563.
— *les ayant ameneʒ.* Var., *les ayant meneʒ.*
— *il n'y eut que six qui teindrent promesse & sauterent dans le retranchement.* Var., *il n'y en eut que six qui tindrent leur promesse dans le retranchement.*
— *la Cause,* c'est-à-dire la bonne cause, le parti protestant. C'est à dater de septembre 1568 que les Protestants donnèrent ce nom à leur parti, et ce fut à partir de l'édit qui suivit la paix de Châtenay (6 mai 1576), *paix de Monsieur,* que la religion protestante fut qualifiée de « prétendue réformée. »
— *Chancelier en la Cause.* Var., *chevalier en la Cause.*
— *& d'estre veritable ami.* Var., *et d'estre veritable. Ainsi.*
P. 11. — *& explicquoit une langue en l'autre sans lire,* etc. Var., *et explicquoit une langue sans lire,* etc.
— *des Orbilies.* Allusion au *plagosus Orbilius* d'Horace (*Épîtres,* II, 1, vers 71). Var., *des obstacles ou des æbalies.*
P. 12. — *à tel contre cœur.* Var., *à tel cœur.*

— *paſſant la teſte vers l'eau pour paſſer ſes larmes.* Var., *penchant la teste vers l'eau pour appaiser ses larmes.*

— *& l'amas de ſes deſplaiſirs l'emportoit à cela.* Var., *et l'amas de ses desplaisirs, sans plus.*

— *Monſieur l'Amiral.* Gaspard de Coligny.

— *de quand ils partiroyent.* Var., *quand ils partiroyent.*

P. 13. — *Reau,* Réaux, commune de la Charente-Infér., près de Jonzac.

— *perça maugre toute la compagnie.* Var., *perça toutte la compaignee.*

P. 14. — *Pons,* chef-lieu de canton du même dép., non loin de Saintes.

— *à l'aſſaut & à la priſe.* Var., *à l'assaut & de la prise.*

— *Jazeneuil,* dans la Vienne, à 28 kilom. de Poitiers et à 6 de Lusignan.

— *La bataille de Jarnac* fut livrée le 13 mars 1569; le *combat de la Rocheabeille* est du 23 juin, et la *bataille de Moncontour* du 3 octobre de la même année.

Des quatre-vingts cavaliers, qui avaient suivi le baron de Savignac dans la folle aventure que d'A. met au nombre des « amuſemens de Xainctonge, » cinq hommes seulement échappèrent: les capitaines Casenauve, La Chapelle & d'Aubigné, un simple soldat et le baron. Ce « Savignac eſtoit tellement paralitique depuis les cuiſſes en bas, qu'il n'avoit touché du pied à terre, il y avoit dix ans; en tel eſtat ſon cœur le portoit de cercher à cheval toutes occaſions de combattre. »

— *l'Auberdemont* ou l'Aubert-de-Mont, dont on a fait Laubardemont, dans le Bordelais. — Le confluent de l'*Isle* et de la *Drongne* ou Dronne est près de Coutras, dans la Gironde.

P. 15. — *au quay.* Var., *au guays* (gué.)

— *d'une ruſtique liberté.* Dans la préface de son *Hiſtoire univerſelle* d'A. dit de lui-même « lors plein des franchiſes & ſeveritez de mon village. »

— *forcee par la vertu de Boiſrond.* « Boiſrond voiant les ſiens qui faiſoient à la barriere pour plaiſir, preſente le terrier à un [cheval] turcq, qui en donnant du ventre & ſe relevant gravit fur le haut; là deſſus aiant fort peu de terre pour prendre pied, il franchit la barriquade. » *Hiſt. univ.*, I, col. 25.

P. 16. — *Archac* et plus loin *Archiac*, dans la Charente-Infér., entre Jonzac et Pons.

— *eſtant en pourpoint*. D'A. se montre souvent l'esclave d'un misérable point d'honneur. Voir p. ex. page 32.

— *enlevant*. Var., *en levant*.

— *à la fin du 24ᵉ chap*. Dans l'édit de 1626, c'est au 27ᶜ chap. que se lit cette *prise*, ou plutôt *surprise*, de la ville de Pons.

P. 17. — *La paix des troiſieſmes guerres*, paix de Saint-Germain, signée le 8 août 1570.

— *peu d'argent*. Var., *un peu d'argent*.

— *ſe rallia avec les heritiers pretendus, de peur de païer*. Var., *se railla, avec les héritiers prétendus, de payer*.

P. 18. — *ſon* Printems. Voir notre tome III.

— *en la ſaiſon des nopces*, de Henri de Navarre avec Marguerite, sœur du roi.

— *ce qui luy fit quitter Paris*. Voir ci-après nos *Notes*, t. IV, p. 227.

P. 19. — *ne donnoit pas le courage & l'entendement, mais les preſtoit*. Cette observation, conforme à la doctrine de la grâce, est familière à d'Aubigné.

— *Boijanſi*, Beaugency, dans le Loiret; — *Mer*, dans le Loir-et-Cher, près de Blois; — *Talcy*, à 9 kilom. de Mer.

— *ſa maiſon prés d'Eſtampes*, le domaine de Vignay, que Michel de l'Hopital avait acheté peu après avoir reçu les sceaux.

— *ou pour luy, ou pour ceux qui s'en ſerviroyent contre luy*. Var., *ou par lui, ou par ceux qui serviroient contre luy*.

P. 20. — *Beoce*, la Beauce.

— *ayant failli de le tuer*. Var., *à le tuer*.

— *en ſe jettant à quart*. Var., *à quartier*.

— *pour vouloir venir mourir*. Var., *pour aller mourir*.

P. 21. — *Ses parens*, les parents de son adversaire.

— *l'Eveſque d'Orleans*, Mathurin de la Saussaye.

— *fait renoncer... tous les articles de la Papaute*. En ce temps de fanatisme, le plus glorieux trophée pour le vainqueur, c'était d'arracher à son ennemi vaincu une abjuration ou une capitulation de conscience. Voir ci-après, p. 53.

— le Chevalier Salviaty. François Salviaty, oncle de Diane : il était chevalier de Malte.

— Postel. Guillaume Postel, né en 1510 à Dolerie (diocèse d'Avranches), mort fou à Paris en 1581. Médecin, théologien et surtout visionnaire, il rêva que Dieu l'avait chargé d'unir tous les hommes sous un même roi et une même croyance.

— La paix de la Rochelle, signée le 6 juillet 1573. — Monsieur, François, duc d'Alençon.

P. 22. — le Comte de Montgomery, celui qui, dans un tournoi, blessa mortellement Henri II. Réfugié d'abord en Angleterre, il embrassa la Réforme et devint un des chefs du parti. Condamné à mort par le parlement de Paris, puis gracié, il fut fait prisonnier dans Domfront par le maréchal de Matignon (1574) et exécuté au mépris de la capitulation *qui lui promettait la vie sauve*. Voici cependant ce que dit d'A. à cet égard : « Par l'entremife de Vaffai la place fut rendue avec affeurance de la vie à tous, horfmis au Comte, qui n'eut que des promeffes captieufes, comme de n'eftre mis en autres mains que celles du Roi. J'affeure cela, quoiqu'on ait efcrit autrement : il n'y a eu que trop de perfidies en France, fans en inventer. » *Hift. univ.*, II, col. 695.

— *la mort du Roy Charles.* Charles IX mourut le 30 mai 1574.

— *qui voulant voir la mort du Roy.* Var., qui le voulant voir la nuit.

— *& Fervacques de retour, lequel avec force reniements.* Var., et Fervacques de retourner, lequel avec force remerciements.

— *la bataille de Dormans,* où les Protestants furent défaits par le duc de Guise, le 10 octobre 1575. On sent que d'A. éprouve quelque embarras à expliquer sa présence dans les rangs des Catholiques. Il n'a d'autre excuse en effet que son âge (23 ans) et les séductions de la Cour de Catherine. Devenu familier du duc de Guise, comme Henri de Navarre, il se laissa entraîner à suivre le duc contre les troupes protestantes levées en Allemagne par le prince de Condé.

P. 23. — *le projet de la* Circé. C'était, dit l'*Hiftoire univ.* (t. III, col. 66), « un memoire bien ample, accompagné des ftances, des odes & cartels que l'inventeur emporta avec le Roi de Navarre. »

— *aux nopces du Duc de Joyeuſe,* Anne de Joyeuse, amiral de France et l'un des mignons de Henri III, qui épousa Marguerite de Lorraine, sœur de la reine Louise, le 24 sept. 1581.

— *Boudeilles, Beaulieu & Tenie.* Var., *Bourdeilles, Beaulieu et Termes.*

P. 24. — *Marquis de Tran.* Il existait en Provence (Var) une terre et seigneurie de Trans qui fut érigée en marquisat en 1506, pour Louis de Villeneuve.

— *le Chapeau Rouge.* Beaucoup d'hôtelleries ont eu cette enseigne.

— *& luy,* Fervacques.

— *l'Eſcuier de ce Roy,* d'Aubigné. Voir ci-dessus p. 22. — Quelque peu de valeur qu'eût ce *Limeux,* l'heureux rival de d'A., il faut avouer que celui-ci ne pèche pas par excès de modestie.

— *ſon gendre,* Henri de Navarre, mari de Marguerite de Valois.

P. 25. — *l'aiſné d'Anjau,* Jean de Courcillon, seigneur de Dangeau, de qui descendit Philippe de Dangeau, l'auteur du *Journal de la Cour de Louis XIV.*

— *la Dame de Carnavalet,* Françoise de la Baume, *couſine* de Fervacques. — Plusieurs dames de cette famille ont été singulièrement maltraitées dans les chroniques du temps. Quant à Fervacques, dont il a été déjà question pp. 21 et 22 et qui joue ici un rôle si odieux, c'est Guillaume de Hautemer, seigneur de Fervacques et comte de Grancey, nommé maréchal de France en 1595, et qui mourut en 1613. Il semble, quoiqu'en dise d'A., n'avoir manqué ni de cœur, ni d'audace. Voir les *Lettres* de Henri IV (t. III) et les *Mémoires* de Fontenay Mareuil (t. Ier, p. 142). Voir aussi de Thou qui contredit souvent d'A. à l'égard de Fervacques.

P. 26. — *tu penſcs.* Var., *ne penses.*

— *ſon advertiſſeur.* Var., *son adversaire.*

— *la Couture de Sainɛte Catherine,* terrain sur lequel a été tracée la rue Culture Ste Catherine.

P. 27. — *font celles-ci*. Après ces mots l'édition de 1729 contient les lignes suivantes qui ne sont point dans le manuscrit original : « (1576). Enfin après un assez long séjour à la cour, le roy de Navarre, dépité de tous les déboires qu'il y recevoit chaque jour et de la galanterie de sa femme, prit la résolution de se retirer au delà de la Loire. Pour cela il s'en fut à la chasse du costé de Livry et puis s'en départit suivy d'un petit nombre de confidents, dont estoit d'Aubigné, vint passer la Seine au pont de Poissy et fit une petite repeuë, etc. » Cette addition s'accorde peu avec le récit si circonstancié que d'A. fait de la fuite du roi de Navarre, dans son *Hift. univ.*, t. II, col. 770-777. Cette fuite eut lieu au mois de février 1576.

— *Montfort l'Amorré* ou l'Amaury, près de Rambouillet.

P. 28. — *Chafteauneuf*. Châteauneuf en Thimerais, dans l'Eure-et-Loir, près de Dreux.

— *au port*. Var., *aux portes*.

— *combat & affaires defcriptes au chap.* 19 (ou 21ᵉ). Il s'agit d'un « combat de gens d'armes & d'un trait de chevau-legers » entre Orléans et Pithiviers, où d'A. déploya sa bravoure & sa témérité ordinaires.

— *la jeune Tignonville*, fille du baron de Tignonville. Voir ci-après t. II, p. 266. (Note.)

P. 29. — *quand il baifa à la joue les compagnons*. Au moment où se préparait l'évasion du roi de Navarre, Fervaques, Laverdin, Roquelaure, La Porte, Marrolles et d'Aubigné s'étaient engagés par serment « d'eftre ennemis iufques à la mort de quiconque decelleroit l'entreprife. Cela prononcé, le Roi de Navarre les baifa tous fix à la joue, & eux à lui la main droicte. » *Hift. univ.*, II, col. 774.

— *le guetté*. Var., *le Guet*.

— *de l'autre*. Var., *et l'autre*.

P. 30. — *Madame*, Catherine de Bourbon, duchesse de Bar, sœur de Henri IV. Voir ci-après, p. 531.

— *lui aller dire à Dieu*. Var., *dire à Dieu*.

— *Ce jeune homme*, d'Aubigné.

— *ne faifants pas tant de difficultez, gagneroyent le cœur de leur*

Maiſtre par ſes plaiſirs, ce qui ſeroit. Var., *ne faiſoient pas tant de difficultés à gainner le cœur de leurs Maistres par ces plaisirs, ce qui faisoit.*

P. 31. — *& meſmes à luy gaſter tous ſes habillemens.* Au premier abord on a peine à en croire d'A.; mais le temps d'Henri IV est une époque encore bien grossière. On en peut juger en lisant dans Brantôme la vie du maréchal Strozzi (M. d'Estrozze), où il se complaît à raconter les mauvais tours du bouffon Brusquet *(Capitaines estrangers,* Disc. 52ᵉ). Même au xviiᵉ siècle nous voyons le jeune Louis XIV lancer des oranges et des boulettes à une demoiselle d'honneur et celle-ci riposter en couvrant l'auguste chef du souverain avec un saladier tout plein de salade.

— *pluſieurs dangereux revers,* notamment à Blois, où il osa se présenter à un bal de la cour « quoiqu'accuſé d'avoir donné au roi de Navarre non ſeulement le moien, mais auſſi la volonté de quitter la cour » et d'où il n'échappa que difficilement, grâce à Vitri, fille de la reine, qui l'avertit « de ſe ſauver en lui montrant Magnane, lieutenant des gardes & la Bonde exempt, qui venoient de recevoir commandement pour lui mettre la main ſur le collet. »

— *Saint Gelais,* petite place voisine de Niort et titre d'une seigneurie, dont le titulaire était ami de d'A. Les Saint-Gelais étaient une branche de la maison de Lusignan.

— *Monſieur d'Anville,* Dampville ou Damville (1544-1614), fils d'Anne de Montmorency, maréchal de France, puis connétable en 1613.

— *eut ſa caſaque bruſlee d'une harquebuſade.* Quelques éditions ajoutent ici les lignes suivantes qui ne sont pas dans le manuscrit : « D'Aubigné revenu en Gaſcogne de ſa longue peregrination, le roy de Navarre luy donna pour toute gratification ſon portraict, au bas duquel il eſcrivit ce quatrain :

> *Ce prince eſt d'eſtrange nature;*
> *Je ne ſçays qui diable l'a fait.*
> *Il recompenſe en peinture*
> *Ceux qui le ſervent en effet.* »

— *la Nouë,* François de la Nouë, dit *Bras de fer,* né en

Bretagne en 1531, « fuivit le party de la nouvelle religion, de laquelle, dit Brantôme, il eſtoit grand zelateur..., accompagna Condé dans preſque toutes ſes expéditions & partagea ſa bonne & ſurtout ſa mauvaiſe fortune. Henry IV apprenant sa bleſſure au ſiege de Lamballe & ſa mort à Moncontour (4 août 1591) diſt : C'eſtoit un grand homme de guerre & encores plus un grand homme de bien. » — La folle charge dont il est ici question et que d'A. qualifie lui-même « la plus deſraiſonnable de celles qu'a faiƈtes le plus hazardeux capitaine de ſon ſiecle, » eut lieu au siège de Marmande. *Hiſt. univ.*, II, col. 870.

— P. 32. — *Sainƈt Macaris,* Saint-Macaire, sur la Garonne, à l'ouest de la Réole. De cette attaque insensée, à laquelle prirent part deux cent soixante hommes, il n'en revint que douze « qui ne fuſſent morts, bleſſez ou priſonniers. »

— *adjouſtant l'envie à la colere du Maiſtre.* Le Béarnais n'avait pas encore fait toutes ses preuves, mais il était assez vaillant pour ne porter envie à personne.

— *la negociation que vous voyez deſcripte au long.* Il s'agissait de contrecarrer les menées du maréchal d'Anville et d'empêcher la défection présumée du maréchal de Bellegarde. D'A. fut dépêché avec d'autres députés, « avec charge à l'oreille d'arracher la verité avec quelque moyen que ce fuſt & inſtruction d'exiger du Mareſchal une proteſtation nouvelle & authentique. » Pendant près de huit colonnes (*Hiſt. univ.*, II, 882-889), il s'étend complaisamment sur ses déguisements et ruses, sur les dangers qu'il a courus et le langage qu'il a tenu au maréchal, et il ajoute : « Je prie mon Lecteur de ne s'ennuyer point, ſi ie ſuis long en ce negoce, qui n'eſt pas commun, & en donnant la pluſ-part de mon labeur aux gens de guerre, il faut quelque choſe pour les negociateurs. »

— *divers accidens,* entre autres son duel avec Jean de Beaumanoir, seigneur puis marquis de Laverdin (1601) et maréchal de France, duel qui fut empêché. L'esprit soupçonneux de d'A. lui fait voir partout des embûches contre sa vie; il reproche au roi de Navarre de tenir pour ses ennemis les capitaines catholiques du régiment de Laverdin, et il ajoute : « par telles procedures il efloigna de foi la plus part des capitaines reformés & parmi eux l'autheur de fa liberté, qui avec les plus confidents fit fa retraicte à Caftel Jaloux. »

P. 33. — *Caftel-Jaloux,* ville de Lot-et-Garonne, près de Marmande. — *le perilleux combat,* le combat près de Marmande. *Hift. univ.,* II, col. 908-910.

— *les premieres claufes de fes* Tragiques. Var., *les premières stances.* — Ce poème, commencé en 1577, ne parut pour la première fois qu'en 1616. Voir son *Avis aux Lecteurs,* t. IV, p. 4, et notre *Notice bibliographique.*

P. 34. — *le jeune Bacoué.* Le récit de ce jeune homme pouvait en effet paraître peu vraisemblable, et d'A. avoue lui-même qu'un second témoin, le capitaine Dominge, parla de cette affaire avec des louanges « non fi eflevees, mais plus judicieufes que celles de Bacoué. »

— *trente-huit harquebufades qu'il avoit fur luy. Marquez à quoy efchappent les grands.* Var., *trente-huit harcquebufades qu'il avoit fur luy marquees, de quoy efchappent les grands.*

P. 35. — *de Meru,* Charles de. Montmorency, 3e fils du connétable, amiral de France en 1593, mort en 1612.

— *l'Admiral de Vilards,* André de Brancas : il suivit d'abord le parti de la Ligue, défendit Rouen contre Henri IV, puis, après avoir vendu sa soumission, fut nommé amiral. Assiégé par les Espagnols dans Dourlens, il fut pris et massacré de sang-froid (1595).

P. 36. — *la paix fe fit,* traité de Bergerac, ou de Poitiers, 17 sept. 1577.

— *Le fidèle Citron...* Ce sonnet se trouve imprimé avec de légères variantes dans les *Petites œuvres meflees,* p. 166.

P. 37. — *du Duc Cafimir.* Jean Casimir, 1536-1592, quatrième fils du duc de Bavière, Frédéric III, fournit plusieurs fois des secours aux Réformés.

— *maifon de Divonne* (lisez *Vivonne*). A cette maison appartenaient le sieur de Bougouin, oncle et tuteur de Suzanne de Lezay, ainsi que Saint-Goar, ambassadeur de France en Espagne, sous Philippe II, autre oncle de Suzanne.

P. 38. — *la creance des Huguenots,* c'est-à-dire la confiance que son caractère inspirait aux Huguenots. — Ces événements se passaient en 1578.

— *vous trouvez cefte entreprife tout au long.* Encore un de ces récits où se complaît la vanité de d'A. « Ceux qui ne comprendront pas, dit-il, combien il y a en ce difcours de leçons pour les courages qui fe confient aux intelligences, me blafmeront de ma longueur, mais ceux qui en ont plus de cognoiffance m'en remercieront. » *Hift. univ.*, II, col. 981-988.

— *La Boulaye,* gentilhomme de Navarre, qui avait été enfant d'honneur du jeune Henri; il fut gouverneur de Fontenay-le-Comte et épousa la fille de Sully. — *la Magdelaine,* François de la Magdelaine, mort en 1626, en faveur duquel la seigneurie de Ragny (Yonne) fut érigée en marquisat (juin 1597).

P. 39. — *Reniers,* d'une famille du Poitou, d'où sont sortis les seigneurs de La Tour et de Boisseleau. Voir t. IV, p. 227.
— *Favaft,* Jean de Fabas ou Favas, gouverneur d'Albret, mort en 1614.

— *ce qui le mouvoit.* Var., *ce qui l'esmouvoit.*

— *Demogorgon.* D'après M. Lud. Lalanne, nous ne savons sur quel fondement, ce serait le « nom du génie de la terre, adoré en Arcadie. »

P. 40. — *le Viconte de Turaine,* le père du grand Turenne, Henri de La Tour, 1555-1623, épousa en 1591 Charlotte de la Marck, héritière du duché de Bouillon, et créé maréchal de France en 1592, fut connu dès lors sous le nom de maréchal de Bouillon. — La guerre dite *des Amoureux,* commença le 15 avril 1580, et se termina le 26 novembre par la paix de Fleix.

P. 41. — *la parole audacieufe, que' Dieu chaftia.* « Sur ce point arrivent les deux efchelles, & Aubigné aiant pris un pennache blanc, pour marque, enflé de vanité, s'efcria en defcendant dans le foffé, & en iurant Dieu qu'il eftoit Roi de Blaye. Voila ce que ie dis pour n'efpargner point l'autheur; car Dieu le paia de fa folie, en oftant tout d'un coup le courage à ces mauvais garçons. » *Hift. univ.*, II, col. 1014. — *Pardillan* ou Pardaillan, François de Ségur, seigneur de Pardaillan en Périgord (Lot-et-Garonne).

— *Le Conte de la Rochefocaud*, François de la Rochefoucauld, prince de Marcillac, tué au siège de Saint-Yrieix en 1591.

P. 42. — C'est au chap. XVI (col. 1036) que d'A. raconte la mort de son frère cadet, tué dans une escarmouche devant *Montaigu*.

— *firent joüer*. Var., *jouèrent*.

P. 43. — *contrepetter*. Var., *contretester*.

— *le Conte du Lude*, Guy de Daillon, fils de Jean, comte du Lude, mort à Briançon en 1585.

— *Apres la paix*, paix de Fleix. Voir ci-dessus.

— *le Conneſtable de Portugal*, don Antonio de Virmiose.

P. 44. — *au faict de l'Ore*, allusion à une tentative d'assassinat du roi de Navarre par un capitaine espagnol nommé Loro, qui commandait la forteresse de Fontarabie. *Hiſt. univ.*, II, col. 1089.

— *le Sieur de Lanſac*, Guy de Saint-Gelais; — *le Viconte d'Aubeterre*, David Bouchard d'Esparbez, tué en 1598; — *Luſſan*, parent du précédent.

P. 45. — *François de Candalle*, François de Foix, évêque d'Aire, mort en 1594. Il avait cultivé les mathématiques et publié une traduction d'Euclide et du *Pœmandre* d'Hermès Trismégiste.

P. 46. — *sfriſata*, frizarde ou soufflet léger, qui frise la joue. Cf. t. II, p. 354.

— *Entragues*, Charles de Balzac, comte de Graville, dit le *bel Entragues*, un des survivants du fameux duel des mignons, mourut en 1599.

P. 48. — M. Ludovic Lalanne, p. 439, cite, d'après un manuscrit de la Bibliothèque nationale, coté 9612 F-G, folios 85 et suivants, deux généalogies en vers de la maison de d'A. La première, après avoir fait dériver le nom de d'Aubigny de celui d'un Romain nommé *Albinus*, cite comme ancêtres de Jehan d'Aubigné, père de Théodore-Agrippa : Geoffroy d'Anjou (1030); Jehan (1070); Ollivier; Esmery, qui épousa Jehanne de Beaupréau en 1231; Guillaume, qui épousa Aliénor de Coesmes en 1273; Savary, époux d'Honneur de la Haye (1300). Ce Savary aurait eu trois fils : Ollivier, l'aîné, ne laissa qu'une fille; le second, Pierre, épousa en 1330 Marie du Riveau et eut pour fils Guyon d'Aubigné, qui épousa en 1374 Jehanne de l'Espine. Vient ensuite Morlet, époux de Marguerite Gascelin (1404), dont le fils Thibault épousa après 1430 Jehanne de la Parinière. Leur fils aîné, François, fut seigneur de la Jousselinière; leur second fils, Anthoine, épousa Charlotte de Brie et eut pour héritier Jehan, époux de Yolande du Cloistre. Ceux-ci eurent deux enfants: l'aîné, François, n'eut point de postérité; le cadet, Pierre, épousa Françoise de Sourches et en eut *Jehan d'Aubigné*. Ce dernier eut de Catherine de l'Estang Théodore-Agrippa. L'auteur de cette généalogie, écrite à Orléans le 26 mai 1556, termine en disant:

> *Ton fils aifné, le petit Theodore,*
> *Quoique jeunet, promet beaucoup de luy.*

P. 49. — *efpouza fa maiftreffe*, le 6 juin 1583.

— *les vilains affronts que fa femme avoit reçeus à Paris*. Voir à ce sujet notre *Notice biographique*, p. 21.

— *Vous lifés le dangereux voyage..... qui ayant fait copier*. Ces six lignes sont remplacées dans l'édition de 1854 par ces mots « & y depescha d'Aubigné, qui, ayant fait copier, » et plus loin, *Encor diray-je* a pour variante *Diroys-je*.

— *vidimer fa commiffion*. On avait mis en doute que d'A. eût été chargé de cette commission; mais dans l'inventaire de ses papiers, fait après sa mort, on a trouvé « une commiffion du Roy de Navarre de pourvoir à la reparation de l'injure faicte à la Royne, commiffion & creance efcrite & fignee de la propre main du dit Roy. » On peut lire dans la *Confession de Sancy*, t. II, p. 350, la réception que le roi Henri III fit à d'A. et la fière réponse que celui-ci lui fit au nom du roi de Navarre.

P. 50. — *la conteffe de Guiche*, Diane d'Andouins, veuve de Philibert de Gramont, comte de Guiche, dite *la belle Corisande*, 1554-1620.

P. 51. — *Chés le Roy*, etc. Le texte en cet endroit semble altéré, ou du moins incomplet.

— *Monsieur de Bellievre*, Pomponne de Bellièvre, 1529-1607, créé surintendant des finances par Henri III (1575) et chancelier sous Henri IV (1599-1604).

— *que ce que vous voyés là*. Cf. t. II, p. 353.

— *Montlieu*, en Saintonge, au sud-est de Jonzac.

P. 52. — *r'habiller l'esprit de Segur*. Var., *rétablir l'esprit de Ségur*.

P. 53. — *la guerre des Barricades*, autrement dite la *guerre des trois Henri*.

— *duc de Mercure*, Philippe-Emmanuel de Lorraine, duc de Mercœur, 1558-1602.

— *Et tout cela est descript soubs le titre d'un Maistre de camp*. Voir *Hist. univ.*, II, col. 1110.

P. 54. — *& les sables de l'abord*. Var., *et les sables, dès l'abord*.

P. 55. — *fait ajuster sa musqueterie*. Var., *fait affuster sa musqueterie*.

— *laisser leur volee*. Var., *baisser leurs voiles*.

P. 56. — *la prise du Gouverneur*. Voir *Hist. univ.*, III, col. 37. La conduite de d'A. fut en cette circonstance des plus honorables. Saint-Luc qui l'avait fait prisonnier lui accorda la permission d'aller passer quelques jours à la Rochelle, sur sa parole. A peine était-il parti que Saint-Luc reçut ordre de la Cour de faire transférer son prisonnier à Bordeaux; il le fit avertir secrètement de ne pas revenir, mais d'A., en nouveau Régulus, s'échappa de la Rochelle où ses amis voulaient le retenir et vint se remettre entre les mains de Saint-Luc. Heureusement pour lui, les Rochelois prirent Guitaut, lieutenant du Roi pour les îles de Ré et d'Oleron, ce qui fournit à Saint-Luc un prétexte pour le garder et lui sauver la vie.

P. 57. — *priere à Dieu*. Voir cette prière, t. III, p. 304.

— La pièce latine dont il est question ici ne paraît pas avoir été imprimée.

— *à son homme*, à d'Aubigné. Cf. p. 62.

P. 59. — *Panigarole*, cordelier Milanais, devint, en 1587, évêque d'Asti; il mourut en 1594, à 48 ans. — *Campianus*, jésuite anglais, mis à mort en 1581. — *Bellarmin*, Robert Bellarmin, autre ésuite et savant théologien, 1542-1621. Il a laissé un grand nombre d'écrits de controverse, qui ont été réunis en 7 vol. in-4° (1857-60).

— *il en voulut faire un prefent de reconciliation,* c'est-à-dire qu'il offrit à d'A. de se charger de l'éducation de cet enfant.

— *Talmont,* dans la Charente-Infér., non loin de Saintes.

— *Ce fut au point que,* etc. Ce paragraphe manque dans les anciennes éditions.

P. 60. — *la bataille qui s'approchoit,* la bataille de Coutras, livrée le 20 octobre 1587.

— *faute de meilleure efcorte.* Voir *Hift. univ.*, III, col. 76.

— *à la difpofition de l'armee,* c'est-à-dire au conseil où l'on discuta le plan de la bataille.

— *garnir la main gauche,* c'est-à-dire l'aile gauche de l'armée.

P. 61. — *Beauvois* (ou Beauvoir)-*fur-Mer,* dans la Vendée, en face de l'île de Noirmoutiers. Voir t. IV, p. 322.

P. 62. — *pria l'un & commanda à l'autre.* Nuance à noter.

— *la deteftation des mauvais ferviteurs.* D'A. a surtout en vue Duplessis-Mornay. Voir ci-après, p. 255.

P. 63. — *le Daulphin.* Depuis la mort du duc d'Anjou (10 juin 1584), le roy de Navarre était héritier présomptif du trône.

— *la monftre de voftre fortune.* Var., *le monftre.*

P. 64. — *brifer voftre cœur.* Var., *baisser vostre cœur.*

— *Monfieur,* le duc d'Anjou.

— *l'efperance venteufe.* Var., *l'esperance menteuse.*

P. 65. — *la mort de Monfieur de Guife,* Henri, duc de Guise, le *Balafré,* assassiné à Blois, le 23 déc. 1588.

— *Maillezais,* dans la Vendée, entre Fontenay-le-Comte et Niort, près de la rive gauche de l'Autise. C'était le siège d'un évêché qui fut transféré depuis à la Rochelle.

— *la Garnache,* bourg de la Vendée, à 49 kil. des Sables.

P. 66. — *il ne s'eftoit point veu quatre jours de fuite fans courvee.* On lit ici dans les éditions imprimées l'anecdote suivante, dont l'authenticité est douteuse : « Quelques jours avant la susdite entreprise, le compagnon se trouvant couché dans la garderobbe de son maistre avec le sieur de la Force, il lui dit à plusieurs reprises : « La Force, nostre

« maistre est un ladre vert et le plus ingrat mortel qu'il y ait
« sur la face de la terre. » A quoi l'autre qui sommeilloit re-
pondant : « Que dis-tu, d'Aubigné ? » le Roi qui avoit entendu : « Il dit que je suis un ladre vert et le plus ingrat
« mortel qu'il y ait sur la face de la terre. » De quoy l'Escuier
resta un peu confus. Mais son maistre ne lui en fit pas pour
cela plus mauvais visage le lendemain; aussi ne luy en
donna-t-il pas un quart d'escu davantage. » — On peut au
reste rapprocher de cette anecdote ce que d'Aubigné raconte
sur l'ouïe monstrueuse de son maître. *Hiſt. univ.*, III, col. 399.

— *Apres l'entreveue des Roys.* Elle eut lieu au Plessis-lès-Tours,
le 30 avril 1589.

— *ſoubs le nom d'un autre.* Voir *Hiſt. univ.*, III, col. 245.
Quant à *Frontenac*, c'était un des plus anciens et des plus
fidèles serviteurs du roi de Navarre. Lorsque, en 1600,
Henri IV songea à épouser Marie de Médicis, il lui destina
la charge de premier maître d'hôtel de la Reine, et l'envoya
à Florence porter son portrait à sa fiancée.

— *que vouſiſt ou non.* Var., *quoy qu'il vouluſt ou non.*

— *Le Roy, au commencement de ſa bleſſure.* Henri III, frappé
par Jacques Clément le 2 août 1589, ne mourut que le lendemain.

P. 67. — *les armees françoiſe & Eſpagnole.* Lagny fut pris le
6 sept. 1590 par le duc de Parme, Alexandre Farnèse. Ce
prince venait de forcer Henri IV à lever le siège de Paris. Il
lui fit également lever le siège de Rouen le 20 avril 1592.

— *c'eſt de luy que l'Ambaſſadeur Edmont s'avança pour retirer de
luy; encore* etc. Ponctuez : *pour retirer; de luy encore.* — Tout
ce passage, où d'A. accumule un peu sans ordre les diverses
circonstances où il déploya sa bravoure ordinaire, manque de
clarté, surtout ici. Voici ce qu'on lit au chap. où il est question de l'escarmouche de Laverdin (*Hiſt. univ.*, III, col. 360) :
« L'ambaſſadeur d'Angleterre Edmont ſe déroba du Roi pour
taſter cette meſlee, & en fut repris par lui. »

— *l'honneur qu'il fait à ſon Maiſtre.* Voici le passage auquel
d'A. fait allusion : « Ce Prince n'ayant avec ſoi que Roger
Willems & moi, deſcend à cheval ce grand coſtau que les

gens de pied avoyent peine à paſſer : Quand il fut au bas, il pouſſe ſon cheval à grand force ſur un bardeau ou baſtardeau, fait à travers la riviere, pour retenir l'eau : cet excellent cheval que du ventre que des pieds, paſſe le Roi delà ; nous ne l'oſans ſuivre, deſtournaſmes de cent pas, où nous viſmes traverſer un valet : Ici ie me nomme, pour donner gloire à mon Maiſtre aux deſpens d'un des plus vaillans hommes du monde & aux miens. » *Hiſt. univ.*, III, col. 359.

P. 68. — *le foſſe du Pre-aux-Clercs, appele le Paſſeport*. Voir ci-dessus p. 66. — N.-B. Cet alinéa manque dans les anciennes éditions.

— *le ſiège de la Fere*. La ville capitula le 16 mai 1596.

— *le deuil de ſa femme morte*. Voir t. III, pp. 201 et 278, les vers que d'Aubigné composa à cette occasion.

— *avoit juré... de le faire mourir*. Var., *qu'il le fairoit mourir*.

— *la Ducheſſe de Beaufort*, Gabrielle d'Estrées, fille d'Antoine d'Estrées et de Françoise de la Bourdaisière, eut de Henri IV deux fils, César et Alexandre de Vendôme, et une fille, Catherine-Henriette, qui devint duchesse d'Elbœuf. — Juliette d'Estrées, sœur cadette de Gabrielle, épousa George de Brancas, lieutenant général de Normandie.

P. 69. — *ſa levre perſce*. L'attentat de J. Chastel avait eu lieu le 27 déc. 1594. — Voir la *Confeſſion de Sancy*, t. II, p. 352; la préface des *Tragiques*, t. IV. pp. 24, 25; le *Diſcours par ſtances*, t. IV, p. 314. Voir aussi l'*Hiſt. univ.*, III, col. 518, et enfin l'*Appendix*, col. 737, où d'A. relate les mêmes paroles.

— *le Roy frappé de ceſte grande maladie*, à Travercy (Aisne), près de la Fère, en 1596.

— *s'il avoit peché contre le Sainct Eſprit*. Voir t. IV, p. 315.

P. 70. — *Synode de Sainct Maixant*, en 1595. — Parmi les dix personnes ayant assisté au souper, d'A. nomme : les ministres Esnart et Loiseau, deux gentilshommes, dont la Valière et Chalmot, president des élus à La Rochelle. Trois seulement reculèrent devant « la perilleuſe beſongne, à laquelle, ils [les autres] s'attachoyent. » *Hiſt. univ.*, III, col. 505.

— *Le Preſident Canaye*, Philippe Canaye, sieur du Fresne,

se convertit au catholicisme (*se revolta*) en 1600. Voir Petitot (*Mémoires*, Ire série, t. XLVI).

P. 71. — *le Bouc du deſert*. D'A. accepta si bien ce surnom qu'il s'en servit pour se désigner sur le titre de la première édition des *Tragiques* (1616).

— *le Cardinal de Bourbon*, fils de Charles de Bourbon, comte de Vendôme et oncle de Henri IV, avait été, après l'assassinat des Guises à Blois, enfermé au château de Fontenay-le-Comte. Il fut néanmoins proclamé roi par les ligueurs, sous le nom de Charles X, et reconnu comme tel par le parlement de Paris, le 3 mars 1590; mais il mourut deux mois après dans sa prison. D'A., dans son récit, ne s'attache pas à suivre l'ordre des temps.

P. 72. — *la Ducheſſe de Reʒ*, Claude-Catherine de Clermont, épousa en premières noces le baron de Retz, et en 1565 Albert de Gondi, successivement maréchal de France, général des galères et enfin duc et pair en 1581. Celui-ci mourut en 1602, et sa veuve l'année suivante. Cf. t. IV, p. 268.

— *le Comte de Briſſac*, Charles de Cossé, premier duc de Brissac, celui qui livra Paris à Henri IV en 1594. Il mourut en 1621.

P. 73. — *entrerent en confiance : marqués ce conte pour une de mes grandes fautes.* Var., *entrerent en confiance marquée avec ce comte, pour une de mes grandes fautes*.

— *quelque temps après*. La conférence de Fontainebleau n'eut lieu que le 4 mai 1600. — *l'Eveſque d'Evreux*, le cardinal du Perron, 1556-1618. — Voir ci-après, pp. 382-386, d'autres détails sur cette dispute.

P. 74. — *ſon traité* De diffidiis Patrum. Voir la *Notice bibliographique*.

— *eſtimé violent partiſan*. Dans l'*Hiſt. univ.*, d'A. emploie ces mêmes termes : « un gouverneur de place eſtimé violent partiſan entre les refformez. »

— *le Duc de la Trimouille*, Claude de la Trimouille, duc de Thouars, 1566-1604.

P. 75. — *Monſieur le Premier de Liancourt*, Charles du Plessis-Liancourt, premier écuyer du Roy. — *au Doyen des Eſquiers*, d'Aubigné.

P. 76. — *le Préfident Janin*, P. Jeannin, 1540-1622, était fils d'un tanneur d'Autun et s'éleva par son seul mérite. Il fut conseiller, puis président du parlement de Bourgogne sous Charles IX et Henri III, premier président du parlement de Paris sous Henri IV et surintendant des finances sous Louis XIII.

— *Monfieur de la Trimouille, duquel vous verrez la probité.* Le président de Thou et Schomberg étaient venus de la part du Roi pour le corrompre. Nous avons déjà cité dans notre *Notice biographique* (p. 34) la noble réponse qu'il opposa aux offres considérables qui lui étaient faites. Pour plus de détails, Voir *Hift. univ.*, III, col. 624.

P. 78. — *de fe desjoindre*, c'est-à-dire de se séparer. Il faut une virgule après ce mot.

— *du marefchal des Diguieres* (Lesdiguières), François de Bonne, connétable de France, 1543-1626.

— *ayant confideré qu'aprés y avoir penfé plus long temps, qu'elle ne lairroit pas*, etc. Var., *qu'après, sans y avoir pensé plus long-temps, elle ne laisseroit pas*.

— *ceft efcrit le plus heureux de tous les fiens*. Il n'existe plus.

— *Trois mois avant la mort du Roy*, c'est-à-dire en mars 1610. Henri IV fut assassiné le 14 mai. — Sur cette nouvelle dispute avec le cardinal du Perron, Voir ci-après pp. 386-389.

— *Monfieur du Moulin*, Pierre Dumoulin, théologien protestant, chapelain de la duchesse de Bar, sœur du Roi, 1568-1658. — *Chamier* (Daniel), autre théologien protestant, tué au siège de Montauban, 1621.

P. 80. — *le confile de Calcedoine*. Le concile de Chalcédoine, quatrième concile œcuménique, se tint en 451.

P. 82. — *il feroit ce que Dieu luy confeilleroit & qu'il l'alloit prier*. Var., *ce qu'on lui conseilleroit, et qu'il alloit prier*.

— *le fien grand*. Ce grand dessein du roi Henri IV était de déclarer la guerre à la maison d'Autriche, à l'occasion de la succession de Juliers. Voir d'ailleurs, dans l'*Appendice* de l'*Hift. univ.*, les explications de d'A. à ce sujet. La mort empêcha Henri IV d'exécuter ce dessein; mais Richelieu devait profiter de la guerre de Trente ans pour le reprendre après lui.

P. 83. — *tenant... ce grand deſſeing pour vain.* Var., *pour vent.*

— *pour faire les ſubmiſſions.* Voir le récit de ce voyage dans le *Journal de l'Estoile*, t. Ier, 2e partie, p. 613.

P. 84. — *Rivet*, André Rivet, controversiste calviniste, 1572-1651.

— *l'Aſſemblee de Saumur,* en 1611.

— *Monſieur de Boiſſiſe,* Jean de Thumery, seigneur de Boissise, conseiller d'État et diplomate.

P. 85. — *qu'on tenoit pour ne dire jamais à Dieu.* Var., *qui avoit coutume de ne jamais dire, adieu.* — Cf. ci-après, p. 525, le privilège d'Obigny.

— *Ferrier* (Jérémie), 1560-1626. Ce ministre protestant, vendu à la cour, trahit plusieurs fois ses coreligionnaires et finit par se convertir au catholicisme après avoir été déposé au synode de Privas en 1612. — *Ferrier & Recent.* Var., *Ferrier & Rivet.*

— *une grande decadence.* Voir au t. II, *Le Caducée* ou *l'Ange de paix.*

P. 86. — *Principibus,* etc. Horace, *Épîtres,* I, 17, v. 35. Ce paragraphe est écourté dans les anciennes éditions.

— *Maille,* bourg voisin de Maillezais, près de la réunion de l'Autise et de la Sèvre Niortaise. — Le *Dognon* ou *Doignon*, était un château fort, construit par d'A., au sud de Maillé, dans une île formée par la Sèvre Niortaise et le Mignon ; — *la ſorice d'un pertuſo,* une souris qui n'a qu'un trou pour demeure. La variante *la corvee d'un pertuso* n'offre aucun sens.

— *Parabelle,* Jean de Beaudean, sieur de Parabere, lieutenant général du Bas-Poitou.

P. 88. — *le Sieur d'Ade,* Josué de Caumont, époux de Marie, fille aînée de d'A. — *Moureille* (Moreilles) et *Vouilley,* dit *des marais,* localités de la Vendée entre Luçon et Fontenay-le-Comte au sud.

— *là s'appointerent les differents de Saumur.* Cf. p. 85.

— *le traitté de Loudun.* Il s'agit du congrès de Loudun, qui se tint du 13 février au 3 mai 1616.

— *A Dieu à la Baſtille.* Le prince de Condé, arrêté le 1er septembre 1616, fut mis à la Bastille le 24 et y resta jusqu'en octobre 1619.

P. 89. — *les Tragiques,* imprimés à Maillé, venaient d'être publiés. Voir la *Notice bibliographique.* — Le second livre est intitulé *Les Princes.*

— *la piafe de La Rochele.* On cite à cette occasion un autre bon mot de d'Aubigné : « M. d'Espernon est venu faire son entrée *devant* La Rochelle. »

— *Mozé,* Mauzé, bourg sur la limite de la Charente-Infér. et des Deux-Sèvres.

— *pour la ronde,* lisez *pour la Ronde,* petite localité du marais vendéen. — *Courfon,* dans la Charente-Infér. — N. B. Tout ce passage : « Ce duc vint... l'accord qu'avoient fait les Rochelois, » n'est point dans les anciennes éditions.

P. 90. — *Deux Gentils hommes,* etc. Voir ci-après *Lettres familieres,* pp. 352 et 353.

P. 91. — *nepveu du Cardinal* (César Baronius). — Cf. le *Traitte fur les guerres civiles,* t. II, pp. 13 et suiv., et aussi l'*Hift. univ.,* III., col. 574 et 575. — *le petit Capuchin,* le capucin Le Maigre. Voir *Tragiques (Les Feux),* t. IV, p. 184.

P. 92. — *premierement* Rhetorum Commentarios, les Mémoires des Grisons *(Rheti).* — Sur le « muet du Poictou. » Voir ci-après, pp. 424-427.

P. 93. — *Nitimur in vetitum.* Ovide, *Amores,* III, IV, vers 17.

— *Les Efpitres famillieres qui s'imprimeront.* Ces épîtres n'ont point été imprimées. On a fait remarquer que ce passage prouvait que d'Aubigné a écrit sa *Vie à fes enfants* postérieurement à la prise de La Rochelle (30 oct. 1628).

P. 94. — *l'Efvefque de Maillezais,* Henri d'Escoubleau de Sourdis, depuis archevêque de Bordeaux, 1593-1645.

Monfieur de Villeroy efcrivit... en ces termes. Voir ci-après, pp. 208 et 364. — *Huict mille francs de penfion.* P. 86, il avait dit : « fept mille. »

— *il ne craint ni nous, ni eux.* Var., *ni vous ni eux.*

— *Vignoles,* Bertrand de Vignoles, mort en 1636.

P. 95. — *entre Surgeres & Mozé.* Surgères est dans la Charente-Infér., et Mauzé, sur la limite des Deux-Sèvres.

— *mais pour la force il rapporta.* Var., *mais La Force reporta.*

— *Aubigné depoſa ſes places*. Voir ci-après, p. 581, la lettre de d'A. à M. de Pontchartrain.

— *condemnees & bruſlees au College Royal à Paris*. Voir notre *Notice bibliographique*.

— *la petite guerre de la Royne Mere*. Elle fut interrompue par le traité d'Angoulême, 30 avril 1619, et recommença l'année suivante. — Voir, à propos de ce paragraphe et du suivant, les lettres que nous avons données en *Appendice* à la fin de notre tome II.

P. 96. — *deux autres fois*, sous Henri III et Henri IV.

— *aux deux freres*, les ducs de Rohan et de Soubise.

— *au pont de Sef*, les Ponts de Cé, près d'Angers, où l'armée des princes ligués fut défaite le 9 août 1620.

P. 97. — *la paix faite avec la Royne mere*, le 13 août 1620.

— *Ceux de la faveur*, les partisans du duc de Luynes.

— *ſans le cognoiſtre*. Var., sans les connoistre.

— *elle l'a nourri dishuit mois*. Var., deux mois.

P. 98. — *pour leur mener dans une ambuſcade*. Var., *pour leur mener une ambuscade*.

— *le Marquis de Cypieres*, Charles de Marcilly, marquis de Cipierre.

— *par le premier Sindic*, Jean Sarrasin, auteur du *Citadin*. Voir ci-après, p. 448.

— *on luy fit un feſtin public*. « On ne trouve, dit M. Heyer, aucune trace de ce festin public; d'A. fut sans doute invité par un magistrat & il put croire que c'était l'État qui le traitait. »

P. 99. — *les Princeſſes de Portugal*. La princesse Émilie de Nassau, femme de dom Emmanuel de Portugal, et ses filles. — Voir t. III, p. 307, une pièce de vers de d'Aubigné, composée en leur honneur pour être chantée dans un concert de musique.

— *pour les ſuſdites dificulteʒ*. Tout cet alinéa est altéré et même écourté dans les anciennes éditions.

P. 100. — *aux Hanſiaticques*, aux villes Hanséatiques.

— *Saint-Julien*, village de la Savoie, sur la frontière du canton de Genève.

— *Conte de Mansfeld,* Ernest, comte de Mansfeld, 1585-1626.

— *un maiſtre,* un maistre de camp.

— *les deux Ducs de Wimar,* de Saxe-Weymar.

— *la bourſe du procureur,* celle de d'Aubigné.

— *à amener.* Var., *à emmener.*

P. 101. — *en Foreſt,* c'.-à-d. dans le Forez.

— *aſſiné,* assigné. Var., *asseuré.*

— *ce que vous apprendrés en l'Hiſtoire.* D'A. n'a pas eu le temps de traiter de ces événements. — *le premier marchand,* d'Aubigné.

P. 102. — *à un doigt des coſtés.* Var., *des costes.* Voir ci-après, p. 137.

— *jetter dans l'Ar,* l'Aar. Var., *dans la rivière.*

— *l'entrepreneur,* d'Aubigné.

— *en preſente un à Monſieur Manuel, premier Advoyer.* Var., *en présence d'un M. Manuel.*

P. 103. — *pour relever une conſternation.* Var., *une conversation.*

— *de la part de la Sereniſſime Seigneurie.* Voir ci-après, p. 249.

— *Myron,* Robert Miron, intendant des finances en Languedoc, président du tiers-état aux États généraux de 1614 et ambassadeur en Suisse de 1619 à 1624 (Voir ci-après, p. 307). Il mourut en 1641.

P. 104. — *la Seigneurie,* de Genève.

P. 105. — *achetta & baſtit la terre du Creſt,* pres de Jussy, à 10 kilom. N.-E. de Genève.

— *la veſve de Monſieur Balbany,* Renée, fille de Michel Burlamachi & de Claire Calandrini, veuve de César Balbani. D'A. avait 71 ans quand il fit ce second mariage en 1623; sa femme avait 55 ans. — Dom Clément (t. II, p. 201) a noté que Segrais (OEuvres diverses, 1723) rapporte que le ministre chargé de la prédication de ce jour avait pris pour texte : *Seigneur, pardonne-leur, car ils ne ſavent ce qu'ils font.* D'A. crut voir dans le choix de ce texte une intention malveillante et exigea des excuses.

P. 106. — *les biens & commodités à ſuffiſance de ceſte nouvelle veſve.* Var., *les biens à suffisance. Cette nouvelle venue.*

— *Paris te dreſſe un vain tombeau,* etc. Après ce quatrain, l'édition, de 1729 ajoute ce qui suit : « Outre ces vers, d'Aubigné fit les suivants à l'honneur de son épouse :

> Quand d'Aubigne ſe vit un corps ſans teſte,
> Il maria ce tronc paſle & hideux,
> Très aſſeure qu'une femme bien faiĉe
> Auroit aſſez de teſte pour tous deux. »

Ces vers, on n'a pas besoin de le dire, ne peuvent être de d'A. Voir notre *Notice biographique,* p. 47.

— *du temple.* Var., *du temps.*

P. 107. — *ayant parle... trop haut.* Var., *trop tost.* — Ce procureur général était Michel Roset, fils de l'ancien syndic du même nom.

— *l'impreſſion de l'Hiſtoire,* celle de la seconde édition, imprimée à Genève, sous la rubrique d'Amsterdam.

— *le vieux Marquis de Baden,* George Frédéric, margrave de Bade-Durlach, 1573-1638, père de Christophe de Bade. Il avait été proscrit par l'Empereur pour avoir soutenu l'Électeur palatin.

P. 108. — *inventé quelques foules.* Var., *quelque fourbe.*

— *au Deſputé.* Var., *aux desputez.*

— *les ruines d'Allemagne,* les dévastations et incendies du commencement de la guerre de Trente ans.

— *l'Archeveſque de Bourdeaux.* François d'Escoubleau, cardinal de Sourdis, 1575-1628, frère aîné d'Henri de Sourdis, qui lui succéda dans cet archevêché. Voir ci-dessus, p. 94.

— *s'accompagnoit, & les cerchoit.* — Var., *l'accompagnoit & le cherchoit.* Cette variante est inintelligible. L'éditeur de 1729 avait deviné le sens, mais modifié le texte : « se tenoit sur ses gardes & ne sortoit que bien accompagné. »

— *Monſieur de Candales,* Henri de Nogaret d'Épernon, duc de Candale, fils du duc d'Épernon, 1591-1639.

— *qui fiſt la ſeparation,* c'.-à-d. qui obligeât d'Aubigné à se retirer. Var., *ce qui fut la separation.*

— *l'amitie du peuple.* Var., *la moitié du peuple.*

— *la guerre de Gennes,* Gênes, en 1624.

— *Bullion,* Claude de Bullion, sieur de Bonnelles, maître des requêtes sous Henri IV, commissaire de la Reine régente à l'assemblée de Saumur, membre du Conseil, surintendant des finances et garde des sceaux sous Louis XIII.

P. 109. — *le Comte de Carlile,* ambassadeur du roi de la Grande-Bretagne auprès du duc de Savoie, arriva à Genève en juillet 1628; — *le Chevalier,* Thomas Rowe, était son frère.

— *Conſtant,* fils aîné de d'A. et de Suzanne de Lezay, baron de Surimeau du chef de sa mère, mort suivant les uns à la Martinique en 1645, selon d'autres et plus probablement à Orange en 1647; il fut le père de Mme de Maintenon. — Voir ci-après, pp. 296-299.

P. 110. — *que deſpuis il a tuee.* Une lettre d'Anne de Rohan à la duchesse de la Trimouille (23 février 1619) contient ce qui suit: « La belle-fille de M. d'Aubigny a fait un voyage dans l'autre monde par le moyen de ſon mary qui l'a tuee l'ayant trouvee avec le fils d'un advocat qu'il tua de trente coups de poignard & ſa femme de ſept, aprés l'avoir fait prier Dieu. On dit qu'il eſt allé à Paris pour avoir ſa grâce; mais avant, ſon pere, avec qui il eſtoit fort mal, luy manda force bonnes paroles. »

'ἀρνοῦ-μαι [le renie]. — Voir sur ce jeu de mots une lettre de d'A. à Madame de Rohan, t. I, p. 399, et une épigramme du même, t. IV, p. 347. Voir aussi pp. 339 et 343 deux lettres sans ſuscription. — Au lieu de « *que ces deux noms faiſoyent* ἀρνοῦ-μαι, » l'édit. de 1854 porte « *que ces deux noms luy faiſoient peur.* »

P. 111. — *le Sieur de Haute-Fontaine,* Durant, sieur de Haute-Fontaine, fils d'un père huguenot qui s'était retiré à Genève. Il fut tué devant Saint-Jean-d'Angély, en 1622. Voir Tallemant des Réaux, t. III, pp. 404-409.

— *ceux qu'il ſervoit.* Var., *ceux qui le servoient.*

P. 112. — *qu'il ne peut obtenir de luy,* c'est-à-dire que Constant ne put obtenir de *son père.* — Var., *pour luy.*

— *C'eſtoit au temps que ſur les affaires de la Rochelle,* c'.-à-d. en 1627. — Var., *c'estoit autant pour luy que pour les affaires de la Rochelle.*

P. 113. — *dans la defcription duquel le peie prit un foubçon en chofes de fort peu, & d'elles refolution,* etc. Var., *dans la discrétion duquel le père prit un soupçon en choses de fort peu de conséquence et telle résolution.*

— *Monfieur de Schomberg,* Henri, comte de Nanteuil et de Schomberg, maréchal de France, dirigea le siège de la Rochelle sous Richelieu (1627), se distingua en Italie en 1629-1630, et défit Montmorency à Castelnaudary en 1632.

— *la guerre de Mantouë,* pour la succession du duc de Mantoue, succession disputée par Charles de Gonzague, que soutenait la France, et par César de Gonzague, fils du duc de Guastalla, protégé de l'Empereur (1628).

TESTAMENT DE D'AUBIGNÉ.

P. 118. — *les octantes annees.* Sur la date de la naissance de d'A., Voir notre *Notice biographique,* p. 2, note 1.

Deo optimo, maximo. Voir à la fin de notre *Notice biographique* (p. 56) un texte plus exact de cette épitaphe.

P. 120. — *Jacqueline Chayer* était veuve de Pierre Margeltan. Elle mourut à Genève en 1636, âgée de 77 ans. — *Nathan d'Aubigné,* dit la Fosse, d'où sont descendus les Merle d'Aubigné, naquit en 1601 et mourut en 1669. Il se fit recevoir docteur en médecine à Fribourg en Brisgau et il a laissé plusieurs ouvrages relatifs à la chimie.

P. 123. — *Ure, feca,* c.-à-d. « brûle, coupe. » Cette recommandation n'a été que trop bien observée.

P. 124. — *des mains longues des princes.* L'expression est à noter.

P. 128. — L'original du testament de d'A. aurait été, dit M. L. Lalanne, conservé dans les archives de Genève, ainsi que celui de Jacqueline (ou Jaquette) Chayer. M. Th. Heyer ne les y a pas retrouvés, « les volumes des minutes des notaires qui doivent les contenir étant, dit-il, égarés depuis longtemps. » Selon M. Bordier l'authenticité de cet acte n'est pas prouvée.

LETTRES

P. 131. — *A M. d'Arſens.* François d'Aarsens, 1572-1641, fut ambassadeur des Provinces-unies à Venise, en Allemagne, en Angleterre et en France. Richelieu l'estimait tout particulièrement. — Pour l'intelligence de cette lettre et des suivantes, on peut se reporter aux pp. 99-103 de *Sa Vie à ſes enfants*. Nous citerons aussi quelques lignes empruntées à l'excellente *Notice biographique* de M. Théophile Heyer (p. 23) : « Les années 1620, 1621 et 1622 furent une époque de sérieuses inquiétudes pour Genève. De fréquents avis venus de divers côtés faisaient craindre de nouvelles tentatives de la part du duc de Savoie, Charles Emmanuel, qu'on disait invité par le pape à rétablir la messe dans nos murs. Fortifier la ville, s'assurer le secours des alliés, se procurer de l'argent pour se mettre en état de soutenir un siège, telles étaient les principales préoccupations de nos magistrats... Ayant à leur disposition un homme dont le zèle pour le parti réformé n'était pas douteux, un militaire expérimenté qui avait donné de nombreuses preuves de valeur et qui malgré son âge avancé était encore plein de feu, ils mirent à profit ses connaissances et son activité. » — *Meſſieurs Deodati, Turetin & Calandrini*. Jean Deodati était pasteur, ainsi que Benedict Turretini, neveu de Mme d'Aubigné. Louis Calandrin, fut un des exécuteurs testamentaires de d'Aubigné, et il nous apprend lui-même qu'il était oncle de sa femme.

P. 133. — *A M. Du Parc d'Archac.* Les seigneurs du Parc d'Archiac formaient une branche de la maison de la Rochefoucauld. — Celui-ci était membre du Conseil provincial de la Saintonge. Il fut élu dans l'assemblée de novembre 1611 pour porter à la Reine les remontrances de ses coreligionnaires.

P. 134. — *la defaiſte de Buquoy, & ſa mort.* Charles de Longueval, comte de Bucquoy, général de l'empereur Ferdinand II, après avoir pris Presbourg sur Bethlem Gabor, fut défait et tué devant Neuhausel (Hongrie). — Nous ne pouvons que renvoyer aux mémoires de la guerre de Trente ans pour ce qui concerne le *roy de Suède* (Gustave Adolphe), le *grand Seigneur* (Othman II), etc.

P. 135. — *A M. de Bouillon,* vicomte de Turenne, le père du grand Turenne. Voir ci-dessus, p. 40.

— *Le Duc,* Charles-Emmanuel, duc de Savoie de 1580 à 1630. Les ligueurs l'avaient nommé comte de Provence; mais Henri IV lui avait repris le Bugey, le Valromey et le pays de Gex. Après la mort de Mathias, il prétendit un instant au trône impérial.

— *la harangue de Trafee.* Allusion aux paroles adressées au questeur par Thraséas mourant : *Specta, juvenis; in ea tempora natus es, quibus firmare animum expediat constantibus exemplis.* (Tacite, *Ann.,* XVI, 35.)

P. 136. — *les muguets de Penelope, qui... laifferent la maiftreffe en paix.* Dans l'*Hift. univ.* (II, col. 1124), d'A. parlant de la folle tentative du prince de Condé sur Angers (1585), rappelle qu'en remettant au prince les clés d'une bourgade qu'il venait d'enlever, il lui dit à l'oreille : « Voici la chambrière de Penelope, vous-vous en contenterez s'il vous plaift, & ne toucherez point à la maiftreffe. »

— *Pfeaume* 30e : *Viriliter agite & confortetur cor vestrum, omnes qui speratis in Domino.* — *Pfeaume* 44e : *Accingere gladio super femur tuum, potentissime.*

P. 137. — *A MM. de Graffrier & de Spitz,* tous deux magistrats Bernois.

— *la fortification de Berne.* Voir ci-dessus, p. 102.

P. 139. — *M. Stek,* professeur de philosophie à Genève, 1616, avait été appelé à Berne en qualité de commissaire du pays de Vaud.

— *A M. Turetin,* Benedict Turretini (Voir ci-dessus, p. 131), député de Genève aux Provinces-unies. C'est sur ses instances que le prince d'Orange envoya aux Génevois, comme ingénieur, M. du Motet, dont les plans furent préférés à ceux de d'A. Voir Heyer, pp. 25 et 26.

P. 140. — Αὐτὸς ἔφη, « le Maître l'a dit, » comme avaient l'habitude de s'exprimer les disciples d'Aristote.

P. 142. — *un moindre medecin,* etc. Comparaison familière à d'A. Voir ci-après, p. 229.

P. 143. — *A M. Sarrafin.* Voir ci-après, p. 448.

— *leur ferviteur au quel ils ont commandé d'en mettre fon advis par efcrit.* — La lettre ci-après, p. 583, paraît être un mémoire plus développé sur la matière.

P. 146. — *Leopold,* l'archiduc Léopold, frère de l'empereur Ferdinand II.

— *J'efcrivois ces jours à M. le conte de la Suze...* Nous n'avons point cette lettre; mais on sait que d'A. ne gardait pas toutes ses lettres, surtout celles qui pouvaient être compromettantes.

P. 148. — *mon impunité.* On lirait volontiers *mon importunite.*

P. 151. — *ces douze mille hommes de pied.* Voir ci-dessus, p. 135.

P. 152. — *Au Conte de la Suze.* Nommé par l'Assemblée de la Rochelle (1620) lieutenant-général des provinces de l'Ile-de-France, Champagne et Picardie, il se rendit en Dauphiné pour une entreprise sur Grenoble. Pris et livré au Parlement, le Roi le fit délivrer. Arrêté ensuite à Lyon, comme il allait rejoindre Mansfeld, la république de Berne le demanda comme général (1622) et le Roi accorda son consentement. Voir pp. 289, 360, etc.

P. 154. — *fans vouloir aultre recompenfe que d'avoir faict encor un fervice à la maifon de Bourbon avant mourir,* passage à noter comme preuve du constant dévouement à la France de d'A.

— *A M. le Conneftable,* le duc de Lesdiguières, 1543-1626. Il avait été revêtu de cette dignité en 1622, aussitôt après avoir abjuré le calvinisme à Grenoble. Voir ci-dessus, p. 78.

P. 155. — *le precepte de Mucian.* Voir dans Tacite (*Histoires,* II, 76) le discours de Mucien à Vespasien : *Simul ipse qui suadet considerandus est, adjiciatne consilio periculum suum.* Cf. ci-après, p. 295.

— *je vous prie ne me conter point pour fi vieux.* D'A. avait soixante-treize ans au moment où il faisait cette offre de service. Voir la lettre suivante et aussi la note, p. 214.

P. 156. — *Lettre XIII.* D'A. était devenu une sorte d'avocat consultant pour les affaires militaires. Voir p. ex. les trois lettres à M. de Saint-Gelays sur l'office de maréchal de camp (pp. 158-174), et la lettre à M. Huguetan sur les sièges (pp. 180-184).

P. 158. — *le vieil Mareschal de Biron,* 1524-1592, père de celui qui eut la tête tranchée.

P. 159. — *le Vicomte d'Auchy,* de la maison de Mailly. Voir la *Chronologie militaire* de Pinart (t. VI). — Pour *Fervaques.* Voir ci-dessus, pp. 21, 22 et 25.

P. 160. — *le Vidame de Chartres,* François de Vendôme.

— *la trop grande suffisance des Grands Maistres* (de l'artillerie) *ou leur faveur auprez des Roys.* Allusion à Sully que d'A. n'aimait point.

P. 161. — *cet excellent Prince,* Guillaume de Nassau, prince d'Orange, ou Maurice son fils.

P. 166. — *Coüe,* Couhé, petite ville de la Vienne entre Lusignan et Civray. Voici le passage auquel d'A. fait ici allusion : « Poictiers nous appelloit, qui voyoit desja Coüé affiegé & bruflé par accident, non par defefpoir & vengeance, comme on a efcrit : encor qu'un tiers de la garnifon foit peri, enveloppé dans ce feu : il void d'ailleurs l'armee des Princes quitter là S. Maixan : tous les petits chafteaux, comme Montreuil-Bonnin, Diffai, Gençai & autres, rendus depuis à la fumee de Coué, etc. » *Hift. univ.,* I, col. 421.

P. 174. — *chefs d'œuvre.* Où sont ces exemples des « trois » chefs-d'œuvre que d'A. trouve à propos de montrer? Cette lettre semble inachevée.

P. 175. — *A l'Ambassadeur de Venize,* auprès des Cantons Suisses, le sieur Squaramelle ou Scaramelli. — On a nié à tort les rapports de d'A. avec la république de Venise. Voir p. 236.

— *du facheus & intempestif affaire de M. de Soubize,* son échec devant le fort de Blavet, à l'embouchure de cette rivière. Voir la lettre suivante.

P. 176. — *A M. Durant*. Ce Durant, frère du pasteur Durant et de Durant de Haute-fontaine, était colonel au service de la république de Venise.

P. 177. — *On imprime l'Hiſtoire perſecutee en quelque lieu d'Almagne*. C'est l'édition de 1626 que l'on imprimait alors à Genève, mais sous la rubrique d'Amsterdam.

P. 178. — *que Dieu veille... me donner la grace de contribuer quelque petit labeur*. Voir ci-dessus, p. 155.

P. 183. — *comme à Luſignan*. Voir la relation du siège de Lusignan en 1514, *Hiſt. univ.*, II, col. 725-738.

P. 184. — *A M. de Brederode*, probablement le fils du seigneur hollandais Henri de Brederode qui fut le premier à signer le compromis de Bréda et qui, banni de Hollande en 1567 par le duc d'Albe, s'était réfugié en Allemagne. Celui-ci rentré en Hollande se distingua comme jurisconsulte et fut ambassadeur des États-Généraux en Allemagne et en Suisse.

— *au Roy de Boheme*, Frédéric V, Électeur palatin, couronné roi de Bohême en 1619 et depuis chassé de ses États en 1621.

P. 186. — *A Monſieur de Sainte-Marthe*, Scévole II de Sainte-Marthe, 1571-1650, créé avec son frère Louis, en 1620, historiographe du roi de France. — *Au rolle des illuſtres & non pas ceux qu'on y a mis pour avoir eſté regents de claſſe*, allusion à l'ouvrage du père de ce Scévole, intitulé *Gallorum doctrina illuſtrium elogia*.

P. 187. — *la paix boiteuſe & mal aſſiſe*, la paix de Saint-Germain-en-Laye (1570).

Primus Antonius, Antonius Primus, lieutenant de Vespasien. Tacite (*Hist.*, II, 86) le qualifie ainsi : *raptor, largitor, pace pessimus, bello non spernendus*.

P. 189. — *Cardinal de Joyeuſe*, François de Joyeuse, 1562-1615, frère puîné d'Anne duc de Joyeuse, nommé cardinal en 1583.

P. 190. — *Epernay*. Le maréchal de Biron fut tué au siège d'Épernay en 1592.

P. 191. — *le duc de Candales*. Voir ci-dessus, p. 108.

P. 192. — *A mon fils* (1626). Pour les relations de d'A. avec son fils à cette date, Voir p. 112. Nous citerons en outre un assez long fragment d'une lettre (inédite) de Constant d'A., que nous tirons des manuscrits de Bessinges, t. III, fol. 57 et 58. Il rendra plus intelligible la réponse du père :

« Monfieur mon Pere, l'honneur de voftre lettre, qui m'a apporté beaucoup de confolation, ne m'a pas mis pourtant hors de peine, d'autant que vous ne m'efclairciffez point de trois chofes : la premiere eft qu'on ne me delivrera point l'argent de la compaignee fans cotion ; à cela j'ay pourveu à voftre fureté, *fi vous doutez de ma conduite,* qui eft que, me donnant M. Vaxelles pour plege, vous preniez tout l'argent, fi dans le Daulphiné & dans noftre voifinage vous voulez ou pouvez faire toute la compaignee, pour que vous m'ordonniez ce qu'il vous plaira, tant pour ce qu'il fault que je leve que pour mon train ; mais fouvenez vous que pour l'argent qu'on nous donne, nous demeurerons obligez à mener nos gens jufques prez de Venize, la place monftre, ce qui nous feroit à trés grande perte, n'eftoit que nous efperons trois ou cinq ans d'entretien de paix ou guerre, fur quoy nous nous rembourcerons de ce que nous aurons avancé. Le deuzieme poinct eft que vous ne me mandez point combien vous me donnez d'hommes, vous fuppliant que ce foit le plus que vous pourrez, d'autant que je gaigne cent lieues que j'aurois à les defrayer. Le troifieme & dernier eft que vous ne me mandez pas fi vous me donnez un Lieutenant ou un Cornette ou un Marefchal des Logis, & auffi je ne puis rien offrir a perfonne. Vous me mandez que rien n'eft refolu, & ne vous puis refpondre aultre chofe, fi non que les Venitiens font refolus d'avoyr de la cavallerie françoife & que nous ferons preferez, tant pour ce que noftre corps eft plus grand que pas un, que pour ce que nous donnons cinq cens efcus au Secretaire de l'Ambaffadeur. Mes compaignons feront le Baron de Semur, qui eftoit Lieutenant du Baron de la Feuillee, & avoyt une compaignie de cent Maiftres avec le Mansfeld, M. de Marigny, beau frere du dit Baron de la Feuillee, le marquis de Gouvernet, mon principal camarade, & moy. Voylà les cinq compaignies dont tous les Chefs me furpafferont, fi vous ne me fouftenez. Au nom de Dieu, prenez la peine de me refpondre là deffus, etc. »

P. 194. — *vanité... qui conduict au pareftre fans eftre.* C'est la définition du *Baron de Fæneste*.

N.-B. — Dans toutes ces *lettres militaires,* surtout dans les dernières, on remarque quelque chose du ton de Montluc donnant des instructions aux capitaines de l'avenir.

P. 197. — *Lettre I.* D'A. voudrait concilier les actes pour le salut de la Cause avec les devoirs envers la royauté et la France. Ce sera pendant dix ans son rôle à l'étranger, rôle d'un factieux peut-être, mais non d'un traître. Il en est toujours demeuré au Béarnais, au partisan; la royauté pour lui, ce sont ou les Valois, ou un chef huguenot renégat. — Pour l'intelligence de cette lettre et des suivantes, nous donnerons ici un court résumé du rôle politique de Henri de Rohan (1579-1638). Fidèlement dévoué au parti protestant, il eut le tort de le compromettre dans sa querelle contre la Cour. Déçu dans son espoir d'obtenir la survivance du gouvernement de Poitou, que la Reine lui avait promise, il prêta l'oreille aux sollicitations de la noblesse protestante du Midi, passa en Guyenne, prit Lectoure et Damazan, puis fit déclarer Montauban en sa faveur. La paix de Loudun et la defection du prince de Condé décidèrent Rohan à se rapprocher de la Cour. Sully se démit en sa faveur du gouvernement du Poitou (25 juin 1616). Deux ans plus tard, Luynes, son parent par alliance (il avait épousé une Rohan-Montbazon), le soupçonna d'avoir favorisé l'évasion de la Reine; il lui défendit le séjour de Paris et le força de se démettre du gouvernement de Maillezais, qu'il venait d'acheter à d'A., et de raser le Dognon. Dès lors, Rohan n'est plus qu'un factieux révolté. On le trouve à la tête des protestants à Montauban, (1621), à Castres, (1625), à toutes les reprises d'armes sans exception. En 1627, le parlement de Toulouse le condamne à être écartelé. Après la chute de la Rochelle, Rohan convoque une assemblée générale à Nîmes (janv. 1629), mais, abandonné par ses alliés, il fait sa paix à Alais (juin 1629) et se retire à Genève, puis à Venise (1631).

P. 198. — *Son Alteſſe,* le duc de Savoie.

P. 199. — *Lettre II.* Cette lettre est postérieure aux conditions imposées aux Grisons le 15 janv. 1622, et que le duc de Bouillon fut forcé d'accepter le 19 oct. 1622, quand ses projets de révolte, de concert avec Mansfeld, eurent été déjoués par l'habileté du duc de Nevers.

— *un depute´ bon & ſuffiſant,* le syndic Sarasin. — *Bear,* Berne ? Cf. p. 212.

P. 200. — *Spinole,* Ambroise, marquis de Spinola, général du roi d'Espagne.

— *A M. le Chancelier de Sillery.* Nicolas Bruslart de Sillery, 1544-1624, chancelier de France en 1607. Il perdit de son crédit après la mort de Henri IV, mais conserva néanmoins les sceaux jusqu'en 1616. — Le début de la lettre rappelle celui de l'épître d'Horace à Auguste (II, 1) ; *Cum tot sustineas,* etc. Voir ci-après, p. 358.

P. 201. — *de l'acul de mon viſage,* allusion à l'éloignement forcé de la Cour, auquel d'A. s'était vu réduit.

P. 202. — *je vous eſcris de mon Oſtraciſme,* par conséquent après 1620.

P. 205. — *La Foſſe,* Nathan Engibaut, fils naturel de d'A. Voir ci-dessus, p. 123.

P. 206. — *A M. de Mayerne,* premier médecin de Jacques Ier roi de la Grande-Bretagne. Il était né à Genève en 1573. Pendant l'été de 1621, il séjourna dans sa terre d'Aubonne ou dans le pays de Vaud.

— *l'amorce de Boheme.* La rébellion de la Bohême commencée contre l'empereur Mathias et continuée avec plus de violence encore par l'Électeur palatin, Frédéric, contre l'archiduc Ferdinand, héritier des domaines et royaumes de Mathias et son successeur à l'empire.

— *les paroles ſervent aux aultres hommes pour deſcouvrir leurs penſees, mais aux Grands pour les cacher.* Le prince de Talleyrand n'a pas été le premier à dire que « la parole a été donnée à l'homme pour déguiser ses pensées ». Cf. t. II, p. 54.

P. 207. — *ſon traitté d'Heſpagne,* le traité de Madrid, 25 avril 1621.

P. 208. — *A Madame de Rohan*, Catherine de Parthenay, 1554-1631, qui épousa en 1575 René de Rohan, dont elle eut Henri de Rohan et Benjamin, seigneur de Soubize. Elle subit les rigueurs du siège de la Rochelle.

— *le renverſement de ma maiſon ſur mes oreilles*. Voir ci-dessus, p. 94.

P. 209. — *pour ne declamer point contre les prudents*. Voir ci-après, t. II, dans *Le Caducee* ou *l'Ange de paix*, la distinction entre les *fermes* et les *prudents*.

P. 210. — *partiſan des Mayules* (mauvaise lecture pour *Macles?*). Voir le *Gloſſaire*.

— *ceux de la faveur*. Voir ci-dessus, p. 97.

P. 211. — *A M. de Chaſtillon*, le marquis Gaspard de Châtillon, petit-fils de l'amiral, promu par l'Assemblée générale des Protestants au commandement du Bas-Languedoc, puis déchu de ce commandement sur les plaintes du duc de Rohan. Il devait bientôt après remettre entre les mains du Roi sa personne et la ville d'Aigues-Mortes où il s'était renfermé et recevoir en récompense le bâton de maréchal.

P. 214. — *ſi voſtre Excellence... m'eſtime encore capable de donner un coup d'eſpee aupreʒ d'elle*. Cette offre de service faite par d'A. au comte Mansfeld (1585-1626), au moment où celui-ci, après avoir évacué la Bohême, allait se diriger sur l'Alsace, ne fut pas plus accueillie que celle qu'il devait faire quatre ans plus tard au connétable de Lesdiguières. Voir ci-dessus, p. 155.

P. 215. — *ceſt ours endormy*. L'étendard des Bernois portait comme emblème un ours, en allemand *Baer*.

P. 216. — *l'eſchole de Fribourg*, le parti papiste. — *& de l'aultre ville voiſine*, probablement Soleure.

P. 218. — *la Royne d'Angleterre*. Sur les relations de la reine Élisabeth avec les Provinces unies, Voir *Hiſt. univ.*, III, col. 136 et suiv.

P. 220. — *l'entree du Roy à Paris*, le 28 janvier 1622. « La liste des villes qui s'étaient soumises au roi, la certitude où l'on était que la campagne prochaine ôterait aux Réformés leurs dernières espérances, tout cela suffisait bien pour justifier les apprêts d'un triomphe. Huit mille bourgeois armés sortirent de Paris en pompeux équipage à la rencontre du roi, et le conduisirent à Notre-Dame où le *Te Deum* fut chanté. » Bazin, *Hist. de Louis XIII*, V, 2.

P. 221. — *M. de Vic, Garde des Sceauls,* Mery de Vic, sieur d'Ermenonville. Nommé Garde des sceaux le 24 déc. 1621, il mourut le 2 sept. 1622. « C'estoit, dit Brienne, un médiocre sujet & un esprit foible, & il ne pouvoit rien arriver de meilleur au chancelier Sillery, si on ne luy rendoit pas les sceaux, que de les voir en telles mains. »

P. 222. — *A M. Lutzelman,* magistrat Baslois.

P. 226. — *traictez à la Negrepelice.* La ville de Nègrepelisse (Tarn-et-Garonne) fut enlevée d'assaut le 10 juin 1622, et détruite tout entière par le feu; tous les habitants furent passés au fil de l'épée, à l'exception des femmes, dont quelques unes furent forcées, dit Bassompierre, les autres se laissèrent faire de leur bon gré. Pendant l'hiver précédent, les habitants de cette ville avaient impitoyablement massacré la garnison laissée par le duc de Mayenne.

P. 229. — *la comparaison... d'un excellent medecin,* etc. Voir ci-dessus, p. 142.

P. 230. — *Lettre XIX.* Toute cette lettre, malgré les formules de respect et de politesse obligées, renferme des conseils assez durs aux seigneurs de Berne. « Il fait combien puissants sont les conseils parmy vous, quand ils tendent à l'aise & au profit. » Voir t. IV, p. 362, l'épigramme XXII « Aux degeneres Suisses. »

P. 232. — *une explication de Madril.* Il s'agit du soulèvement des Valtelins, soutenus par l'Espagne, contre les ligues Grises protestantes. Le maréchal de Bassompierre, envoyé comme ambassadeur à Philippe IV, qui venait de monter sur le trône, obtint un traité signé à Madrid par lequel les troupes espagnoles devaient se retirer de la Valteline et les Seigneurs Grisons accorder un pardon général aux rebelles. Ce traité resta sans effet, et le traité de Lindau (oct. 1622) força les Grisons à reconnaître l'indépendance de la Valteline que l'Espagne prenait sous sa protection.

P. 233. — *un grand Prince,* le roi de France.

P. 236-239. — *Lettres XXI* et *XXII.* Au moment où la France négociait avec la république de Venise et avec le duc de Savoie pour régler définitivement l'affaire de la Valteline, d'A. offre à tout le monde « ſa petite eſpee, » mais sans trouver nulle part l'accueil qu'il espérait.

P. 240. — *Duc de Longue-ville,* Henri II d'Orléans, duc de Longueville, 1595-1663, était prince de Neufchâtel.

P. 242. — *jamais Monarque ne fut bon ſupport des Republiques.* Il s'agit ici sans doute de l'entreprise sur Gênes, dirigée, d'accord avec le duc de Savoie, par le connétable de Lesdiguières, et qui échoua par le manque des vaisseaux que devaient fournir les Provinces unies.

P. 244. — *le jeune Braunzwik,* Christian, duc de Brunswick-Lunebourg (1599-1626), qui en 1622 força les Espagnols à lever le siège de Berg-op-Zoom.

P. 245. — *Mme la Conteſſe,* de la Suze, Charlotte de la Rochefoucault.

P. 246. — *comme il fit l'an 1572.* En 1572, année de la St-Barthélemy, le trône de Pologne devint électif après la mort de Sigismond II Auguste. En 1622, Sigismond III défit à Choczim en Moldavie les troupes du sultan Othman II, et lui imposa une paix honteuse. D'autre part l'empereur Ferdinand signait avec Bethlem Gabor la paix de Niklasbourg.

P. 249. — *Travailler en Almagne ſur la bourſe de la Sereniſſime Seigneurie.* L'ambassadeur de France, Miron, s'opposa à ce projet. Voir ci-dessus, p. 103.

P. 255. — *le mariage de voſtre Prince,* Charles Ier, roi d'Angleterre, épousa, en 1625, la fille de Henri IV, Henriette-Marie. — Cette lettre est adressée à un Anglais.

— *un diſcours... ſur les malheureux exemples des mariages des Roys.* Voir ci-dessus, p. 62.

P. 257. — *A M. de Bulion,* Claude de Bullion. (Voir ci-dessus, p. 108.) Il avait eu, à l'assemblée de Saumur, une vive altercation avec d'A. Il chercha depuis à s'en rapprocher : il lui aurait écrit de Grenoble une lettre pour le prier de retourner en amitié avec lui (3 fév. 1621).

— *M. le Prince Chriſtofle*, fils du margrave de Bade-Durlach. Voir ci-dessus, p. 107.

— *par la ſurpriſe d'Uliſſe*, c'est-à-dire par ruse. On sait qu'Ulysse est celui qui eut l'idée de construire le fameux cheval de bois, dont l'introduction dans Troie amena la prise de cette ville. Probablement aussi d'A. joue-t-il sur le nom du colonel des Grisons, Ulysse de Salis.

P. 258. — *un eſcu de penſion*. Voir ci-après, t. II, p. 692.

P. 259. — *Monſieur mon trez honoré fils*, terme purement affectueux, suffisamment justifié par la différence d'âge entre d'A. et le comte de la Suze. Ce dernier d'ailleurs écrivait à d'Aubigné « Mon trés honoré pere. »

P. 260. — *les elements humides & froits entre la region du feu & de la terre*. Chez les anciens et aussi chez les modernes jusqu'au XVIIe siècle, c'.-à-d. jusqu'au moment où le système de Copernic fut définitivement admis par les savants, on expliquait le mouvement des corps célestes par l'existence de plusieurs ciels, ou sphères concentriques à la terre, sur le nombre desquels on a souvent varié. D'A., ci-après p. 425, en compte *huit*; dans une pièce de vers adressée à Ronsard, il en compte *neuf*. (Voir t. III, p. 207.) La plus extérieure de ces sphères était le *firmament* ou *empyree*, c'.-à-d. la « region du feu, » au-dessous de laquelle se mouvaient les astres; venait ensuite la région de l'air humide et des nuages, et au centre de tout le système se trouvait la « terre » qu'on croyait immobile. Voir, au t. III, le poème de *La Creation*, chants I et II.

P. 261. — *Trier*, la ville de Trèves.

P. 262. — D'A. ne se lasse pas d'offrir ses services au Connétable, soit directement, soit par l'entremise de M. de Bullion. Il est tout prêt à reprendre « ſa petite eſpee qu'il a miſe au crochet » et se donne de nouveau comme « homme de ſiege & ſans capitulation. »

P. 263. — *au Baron de Coupet*, Daniel de Bellujon, baron de Coppet.

P. 264. — *Lettre XLIII*. Est-ce bien au duc de Rohan que cette lettre est adressée? La lettre au duc de Rohan (p. 292) semblerait l'indiquer. D'A. ne peut supporter le repos auquel il se voit condamné, et pour servir encore il semble prêt à faire des soumissions. On peut comparer cette lettre avec la lettre XLVI adressée au duc de Candales. (p. 268).

P. 266. — *la nuee de Lyon*. Voir ci-après la lettre XLVII.

— Quant à celle qui *s'amaſſa à Bayonne en* 1567, est-ce une allusion aux suites de l'entrevue de Catherine de Médicis avec le duc d'Albe à Bayonne en 1565? Les Suisses, effrayés de la marche des troupes espagnoles, que le duc d'Albe dirigeait d'Italie en Flandre, s'armèrent pour couvrir Genève.

P. 267. — *le Calendrier nouveau*. Voir ci-dessus, p. 5 (note).

P. 270. — *L'ambaſſadeur Wak*, agent de la Grande-Bretagne en Italie & à Venise.

— *per noi fu garbuggio* (ou *garbuglio*), litt. : pour nous fais du grabouil ou grabuge.

P. 271. — *le commancement du Pſeaulme* 39. Ce psaume (38) commence ainsi: *Dixi : custodiam vias meas, ut non delinquam in lingua mea. Posui ori meo custodiam*, etc.

— *Segunan*, le Père Gaspar Seguirand, confesseur du Roi, depuis la retraite de Cotton en 1617.

P. 275. — *Bellievre*. Pomponne de Bellièvre (1529-1607), dont il est fait ici un portrait si comique, négocia avec Sillery la paix de Vervins et devint chancelier de France en 1599.

P. 276. — *quand Genlis vouloit temporiſer*. Voir *Hiſt. univ.*, I, col. 229.

P. 280. — *compagnon de la cire verte*. Il faut lire tout entière cette belle et fière lettre au prince de Condé, où il lui explique qu'il s'est séparé de lui à Loudun parce qu'il ne voulait pas « demander pardon au Roy. »

P. 282. — *l'advocat Servin*. Louis Servin, avocat général au Parlement de Paris. En 1626, Louis XIII, dans un lit de justice, faisait enregistrer des édits bursaux. Les énergiques remontrances de Servin excitèrent chez le roi une si violente colère que le malheureux avocat effrayé se trouva mal et mourut aussitôt. Voir t. IV, p. 387, parmi les *Tombeaux du ſtyle de ſainct Innocent*, un quatrain *ſur la mort de M. Servin*.

P. 283. — *Au Roy (Louis XIII). Du Donjon*, c'.-à-d. du

Dognon. — Pour les variantes du texte, voir t. II, p. 695, où cette lettre a été reproduite à tort.

P. 284. — *Sa Sotteté*, pour Sa Sainteté (le Pape).

P. 285. — *il ne me reſte que le taire*. Dans cette lettre, adressée à un prince d'Allemagne, probablement au père du « marquis de Chriſtofle, » d'A. fait preuve d'une réserve qui ne lui est pas ordinaire.

P. 286. — *le loup gris*, probablement Espernon lui-même. — *la deſroute d'Angers*. Voir l'*Hiſt. univ.*, II, col. 1128-35.

P. 289. — *de la ſervitude des priſons au commandement de 4000 hommes*. Voir ci-dessus, p. 152, et ci-après pp. 360 et 518.

P. 290. — *mon treʒ honoré fils*. Voir ci-dessus, p. 259.

P. 292. — *A M. de Rohan* (1623). Voir ci-dessus, p. 264.

P. 293. — *cè que je vous envoye pour faire paroiſtre*, etc. Les trois premieres parties des *Aventures du baron de Fæneſte*, auquel d'A. fait ici allusion, parurent de 1617 à 1620. Cette lettre ne peut donc être antérieure à l'année 1617. Quant à la recommandation relative aux « trois premiers chapitres du ſecond tome, » il est difficile de dire s'il s'agit ou non de l'*Hiſtoire univerſelle*.

P. 295. — *Mucian aprenoit à ſon maiſtre*, etc. Voir ci-dessus, p. 155. — *M. d'Eſcoutures*. Il est assez souvent question dans les lettres du Conseil de Genève d'un Des Coutures ou de Coustures, notamment a la date du 25 août 1624, où il est dit « que M. d'Aubigny a une intelligence avec le marquis de Baden pour ſurprendre & petarder Briſſac ou Conſtance, que M. de Couſtures leur doit fournir 300 chevaux, & que M. de Rohan promet de faire filer des gens de pied pour ſervir à ceſte execution, etc. »

P. 297. — *voſtre nourriture plus digne du Seigneur que du pauvre Gentilhomme*. Ceci confirme ce que d'A. dit dans *Sa Vie*, p. 109. — *hamis auctis*, c'.-à-d. en leur offrant comme hameçon, comme appât, des honoraires plus élevés.

P. 299. — *compendium faciam* (je ſerai économie) *de remerciements de voſtre bonne ſouvenance*, c'.-à-d. je vous épargnerai les remerciements pour, etc.

P. 300. — *Achas*, roi de Juda, qui éleva des autels aux faux dieux. Voir *Rois*, iv, 16.

— *ils couſteront preʒ de deux fois [autant]*, ou plutôt *dix fois*, puisque 1200 escus equivalent à 60 × 2 × 10. — Ces deux engins nous font voir d'A. sous un aspect tout nouveau, celui d'inventeur d'une sorte de télégraphe ou plutôt de téléphone. Il est à remarquer que G.-L. Lesage qui, au siècle dernier, eut le premier l'idée d'employer l'électricité pour correspondre entre deux endroits éloignés, descendait, par son aïeule maternelle, de Nathan d'Aubigné.

P. 302. — *Le paſſage du Prince de Galles*. Charles, prince de Galles, fils de Jacques Ier, traversa incognito la France (mars 1623) pour aller demander en personne la main de la sœur du roi d'Espagne. Cette équipée, qui n'eut aucun résultat, avait effrayé les Réformés, qui y voyaient une disposition du roi Jacques à se rapprocher des Catholiques.

P. 303. — *A M. Servin*. Voir ci-dessus, p. 282.

— *eſtre corrigé au ſtile du ſiecle & de Paris*. C'est ce qu'il appelle encore, dans la lettre suivante, *eſtre paſſé au rabot de Paris*. D'A. avait conscience de l'imperfection de son style; mais cette imperfection même en fait la force et l'originalité. Voir ci-dessus notre *Appreciation littéraire*, pp. 159-164.

P. 304. — *mon bien le plus diminué que je pourray*, pour laisser le moins possible à son fils.

P. 306. — *pour reparer les coups des cyſeaux de l'abſence*. Cette métaphore, déjà employée, paraît-il, par d'A. dans un poème de sa jeunesse, *L'Abſence* (Voir ci-après, p. 357), et répétée depuis dans *Les Tragiques (Jugements*, p. 307), ainsi que toutes celles que d'A. accumule en cet endroit : « le diſcours des abſents, » c.-à-d. la correspondance par lettres, « la plume tirée du pennache de Mercure, » enfin les allitérations, les antithèses et autres recherches dont cette lettre foisonne, montrent bien que d'A., écrivant à la duchesse de Rohan, a cru bien faire en imitant les allégories et le style métaphorique des poètes de son jeune temps. Cf. ci-après, p. 395 et suiv. Voir aussi la lettre « au Roy de la Grande Bretagne » (p. 331). Les *Precieuses* héritèrent de ce style qui ne disparut qu'après Molière. — *a... planté des Macles ſur le cœur*. L'écu des Rohan portait neuf macles d'or (losanges évidés) disposées en carré sur un champ de gueules.

P. 307. — *A M. de Lomenie*, Antoine de Loménie, seigneur de La Ville aux Clercs, 1560-1638, était secrétaire d'État depuis 1606, et son fils, Henri-Auguste de Loménie, comte de Brienne, avait obtenu en 1615 la survivance de la charge de son père.

P. 308. — *les ſervices d'un pere, de frere*, etc. On sait que le capitaine d'Aubigné, frère cadet de l'auteur, fut tué au siège de Montaigu. Voir ci-dessus, p. 42.

P. 309. — *pouſſer mon* Hiſtoire *juſques au temps preſent*. Elle s'arrête à la mort de Henri IV, c.-à-d. en 1610.

P. 311-313. — *A M. le Conte* [de la Suze?]. Voir ci-dessus, p. 250.

— Lettre XV. *Au Pere Fulgence*, jésuite vénitien. Cette lettre est importante au point de vue de l'*Hiſtoire* de d'A. il y explique sa méthode historique et appuie sur sa sincérité. Il semble aussi tâter le P. Fulgence pour faire imprimer son ouvrage à Venise.

P. 314. — *S. A.*, George Frédéric, margrave de Bade, père du prince Christophe? Voir ci-dessus, p. 107.

— *où nous voulons travailler qu'ailleurs*, c.-à-d. « plus qu'ailleurs. »

P. 316. — *L'exceʒ de vos courtoiſies envers le pere & le fils*. Voir ci-dessus notre *Notice*, p. 50.

P. 318. — *A M. Dadou*, Josué de Caumont, sieur d'Ade, époux de Marie, fille aînée de d'A., laquelle venait de mourir laissant quatre enfants.

P. 321. — *A M. de La Voyette*. Il y a, t. III, p. 64, recto, des manuscrits de Tronchin, une lettre de ce la Voyette à M. de Villette gendre de d'A. Il nous serait difficile d'expliquer tous les détails de cette lettre d'affaires, notamment ces mots « s'ils trouvent que *la qualité de gendre* n'y ſoit pas contraire. » Ces mots paraissent s'appliquer à d'A. lui-même.

P. 322. — *A M. Manuel*. Cette lettre pourrait se placer beaucoup mieux entre les lettres militaires ou d'État.

P. 323. — *A M. d'Expilly*, probablement Claude d'Expilly, président au Parlement de Grenoble, 1561-1636. On a de lui des *Poëmes* et un traité sur l'*Orthographe françoife*. — *M. Tronchin*, celui qui, quatre ans plus tard, devait hériter de tous les papiers de d'A. Voir t. Ier, p. 123.

P. 325. — *A M. de la Vacherie*. Les sieurs de la Vacherie en Franche-Comté appartenaient à la maison de Tournebu, originaire de Normandie. Voir t. Ier, p. 95.

P. 326. — *le voyage de M. de Baffompierre*. Cette lettre est sans doute de 1625. Cette année, Bassompierre combattait en Suisse l'influence du Saint-Siège et obtenait en faveur des Grisons une nouvelle déclaration de la diète Helvétique.

P. 327. — *M. de Fonlebon*. D'A. en parle dans son *Printemps*. Voir t. III, p. 175.

P. 328. — *Buffy d'Amboife*, Louis de Clermont de Bussy d'Amboise. Ce que d'A. raconte ici de ce frivole courtisan est un souvenir de sa jeunesse, du temps qu'il vivait à la cour de Charles IX, dans la familiarité des Guises et cultivant la poésie à l'imitation de Ronsard. En effet, Bussy fut assassiné en 1579 par le comte de Montsoreau.

P. 330. — *Cette cy glorieufe de fa beaute*, etc. A propos de l'aventure de Jacques de Montgomery, sire de Lorges, M. Tamizey de Laroque nous rappelle un récit presque semblable de Brantôme et un autre à peu près du même genre emprunté par M. de Puymaigre à une romance du xve siècle (*La cour littéraire de don Juan II, roi de Castille*, Paris, 1873, t. I, pp. 26 et 27). — Le récit de Brantôme se trouve t. VII, disc. VI, p. 460 des *OEuvres complètes (Dames galantes)*, édit. Lebel, 1822.

P. 331. — *Au Roy de la Grand Bretagne*. — Voir ci-dessus, p. 306, la lettre « à Madame de Rohan. » — C'est Jacques Ier qui prit le premier le titre de *Roi de la Grande-Bretagne*. On sait aussi qu'il était fort instruit, plus peut-être qu'il ne convient à un prince, et qu'il se complaisait dans les discussions théologiques.

P. 332. — *la nuict indigefte d'Affuerus*, la nuit d'insomnie pendant laquelle ce prince se fit lire les Annales de son règne et reconnut le service que lui avait rendu Mardochée. Voir dans la Bible, *Esther,* ch. VI.

P. 334. — *le donner au Seigneur Philippe Burlamachi.* Cette remise d'un exemplaire de l'*Hiſtoire* au sieur Burlamachi ne doit pas être confondue avec l'envoi du manuscrit actuellement conservé au British Museum. Cf. ci-dessus, p. 198.

P. 336. — *pour y loger celles d'un Cordelier.* D'A. veut-il désigner le pape Sixte-Quint, qui releva sur la place Saint-Pierre l'obélisque que l'empereur Caligula avait fait transporter d'Égypte à Rome ? Cf. t. IV, p. 286.

P. 337. — *non in ſpeciem compoſita,* allusion au reproche que les Jésuites faisaient à d'Aubigné de ne faire qu'*en apparence* profession d'impartialité. Cf. ci-dessus, p. 312.

P. 338. — *[la hayne] que je ſuporte de M. d'Eſpernon.* Voir ci-après, pp. 352 et 353.

P. 340. — *le Pſeaume 122.* C'est le psaume *Ad te levavi oculos meos qui habitas in cælis.* On y lit (verset 3) *Miserere nostri, Domine, quia multum repleti sumus despectione.*

— *Lettre XXXV.* Cette lettre complète ce que d'A. a dit de son fils dans *Sa Vie,* p. 110. Elle doit être antérieure à la lettre VII (p. 296), car elle ne ferme pas, aussi formellement que la première, toute issue à une réconciliation.

P. 344. — *Dyaire* (journal), *de M. de Lesdiguières.* Voir ci-dessus, p. 337.

P. 346. — *voſtre beau pere,* le duc de Sully, dont le duc de Rohan avait épousé la fille Marguerite de Béthune en 1605.

P. 351. — *les memoires qu'aporta de Rome ce Baronius.* C'est surtout dans *Sa Vie* que d'A. fait une mention expresse de ces mémoires. Voir ci-dessus, pp. 91 et 92.

P. 352. — *L'inimitié du Duc d'Eſpernon.* Voir ci-dessus, pp. 89-91 et 338.

P. 355. — *Producat Deus.* En écrivant à M. d'Expilly, d'A. fait volontiers montre d'érudition. Ici, non content de citer Virgile, en l'estropiant un peu *(Égl.,* I, v. 3 et 4), il modifie un de ses vers (Ibid, v. 6) : *O Melibœe, deus nobis hæc otia fecit.*

— Voir ci-après la lettre VI.

P. 356. — *Musæ obstetricis,* etc. Ces deux vers sont-ils de d'A. ou de d'Expilly? Nous ne saurions le dire.

— *En ce poëme perdu.* Cf. t. III, p. 99. L'allégorie que contenait ce poëme, et dont d'A. fait ici l'analyse, semble avoir été encore présente à son esprit quand il écrivait à Mme de Rohan. Voir ci-dessus, p. 306.

P. 358. — *une stance qui poursuit ainsy.* Voir le *Discours par stances,* t. IV, p. 318.

— *Cum tot sustineas,* etc. Horace (Epit. II, 1). — *Allobrogas,* le Dauphiné. — Voir la lettre à M. de Sillery, p. 200.

P. 359. — *la voye d'abolition.* Voir t. Ier, p. 279.

P. 360. — *A M. le Conte de la Suze.* Voir ci-dessus, p. 290.

P. 361. — *pour couvrir sa pauvreté.* Ce gentilhomme est encore un des originaux du Fæneste. D'ailleurs toute cette lettre écrite « à propos de bottes » peut se rapprocher de l'endroit des *Aventures* (I, 11, p. 387) où Fæneste prend la défense des bottes. Voir aussi t. II, p. 560.

P. 363. — *faire la Cassandre.* Voir, t. IV, les épigrammes XXI et XXIV.

P. 364. — *Ma response fut.* Voir t. Ier, p. 94.

— *essaya que ma vieillesse avoit plus de verdeur,* etc. Voir t. Ier, p. 111.

P. 366. — *me condamnent à un quatriesme tome.* Ce quatrième tome n'a jamais été achevé : les manuscrits de Bessinges n'en conservent que les matériaux à peine ébauchés.

P. 367. — *mes epigrammes latins.* Ce que l'on a conservé de ces épigrammes ne pouvait entrer dans notre édition.

P. 368. — Additions à l'*Histoire universelle* dans la seconde édition. Voir p. ex. pour les « apostegmes signalez à la mort des martyrs », t. I, col. 95-111.

P. 369. — *Lettre XVIII.* Le commencement de cette lettre, qui manque dans les manuscrits de Bessinges, a été donné par M. Heyer. Elle est adressée au Petit Conseil de Genève et datée du 20 juillet 1619 :

« Messieurs, outre l'ardente affection que tous les vrais Crestiens portent a vôtre excellente cité & l'obligation qu'elle a sur moy de ma principale instruction, la Verité que je sers m'a fait defirer de voir parmi d'autres tableaux refplendir les vertus que Dieu a faites par fa dextre, etc. »

P. 371. — *la fentence du Chaftelet*. Voir ci-dessus notre *Notice bibliographique*, p. 203.

P. 373. — *le prefent de Thrafee*. Voir ci-dessus, p. 135.

— *s'unir aux violants*, c.-à-d. aux *fermes*. Voir le dialogue du *Caducee*, t. II, p. 90 et suiv.

— *Lettre III* [*sans suscription*], mais évidemment adressée à M. de Montausier. Voir la lettre IV, p. 382.

P. 381. — *j'efpere donner le jour à ces chofes*. On sait que la plupart des écrits théologiques ou polémiques de d'A. ont disparu, soit pendant sa vie (*on achette les impreffions entieres, comme on a fait de deux livres polemiques miens, pour les jetter au feu*, p. 383), soit après sa mort. Ici d'A. semble surtout désigner le traité *De diffidiis patrum*.

P. 382. — *M. de Montaufier*. Les barons de Montausier, de la maison de Sainte-Maure, étaient protestants. Le fameux Charles de Sainte-Maure, marquis, puis duc de Montausier, abjura peu de temps avant d'épouser Mademoiselle de Rambouillet en 1645.

P. 383. — *la couverte Inquifition*, celle que les Jésuites exerçaient secrètement sur les livres.

P. 385. — *autant d'eau qu'en contiendroit une quoque d'œuf*. D'A. fait mention de cette dispute et de l'incident ici relaté dans la *Vie*, pp. 73 et 74.

P. 386. — *Lettre VI*, adressée, sans doute encore, à M. de Montausier. — Rapprocher cette lettre de ce qui est dit dans *Sa Vie*, pp. 78-81.

P. 389. — *la gajufre du Courtault*. Cf. t. II, p. 430.

P. 390. — *le Jefuitte Cotton*, 1564-1629, qui fut le confesseur de Henri IV et de Louis XIII.

P. 395. — *eft un rude homme.... il eftoit aux rudiments*. D'A., triomphant, ne peut résister au plaisir de faire un jeu de mots.

— *Mes volages*, etc. Voir t. III, p. 297.

P. 397. — *la verité a attaché à ma ceinture la clef du temple de l'honneur*. Par cette métaphore de mauvais goût, d'A. veut faire entendre qu'il est un des rares Réformés qui se sont fait un point d'honneur de ne jamais fléchir.

P. 398. — *que voſtre fils vous eſt fouſtrait par les Jeſuittes.* Il ne faut pas confondre ce fils « révolté » avec Tancrède de Rohan, né seulement en décembre 1630. Celui dont il est ici question mourut jeune et de maladie, du vivant de son père. Voir ci-après, p. 402.

P. 399. — Ἀρνοῦμαι. Voir ci-dessus, p. 110.

P. 400-401. — *Lettres XI et XII.* Les renseignements nous manquent pour éclaircir les obscurités de ces deux lettres. Nous nous contenterons de faire remarquer que le nom de *Thyamis* est celui d'un personnage du roman grec d'Héliodore, intitulé *Theogène et Chariclee*. Pour la « meditation » nous renverrons à notre t. II, pp. 111-125, et pour « le fervice des Macles, » à la p. 306, ci-dessus.

P. 402. — *Lettre XIII.* Cette lettre est une épître consolatoire à l'imitation des anciens philosophes et en particulier de Senèque.

— *la perte de deux enfans.* Voir ci-après, p. 446.

P. 405. — *A M. l'Eveſque de Mailleʒais.* Voir ci-dessus, p. 94. — Cette lettre et les deux suivantes n'offrent qu'un faible intérêt; nous ne nous y arrêterons pas.

P. 416. — *les toiles d'Anacharſis.* On sait que le Scythe Anacharsis comparait les lois des Grecs à des toiles d'araignée, qui n'arrêtent que les mouches.

P. 419. — *Defpautere.* La première édition de la *Grammaire latine* de Despautère parut en 1537.

P. 420. — *Guillot le Songeur.* Voir le *Gloſſaire.*

A M. Tompſon. Ce Tompson serait-il le George Thompson, auteur de *La chaſſe de la beſte romaine*, Genève, 1611, in-8°? — Cette lettre est curieuse : d'A. veut pour les futurs pasteurs protestants une éducation de combat, fondée sur la logique et les subtilités de la dialectique.

P. 422. — *M. de la Riviere, premier medecin du Roy.* Sur ce personnage, Voir ci-après, t. II, p. 324.

P. 424. — *un jeune homme... muet.* D'A. fait mention de ce muet dans *Sa Vie*, pp. 92-93.

P. 425. — *des huict sphæres qui sont sous le ciel empiree.* Voir ci-dessus, p. 260.

P. 428. — *Lettre IV.* D'A. croit aux « Sorciers, aux Magiciens, aux Demons; » mais il voudrait une juridiction éclairée, et non des « Juges de village » ou des « Prevots » intéressés, pour prononcer sur les faits de sorcellerie et de possession. Voir les lettres suivantes et ci-dessus notre *Appréciation littéraire*, pp. 121-124.

P. 429. — *qui condamnoit les hommes aux mines,* c'.-à-d. d'après leur mine.

P. 434. — *estant arresté à Lyon.* Voir *Sa Vie*, t. Ier, p. 12.

P. 436. — *il n'y a point de Magiciens tels qu'on les estime... mais seulement des Sorciers qui trompez par le Diable... trompent les autres.* Cf. p. 451, où d'A. distingue les démons en deux bandes : ceux qui servent le diable, voués à lui *(vais demons),* et les trompeurs ou charlatans *(faux demons).*

P. 442. — *à l'Hercules.* Ce doit être l'enseigne d'un drapier dont la boutique était voisine du Petit Pont à Paris.

P. 444. — *Je ne say s'il l'eust peu faire, mais je ne le voulus pas essayer.* Aveu naïf de crédulité qui est à noter.

P. 445. — *mon abregé de Logique.* Cet abrégé a disparu.

P. 446. — *& autres termes bien seans.* Malgré le soin que d'A. semble apporter à simplifier l'enseignement de la Logique et à lui ôter tout caractère pédantesque, il en est encore aux habitudes scolastiques, et l'on sent trop que Descartes n'a pas encore publié son *Discours de la Methode.* Voir ci-dessus la lettre *A mes enfants* (p. 419) et la lettre *A M. Tompson* (p. 420).

— *Immediate sens entredeus.* Lire : *immediat, sans entredeus.*

— *avec vos freres.* Voir ci-dessus, p. 402.

P. 447. — *Ce comette.* Voir *Les Tragiques*, t. IV, p. 50.

P. 448. — *cette maison qui foisonnoit d'un pere & de quatre enfans & d'une seur.* — Philibert Sarrasin, médecin à Lyon, reçu habitant de Genève en 1551, mort en 1573, avait eu de Louise de Genève, d'abord à Lyon, Jean-Antoine, Théophile & Loyse; puis à Genève, Jean, Théodore & Énoch, ce qui fait cinq fils. — *Jean-Antoine,* 1547-1598, eut deux fils : Jean, né en 1574, auteur du *Citadin*, premier syndic à Genève en 1626, et Philibert, né en 1577, du Conseil des Deux Cents en 1600. — *Jean*, frère du précédent, 1552-1610, fut du Conseil des Soixante. — Quant à *Loyse*, 1551-1623, qui fut considérée comme un prodige dès son enfance, elle se maria trois fois : à Jean Larchevêque de Rouen, réfugié à Genéve, 1571 ; à Étienne Le Duchat, de Port-sur-Seine, autre réfugié, 1581, et à Marc Offredi de Crémone, 1602.

P. 450. — *Lettre [sans suscription]*, semble adressée encore à M. de la Rivière.

P. 453. — *A M. Certon.* Cette lettre est à rapprocher de l'*Introduction* aux vers mesurez et de ces vers eux-mêmes, que nous donnons t. III, pp. 271-293. On trouvera, dans les indications de d'A., quelques lacunes que nous ne pouvons combler.

P. 454. — *L'on demande en vain*, etc. J'ai cherché vainement ces deux vers dans l'excellente édition d'Estienne Jodelle publiée par M. Marty-Laveaux *(Pléiade françoise).*

P. 455. — *j'en ay fait un petit livre*, les *Petites œuvres meslees*. Voir ci-dessus la *Notice bibliographique*, p. 199.

P. 457. — *leur barbare grosserie*. Ce jugement peut être rapproché de celui de Boileau et servir de circonstance atténuante à ce dernier.

— *ayant ose à l'age de vingt ans*, et même avant. Voir t. III, p. 207.

— *qui estoit sa Cassandre*. Voir au t. I des OEuvres de Ronsard (édit. Marty-Laveaux, 1887 et suiv.), pp. 3-124, les *Amours de Cassandre*, et au t. II, p. 168, l'Ode XVII, « Mignonne, allons voir si la rose... »

P. 460. — *sa prèmiere* Semaine, *de laquelle je n'ay besoin de rien dire*. Nous aurons l'occasion de revenir sur l'œuvre de Dubartas à propos de *La Creation* de d'Aubigné (t. III).

P. 461. — *Gamon... vouloit picourer sur le tombeau de Dubartas*. Christophe de Gamon, d'Annonay, publia en 1609 un poème, intitulé *La Semaine de la Creation du monde*, et divisé en sept journées.

P. 464. — *Pour toucher un mot du particulier de mon ouvrage.*

Cette lettre semble indiquer que d'A. avait composé ou qu'il voulait composer un *Traité sur la musique,* dont il adresse ici la première partie à M. de Bouillon. Dans une lettre à M. de Rohan (p. 294), il parle aussi de ses « bonnes & grandes muſiques. » — Voir aussi la lettre suivante.

P. 466. — *le cuiſinier Camus.* Est-ce un nom propre ? On vient de dire qu'il était « turquet du nez. » Cf. t. II, p. 614 : « Celle qui le ſuivoit eſtoit camuze comme un [chien] turquet. »

— *A M. de Lomenie* (1618). D'A. n'a pas tenu sa promesse, car nous donnons ci-dessus, p. 307, une autre lettre à M. de Loménie, datée de 1624, l'année même de la mort du chancelier, où il revient sur ses « trois penſions oſtées, » etc. Il y confirme l'envoi de « tres exprez & grands memoires, » mais ces mémoires ne concernent pas les affaires d'Orient, qui sont en effet bien superficiellement traitées dans l'*Hiſt. univ.* Cf. la lettre « à M. de Seaux, » pp. 470 et 471.

P. 467. — *Selim,* le vaincu de Lépante. — *Tekmaʒes de Perſe,* Thamasp Ier. — Voir ci-après la lettre XVI, p. 470.

P. 472. — *A M. Goulard,* Simon Goulart, 1543-1628, réfugié à Genève depuis la Saint-Barthélemy.

— *mettre de l'huyle en ma lampe.* Cette expression rappelle un vers d'Ét. Jodelle, cité par Charles de la Mothe et terminant un sonnet, où le poète mourant applique au roy Charles IX, le mot d'Anaxagore à Périclès :

Qui ſe ſert de la lampe au moins de l'huile y met.

— *la publique diſpute... avec le Cardinal du Perron.* Voir ci-dessus, t. Ier, pp. 373-389.

P. 473. — *quelques livrets anonimes ou imprimeʒ ſoubs d'autres noms.* Voir la *Notice bibliographique,* p. 211.

P. 474. — *me reduire à l'Hiſtoire.* Il semblerait, au dire de d'A., que c'est pour obéir à un ordre exprès du Synode de Gap (oct. 1603) qu'il a entrepris la rédaction de son *Histoire.* — Pour les emprunts réciproques de d'A. et de de Thou, Voir notre *Appréciation littéraire,* pp. 151, 152.

P. 475. — *les verſets* 17 *et* 18mes *du Pſalme* 71 (70e de la Vulgate). En voici le texte : *Deus, docuisti me a juventute mea & usque nunc pronuntiabo mirabilia tua.* — *Et usque in senectam et senium.*

P. 477. — *A mon frere,* c'est-à-dire, son beau-frère, le frère de sa femme, Renée Burlamachi.

P. 478. — *Lettre II. A M. C.,* c'est-à-dire, d'après M. Paul Marchegay, qui a fait une étude particulière de cette lettre (1876), *à M. Auguſtin de Conſtant,* gouverneur de Marans, Huguenot énergique et compagnon d'armes de d'A., d'où l'expression « Mon frere » que celui-ci emploie au début de sa lettre. — Pour le fond, comparer cette lettre avec le ch. v (Ire p.) du *Baron de Fœneſte.*

P. 479. — *Le brun charoſſe & charron.* Le sens du mot *charron* est obscur, mais il paraît bien désigner une sorte de voiture ou de char. On lit dans la *Vie de S. Martin,* p. 114 :

> *Et cil qui aller ne poeient*
> *En charrons porter s'i faiſoient.*

P. 480. — *M. de Fauleto.* M. Marchegay croit qu'il faut lire « de Fonlebon, » personnage plusieurs fois cité par d'A., notamment ci-dessus, p. 397, où l'expression « jouer du ſublet » est justement mise dans sa bouche.

— *de qui la volerie ha vollé les maiſons,* jeu de mots (*a ruiné les maisons*). — Les *Surimeau* et les *Mursay* sont deux familles dont héritèrent les enfants de d'A., du chef de leur mère, Suzanne de Lezay.

— *brave Buſſy.* Voir ci-dessus, p. 328.

— *Tonduprez.* M. Marchegay lit : « ton du Prez. »

P. 481. — *M. du Plessis,* Duplessis-Mornay.

— *M. Fabariere,* est, sans doute, Jacques des Nouhes, seigneur de la Tabariere, qui épousa en 1603 le seconde fille de du Plessis, Anne de Mornay. Le mot *ſpoſo* est également une erreur pour *ſuocero,* puisqu'il s'agit du beau-père.

— *fait voir dans le fons de ſon peu,* c'.-à-d. fait pénétrer les regards dans le fond de son humilité.

P. 483. — *Lettre V.* Cette lettre paraît avoir été écrite en 1624, au moment où dix mille Français et Suisses entrèrent chez les Grisons.

P. 486. — *Le 22 novembre 1626.* En ce mois même, Soubise, resté en Angleterre, et Rohan poussaient secrètement la Grande-Bretagne à faire la guerre contre la France en faveur des Huguenots.

P. 488. — *la ville de Lyndos,* Lindau, en Bavière.

P. 492. — *mon Septentrion.* A la fin de chaque livre de l'*Hiſtoire,* les affaires étrangères à la France sont racontées sous quatre chefs, formant autant de chapitres intitulés : *Orient, Midy, Occident & Septentrion.*

P. 493. — *le Prince de Maugor.* Ce personnage nous est tout à fait inconnu.

— *Achitophile & ſon amie,* d'Aubigné et son *Hiſtoire.*

P. 494. — *les trois fleaus de Dieu,* la guerre, la famine et la peste, dont Dieu offrit le choix à David, en punition de ses fautes.

P. 495. — *Lettre XVI.* Cette lettre est évidemment de l'année 1628. Il y est question, entre autres choses, de la campagne de Condé, Montmorency et d'Épernon, contre Rohan, dans le Bas-Languedoc, campagne qui fut sans résultat; il y est aussi fait allusion à Richelieu *(Dieu nous garde d'un conſeil de preſtre),* lequel fut vainqueur de la Rochelle en octobre 1628.

P. 497. — *le grand Admiral,* Coligny, dont Rohan semblait vouloir reprendre le rôle.

P. 499. — *A Monſeigneur le Duc de Montbaʒon,* Louis ou plutôt Hercule de Rohan-Guéménée, duc de Montbazon. — *le Mareſchal de Boiſdaulphin,* Urbain de Laval, marquis de Sablé, nommé maréchal de France en 1597. — *le beau-pere,* le connétable de Luynes, qui avait épousé Mlle de Montbazon, Marie de Rohan, depuis duchesse de Chevreuse.

P. 501. — *[Au Roy Louys XIII].* Cette lettre menaçante semble, aussi bien que la suivante, être une composition de cabinet, sans but précis; elle est trop violente, malgré son éloquence, pour avoir été mise sous les yeux du Roi.

P. 503. — *Ces fauconiers,* le connétable et ses frères.

— *Quand les trois freres n'avoyent qu'un cheval.* On lit dans Tallemant des Reaux (t. Ier, p. 399) : « Albert de Luynes avoit deux frères avec luy. L'un se nommoit Brante, et l'autre Cadenet. Ils estoient tous trois beaux garçons. Cadenet, depuis duc de Chaunes et mareschal de France, avoit la teste belle et portoit une moustache, que de luy on a depuis appellé une *cadenette.* On disoit qu'à tous trois ils n'avoient qu'un bel habit, qu'ils prenoient tour à tour pour aller au Louvre, et qu'ils n'avoient aussi qu'un bidet... Le prince de Tingry donna sa fille à Brante, qu'on appela depuis cela M. de Luxembourg. »

P. 505. — *Je ne fçay s'ils... n'aymeront point mieux poffeder le Royaume que l'attendre à venir.* Expression à la Tacite.

— *le grand deffein.* Voir ci-après, p. 585. — *la fecte peftifere,* les Jésuites. Sur une des faces de la pyramide élevée sur l'emplacement de la maison de Pierre Chastel, on lisait, en parlant du coupable : *malis magiftris ufus, & fchola impia sotericum, eheu, nomen ufurpantibus,* et sur une autre : *perniciofiff. factionis hæresi peftifera imbutus.* Voir *Hift. univ.,* III, 471, 472.

P. 506. — *ceft arbaleftier,* Guillaume Tell.

P. 509. — *Quand Dieu frappe l'oreille,* etc. Cf., t. IV, p. 241.

— *Dit, exerça, fit droit, [&] vengeance,* etc. Cf., t. IV, p. 266.

P. 510. — *annee qui n'eft pas finie & qui a enlevé pour fa part fept Souverains.* Cette année est-elle l'année 1621? Elle vit mourir le roi d'Espagne Philippe III, le pape Paul V, l'archiduc Albert, gouverneur des Pays-Bas, Cosme II de Médicis, duc de Toscane, le connétable de Luynes, et, peut-être comme ce dernier, d'autres souverains de fait, sinon de titre.

— *Monfieur, frere de ce Roy,* François, duc d'Alençon, puis d'Anjou, mort le 10 juin 1584 à Château-Thierry, après de violents vomissements de sang. Il venait d'essayer inutilement de s'emparer d'Anvers. Voir, t. IV, p. 337.

P. 513. — *les trois freres,* De Luynes et ses deux frères. Un peu plus loin il les appelle *le triumvirat.*

P. 514. — *comme il n'y a rien de fi vray femblable que le vray.* On peut soutenir l'opinion contraire; Boileau a dit :

Le vrai peut quelquefois n'être pas vraisemblable.

P. 516. — Toute cette lettre ironique semble être un pastiche de la *Satyre Menippée*.

P. 517. — *ſureɪe & ecare*, lisez : *urere & ſecare*.

P. 518. — *mon tres-honoré fils*, M. le comte de la Suze. — Voir ci-dessus, pp. 290 et 291.

P. 521. — *mon livret*, les *Petites œuvres meſlees*.

— *Pſaume* 73 (72 de la Vulgate) : *Quam bonus Deus his qui recto sunt corde*. — *Pſaume* 84 (83 ibid) : *Quam dilecta tabernacula tua, Domine, virtutum : concupiscit et deficit anima mea in atria Domini*.

P. 522. — *A Madame des Loges*, Marie Bruneau, née vers 1585, à Sedan, morte en 1641. Ses contemporains ont vanté son esprit et son style épistolaire. Balzac l'a chantée en vers sous le nom d'*Uranie*. On lit, dans une notice trouvée par M. de Monmerqué parmi les manuscrits de Conrart : « Sa maison étoit une *académie* ordinaire. Il n'y a aucun des meilleurs auteurs de ce temps-ci, des plus polis du siècle, avec qui elle n'ait eu un particulier commerce, et de qui elle n'ait reçu mille belles lettres. » — *ceſte piece degroſſie*. Ce sont encore les *Petites œuvres meſlees*.

P. 525. — *les miennes qui ne furent achevees d'imprimer*. Ce sont les *Meditations ſur les Pſaumes* (Voir t. III), qui parurent pour la première fois en 1630, dans les *Petites œuvres meſlees*. Voir notre *Notice bibliographique*.

— *Les priſonnieres m'ont eſcrit deus fois deſpuis leur liberté*. Voir t. II, pp. 88 et 89.

— *le privilege d'Obigni* (d'Aubigné). Voir ci-dessus, p. 85.

— *la nuee du refreſchiſſement*, etc. Allusion à la colonne de nuages qui, pendant le jour, guidait les Israélites dans le désert et qui, pendant la nuit, se changeait en colonne de feu. *Exode*, XIII, 21.

P. 527. — *le fiege de Privas*. Cette ville fut prise le 29 mai 1629.

P. 531. — *Lettre à Madame*. Voir sur cette lettre importante notre *Appréciation littéraire*, p. 111 et suiv., et notre *Notice bibliographique*.

P. 533. — *Monſeigneur le Duc voſtre maɪy*, Henri de Lorraine, duc de Bar.

P. 536. — *une Royne Angloize menee à la mort,* Jane Gray, qui eut la tête tranchée en 1554. — Pour les vers qui suivent, Voir *Les Tragiques (Les Feux),* t. II, p. 155. On y remarquera quelques variantes peu importantes.

P. 539. — *les facrifices des Liftrois.* Les habitants de Lystre en Lycaonie, voulant offrir des sacrifices aux apôtres Paul et Barnabé, comme à des dieux descendus sur la terre, ceux-ci les repoussèrent avec horreur en déchirant leurs vêtements. — *eftoyent d'autre honneur.* On lirait volontiers « d'autre horreur » ou plutôt « d'autre humeur. »

P. 544. — *feul, feul & feulement.* Voir le martyre de Montalchine, t. II *(Tragiques),* p. 168.

P. 547. — *pleine de larmes.* Variantes, *pleuré de larmes* et *pleurs et larmes.*

P. 549. — *la Damoifelle de Graveron.* Voir t. II *(Tragiques),* pp. 163, 186 et 187. Les vers ici cités ont été remaniés et transposés dans le poème; ainsi les vers 7 et 8 de la p. 550 offrent dans *Les Tragiques* une variante beaucoup plus claire.

P. 557. — *A Madame de la Trimouille,* probablement la veuve de Louis III de la Trimouille, premier duc de Thouars, mort devant Melle le 25 mars 1577. Il était catholique.

P. 558. — *A Monfeigneur le Duc de Thoars,* Claude de la Trimouille, second duc de Thouars, 1566-1604, embrassa la religion réformée et maria sa sœur au prince de Condé (1585).

P. 562. — *de Pumbelle,* nom douteux. On a proposé Parabelle. Ne serait-ce pas Parabere, lieutenant de Poitou?

P. 563. — *A Monfeigneur de la Trimouille,* Henri, troisième duc de Thouars, 1599-1674, abjura le calvinisme en 1628.

P. 564. — *A M. Efcrteau,* procureur au siège de Niort et homme d'affaires de d'A.; — *M. Du Vanneau,* Louis de Lezay, seigneur du Vanneau, frère d'Ambroise de Lezay, le père de Suzanne, épouse de d'A. — Cette lettre a été citée en note par Th. Lavallée *(La famille d'Aubigné,* p. 11); elle a été aussi publiée dans les études numismatiques de M. Benjamin Fillon.

P. 565. — *A Madame de Vilette,* Louise, la « bien-aimée fille » de d'A., celle qu'il semble désigner par l'expression de *Mon Vnique,* lettres XIV et XXIII, pp. 567 et 577.

P. 566. — *M. ſa F.* Cette abréviation signifie que la lettre a été écrite par « sa femme, » Renée Burlamachi, qu'il appelle « mon fecretaire, » et les trois *alephs* remplacent la signature de d'A. Il en est de même de la lettre suivante (XV) et des lettres XXI, XXIII et XXIV.

P. 573. — *M. de Rohan... Gouverneur de la province.* Voir ci-dessus, p. 197 (Notes).

P. 576. — *envoyer mon deſbauché dans l'armée de Danemark.* Voir notre *Notice biographique*, p. 51.

P. 578. — *Monſieur ſe nouvoit mal.* Il s'agit de d'Aubigné.

P. 582. — *un offre duquel l'excedʒ,* etc. D'Épernon lui avait fait offrir deux cent mille livres comptant.

P. 583. — *Lettre XXVII.* Voir notre *Introduction*, p. vii.

P. 585. — *le grand deſſeing.* Voir ci-dessus, p. 505, et aussi t. II (*Traitte ſur les guerres civiles*), p. 14 et suiv.

P. 590. — *la Courraterie,* rue de Genève, ainsi nommée parce qu'elle était le rendez-vous ordinaire des courtiers, *courratiers,* de commerce. — *le Paſquir,* ou *les Pâquis,* lieu de pâturage.

TOME II

TRAITTÉ SUR LES GUERRES CIVILES.

P. 5. — *Ceſte diſtinction,* l'obéissance au Roy, distinguée de l'obéissance aux décisions des Assemblées de la Religion.

P. 7. — *les ſix Notables.* Seraient-ce de Vaulx, Rotan, Serres, Sponde, Morlas et Clereville? Voir ci-après, pp. 366 et 368.

P. 8. — *les fermes.* Voir ci-après, p. 73. — *quelque Gouverneur,* comme d'Aubigné, par exemple.

P. 11. — *le Livre Des trois Impoſteurs.* En voici le titre exact : *De tribus Impoſtoribus,* anno MDIIC (1598). Petit in-8° de 46 pages. — On a prétendu à tort que ce factum était postérieur à la date, et qu'il avait été imprimé en Allemagne, vers le commencement du xviii° siècle.

— *l'invention diabolique des Arminiens.* Arminius niait la prédestination et admettait, contre Calvin, la doctrine de pardon pour tous les repentants. En outre, il s'efforçait de réunir toutes les communions chrétiennes.

— *une mere follicitee,* etc. L'auteur des *Tragiques* se reconnaît à ce tableau aussi horrible que saisissant.

P. 13. — *Gaspard Baronec* et le *petit Capuchin.* Cf. t. I, pp. 91 et 92. — *de Feuguere, M. D. S. E.,* de Feugré, ministre du saint Évangile.

P. 14. — *le Grand deffeing* du parti de la Ligue et des Jésuites, appelé plus loin le *deffein general.* Cf., t. I, pp. 505 et 585.

P. 15. — *ce Prince,* Charles-Emmanuel, duc de Savoie.

P. 16. — *coyons de mille livres,* espions. Voir ci-après *Fanefte* (III, 20), p. 540.

P. 20. — *L'Angleterre s'eftime immune de tous ces maux.* La politique de la Grande-Bretagne etait alors ce qu'elle est encore aujourd'hui, égoïste et intéressée : tout en la louant d'être un « falutaire recueil aux fugitifs, » d'A. cherche à lui faire entendre que, si elle n'a rien à craindre du dehors, « l'yvroye eft en fon champ » et que les Jésuites « font tous preparez à s'y loger. »

P. 22. — *La refponfe du Prince,* Frédéric-Henri de Nassau, prince d'Orange, 1585-1647. — *Ces fauconiers.* Cf. la *Lettre au Roy Louis XIII,* t. I, p. 503.

P. 24. — *Un jour M. de Villeroy,* etc. « Je ne voudrais pas, dit M. Tamizey de Laroque, garantir l'authenticité de cette anecdote; mais si elle n'est pas vraie, elle est du moins des mieux trouvées et des mieux racontées. »

P. 25. — *Suiffes autrefois redoutez.* Cf. la pièce de vers *Aux degeneres Suiffes,* t. IV, p. 362.

P. 28. — *C'eft en elles que,* etc. Remarquer le mouvement de cette phrase, écrite comme d'improvisation, et qui, dans son emportement, dépasse ce qu'elle annonçait à son début.

— *Icy le Ciel parle à vous.* Cet appel aux armes pourrait sembler étrange à l'époque où ce « Traitté » a été écrit, si l'on ne savait que d'A. n'a jamais désarmé; mais au point de vue

littéraire, on est forcé d'admirer la sauvage éloquence de
cette péroraison. C'est d'A. tout entier : les citations et les
expressions bibliques, les métaphores, les images de tout
genre, les jeux de mots même, tout se confond sous sa plume
pour exprimer la colère et l'indignation.

P. 29. — *leurs embraſſades ne ſont plus que pour joüer du
poignard.* Voir la scène entre Fervacques et d'A. derrière la
Couture de Sainte-Catherine, t. I, p. 26.

DU DEBVOIR MUTUEL DES ROYS ET DES SUBJECTS.

P. 35. — *Deffence contre les Tyrans.* « On attribuait aussi les
Vindiciæ contra tyrannos (1581, in-8°) à Théodore de Bèze.
D'A. ici, et plus clairement encore dans la première édition
de son Histoire, les donne à Philippe de Mornay, seigneur du
Plessis; mais il s'est ravisé dans la seconde édition et a pro-
clamé Hubert Languet l'auteur des *Vindiciæ,* paternité reconnue
par les plus habiles critiques, tels que Bayle, Philibert de la
Mare, Bernard de la Monnoye, etc. Voir *Hubert Languet,* par
H. Chevreul, Paris, 1856, pp. 173-176. » (Note de M. Ta-
mizey de Laroque.)

P. 39. — *Aquaviva.* Claude Acquaviva, général des Jésuites,
mort en 1615.

P. 43. — *Achis, ennemi d'Iſraël.* Achis, fils de Maoch, roi
de Geth. Voir le 1ᵉʳ livre des *Rois,* ch. 27 et 28.

P. 44. — *tant aux Terceres qu'aux guerres du Païs Bas.* Voir
Hiſt. univ., II, v, 21 et 22. — Quant au *ſecours de Tours,* nous
n'avons rien trouvé.

P. 46. — *des chevaliers Poncetz.* Voir dans l'*Hiſt. univ.,* II,
col. 671 et 672, ce que d'A. appelle avec raison « les maximes
machiaveliques » du chevalier Poncet.

— *les Papes... cauſe des cauſes.* Voir *Les Tragiques (Miſeres),*
t. IV, pp. 65, 66.

P. 50. — *le Tragique,* Sénèque le Tragique *(Thyeste,* vers
607-611.)

P. 52. — *du Haillan, ſurtout en ſa premiere edition.* D'A. veut parler de l'*Hiſtoire generale des rois de France, depuis Pharamond juſqu'à Charles VII*, 1576, in-fol.

P. 54. — *ſelon l'opinion d'un Duc*, le duc de Savoie. Cf. t. I, p. 206.

P. 57. — *Aod*, juge d'Israël, qui avait assassiné Églon, roi des Moabites, *Juges*, ch. 3.

P. 60. — *Omnia dat, qui juſta negat.* Lucain (*Pharsale*, I, v. 349.)

— *le Duc de Veniſe*, le doge Louis Mocenigo.

P. 63. — *la paix de 77*, l'édit de pacification publié à Poitiers, fin septembre 1577. Voir *Hiſt. univ.*, II, col. 966.

P. 65. — *Louy de Bourbon*. Louis, prince de Condé, marquis de Conti, comte de Soissons, septième fils de Charles de Bourbon, duc de Vendôme et de Françoise d'Alençon, tué à Jarnac en 1569; il avait 39 ans. Voir l'*Histoire des princes de Conde*, par M. le duc d'Aumale, t. II, pp. 69-70.

LE CADUCEE OU L'ANGE DE PAIX.

P. 73. — Si l'on n'avait le manuscrit original de cet ouvrage, on pourrait hésiter à l'attribuer à notre auteur. Il fallait qu'au moment où il fut écrit, le besoin du repos et un véritable découragement se fussent emparés même des plus *fermes*, puisque d'A., qui était parvenu à la vieillesse sans avoir jamais désarmé, éprouve, comme malgré lui, le désir de « procurer la paix » et sent la nécessité de mettre un terme aux divisions du Party, pour éviter la ruine de la France. Il pèse le pour et le contre, et dans ce curieux dialogue où il met aux prises le *prudent* et le *ferme*, bien que son cœur penche pour le dernier, il prend le rôle du *modeſte*, c'est-à-dire du modéré, et, comme un messager de paix, présente à tous deux le *caducée*.

P. 74. — *un Seigneur de beaucoup d'otoritté & d'experiance*. On a vu dans ce personnage le fameux Duplessis-Mornay, qui, dans l'assemblée de Saumur (1611) et depuis, fit preuve d'un esprit conciliateur et pacifique. — Quant au *Gentil-*

homme de Xaintonge (p. 77), on reconnaîtrait volontiers en lui d'Aubigné, si l'auteur n'avait eu soin, pour dérouter le lecteur, sans doute, de se borner à intervenir entre les deux adversaires.

P. 79. — *un navire qui loge deux partis.* Voir *Les Tragiques* (*Miferes*), t. IV, p. 34.

P. 80. — *Le feu Roy nouvelement feparé d'avec nous.* D'après cette phrase, il semblerait que *Le Caducee* ait été écrit peu de temps après 1610; mais cette date ne s'accorde pas avec ce qui est dit plus loin (p. 88) de la délivrance des dames de Rohan en 1628.

P. 81. — *Genebrard,* théologien catholique, 1537-1597, auteur d'un *Traité des elections,* qui lui fit perdre l'archevêché d'Aix, auquel il avait été promu par le pape Grégoire XIV.

P. 82. — *une fi fanglante cure,* l'expulsion des Maures par Philippe III, en 1609.

P. 84. — *le livre qui s'apele* Vindiciæ. Voir ci-dessus p. 35.

P. 88. — *la delivrance de mes Dames & Damoifeles de Rohan,* prisonnières à Niort. Il est question de cette délivrance dans deux lettres de d'Aubigné à M. de Rohan, t. I, pp. 523-525.

P. 94. — *Alcimus,* l'usurpateur des fonctions de grand prêtre chez les Juifs et l'accusateur de Judas Macchabée. Voir *Macch.,* I, 7.

P. 96. — *l'Affemblee de Millaut.* Il s'agit de la célèbre Assemblée de Milhau en 1574. Voir *Hift. univ.,* II, col. 720.

P. 99. — *la Marquife de Guercheyile.* Voir ci-après, p. 311.

P. 105. — *du Synode* (national) *de Privas,* en 1612.

P. 109. — *ce grand nom auquel feul apartient gloire & triomphe à jamais.* Voir à la fin de la préface de l'*Hift. univ* : Le « Dieu vivant, à qui feul appartient honneur & empire à l'eternité. »

MÉDITATIONS SUR LES PSEAUMES.

P. 114. — *Vous eftes Dieu.* On sait que les Catholiques reprochaient aux Réformés d'employer le tutoiement en s'adressant à Dieu.

— *aux poètes de la volee de Ronſard.* Voir t. I, pp. 457 et 458.

P. 117. — *Cotton,* le P. Pierre Cotton, jésuite, confesseur de Henri IV. Il avait des raisons personnelles de se méfier de l'humeur satirique, sinon cynique, de notre auteur.

P. 118. — *Pſeaume 133.* C'est le psaume 132e de la Vulgate : *Ecce quam bonum,* etc.

P. 119. — *le fils de Pore & de Penie,* etc. Voir t. III, pp. 98-105, le développement de cette singulière allégorie, et aussi t. I, p. 356.

P. 120. — *Depuis neuf annees,* c'.-à-d. en 1607, si l'on se reporte à la paix de Vervins.

p. 136. — *Pſeaume 84,* le 83e de la Vulgate : *Quam dilecta tabernacula tua,* etc.

P. 148. — *Eliſabeth, de laquelle on a eſcrit,* c'.-à-d. d'Aubigné, dans ses *Tragiques (Chambre doree),* t. IV, p. 145.

P. 153. — *Pſeaume 73,* le 72e de la Vulgate : *Quam bonus Israel Deus his qui recto sunt corde.*

— *le Viſcomte de Gourdon, que l'Hiſtoire nous fait cognoiſtre.* Voir notamment *Hiſt. univ.,* II, col. 574, 575, 609, 997, etc.

— Cette méditation semble avoir été dictée par la colère de faveurs accordées à autrui plus que par l'amour de la justice ; la seconde partie en est très poétique.

P. 158. — *en quelque diſcours tragique.* Voir *Tragiques (Chambre doree),* t. IV, p. 131.

P. 168. — *mari de ſang.* Voir *Tragiques (Vengeances),* t. IV, p. 260.

P. 172. — *Nous liſons en quelque eſcrit.* Voir *Tragiques (Jugement),* t. IV, p. 131.

— *le poinƈt plus envieux.* Var., *le poinƈt plus ennuyeux, et le luſtre plus faſcheux.*

P. 174. — *Pſeaume 51,* le 50e de la Vulgate : *Miserere mei, Deus,* etc.

P. 181. — *les lapideurs du premier couronné,* de saint Étienne.
— Quant *au perſecuteur,* c'est le jeune Saül, depuis saint Paul. Voir les *Actes des Apôtres,* VII, 57.

P. 190. — *Pſeaume 88* (le 87e de la Vulgate) : *Domine, Deus salutis meæ,* etc. — Pour *les vers Sapphiques mesurés,* Voir t. III, pp. 276-278.

P. 202. — *arreſtoit mes violences,* touchant aveu de l'influence que Suzanne de Lezay, sa première femme, exerçait sur cette nature passionnée.

P. 204. — *Pſeaume* 16 (15ᵉ de la Vulgate) : *Conserva me, Domine,* etc.

P. 212. — *La Poule de Merlin,* etc. — Voir *Tragiques (Les Fers),* t. IV, p. 227.

P. 220. — *L'homme de qui l'eſprit,* etc. Voir *Tragiques (Jugement),* t. IV, p. 286.

P. 222. — *Nous tendons au Latium,* etc. Virgile (*Én.,* I, 205) : *Tendimus in Latium, sedes ubi fata quietas Ostendunt.*

P. 224. — *Nul ne monte trop haut.* Encore deux vers empruntés aux *Tragiques (Jugement),* t. IV, p. 305.

L'HERCULE CHRESTIEN.

P. 226. — D'A. y établit la supériorité de l'Hercule chrétien sur l'Hercule païen. Les victoires morales du premier sont plus difficiles, plus glorieuses que les triomphes de l'Hercule païen sur les monstres les plus redoutables.

— *Noel le Comte, Natalis Comes,* né à Milan, mort en 1582, a écrit un traité de Mythologie, *Mythologiæ,* imprimé à Venise en 1551 et 1581.

— Παλαίφατος, Paléphate, mythographe grec, de Paros ou de Priène, vivait au Vᵉ siècle av. J.-C.

CONFESSION CATHOLIQUE DU SIEUR DE SANCY.

P. 235. — Nicolas de Harlay, sieur de Sancy, 1546-1629, fidèle serviteur de Henri III et de Henri IV, comme conseiller, capitaine, ambassadeur et surintendant des finances, est devenu surtout fameux pour avoir changé et rechangé de culte suivant les circonstances. C'est ce qui a donné lieu à la sanglante satire de d'Aubigné, satire souvent aussi injuste que spirituelle. L'historien de Thou a rendu à Sancy la justice qui lui était due.

— *Evefque d'Evreux,* Jacques Davy, plus connu sous le nom de cardinal du Perron, 1556-1618, fut nommé évêque d'Évreux en 1595.

P. 236. — *mon Convertiffeur*. On donna ce nom à l'évêque d'Évreux parce qu'il s'attribuait la gloire d'avoir converti Sancy, le baron de Salignac et autres qui suivirent l'exemple de Henri IV, à la conversion duquel il avait été également employé.

— *l'antiphaticque,* c'.-à-d. le contraire. Var., *l'antipatique.* — Les variantes données ici sont celles de l'édition de 1744.

— *Hyacinthe Catthamie* ou *Catamite.* On a voulu reconnaître sous ce nom le malheureux Joseph de Boniface, sieur de la Mole, objet des regrets de la reine de Navarre. Voir ci-après le *Divorce fatyrique,* p. 659.

— *Caylus & fes compagnons,* de Quélus, de Maugiron et Saint-Mégrin, tous trois mignons de Henry III.

P. 237. — *mettre au vent.* Var., *mettre en avant.*

— *feu Monfieur de Sponde,* Jean de Sponde, frère aîné de l'évêque de Pamiers (Voir ci-après, p. 345). Après avoir écrit contre ceux qui conseillaient à Henri IV de se faire catholique, il se convertit lui-même à l'exemple du roi et publia une *Declaration* des motifs de sa conversion. Il mourut peu après, en 1594, méprisé d'Henri IV lui-même et empoisonné, dit-on, par sa femme. Voir ci-après, p. 363.

— *l'Abbaye de Sainct Martin.* Le savant Guillaume Postel mourut en 1581 à l'abbaye de Saint-Martin des Champs, à Paris. Le controversiste Palma Cayet s'y retira aussi en 1595 après son abjuration. — Var., *de sainct Mathurin.* Cette variante s'explique parce qu'on attribuait à saint Mathurin le pouvoir de guérir la folie.

— *Fort l'Evefque,* la prison dite le For l'Évêque à Paris. — *Maiftre Pierre,* probablement Pierre de Belloy, de Montauban, qui fut plusieurs fois emprisonné pour avoir soutenu contre les Guises les droits de Henri IV à la couronne, et qui, en 1590, fut nommé avocat général au parlement de Toulouse.

— *la prife de Bayonne.* Voir *Hift. univ.* (III, col. 405) : « de Sponde, pour preuve de fa converfion, trama une entreprife fur Bayonne, & fe demefla de fes compagnons, qui furent roüez. » (1593.)

P. 238. — *la confpiration faite par elles deux de Brouage.* Var., *par eux deux dès Brouage.*

— *Monfieur Raimond,* Florimond de Raimond, conseiller au parlement de Bordeaux, d'abord huguenot, puis converti au catholicisme en 1566, mort en 1600.

— *ce pauvre Miniftre de Montauban,* Michel Beraud, qui disputa à Mantes contre le cardinal du Perron en 1593. Quant au livre publié par celui-ci, il avait paru sans aucun titre en 1597; mais, l'année suivante, Daniel Tillenus y fit une réponse, qui fut imprimée sous ce titre : *Reponfe au traité du fieur du Perron, de l'Infuffifance de l'Efcriture Sainte & de la Neceffite & Autorité des traditions non efcrites.*

— *Morlas,* Jean de Morlas, bâtard du président Salettes, devint conseiller du Roy en son Conseil d'État et privé et surintendant des magasins de France; il mourut à Mâcon en 1595. Converti au catholicisme depuis dix ans au moins, il n'auroit osé déclarer sa conversion que le jour même de sa mort.

P. 239. — *circumfcrite de l'Eftat.* Var., *dans l'Eftat.*

— *tant de fieges heureux.* Var., *tant de fujets foumis.*

— *à bechenez.* Var., *à bechevet.*

P. 240. — *les Bulles de Sa Sainfteté.* C'étaient les bulles par lesquelles le pape Grégoire XIV envoyait en France le cardinal Cajetan pour procéder à l'élection d'un roi catholique (1er mars 1590).

— *la bonne Catholique de Tournon.* Cette ville et son seigneur, le comte de Tournon, maintinrent toujours les Jésuites, malgré les arrêts du parlement de Paris.

— *Bernard,* de Confideratione, lib. II. Ce passage de saint Bernard se trouve traduit en français dans *Le Songe du Verger,* liv. II, ch. 166.

P. 241. — *le Pape peut difpofer du droiȼt contre tout droiȼt,* etc. Cf. *Tragiques (Miferes),* t. IV, p. 65.

— *d'avoir gousté le plaisir [de faire] saltare*, etc. Var., *d'avoir fait saltar*.

— *le livre de Monsieur Cayer*. Ce livre était intitulé : *Discours contenant le Remede contre les Dissolutions publiques, presenté à MM. du Parlement*. — Cayet niait qu'il en fût l'auteur.

— *qu'ils appelloyent en son temps Alex. papa*. Ces mots manquent dans l'édition de 1744.

— *pour se garder de l'& cætera*. Var., *pour se garder des ruses*.

— *après qu'il eut regné cinq ans*, etc. Voir *Hist. univ.*, III, col. 326 et 327.

P. 242. — *le fils de... pour avoir...*, le jeune Troïle Savelli, neveu de l'ambassadeur d'Espagne, coupable d'homicide, qui fut exécuté à Rome en 1585. Il avait, suivant les uns, *douze ans*, suivant d'autres, *dix-neuf*. Cf. *Hist. univ.*, III, col. 327.

— *pour desmesler le chifre*. Var., *pour les dechiffrer*.

— *& l'aage qui n'estoit pas encores fait*. Ces mots nécessaires pour le sens manquent dans l'édition de 1744.

— *Prevost de Beaulieu*. Voir ci-après, p. 315.

P. 243. — *pour eslire un Dieu*. Var., *pour excommunier un Dieu*.

P. 244. — *les Papes estoyent pasles comme...* Var., *les Papes pouvoient passer comme...*

P. 245. — *Monsieur Benoist*, René Benoît d'Angers, curé de Saint-Eustache, mort en 1608. Il y a une lettre de Henri IV, du 9 juin 1593, où il dit à ce curé qu'il a jeté les yeux sur lui pour opérer sa conversion; — *Berenger*, dominicain, prédicateur ordinaire de Henri III; — *Chauveau*, curé de Saint-Gervais. Voir *Hist. univ.*, III, col. 502.

— *six cents & tant*. Var., *soixante & tant*.

P. 246. — *les Conformitez de Sainct François*, par frère Barthélemi de Pise au xive siècle; imprimé pour la première fois à Milan en 1510; — *le Doctrinal de Sapience*, par Guy de Roye, archevêque de Sens, mort en 1409; — *le Jardin des Ames desolees*, par Yves Magister; — *le Marial*, attribué à divers auteurs et l'un de ces livres où le culte de la vierge Marie tend à se substituer à celui de Jésus-Christ, 1450-1520; — *les*

Sermons *de Menot,* le cordelier Michel Menot, 1450-1520; — *le* Manipulus curatorum, composé vers 1350 par Guy de Mont-Rocher, imprimé à Paris en 1473 et traduit en français sous le titre de *Doctrinal des curés;* — Stella clericorum, du xvᵉ siècle, imprimé à Paris, chez Marnef; — Lavacrum confcientiæ [*omnium sacerdotum*], imprimé à Leipzig en 1497; — Summa peccatorum, par le P. Benedicti, Cordelier (Lyon, 1584); — *la* Legende dorée, de J. Voragine, évêque de Gênes, écrite d'abord en latin et de laquelle sont dérivées les *Vies des Saints;* — *le* Livre des taxes (Voir ci-après, p. 250); — *la* Vita Chrifti, du Chartreux saxon Ludolf, qui vivait au xivᵉ siècle, traduite en français par le Cordelier Guillaume le Menard. D'A. le cite à la fois pour l'équivoque obscène à laquelle il donne lieu et par allusion à *Jean Christi,* chanoine et théologal de Nantes, qui se signala par son zèle contre la religion réformée.

— *l'un de ces Prelats,* Renaud de Beaune, archevêque et primat de Bourges, puis archevêque de Sens sous Henri IV, mort en 1606, à 79 ans. Il était petit-fils du fameux Semblançay. — Quant au primat de Lyon, Pierre d'Espinac, il fut accusé, en effet, d'inceste avec sa belle-sœur et avec sa sœur Grisole. Voir la *Satyre Ménippée (Harangue de Monsieur de Lyon).*

— *Je n'approuve pas.* Var., *Il n'approuve pas.*

— *l'Alcoran de Sainct François,* ou des Cordeliers, composé d'abord en allemand par le Dʳ Érasme Albere, du Brandebourg, puis traduit en latin et imprimé en 1543 sous ce titre : *De Stigmatifmo Idolo, quod Francifcum vocant, Blafphemiarum & nugarum Lerna, feu Alcoranus Francifcanorum.*

P. 247. — *Richeome,* le jeune Louis Richeome, de Provence, assistant du général de l'ordre, Acquaviva.

— *Sainct Germain,* évêque d'Auxerre, qui vivait au temps d'Attila.

— *Blaize d'Anjou.* Var., *Paize d'Anjou.*

— *Frere Jacopon.* Voir ci-après, p. 606.

P. 248. — *& pour les foldats de ce temps &... le pratiquoit.* Dans l'édition de 1744, la lacune est ainsi comblée : *& pour les foldats de ce temps, c'eft ce qu'ils pratiquent.*

P. 249. — *l'Abbe Effrem,* saint Ephrem, moine syrien et diacre de l'église d'Édesse au IVᵉ siècle. Voir dans la *Vie des Pères du desert,* le trait de ce saint que d'A. a cherché à ridiculiser.

— *l'Histoire Ethiopique,* ou les Amours de Theagène & de Chariclée, par Héliodore, évêque de Trica, en Thrace, au IVᵉ siècle.

P. 250. — *habeat jam Roma pudorem.* Juvénal (*Sat.,* II, v. 37.)

— *le* Livre des Taxes, imprimé en 1570 (ou plutôt en 1520) sous le titre latin de *Taxæ* (et non *Taxa*) *Cancellariæ Apostolicæ,* traduit en français en 1564 par Antoine du Pinet, et depuis plusieurs fois réimprimé.

— *Mon Dieu.* Var., *Mce Dieu,* provincialisme.

P. 251. — *par sa Bulle.* On prétendait que le cardinal François de Sourdis, archevêque de Bordeaux, étant allé à Rome pour le grand jubilé de 1600, en avait rapporté cette bulle, dont il devait, disait-on, se servir pour son usage personnel à cause de certains péchés habituels dans sa famille.

— *un chappelet.* Sur le honteux emploi des chapelets et grains bénits, Voir ci-après, pp. 284 et 285.

P. 254 — *ces personnes sacrees.* Cette phrase semble inachevée. L'édition de 1744 y ajoute ces mots qui ne sont pas dans le manuscrit : « n'y ayent été trompés, ayant perdu leur tems et la reconnoissance qu'ils meritoient. »

— *Hotoman en son livre* De regno vulvarum. Le jurisconsulte François Hotoman, dans sa *Franco-Gallia,* soutient, il est vrai, que les femmes ne doivent avoir aucune part au gouvernement du royaume; mais d'A. a sans doute pensé aussi à une épigramme anonyme qui parut vers 1561 et qui était dirigée contre Marie Stuart, Élisabeth, Marguerite d'Autriche, duchesse de Parme, Catherine d'Autriche, régente de Portugal, et surtout Catherine de Médicis. En voici le début :

Vulva regit Scotos, Anglos quoque vulva gubernat,
Flandros et Batavos nunc notha vulva regit ;
Vulva regit populos quos signat Gallia Portu,
Et fortes Gallos Itala vulva regit, etc.

— *n'ayant plus que deux places*. Lorsque Mayenne se soumit, il ne possédait plus que Chalon-sur-Saône et Soissons.

— *pour ſe le faire irrumer*. Var., *pour se faire irrumer*.

— *La Saincte qui regne*, Gabrielle d'Estrées.

— *L'oncle Sourdis*. François d'Escoubleau de Sourdis, qui avait épousé la tante de Gabrielle d'Estrées, Isabelle Babou de la Bourdaisière.

— *ſon Gouverneur*, Chiverny.

— *le Grand*, Roger de Saint-Larry, Grand-Écuyer, depuis duc de Bellegarde & maréchal de France. On le disait au mieux avec la belle Gabrielle.

P. 255. — *Lignerac*, Saint Chamont de Lignerac, confident de Mayenne. — *la Baſtide*, Jacques de la Vigne, sieur de la Bastide, l'un des quarante-cinq de Henri III et celui qui, à Blois, porta le premier coup au duc de Guise.

— *les petits images de la Cour*, les enfants de France, et surtout les enfants naturels de Henri IV.

— *l'Amalgame*, parce que ce fut lui qui, après le combat de Fontaine-Française (1595), négocia la réconciliation du duc de Mayenne avec le Roi.

— *La Varenne*, Guillaume Fouquet, sieur de la Varenne, avait commencé par être cuisinier de Madame, sœur du roi. Voir ci-après, p. 303; — *a fait la paix d'Eſpagne*, ou paix de Vervins (1598). Il fut tout au plus chargé de missions secrètes en Espagne, pour préparer les esprits à la paix.

P. 256. — *au trou ſainct Patrice*, caverne d'Irlande, située dans une île du lac Neagh (Ulster) et où la croyance populaire voyait une entrée du Purgatoire. Cf. Hersart de Villemarqué, *Légende celtique*, pp. 105-108.

P. 257. — *le Comte d'Auvergne*, Charles de Valois, Grand-Prieur de France, d'abord comte d'Auvergne, puis duc d'Angoulême, était fils naturel de Charles IX et de Marie Touchet. Arrêté une première fois avec le maréchal de Biron, il fut relâché; mais, en 1604, ayant pris part à la conspiration dirigée par sa sœur la marquise de Verneuil, il fut de nouveau arrêté et enfermé à la Bastille, où il demeura jusqu'en 1616.

— *des son enfance.* Var., *en son absence.*

— *le Comte de Soissons,* Charles de Bourbon, comte de Soissons, qui avait essayé d'épouser, malgré la volonté de Henri IV, la sœur de ce roi, Catherine de Navarre.

— *Tiers Parti* : ce parti, composé des mignons du feu roi et de ceux qui refusaient d'obéir à un roi huguenot, s'était formé pendant le siège de Chartres en 1591.

— *dire adieu à Madame.* Var. *à sa bonne Dame.*

— *Nojan est fort propre à joüer des couteaux.* La coutellerie de Nogent-le-Rotrou a été longtemps renommée.

— *à faire son estat alternatif.* Déjà en 1589 le Parlement de Tours avait proposé à Henri IV d'assurer la paix en associant à la couronne le vieux cardinal de Bourbon. Or, en matière d'offices ou de charges, on appelait *alternatif* l'état de deux personnes revêtues de la même fonction, qu'elles exerçaient tour à tour.

— *Le comte du Lude,* François de Daillon, comte du Lude.

P. 258. — *les venuës.* Var., *les avenues.*

— *au mal content.* Rabelais, parmi les jeux de Gargantua, fait mention du *jeu de maucontent.*

— *Le Cardinal de Bourbon.* Var., *le Cul de Bourbon.*

— *Maistre Guillaume,* Le Marchand, de Louviers, bouffon du cardinal de Bourbon. On a publié sous ce nom une satire intitulée : *Inventaire de soixante-dix livres trouvés en la bibliothèque de Me Guillaume.* Voir notre *Notice bibliographique,* p. 206.

— *pour la bonne fortune de son frere.* Var., *pour sa bonne fortune.*

P. 259. — *Bellozane,* Jean Touchard, abbé de Bellozane, de l'ordre des Prémontrés, un des promoteurs du Tiers Parti, mourut en 1596 au moment où il venait d'être nommé évêque de Meaux. — La femme de Sancy se nommait Marie Moreau.

— *fait montre des clefs de Saint Pierre.* L'édit. de 1744 ajoute : « comme des passe-partout aux bourses des idiots. »

P. 260. — *les receptes de Hans Carvel.* On peut lire ce conte dans Rabelais (*Pantagruel,* III, 28) et La Fontaine (*Contes,* IIe p., conte 12e), sans compter le Pogge, l'Arioste, etc.

— *j'avois pris cette haquenee.* L'édition susdite ajoute encore

« pour foulager mon ..., fans penfer qu'elle dût broncher fi fouvent. »

P. 261. — *la prinfe d'un Roan* (Rouen), dont le siège fut si longtemps soutenu par Villars ; — *chefs de Thoulouze*, etc. Il s'agit de Henri de Joyeuse ; — *d'Orleans*, de Claude de la Châtre, depuis maréchal de France ; — *de Poicliers*, de Charles de Lorraine, duc d'Elbeuf ; — *de trois frontieres de Bretagne*, de Philippe-Emmanuel de Lorraine, duc de Mercœur : ce dernier ne fit sa paix qu'en 1598.

P. 262. — *quand ce fera à vous à obtenir une loy*. Cette loi est l'édit de Nantes.

— *qu'il la faloit impetrer*. Var., *qu'il falloit impetus*.

— *du Roy qui n'eft pas Pape*. Var., *qui n'est pas du Pape*.

— *une Admirauté & beau Gouvernement*. André de Brancas, sieur de Villars, fut nommé en 1594 amiral de France et gouverneur de Rouen et Calais. Cf., t. I, p. 35.

— *à leur ombre*. Var., *à leur nombre*.

P. 263. — *eft à menees*. Var. *eft amené* et *entre à trouppe*.

— *l'oiseau*, Voir le *Glossaire*. Var., *le hoyau*.

— *& s'enquerir qui n'a pas encore difné*. Var., *et fur la monnoye de fa reputation mandier quelque pauvre repas*.

— *La Limaille*, Jean Robert la Limaille, dit le capitaine la Limaille, mort au siège d'Amiens en 1597.

— *rien fait*. Var., *rien volé*.

— *indignes de juftification*. Var., *de récompenfe*.

P. 264. — *l'Apologie du Roy*. Voir le *Journal de l'Estoile* t. IV, édit. de 1744, où elle est donnée comme étant de Mme de Rohan.

— *hiftoire à propos*. Var., *à ce propos*.

P. 265. — *par les menees*. Var., *par les mains*.

P. 266. — *Rebours*, fille d'un président à Calais. — *Dayel*, jeune Grecque, sauvée du sac de Chypre en 1571, devint une des filles de la cour de Catherine de Médicis. — *Fauffeufe*, dite « la belle Fosseuse », était fille de la cour de Marguerite de Valois. Voir Brantôme.

— *l'hiftoire de Marroquin*, etc. Voir ci-après, pp. 473-476.

— *Pancouffaire*, boulangère. Voir le *Glossaire*.

P. 267. — *du Sieur de Gerdreſt.* Var., *Jardrets, Hadrits.*

P. 268. — *un vieux chien, nommé Citron.* Voir t. I, p. 36. — Après ces mots « ſur le lict du Roy, » on lit aussi : « ſe mourant de faim & chaſſé de tous coſtez. »

— *Il fit ſouvenir l'autheur,* d'Aubigné.

— *en haine de vingt cinq ans.* Var., *dix-huict ans.*

— *le petit fils du Chancelier de l'Hoſpital,* Michel Hurault de l'Hôpital, sieur de Bel-Esbat et de Fay, chancelier de Navarre.

P. 270. — *Belouet,* paroisse de l'élection de Lisieux en Normandie. (Voir ci-après, p. 440.) Le fait eut lieu en 1575.

— *une grande playe.* Var., *une grande place.*

— *le peuple bruſlant de bonnes intentions ferme les yeux,* etc. Dans l'édit. de 1744, on lit : *le peuple brûle de bonnes intentions,* et le reste de la phrase est supprimé.

P. 271. — *le Demoniaque de Laon.* Lisez : la Demoniaque, Nicole Aubry de Vervins, en 1565.

— *fut ſoigneux.* Var., *fut ſeigneur.*

— *l'Eveſque d'Angers,* Charles Miron, depuis archevêque de Lyon.

— *la Diablerie de Saint Maixant.* Voir Rabelais, *Pantagruel,* IV, 13.

— *trop curieuſe inquiſition.* Var., *très curieuſe.*

— *ſon pere,* Marc Miron, sieur de l'Hermitage, premier médecin de Henri III.

P. 272. — *Marthe,* Marthe Brossier, fille d'un tisserand de Romorantin. Voir ci-après, pp. 437, 438. — Bayle déclare ce conte suspect.

— *Monſieur Matras d'Angers,* René Bautru des Matras, assesseur au présidial d'Angers et maire de cette ville en 1604.

— *fuſſent paſſez à la monſtre..., un des Iuges.* Var., *fuſſent examinez premierement par l'Egliſe.*

P. 273. — *s'il vouloit.* Var., *ſi l'on vouloit.*

— *Hautin de la Rochelle,* Hierosme Hautin, libraire.

— *Notre Dame des Ardilliers,* pres de Saumur.

P. 274. — *eſtoit fort contraire à ces inventions..., & ſi j'eſtois.* Var., *eſtoit fort contraire à ces faiſeurs de fables, & ſi j'eſtois.*

— *obedientiam expoſtulat*. Var., *cæcam obedientiam*.
— *aux fontaines de Pougues*. Var., *aux fondations*.
— *aux meſcreans*. Var., *aux mechants*.

P. 275. — *Madame de la Chaſtre*, Jeanne Chabot, veuve de René d'Anglure, épousa, après 1594, Claude de la Châtre, depuis maréchal de France. — La seconde de ses cinq filles, Marie, était femme de Charles de Balzac, seigneur de Marcoussy. — Quant au *Seigneur de Montigny*, François de la Grange, il était lieutenant-général du Roy dans le Dunois et le Vendomois et il fut depuis maréchal de France.

— *Sainct Laurent des eaux*, près de Beaugency, sur la Loire.
— *la Sous-dame*. Var., *la ſourdaine*. — Plus loin ce même mot a été travesti en « la fœur pénitente. »
— *avoir non enterree, mais..., ſe trouva*. Var., *avoir été enterrée, ſe trouva*.

P. 276. — *Madame de la Chaſtre lui aidaſt à faire ſortir*. Var., *on fit ſortir*.

P. 277. — *en fait un Traicté*. Var., *en a fait*. — D'après Le Duchat, ce traité aurait été publié vers 1594.

P. 278. — *le Livre des Marchands*, imprimé, sans nom d'auteur, à Neufchâtel, en 1534; réimprimé à Frankenthal en 1588, sous le titre de *Livre des marchands, ou pluſtoſt des affronteurs ou vendeurs de hapelourdes*. On a aussi de Louis Regnier, sieur de la Planche, le *Livre des marchands de Paris*, dirigé contre les Guises (1565), et de Jean Chassanion l'*Excellent Traité de la marchandiſe des Preſtres* (Hanau, 1603); — *le Chevalier Chreſtien*, écrit en latin par Érasme, traduit en français et imprimé à Lyon par Étienne Dolet; — *Sac & pieces*, etc., attribué à des ministres de Genève; — *l'Inventaire des reliques*, composé par Calvin en 1543 et depuis réimprimé.

— *en Catholique Romain*. L'édit. de 1744 ajoute : « pour le repos de ſa conſcience. »
— *l'an 1585*. Var., *1583 et 1546*.

P. 279. — *dix mille martyrs*, etc. Ce sont dix mille soldats que l'empereur Adrien aurait fait massacrer à Alexandrie pour n'avoir pas voulu sacrifier aux idoles.

— *l'Ange Gabriel*. Entre ces mots et *les pierres de la feneſtre*, l'édition susdite intercale maladroitement « une hache (en note *un han*) de S. Joseph fendant une bûche. »

— *un esternuement*, etc. Voir ci-après p. 428.

— *la vertu des Saincts Joyaux*. Var., *de sainct Goyaux*.

— *la Sarbatane*. Cf. le conte de *L'Hermite* de La Fontaine.

P. 280. — *Rochepot*, Antoine de Silly, comte de la Rochepot.

— *le grand Prieur*, le chevalier Salviati (Cf. p. 286) et Camille étaient deux italiens attachés à la personne de Henri III.

— *Reveillon*, Louis d'Ansinville, sieur de Reveillon.

— *Vous parlez comme une femme*. Cf. *Hist. univ.*, III, col. 258.

P. 281. — *Sainct Severin*. Cf. *Hist. univ.*, III, col. 225 et 310. — *Duhalde & Soupitre*, valets de chambre du Roi et pourvoyeurs de ses plaisirs.

— *Le Roy lui repliqua*, etc. Ce passage est ainsi modifié dans l'édit. de 1744 : « Le Roy lui répondit : Je vois bien que vous tenez le parti des femmes; mais je vois que vous n'êtes pas ignorant, etc. »

P. 282. — *Comte de Maulevrier*, Charles de la Mark, comte de Brenne et de Maulevrier, était capitaine des Cent-Suisses de la garde du Roy.

— *du jeune Rosni*, Philippe de Béthune, le plus jeune des deux frères du duc de Sully.

— *Appellez tous ainsi ma tante*. Var., *n'appellez pas ainsi ma tante*. Tallemant, qui raconte aussi cette anecdote (Voir t. Ier, p. 14), l'applique à la princesse de Condé et il modifie ainsi le premier vers : *c'est fort mal connoistre ma tante*.

P. 283. — *Si je contois les espousailles*. Voir *Tragiques* (*Princes*), t. IV, p. 95.

— *adveillé*. Var., *agenouille*. Voir le *Glossaire*.

— *le Connestable*, Henri de Montmorency; il ne fut créé connétable qu'en 1593.

— *Les jeunes Deputez des Etats de Blois*. L'énumération qui suit est transposée à la fin de la phrase, dans l'édit. de 1744.

— *dez le temps de sa sarbatane*. Vers 1580. Cf. *Hist. univ.*, II, col. 1031, et aussi notre t. IV, p. 102.

P. 284. — *Monsieur Pinart*, Claude Pinart, sieur de Cramailles.

— *fut adjoufté.* La parenthèse qui suit n'existe pas dans l'édit. de 1744.

— *avec grains benits...*, Gringuenaudes. Var., *avec grains qu'on appeloit benits, et autrement quiriquenaudes.*

P. 285. — *Chaftillon,* François de Coligny, fils de l'Amiral.
— *Chambaret,* Louis de Pierre Bussiere ? Var., *Chambret.*

— *le coup de tonnerre.* Cf. Hift. univ., III, col. 327.

P. 286. — *ce mefchant Comte de La Rochefoucaut.* Voir ci-après, p. 349.

P. 287. — *Picard.* François le Picart, docteur de Paris et doyen de Saint-Germain-l'Auxerrois, 1504-1556.

P. 288. — *Maiftre Pierre Ponfet,* ou plutôt, suivant Le Duchat, Maurice Poncet, docteur en théologie dans l'Université de Paris, mort en 1586.

— *Gentilhomme Prefcheur.* Var., *gentil prefcheur.*

— *Renardiere de Bretagne.* Voir ci-après, p. 586.

P. 289. — *au Pfeaume 105... les Apoftres.* Var., *à la page 230.*

— *qui fe font communement fervir ainfi.* Var., *qui fe font par commandement fervir ainfi.*

— *les Chombes blefmes.* Ces trois mots manquent dans l'édit. susdite. Nous ignorons ce qu'ils veulent dire.

P. 290. — *avant les offrir à Saturne.* Var., *avant que de les immoler.*

— *l'empliffoient d'hommes vivans.* Depuis ce dernier mot jusqu'à *defquels Theopompe,* trois lignes manquent encore.

P. 291. — *Sainct Mathurin.* Ce saint était invoqué pour la guérison des fous.

— *d'entre nous.* Var., *de nous trois.*

— *fur les Pythagoriciens.* Var., *fur les Pythagoriciemens.*

— *Monfieur du Bouchage.* Henri de Joyeuse, 1567-1608, maréchal de France en 1597, avait été une première fois capucin sous le nom de P. Ange, de 1587 à 1592; il reprit le froc en 1599. On connaît les vers de Voltaire (*Henriade,* chant IV) :

> *Vicieux, pénitent, courtizan, solitaire,*
> *Il prit, quitta, reprit la cuirasse & la haire.*

— *une croix qui peſoit comme tous les Diables*. Var., *une croix de poids inſupportable*.

— *Monſieur de Montpenſier*, François de Bourbon, gouverneur de Normandie, mort en 1592.

— *le myſtere de la moralité*. Var., *le maiſtre de la moralité*.

— *Babelot*, Cordelier, se signala par sa fureur contre les Huguenots, dont il fit pendre un grand nombre. Ceux-ci l'ayant pris à Champigny en Poitou, le pendirent à son tour.

P. 292. — *vouloit ouïr*. Var., *alloit ouïr*. — Voir sur cette procession *Hiſt. univ.*, III, col. 116.

P. 293. — *un bel ambaſſade*. Var., *un emploi*.

— *Le Comte macquereau... pratiqua*. Var., *Il pratiqua*.

— *N'ay-je pas fait conoiſtre à Sainct Euſtache*. Var., *n'ai-je pas connu*.

P. 294. — *la Ducheſſe de Guyſe*, Catherine de Clèves, sœur cadette de Henriette de Clèves, *duchesse de Nevers*.

— *Comte de la Chappelle*, François d'Escoubleau de Sourdis, d'abord comte de la Chapelle-Bertrand, prit les ordres et devint cardinal et archevêque de Bordeaux. — Son frère cadet, *Virginal d'Eſcoubleau*, lui succéda dans le titre de comte de la Chapelle et se fit ensuite nommer duc d'Alluye. La mère de ces deux comtes était tante de Gabrielle d'Estrées. Cf. ci-dessus, p. 254.

— *le Cardinal de Florence*, Alexandre de Médicis.

— *la fingeſſe du Cardinal*. Voir ci-après, p. 647 et *Hiſt. univ.*, I, col. 5.

— *le College remontrant à Sa Sainteté, comme il avoit fait*. Var., *le College lui remontrant qu'il avoit fait*.

— *lui ſuſcita par le moyen de... ſon homme, un Confeſſeur*. Var., *lui ſuſcita un confeſſeur*.

P. 295. — *Qui dedit ante duas*. Distique traduit ainsi :

> De trois couronnes, la premiere
> Tu perdis, ingrat & fuyard ;
> La ſeconde court grand hazard ;
> Un razoir fera la derniere.

P. 296. — *des œuvres pies. Renardiere... ſur ce mot d'œuvres pies, mais Ponſet*, etc. Var., *des œuvres pies ; mais Poncet*.

— *que la verolle retenoit.* L'édition de 1744 ajoute « et cinq qui étoient en couche. »

— *Surefne,* ou Sorraine, maître d'hôtel du duc d'Anjou, puis maréchal de camp, sous les ordres de Fervacques.

P. 297. — *L'Evefque... de Xainctes,* Nicolas Cornu, mort en 1617; — *l'Abbeffe de Xainctes,* Françoise de La Rochefoucauld, morte en 1607. Sa sœur Jeanne était la prieure du Pont-l'Abbé.

— *la refponfe de Verville,* François Beroalde, sieur de Verville, auteur du *Moyen de parvenir,* et fils de Mathieu Beroalde. Voir I, 7.

P. 298. — *& n'y a rien qui deftruife tant les rivieres.* Manque dans l'édit. de 1744.

— *les marefchaux de Montmorency & de Coffé,* le premier, François, fils aîné d'Anne de Montmorency et frère de Damville; le second, Artus de Cossé-Brissac; ils furent enfermés à la Bastille en 1575 et la Cour fut accusée d'avoir voulu les empoisonner.

— *Roüet,* fils de Louis de la Renaudière de la Guiche, seigneur de l'Isle-Rouet en Poitou; — *Lymeul,* Isabelle, fille de Gilles de la Tour, baron de Limeuil en Périgord.

P. 299. — *plus vigoureux.* Var., *pour être vigoureux.*

— *fe fauva.* Cette retraite du prince de Condé fut le commencement de la seconde guerre de religion en 1567.

— *Morlas.* Cf. ci-dessus p. 238, ci-après p. 303, et aussi *Hift. univ.,* III, col. 405.

— *fon gibier.* Voir, *fes crédules.*

P. 300. — *du pays de fapience.* c'.-à-d. de Normandie.

— *fait fage.* Var., *fait haye.*

— *le pauvre de Sponde.* Cf. ci-dessus, p. 237.

— *Dandelot,* Charles, fils aîné de l'amiral de Coligny. Voir *Hift. univ.,* III, col. 463.

P. 301. — *de Guerres.* Cf. ci-dessus, p. 237.

— *le Baron de Salignac,* Jean de Gontaut-Biron, qui avait épousé Marguerite Huraut de l'Hospital.

P. 302. — *l'Indice expurgatoire.* Voir ci-dessus, p. 245.

P. 303. — *resjoüit les boyaux & le ventre de Parifiere.* Var., *qui rejouit le cœur d'un chacun & remplit le ventre d'un parafite.*

— *la femme de Santeny.* Ce Santeny ou Santiny fut fait intendant des finances après la mort de d'O.

— *à chaſſer Eſpernon de Provence,* lorsque Henri IV, en 1594, donna le gouvernement de celui-ci au jeune duc de Guise.

— *les Princes en Carrabins.* Après ces mots, on lit encore dans l'édit. de 1744 : « les partifans en momie, s'il plaît à Dieu, notifiée au gibet, et en nos jours des infolens en des Souverains et des Princes à la mode, *in partibus infidelium.* »

— *quam diſpari domino dominaris?* Voir ci-après, p. 644.

— *en potages d'Eſtat, ſes poulets de chairs en poulets de papier.* Var., *en hipotages* (ou *tripotages*) *d'Etats & les poulets de papier en poulets de chair humaine.* D'A. dit ailleurs de ce personnage : « Un nommé La Varenne, premierement cuiſinier de Mme Catherine, fœur du Roy, longtemps ſon porte-manteau, depuis devenu ſon conſeiller d'Eſtat. »

— *Lanſac,* Louis de Saint-Gelais Lansac ; — *Lavardin,* Jean de Beaumanoir, sieur de Lavardin ; — *Marquis de Belle-Iſle,* Charles de Gondi, fils du maréchal duc de Retz ; — *Protaſius,* le cordelier, Jean Protaise.

— *Le feu Eveſque de Valence,* Jean Montluc, père de Balagny, gouverneur et prince de Calais, maréchal de France, marié d'abord à Renée de Clermont d'Amboise, puis à Diane d'Estrées, l'aînée des sœurs de Gabrielle.

P. 304. — *un bel argument.* Var., *un plus bel argument.*

— *le Preſident Briſſon & ſes compagnons* furent pendus au petit Châtelet. D'A. a confondu avec Louchard et trois autres des Seize que Mayenne fit pendre au Louvre.

— *reconciliee au Dieu de paix.* L'édit. de 1734 ajoute : « par la prédication de ſa parole. »

P. 307. — *Mathurine,* femme folle, qui suivait la Cour et y était tolérée pour ses bouffonneries. — *jeune du Perron,* Jean Davy, sieur de la Guette, frère cadet de l'évêque d'Évreux.

— *Sainɥe Egliſe Romaine.* Var., *ſainte Mère Égliſe Reformée.*

— *Vignolles,* Bertrand, baron de Vignoles, en Saintonge, capitaine des gardes du roi de Navarre, puis maréchal de camp, était huguenot et se fit catholique pour plaire à la veuve de Charles de Montluc, petit-fils du maréchal.

P. 308. — *Sainte Marie du Mont,* Henri Robert Aux-épaules, baron de Sainte-Marie du Mont, se convertit en 1600. Il mourut en 1607.

— *Chefnaye,* la Chesnaye-Lalier, qui devint, après sa conversion, gentilhomme ordinaire de Marie de Médicis.

P. 309. — *le petit La Roche.* Voir ci-après, p. 648. — *Zamet,* Sébastien Zamet, financier italien, 1549-1614, était fils d'un cordonnier. — *La Varenne.* Voir ci-dessus, p. 303.

— *ſes contenances.* Voir ci-après, pp. 387-392, et aussi t. IV., p. 109.

P. 310. — *s'en eſſuyoit les mains.* Voir ci-après, p. 565.

— *les Preſidents d'Auberville & de Commartin.* Pour le premier, on lit aussi d'*Aubeyille* et *Jambeville* (Le Duchat). Quant à Louis Le Fèvre, sieur de *Caumartin*, il fut président du grand Conseil et conseiller d'État, puis garde des sceaux en 1622.

P. 311. — *à la mode de Gratiane.* Mlle de Gratiane était une des filles de la suite de la princesse de Navarre.

— *la Marquiſe de Guercheville.* Antoinette de Pons, qui épousa d'abord Henri de Silly, comte de la Roche-Guyon, puis Charles du Plessis-Liancourt, premier écuyer et gouverneur de Paris.

P. 312. — *Engoulevent,* bouffon de la Cour, comme Me Guillaume et Mathurine elle-même. — *Sybillot,* cité plus loin, est un autre bouffon.

— *l'abolition de la Fin.* Jacques de la Fin, oncle du vidame de Chartres, découvrit au Roy la conspiration du maréchal de Biron et reçut en récompense des lettres d'abolition pour tous ses crimes passés; il fut tué en 1606 sur le pont Notre-Dame et ses assassins ne furent point poursuivis. — *la legende de Sainct Nicaiſe,* satire sanglante dirigée contre Claude de Guise, abbé de Cluny et auparavant abbé de Saint-Nicaise de Reims. L'auteur de ce pamphlet était un certain Dagoneau, sieur de Vaux, juge de Cluny.

P. 313. — *le petit homme..., l'œuvre de creation.* Il s'agit des pratiques insensées auxquelles se livraient encore les adeptes des sciences occultes, notamment ceux qui croyaient à la possibilité de créer artificiellement un être humain, l'*homunculus*. On peut lire à cet égard Paracelse, *De Natura rerum,*

II, 1, p. 86 (édit. de 1658). Gœthe s'est inspiré de ces idées au début de son Faust.

— *On m'a vifite, efprouve chez la Princeffe.* Var., *En ma vifite chez la Princeffe.*

— *les precurfeurs.* Var., *les predéceffeurs.*

P. 314. — *Bonniere,* Huguenot, gentilhomme servant chez le roi de Navarre ; — *Guedron* et *du Conroy,* deux célèbres musiciens du temps.

— *la furintendance des chanteurs.* Var., *des Chartreux.*

— *il ne faut pas fuivre leurs œuvres.* Var., *faire leurs œuvres.*

— *Cela pourra fervir.* Var., *Celle-là pourra fervir.*

P. 315. — *la Broffe,* Pierre Loyer d'Anjou, sieur de la Brosse, philosophe, jurisconsulte et poète; — *Beaulieu,* Théophraste Bonju, sieur de Beaulieu, conseiller et aumônier du roi. Il ne doit pas être confondu avec le prévôt de Beaulieu (p. 242), ni avec le secrétaire d'État, Martin Ruzé, sieur de Beaulieu, cité un peu plus loin.

— *la Conneftable,* la femme de Henri de Montmorency, Louise de Budos, morte en 1599, ou Laurence de Clermont, qui lui succéda.

— *l'Abbé de Tyron,* le poète Philippe Desportes, oncle de Mathurin Regnier, 1546-1606.

— *le Comte de Tonnerre,* Charles-Henri, comte de Clermont-Tonnerre, vicomte de Tallard.

— *la fable des eftrons.* Var., *des eftrons qui difent.*

P. 316. — *Vitry,* capitaine des gardes du Roy ; — *le Comte de Soiffons.* Voir ci-dessus, p. 257.

— *avec fa mine.* Var., *à voir fa mine.*

— *Il commance par conclufions,* etc. Passage altéré et fort obscur. Dans ces mots « par conclufions » faut-il voir une allusion au mariage que le comte de Soissons voulait *conclure* avec la sœur du roy ? et dans ces trois mots *Rempino* ou *rampino* (croc), *forca* (fourche), *impica* pour *impicatura* (pendaison), une autre allusion à l'état misérable dans lequel Henri IV laissait ses vieux officiers?

— *Salette,* ou *Sallettes,* chanoine d'Évreux. — *Condel,* prieuré du diocèse de Chartres.

P. 317. — *la tiarre du Pape.* Var., *la thiarre du Diable.*
— *empaſter par l'ambition.* Var., *emporter par l'ambition.*
— *porcs d'eſlite.* Var., *peres d'élite.*

P. 319. — *nos Miniſtres gagneʒ.* Voir *Hiſt. univ.*, III, col. 501 et suiv. — *cinq morts,* Rotan, de Serres, de Vaux, Morlas, Sallettes; *l'autre chaſſe,* Cayet.

— *comme de commencer la meſſe par un* Et. Voir ci-après, p. 425.

P. 320. — *uſer du Sainct Decret.* Parmi les recueils des Décrétales, on appelle communément le *Decret,* le *Saint Decret,* celui de Gratien, formé en 1151 et qui fut depuis complété par Grégoire IX et Boniface VIII.

— *une venuë à ce paſſage.* Var., *une touche à ce paſſage.*

P. 322. — *frere Gilles.* Voir l'*Apologie pour Hérodote,* ch. 22.
— *à l'ancien modelle.* Var., *à l'ancienne mode.*
— *en l'honneur de Cloris.* Var., *pour l'amour de Clovis.*
— *le prix qui leur eſt ordonné.* Après ces mots, on lit dans l'édit. de 1744 : « La Chandeleur, qu'eſt-ce autre choſe que le *Februaria* des Anciens, avec leurs chandelles allumées; *Arvalia,* ce que l'on fait au temps des moiſſons ? & la veille de la S. Jean n'eſt autre choſe que *Palilia,* fête de Palès, Déeſſe des troupeaux, que l'on croyoit garantir de tous maux, en les faiſant paſſer près des feux que l'on allumoit durant la nuit. »

P. 323. — *au bon homme Benoiſt.* Est-ce le curé René Benoît ? Voir ci-dessus, p. 245.

— *Sainct Foutin,* corruption de *saint Photin* ou *Pothin,* premier évêque de Lyon.

— *prindrent Ambrun,* en 1585.
— *un Priape de bois.* Var., *de trois pieces.*
— *Quand ceux d'Orange ruinerent,* etc., en 1562.
— *de Cruas.* Var., *de Civès.*

P. 324. — *la Riviere,* premier médecin de Henri IV, mort en 1605. C'était un catholique peu ardent. Il a publié en 1578 des Aphorismes contenant un abrégé de la doctrine de Paracelse. Voir, t. I, pp. 422 et suiv., plusieurs lettres de d'A. adressées à ce médecin.

— *il eſt Papiſte pour la reputation.* Var., *il eſt Romain pour le profit.*

— *Maiſtre Gervais, Philoſophe de Magné,* près de Niort. Voir ci-après, p. 548.

— *pluſieurs adverbes, comme* corporellement, etc. On comprend qu'en parlant de l'eucharistie, les prédicateurs catholiques devaient user fréquemment de ces adverbes.

— *Ce paillard.* Var., *Ce gaillard.*

— *Biſſouʒe,* de Viçose ou Visçose, secrétaire du roi de Navarre, puis secrétaire d'État. — *de Royan,* Gilbert de la Trimouille, marquis de Royan. Son titre d'ambassadeur en Canada n'est qu'une plaisanterie.

— *comme Bridoye.* Voir Rabelais, *Pantagruel,* III, 57.

P. 325. — *Le Curé des Eſchilleʒ,* ou Eschilais, village de Saintonge, du ressort de Pont-de-Xaintes. Voir ci-après, p. 588.

— *à l'aube.* Var., *à l'autel.*

— *frere Jan Bonhomme,* Han ou Hans, religieux minime du couvent des Bons-Hommes, près de Paris, fameux par la violence de ses sermons. Il mourut en 1562.

— *coüilles de Lorraine.* Voir Rabelais, *Pantagruel,* II, 1 et III, 8.

P. 326. — *tant de nuages.* Var., *tous les nuages.*

P. 327. — *les tiltres d'Empereur de Rome.* Var., *le titre de Roy des Romains.*

— *l'autheur du livre intitulé* Carolus Magnus redivivus. Jean Guillaume Stuk. Ce livre parut à Zurich en 1597, et fut réimprimé en 1612.

P. 328. — *la bourſe du Grand Duc,* de Toscane. Var., *la Cour.*

— *les benefices ſans cures,* sans cure ou charge d'âmes. Voir *Hiſt. univ.,* III, col. 408.

P. 329. — *la Diane des Epheſiens.* « Qui examinera bien ces quatre dernières lignes, verra qu'elles attaquent Henri IV, M. de Rosni et la duchesse de Beaufort. » [Le Duchat.]

P. 330. — *Quelque gouſt de ſalut.* Var., *Quelque jour de ſalut.*

— *je reſolus d'obliger en moi.* Var., *je me réſolus en moi d'obliger.*

— *affoiblir le parti Huguenot.* Voir pour tout ce chapitre IV l'*Hiſt. univ.,* III, IV, 11.

P. 331. — *du Fay*, petit-fils du chancelier de l'Hôpital et chancelier de Navarre. Cf. *Hiſt. univ.*, III, col. 501.

— *inſtrument trompeur.* Var., *juſtement trompeur.*

— *Madame Martine*, femme d'un médecin du prince de Condé, était la maîtresse de du Fay.

— *la clef des ſeaux de Navarre.* Var., *ſeaux de nature.*

P. 332. — *les Conſiſtoriaux & bruſlables.* Les premiers étaient ceux qui se refusaient à ce qu'on relâchât jamais rien de la sévérité de la discipline; les *bruſlables*, les Huguenots, qui, sans être bien instruits de la discipline de la religion réformée, étaient néanmoins prêts à tout souffrir pour sa doctrine.

— *remittere Reip. Chriſtianæ noviſſimum caſum.* L'édit. de 1744 traduit : « quitter à la chrétienneté ſon dernier échec, » et ajoute : « c'.-à-d. donner et quitter à la chrétienté ſes intérêts particuliers, pour la ſauver de ſa ruine. »

— *celui qui le ſeconda.* Michel Beraut, ministre de Montauban. Cf. ci-dessus, p. 238.

— *pour le moins.* Var., *ſinon pour le moins.*

— *inutile à noſtre Religion.* Var., *à noſtre Egliſe.*

— *Salvaiſon*, Jacques de Salvaison, gentilhomme du Périgord, renommé pour son habileté à surprendre les places. Voir de Thou et les *Commentaires* de Montluc.

P. 333. — *Serres*, Jean de Serres, ministre à Orange. Voir *Hiſt. univ.*, II, col. 1004, et III, col. 405. — *Chouppes.* Voir ci-après, p. 352.

— *en ce temps-là*, c'.-à-d. en 1594.

— *Source, ancien de Cour, qui fit faire de ſi beaux ſermons à Mermet.* Var., *Source, ancien, de la Cour qui a fait de ſi beaux ſermons, & Marmet.*

— *Viſſouʒe.* Voir ci-dessus, p. 324; — *Lomenie.* Voir t. I, p. 307; — *Maineville*, partisan des princes de Lorraine et conseiller d'État depuis 1585; — *de Royan.* Voir ci-dessus, p. 324.

P. 334. — *je monſtre qu'ils ſont*, etc. Var., *ils montrent qu'ils ont.*

— *de leurs Apoſtres.* Addition de l'édit. de 1744, « pour ſe défaire des princes peu complaiſans à leurs maximes. »

— *Fougasse,* François de Fougasse, sieur de la Bartelasse.

— *du Prince de Condé.* Le Duchat lit « du prince de Conti. »

P. 335. — *Nil habet infelix,* etc. Juvénal, *Sat. III,* v. 152. Cf. ci-après, p. 371.

— *rend les hommes ridicules.* L'édit. de 1744 ajoute : « & contemptibles, tendant au port propoſé par navigation..., mais changeant de route & de vent. Philoſophons, etc. »

— *le deſſein d'eſtre Huguenot.* Var., *le deſſein des Huguenots*

— *Quant au contraire j'ay veu.* Var., *Quant au contraire j'eus.*

P. 336. — *leur rompre la foi.* Var., *rompre leur foi.*

— *Cheredame,* un descendant, sans doute, de Jean Cheradame, professeur de grec sous François Ier.

— *benefice de Bandouille,* prieuré situé alors dans le diocèse de Maillezais et depuis dans celui de la Rochelle.

— *poſſederont la terre.* Var., *heriteront la terre.*

— *voici la clauſe.* Var., *voyez la cauſe.*

P. 337. — *Quelle aiſe peut-il avoir.* Var., *Quelle joye peut-il y avoir.*

P. 338. — *Je vids la fiance qu'ils avoient en une ame agitee.* Var., *Je vids en France qu'ils avoient une âme agitee.*

P. 340. — *au livre de du Pleſſis,* le livre *De l'Inſtitution, Uſage & Doctrine de l'Euchariſtie* (1598).

— *il y a environ dix huict ans.* « Il est bien ſûr que la *Confeſſion de Sancy,* qu'on peut dire avoir été commencée auſſitôt après que cet homme ſe fût fait Catholique, ſçavoir vers le printemps 1597, fut augmentée & pourſuivie par l'auteur pendant plus de vingt ans : cela paroit non-ſeulement de cet endroit-ci, mais auſſi de ce qu'ailleurs (p. 310) on y cite le quatrième livre du *Baron de Fœneſte,* qui conſtamment n'a paru qu'après l'année 1619. » (Note de Le Duchat.)

P. 341. — *cet orthodoxe,* probablement le *Traité orthodoxe de l'Euchariſtie,* imprimé à la Rochelle, auquel Cayet répondit en 1595.

— *effleurer les matieres.* Var., *aſſurer les matières.*

— *c'eſt le ſtyle le plus courtiſan.* Var., *c'eſt le plus courtiſan.* Il s'agit du *Traité de la Meſſe* que le jésuite Richeome écrivit contre du Plessis. Ce même Richeome avait fait paraître en 1597 trois Discours *fur les Miracles, les Saints & les Images*, et en les dédiant au Roi il les comparait à trois bataillons de vieilles troupes. Cf. t. I, pp. 405-411.

— *le livre de* la Verité defenduë, lourde réponse que publia en 1595 le même Richeome, sous le nom de François des Montaignes, contre le plaidoyer prononcé en 1594 par Me Antoine Arnaud en faveur de l'Université de Paris, plaidant contre les Jésuites.

— *croquans, qui portoient morions dore*z. Ces croquants sont les mauvais raisonnements contenus dans des livres bien reliés et dorés sur tranche.

P. 342. — *& le teftament qu'il fit en mourant par lequel il donne...* Var., *qui donne*. C'est le jésuite Clément du Puy qui fit courir le premier le faux bruit de la mort de Théodore de Bèze et attira par là sur lui-même, et sur son ordre, une foule de pamphlets mordants.

— *Paffevent*. Plusieurs auteurs se sont déguisés sous ce nom ; mais ici c'est Théodore de Bèze qui, sous le nom de *Benedictus Passavantius*, avait publié, en 1553, contre le président Lizet, une épître en style macaronique, dont le succès avait été considérable.

— *le Curé de Sainct Gervais*, peut-être Jean Lincestre, un des plus fougueux prédicateurs de la Ligue.

— *la feuë bonne femme Royne fa compagne*, Catherine de Médicis. Voir *Hift. univ.*, I, col. 198.

— *ce livre de Saint Clement*. Les *Conftitutions apoftoliques*, au chap. 46 du VIIe livre.

P. 343. — *du temps*. Var., *du temple*.

— *Campianus*, Edmond Campian. Voir t. I, p. 59.

P. 344. — *Monfieur St Panigarole*, évêque d'Asti. Voir loc. cit. et ci-après, p. 590.

— *l'Evefque de Bitonte*. Cornelio Musso, évêque de Bitonto, dans la Pouille.

— *lor fur*. Il faut lire : *lor fer* ou *far* (leur sera). Cf. *Hift. univ.*, II, col. 542.

— *Reboul*, Guillaume Reboul, auteur de méchantes satires contre les Réformés, changea de religion, puis se vit forcé de se réfugier à Rome, où, ayant écrit une pasquinade violente contre le pape Paul V, il fut condamné à mort et exécuté en 1611.

— *la conſcience d'un converti.* Var., *la conſcience en ſuſpens d'un nouveau converti.*

— *le Docteur Boulanger,* le jésuite Jules-César Boulanger, aumônier du Roy, né à Loudun d'un médecin natif de Troyes. Il fut le premier à attaquer le livre de du Plessis et s'attira par là une verte réponse qui le réduisit au silence.

P. 345. — *in magnis voluiſſe ſat eſt.* Voir la procession des États de la Ligue *(Satyre Ménippée,* p. 48, édit. Ch. Read, 1876).

— *Michau.* Ce nom, dit Le Duchat, déguise peut-être celui de Michel Béraud, et *Maiſtre Auguſte* doit être quelque neveu de *Jules Cesar* Boulanger.

— *de la Provence, d'où à toute heure venoient qui avoient veu.* Var., *de la Provence, qui avoit vu.*

— *l'entree de Doremet,* protestant qui, ayant changé de religion, fit pour son *entrée* en l'Église catholique un traité *Sur la réunion des Religions.*

— *Sponde le jeune,* Henri de Sponde. Voir ci-dessus, p. 237.

— *la veſve,* de Jean de Sponde, son frère aîné.

P. 346. — *M. Reymond,* Florimond de Raimond. Voir ci-dessus, p. 238.

— *leurs plaintes imprimees,* sur l'ordre de l'assemblée de Chatelleraut, en 1597.

— *Rabeſne,* Jean de Rabesne, seigneur d'Usson.

P. 348. — *quæ virilibus curis, etc.* C'est du Fay qui attribua le premier à Catherine de Médicis cette observation de Tacite sur Agrippine, femme de Germanicus *(Ann., VI, 25).*

— *le Prince Portian,* Antoine de Croy, prince de Porcian, qui en 1565, sur l'ordre du maréchal de Montmorency, gouverneur de Paris, s'opposa à l'entrée dans cette ville du cardinal de Lorraine. Celui-ci se vengea de la peur qu'il avait eue en faisant empoisonner le prince de Porcian *(Hiſt. univ.,* I, col. 290). Voici le premier couplet de la chanson à laquelle il est fait ici allusion :

> *Le Cardinal s'en venoit*
> *A Paris à grand puissance,*
> *Et avecques luy amenoit*
> *Des Guisards plains d'arrogance,*
> *Esperant par son pouvoir*
> *Faire le peuple esmouvoir,*
> *Comme il a fait autrefois*
> *En abusant de deux rois.*
> *Mais monsieur le Mareschal*
>   *Luy fist bien sa saulce.*
> *Fy, fy, fy du Cardinal*
> *Qui ch… en ses chausses.*

— *les nouvelles du tableau*. Le pape avait envoyé au cardinal, pour le remercier de son zèle en faveur du Saint-Siège, un tableau de Michel-Ange représentant la Vierge tenant entre ses bras l'enfant Jésus. Un Lucquois, ennemi du cardinal, avait trouvé moyen de se faire remettre ce tableau par le messager, ainsi que la lettre d'envoi, et lui avait substitué un autre tableau, où le cardinal de Lorraine, la Reine sa nièce, la reine mère et la duchesse de Guise étaient représentés nus et mutuellement entrelacés.

P. 349. — *A Millau*, Milhau, en 1574. La paix qui fut concédée aux Réformés est la paix de Monsieur (1576), qui remplaça celle de la Rochelle.

— *M. de Pybrac*, Guy du Faur, seigneur de Pybrac, l'auteur des *Quatrains moraux*, 1529-1584. Voir tout le récit de cette scène, *Hist. univ.*, II, col. 978, 979.

— *desrobées à St-Martin de Tours*, en 1562.

— *le Comte respondit*. Voir ci-dessus, p. 286.

P. 350. — *Pour toucher vos asnes*. Voir *Hist. univ.*, I, col. 196.

— *le Roy de Navarre ayant envoyé Aubigné*. Dans *Sa Vie*, d'A. fait allusion à ce voyage. T. I, p. 49.

— *du pauvre potier Maistre Bernard*. Bernard de Palissy mourut de vieillesse (1589?) à la Bastille où il avait été enfermé. Quant à la visite que le roi lui aurait faite, d'A. est le seul qui en fasse mention. Voir *Hist. univ.*, III, col. 298, et aussi notre t. IV, pp. 185 et 186. — Les *deux sœurs* (p. 351.), ses compagnes de prison, étaient filles de Jacques Foucaud, procureur au Parlement (et non de Surreau, comme le dit d'A.); elles furent pendues et brûlées en 1588.

P. 352. — *La Valliere.* C'est à l'Assemblée de Châtelleraut (1596) que ce gentilhomme huguenot parla ainsi.

— *Calignon* et *Chamier.* Pour le premier, Voir *Hift. univ.*, II, col. 1075. — Daniel Chamier est bien connu; il fut tué d'un coup de canon au siège de Montauban en 1621 : son gros ventre a excité la verve des chansonniers du temps. On lit dans le *Mercure de France* (t. VIII, p. 605 et 606) une chanson qui commence ainsi :

> *Chamier avoit bafti fi fort*
> *Son gros ventre contre la mort*
> *Pour fe rendre à elle imprenable,*
> *Que, pour avoir le compagnon,*
> *Elle a eu befoin de canon,*
> *Sa faux n'eftant affez capable.*
>
> *Ce ventre eftoit fi gras & gros, etc.*

— *Chouppes,* Pierre Chouppes, gentilhomme poitevin, député des provinces d'Anjou, Touraine, Maine, Loudunois et Vendomois à l'assemblée de Sainte-Foy en 1594.

— *il vous tranfpercera le cœur.* D'A. s'est complu à répéter en beaucoup d'endroits cette sinistre prediction. Voir t. I, p. 69.

P. 353. — *On m'appelle O.* Varillas (*Hift. de Henri III*) rapporte que le marquis d'O ne souffrait pas qu'on ajoutât une seule lettre à son nom. Ce qui rend plus mordante la réplique du député, c'est que d'O était surintendant des finances.

— *la Comteffe de la Guiche,* la belle Corisande. Voir t. I, p. 51.

P. 354. — *Madame de Duras,* probablement Marguerite de Grammont, femme de Jean de Durfort, vicomte de Duras, qui fut tué près de Libourne. Voir t. I, p. 47.

P. 355. — *Ce font ces fuggeftes.* Var. *C'eft dans ces glorieux rencontres.*

— *les grués d'Ibicus.* Dans l'édit. de 1744, une singulière inadvertance a fait mettre *grues de Pyrrhus.*

P. 356. — *Comte de Permiffion,* nom donné à la Cour et

dans plusieurs satires du temps, à des ignorants qui se mêlaient d'ecrire sans savoir le français, qui, p. ex., appelaient *terre de permiſſion*, au lieu de *promiſſion*, un terroir gras et fertile. Voir le *Nouveau langage François-italianiſé* d'H. Estienne, Dialogue 2ᵈ.

— *en ſonnant le toxin*, pour empêcher les Huguenots d'entendre les paroles du ministre Jean Malot, qui prêchait près de l'église (Noël 1561).

— *Sainct Eſpin*. Var., *Saint Creſpin*.

— *pour leurs erreurs en la foy*. Var., *pour la foy*.

P. 357. — *le Cardinal Alain*, Guillaume Alain, prêtre anglais, de la province de Lancastre, qui fonda à Douai un séminaire anglais, depuis transporté à Reims par le cardinal de Lorraine. L'*Apologie* d'Alain parut en 1581 et il ne fut nommé cardinal qu'en 1587.

P. 358. — *l'Archeveſque Vallegrand*, Paul Huraut de l'Hôpital, seigneur de Vallegrand et frère de du Fay. Il fut nommé archevêque d'Aix en 1595.

— *Qui dabit*, etc. Properce, IV, VIII, 25.

— *dans Menerbé*, près de Carcassonne, sous Innocent III. — D'A. cite une autre Menerbe « au pied des Alpes, entre La Coſte & Meaubec. »

P. 359. — *tous ces Hyrlandois*. Voir *Hiſt. univ.*, III, col. 689.

P. 360. — *Saincte Foy*, Arnaud Sorbin, successivement prêtre de Monteig en Quercy, recteur de Sainte-Foy, diocèse de Toulouse, prédicateur du Roi en 1568, mort évêque de Nevers en 1606. Il ne fut jamais évêque de Senlis; ce fut le recteur Guillaume Roze, mort en 1602. Selon Mézeray, ce dernier aurait échangé sur la fin de sa vie son évêché de Senlis pour celui d'Auxerre. Voir la *Satyre Menippee*.

P. 361. — *le Pont aux Meuſniers*, à Paris, sur le petit bras de la Seine que traverse aujourd'hui le Pont Neuf; il s'écroula en 1596. — La *Vallée de miſere* est aujourd'hui le quai de la Vallée. Voir *Hiſt. univ.*, II, col. 552.

— *ſon mari*, Henri Darnley, dont la mort tragique, en 1567, fut attribuée à Marie Stuart.

— *Malheureuſe Religion*. Cf. ci-dessus, p. 344.

— *du vieillard* (ou *du vieux*) *de la Montagne*, le chef de la secte des Assassins dans le Liban.

P. 362. — *& vous fçavez ce qui eſt dit de ceux qui veulent perdre leurs ames, que...* Var., *& il eſt dit, que...*

— *Maurevel*, François de Louviers-Morevel.

— *Moüy*, Claude de Vaudré, sieur de Moüy, en Picardie.

— *Moüy le fils*, Arthur de Vaudré.

— *la Chambre des meditations*. Sur cette prétendue chambre où l'on a dit que les Jésuites chapitraient et endoctrinaient ceux qu'ils voulaient employer à leurs desseins homicides, Voir *La Politique des Jésuites* (Cologne, 1689, p. 106 et suiv.).

— *le pitoyable Montferrand*, l'impitoyable gouverneur de Bordeaux en 1572. Il fut tué en 1574 devant Gensac.

P. 363. — *Cheſſé & Maillé Benhart*, le premier, Robert Chessé, Cordelier; l'autre, Jacques de Maillé Benehard. Tous deux en 1589 essayèrent de livrer la ville de Vendôme au duc de Mayenne; Biron les fit mettre à mort. Chessé mourut avec courage; Benehard, après de lâches et inutiles supplications.

— *Pleſſis de Come*, Pierre le Cornu, sieur de Plessis de Côme, gouverneur de Craon en Anjou. Voir *Hiſt. univ.*, III, col. 632.

— *Fontenelle*, Guy Eder de Beaumanoir, baron de Fontenelle; il fut rompu vif en 1602 comme complice du maréchal de Biron.

— *nos Martyrs de Blois*, Henri, duc de Guise, Louis, cardinal de Guise, tués en 1588, et leur *pere*, François, duc de Guise, assassiné par Poltrot de Méré, en 1563.

— *l'autre par fa femme*. Voir ci-dessus, p. 238.

— *St Bourgoin*, prieur des Jacobins, confesseur de Jacques Clément; — *St Guinard*, Jésuite, complice de Pierre Châtel; — *St Joanille*, qui essaya en 1582 d'assassiner le prince d'Orange, Guillaume de Nassau; — *St Garnet*, le Jésuite Henri Garnet, l'un des auteurs de la conspiration des poudres, pendu et mis en quartiers à Londres, en 1606.

— *le Preſident Briſſon*, président du Parlement de Paris pour les Ligueurs, pendu par les Seize en novembre 1591; — *les* cinq Martyrs, Louchard, Auroux, Emonot, Ameline, tous quatre des Seize, et un certain Barthélemy, pendus le 4 déc. suivant par le duc de Mayenne; — le Sainct Boureau, Jean Rozeau, qui ne fut pendu qu'après la réduction de Paris.

P. 364. — St Pere Henry d'Anvers, Jésuite qui, d'après un libelle du temps, aurait été brûlé à Anvers le 2 avril 1601, comme sodomite; — S... de Saumur. Ce serait, d'après la Vie de M. du Plessis, un moine nommé Anastasio de Vera, entaché du même vice : il fut pendu en 1602. Ses deux complices, *l'escolier & le Sergeant, qui ne furent que fouettez*, se nommaient l'un Nicolas Gérard et l'autre Mathieu Rolland.

— *le Comte de la Rochefoucaut*. Voir ci-dessus pp. 286 et 349.

— *un exercice de leur pieté fort estrange*. L'édition de 1744 ajoute : « mais familier à cette sorte de saints. »

P. 365. — *Cotton*. Ce père, allant au Louvre le soir assez tard, en février 1604, fut attaqué et blessé par des pages et des laquais qui le poursuivaient en criant : « Vieille laine, vieux coton. »

— *M. S. Baumier*. Voir ci-après, pp. 497-499.

P. 366. — *Ce badin de Luat*, Ange Cappel, sieur du Luat, frère puîné du ministre Louis Cappel, prétendait descendre de la maison de Courtenay.

— *Du Fay*. Le *Franc & libre Discours* qu'il avait composé en faveur du roi de Navarre en 1588 lui avait valu la faveur de ce prince; il la perdit quatre ans après, pour en avoir abusé autant que pour avoir changé de religion. Cf. ci-dessus, p. 331.

P. 367. — *le Ministre de Vaux*, Gilbert de Vaux, ministre à Milhau. Voir *Hist. univ.*, III, col. 626.

— *que vous sçavez. De bon heur.* Var., *que vous sçavez avoir promis leur perfide entremise de bonne heure.*

P. 368. — *le Synode National de Montpellier*, en 1598.

P. 370. — *un petit centonet*. L'édit. de 1744 n'en donne que la traduction.

P. 371. — *une faute*. Var., *une feinte*.

P. 372. — *pour sauver ma vie*. Voir ci-après, p. 639.

— *le Chevalier de Geneve*. Var., *le sieur de Gennes*.

P. 373. — *Eʒebolius,* quitta la religion chrétienne pour le paganisme, en 362; mais après la mort de l'empereur Julien, il demanda à rentrer dans le christianisme, en donnant les marques publiques d'un profond repentir.

— *au Crucifix.* Var., *à un Saint renverſé.*

LES AVANTURES DU BARON DE FAENESTE.

P. 377. — *ou pour l'age, ou pour les afflictions.* D'A. avait environ soixante-quatre ans lorsqu'il écrivait les premiers livres de cet ouvrage. Il vivait retiré et mécontent dans sa forteresse du Dognon.

— *je trouvai moyen d'en deſrober une grande partie.* Par un singulier mélange de timidité et d'amour de la gloire, d'A. a presque toujours imaginé des subterfuges puérils pour présenter ses ouvrages au public. C'est ainsi que *Les Tragiques* lui furent d'abord offerts comme « un larcin de Promethee. »

— Τὰ γελαῖα. Ce sont sans doutes les *Epigrammes latines* contenues dans le VIe volume des manuscrits de Bessinges.
— Cette préface parut pour la première fois en tête du *Livre quatrième;* mais dans l'édition de 1630, — elle fut transportée en tête de tout l'ouvrage.

P. 379. — *diſcours graves & tragiques.* Ces deux épithètes désignent l'*Hiſtoire univerſelle,* dont la première édition est de 1616 et *Les Tragiques,* qui parurent la même année, sans nom d'auteur.

P. 380. — *un faux Poictevin.* L'épithète *faux* était un sobriquet commun à tous les Poitevins; mais ici elle peut faire entendre que le vieil Enay dissimule sa malice sous un air de simplicité et de bonhomie. On remarquera aussi que d'A. était Saintongeois et qu'il se dissimule sous le *faux* titre de Poictevin.

— *quelque voiſin.* Var., *quelque homme de rencontre* (édit de 1617 seulement). Ce voisin est-il le seigneur de Beaujeu, qui n'apparaît que dans la *quatrième* partie?

P. 381. — *la guerre d'Aunix,* en 1616, lorsque, après l'arrestation du prince de Condé, le duc d'Épernon leva des troupes dans l'Aunis pour marcher contre les Rochelois, qui venaient de s'emparer du château de Rochefort-sur-Charente.

P. 383. — *celui de Monceaux*, près de Meaux, créé pour Gabrielle d'Estrées; — *de Madric*, Madrid, dans le bois de Boulogne, bâti par François Ier, en 1529.

P. 384. — *Vous vous enfermez de demie lieue de rivieres*, à cause du confluent de la Sèvre et de l'Autise, où se trouve Maillezais.

— *s'il n'y en a dus*, afin de pouvoir dire *vous*, sans se compromettre, ou s'exposer à une méchante affaire en tutoyant quelqu'un mal à propos.

P. 385. — *exterminé*, pour « déterminé. » Voir ci-dessus, p. 356, *terre de permiſſion*, pour « terre de promission. »

— *Monſur de Caſteau-bieux*, Joachim de Château-Vieux, catholique ardent et qui était du cabinet de Henri III. Il ne se soumit à Henri IV qu'après son abjuration. Voir *Hiſt. univ.*, III, col. 235 et 253.

— *le ruven (ruban) du ſoulier*. Var., *le lien du ſoulier* (1617).

— *& d'autres grades acquis*, n'est pas encore dans l'édit. de 1617.

P. 386. — *la rigur des ordonnances*, contre le duel.

— *Madame de Bonneval*, Jeanne de Lastours. Voir Tallemant, t. VII, p. 334.

— *d'un couquin*, c.-à-d. « au sujet d'un coquin. »

P. 387. — *Pour pareſtre*. On lit dans un pamphlet du temps, *La Mode qui court à preſent* (Paris, Fleury Bourriquant, 1613, in-12) : « Un ramoneur Lombard entendant les merveilles des bottes... jura... qu'il viendroit en achepter deux paires... tafcher par ce moyen de *pareſtre* : c'est le mot qui court. »

P. 388. — *S. Michel*, gentilhomme ordinaire du Roi.

— *certes*. Var., *certaines*.

— *Charanton*. C'etait à Charenton, hors de la ville, que se trouvait le temple des Réformés de Paris.

— *Ponpignan*, Blaise de Montluc, petit-fils du maréchal.

— *monteroit un tiers dabantaye*. Var., *montreroit*.

P. 389. — *au vuſc du perpunt*. Voir Montaigne (I, 49), *Des Couſtumes anciennes*.

— *Monſur*, le duc d'Épernon. Brantôme dit qu'à la Cour « on ne l'apelloit que *Monſieur* ſimplement, comme fils ou frère de Roy, bien que M. d'Alençon veſquit. »

— *un vraſſard de pierrerie*. Voir Tallemant, t. I, pp. 115 et 117.

— *à la trotte qui mode*, plaisanterie pour « à la mode qui trotte. »

P. 390. — *c'eſt pour en mourir*. Voir ci-dessus, p. 310.

— *là où il aboit*, les rencontres où il avait montré. Var., *il a*, ou *il aboit*.

— *Créqui & S. Luc*. Charles de Blanchefort, sire de Créqui et de Canaples, gendre du connétable duc de Lesdiguières, mort en 1638; et Timoléon Saint-Luc, 1580-1644, fils aîné du grand maître de l'artillerie François de l'Espinay Saint-Luc, tué devant Amiens en 1595; il devint maréchal de France.

— *de Nonains, ſi bous bouleʒ*. Ici s'arrête l'énumération des couleurs dans l'édit. de 1617; elle va jusqu'à *gris de lin* dans celle de 1619. Tout ce qui suit, jusqu'à *la couleur d'amitié*, a été ajouté et mis entre crochets dans l'édit. de 1630.

P. 391. — *Guedron*, célèbre musicien. Voir ci-dessus, p. 314.

— *Beringand*, Beringhen, premier écuyer de la grande écurie du Roi.

— *Comment, encores?... Ne diſputons point du langage, mais*, ne se trouve point dans l'édit. de 1617.

P. 392. — *Monſur de Guise*, Charles de Lorraine, fils du duc Henri de Guise, assassiné à Blois. — *Monſur*, le duc d'Épernon. Voir ci-dessus, p. 389.

P. 393. — *le cadet de Paulaſtron*. Il y a sur les limites de la Gascogne et du Languedoc deux Polastrons : l'un dans le Gers près de Lombez, l'autre dans la Haute-Garonne, au sud de Muret, près de Fousseret.

— le *franc bordelais* ne valait que quinze sols tournois.

— *pouſſer*. Var., *pouſter* (courir la poste).

P. 394. — *Carvon vlanc*, à 10 kilom. de Bordeaux; — *Aigre* et *Billefagnen* (Villefagnan), dans la Charente.

— *le Comte de Merle*. On ne sait trop quel est ce personnage. Ce n'est peut-être d'ailleurs qu'un nom en l'air.

P. 395. — *Monfur de la Barene,* La Varenne. Voir ci-dessus, p. 255.

— *Guillerbal,* Guillerval, près d'Étampes.

P. 396. — *Monfur de Roquelaure,* Antoine, baron de Roquelaure, 1543-1625, créé maréchal de France en 1614.

— *Il me foubenoit de l'arvalefle.* Peut-être ce comte logeait-il rue de l'Arbalète; mais Fæneste croyait qu'il s'agissait d'une place où l'on s'exerçait au tir de l'arbalète.

P. 397. — *Monfur de Montefpan,* Antoine-Arnaud de Pardaillan, marquis d'Antin et de Montespan, baron de Gondrin, mort en 1624.

— *Monfur de Loux,* très probablement le baron de Lux, sur qui, ainsi que sur son fils, le chevalier de Guise vengea la mort du Balafré (janvier 1613). Voir Bouillé, *Hist. des ducs de Guise,* t. IV, pp. 370-374.

— *ye m'aufrois livrement.* Var., *je m'y offrois* (1617).

— *Vertaut,* le poète Jean Bertaut, mort en 1611; — *Malerve,* François de Malherbe; — *Mathiu,* Pierre Mathieu, poète et historien, 1563-1621.

P. 398. — *lou roufseau,* celui qu'il avait rencontré près de la Tricherie.

— *bouoit ayec lou Roi,* lisez : *youoit abec.*

P. 399. — *le mefme roufseau des houpelandes.* On en est aux conjectures sur ce personnage. Le Duchat y voit le Brilbaut dont il est question plus loin, pp. 473-476; Mérimée, d'Aubigné lui-même.

P. 401. — *ni chins courans, ni aufeaux.* Cf. la lettre à M. C., t. I, p. 480.

— *fagneurs,* saigneurs, jeu de mots par rapprochement avec *Seigneurs.*

— *Manefchal de Montmoranci.* Voir ci-dessus, p. 298. — Cette ambassade eut lieu en 1572.

P. 403. — *Queitaine,* pour « capitaine. » Voir t. I, p. 194, et H. Estienne, *Dialogues du Nouveau langage François-italianifé.*

P. 405. — *La guerre de Savoie,* en 1600. — *ce malhurus Preftre,* le légat du Pape, le cardinal Aldobrandini. Voir *Hift. univ.,* III, col. 655-668.

— *celle de Juliers*, en 1611, après la mort de Henri IV. Voir Bazin, *Hist. de France sous Louis XIII*, t. Ier, pp. 114-116. — *du Manefchal de la Chaftre*, Claude, baron de la Châtre, m. en 1614. — *le prince Maurice*, de Nassau.

— *La troifiefme guerre*, en 1615, terminée en 1616 par la paix de Loudun. — *lou Manefchau de Vois Dauphin*, Urbain de Montmorency-Laval, seigneur de Bois-Dauphin. — *cette guerre d'Aunix*, en 1616. Voir ci-dessus, p. 381.

P. 406. — *La Fin en mourra*. Voir ci-dessus, p. 312.

P. 407. — *J'abois une amie*... Tout ce qui suit, jusqu'à *de plus grande qualitai* (page suivante), manque dans l'édition de 1617.

— *efcoüillez*, équivoque pour *efcolliers*.

— *le Goulu*, Nicolas Goulu, de Chartres, et non de Loudun, gendre de Jean Daurat, auquel il succéda en 1567 comme professeur de grec. Sa femme, Madeleine Daurat *(la Goulüe)*, était aussi une savante helléniste.

P. 408. — *Madame Varat*, Catherine de Pommeuse, fille d'Estienne du Puget; son mari était premier commis des finances. Voir Tallemant, t. VI, pp. 219 et 224.

P. 409. — *Valany*, Balagny, le *brave de la Cour*, petit-neveu de Blaise de Montluc, tué en duel vers 1613; — *Pompignan*, son cousin (V. p. 388); — *Begole*, gentilhomme du roi de Navarre; — *lou cabdet de Suz*, de Suze, frère puîné de François de la Baume, comte de Suze; — *Bazané Monglas*, Robert de Harlay, sieur de Montglas, premier maître d'hôtel de Henri IV. — *Bilemor* et les suivants nous sont inconnus.

P. 410. — *Je ne donnèrois pas un eftiflet... Hiftoriegraphes*. Var. de l'édit. de 1617 : *je ne donerois pas un denier de M. de Roquemadour... de toutes bos hiftoire graces*.

P. 411. — *celle de Luçon*, en 1570.

— *Boudriez-bous donc effacer... offices de la couronne*. Autre passage de plus de 30 lignes qui ne se trouve pas dans l'édit. de 1617.

P. 413. — *Pere Couton*, le jésuite Cotton. Voir ci-dessus, p. 117.

P. 414. — *& [ils] nous ont fait defplaifir de les fupprimer*, c'.-à-d. les prières. Ce passage, jusques *à la pareille,* ne se trouve que dans l'édition in-12 de 1617.

P. 415. — *J'ai à bous dire que.* Le reste du chap. XI et le chap. XII ont été ajoutés dans l'édit. de 1619, avec le raccord : *Mais changeans perpaux* (p. 420).

— *Surgeres,* dans la Charente-Inférieure. — *Dongnon,* le Dognon de d'Aubigné.

— *faire un païs noubeau,* à cause des marais qui défendaient les approches du Dognon.

P. 416. — *le Lignoux,* capitaine d'aventures, mort à Dieppe en 1589 d'une blessure au talon reçue devant Rouen.

P. 418. — *a preube per darré,* c'.-à-d. avec une armure qui les garantisse par derrière. — *a quo és barrat,* c'.-à-d. « et voilà l'affaire faite. »

— *Chicot.* Ce bouffon de la cour de Henri III et de Henri IV était Gascon ; il mourut des suites d'une blessure reçue au siège de Rouen en 1592.

— *S. Junio,* Saint-Junien, dans la Haute-Vienne, près de Rochechouart.

— *le Vicomte de Turenne,* plus tard duc de Bouillon.

P. 420. — *Monſur de Themines,* frère du cardinal de Richelieu, nommé maréchal de France en 1616, peu après avoir arrêté dans le Louvre le prince de Condé.

— *Barbin,* contrôleur des finances en 1616 ; — *Claude Mangot,* premier président au Parlement de Bordeaux, puis secrétaire d'État en 1616 et peu après garde des sceaux.

— *Madame la Mareſchale,* d'Ancre, Leonora Galigaï. Var., *Madame la ducheſſe* (1617).

P. 421. — *& cela n'eſt pas... & de vrai.* Sept lignes ajoutées dans l'édit. de 1619.

— *Quand le Paon.* Ce sonnet se trouve dans les *Petites œuvres meſlees,* p. 166.

P. 423. — Toutes les éditions de 1617 ont avant le second livre du *Fæneſte* l'avis *Aux lecteurs* suivant : « Meſſieurs, vous avez fait ſi bonne chere au baron de Fæneſte, qu'il a netoyé ſa robbe, s'eſt adimanché pour retourner à vous, & vous mène avec ſoy le cadet, auſſi folaſtre que luy, hors mis qu'il luy efchappe quelque traict de Theologie moderne. Ne laiffez pas de le voir : il n'enfonce point & s'arrefte gueres fur ces mattieres : car il ne prend rien à cœur. Ce que vous en pouvés attendre, c'eft qu'il eft du fiecle & qu'aux traicts de fon vifage, vous vous reffouviendrés de quelques-uns de voftre cognoiffance. » C'est cet avis qui a fait croire à une édition du premier livre publié à part ou dans quelque recueil du temps; mais personne ne l'a encore rencontrée.

— *Scaliger*, le célèbre érudit Joseph-Just Scaliger d'Agen, 1540-1609. — *Meffurs de la Sante Marthe*, Scévole et Louis de Sainte-Marthe, autres érudits, nés a Loudun en 1571, et morts, le premier en 1650, le second en 1656.

P. 424. — *ce Defunctis*. Il y avait alors un lieutenant criminel de robe courte du prévôt de Paris, qui s'appelait Jean Defunctis. Fæneste n'aimait pas à retrouver son nom dans une prière.

— *& quauquommet petit*, c'.-à-d. et quelque petite chose, une bagatelle, un rien.

P. 425. — *la Meffe commence par un Et*. Ceci n'est pas exact. Ce n'est qu'au troisième repons que le clerc dit : *Et introibo*. Cf. ci-dessus, p. 319.

P. 426. — *Monfur le Manefchal*, de Roquelaure, si je ne me trompe [Mérimée]. Cf. p. 427.

— *Pere Seguirand*. Voir t. 1, p. 271. — *Charon*, l'auteur du *Traité de la Sageffe*, 1540-1603, avait publié en 1600 à Bordeaux un recueil de *Seize Difcours chrétiens*, où il est souvent question de l'Eucharistie.

— *Cafaubon*, Isaac Cazaubon, célèbre érudit, 1559-1614.

P. 428. — *S. Front*, cathédrale de Périgueux.

— *un imbentaire des reliques*. Calvin a écrit un pamphlet qui porte ce titre.

P. 430. — *lou Varon de Courtaumer & le Sur de Canifi*. Le P. Cotton embarrassé, pour ne pas donner raison au baron qui était huguenot, avoua bien que l'intention était nécessaire, mais qu'il suffisait que le consécrant la témoignât par ses démonstrations extérieures. Ce jugement ne satisfit aucune des deux parties, et au lieu d'un bon cheval que devait payer le perdant, le baron offrit au sieur de Canisy un courtaud, dont celui-ci se contenta. Voir ci-après p. 433 et t. I, p. 299.

P. 433. — *Gabriel Biel,* professeur de théologie à Tubingue, mort en 1495.

— Pour le mot *relez* [relais] et pour *le baron Harelais,* au titre du chapitre, Voir le *Glossaire,* au mot *hareler.*

P. 435. — *la paix de Lodun* (Loudun), en 1616, où la Reine et les Princes dupèrent les Réformés.

P. 436. — *aux Hardilieres,* N.-D. des Ardilières, près Saumur.

P. 437. — *Marthe la demoniaque.* Voir ci-dessus, p. 272.

— *Rappin,* Nicolas Rapin, un des auteurs de la *Satyre Menippee,* 1540-1608.

P. 440. — *le Preftre de Billouët,* Bisson de Belouet, près d'Orbec, en Normandie. — D'A. exagère, en parlant du cardinal de Lorraine. Voir *Hift. univ.,* II, col. 769.

P. 441. — *firent declarer Berne,* en 1509. Les Jacobins (ou Dominicains) n'admettaient pas, contrairement aux Franciscains, le dogme de l'Immaculée Conception. Pour faire triompher leur opinion, le prieur de Berne imagina de faire apparaître la Vierge à un moine crédule, appelé Jetzer, et de lui faire dire par la bouche de Notre Dame que la doctrine des Dominicains était la véritable. La fraude fut découverte et le prieur fut condamné à être brûlé publiquement avec trois de ses complices (31 mai 1509). Voir D. de Foe, *Histoire et realité des apparitions,* ch. 14.

— *les enfans qu'on faifoit reffufciter,* autre miracle qui s'opérait au couvent des Augustins. Voir Ant. Froment, *Actes et gestes merveilleux de la cité de Genève,* ch. 35.

P. 444. — *Dabo tibi.* C'est le Tentateur qui parle ainsi. Cf. *Évang. Saint Luc.,* IV, 6.

P. 445. — *l'eftranye paffaye de Charon.* Voir ci-dessus, p. 426.

P. 446. — *en ferio,* équivoque entre le sens de *ferio,* je frappe, et la figure de syllogisme appelée *ferio.*

P. 447. — « *Clochard.* Est-ce du Purgatoire et du Limbe que vous dites? Je vous veux faire *victus,* comme fit notre ministre à ce capucin de l'autre semaine. Est-il pas vrai que le ciel est tout d'une pièce? Que dites-vous? ».... « Vous le voulez bien! Le maître n'a que faire que vous lui aidiez. Eh bien, est-il pas vrai qu'il est fait en voûte. »..... « Et puisqu'il faut disputer d'une voûte, c'est moi qui en suis maître-faiseur; j'ai fait toutes les caves de céans, et il y en a une qui a 30 brasses : et si à cette heure vous vouliez venir percer un purgatoire ou bien y gratter des limbes, pour faire choir et chavirer la maison, je vous souffrirois le faire? et notre Seigneur qui est plus grand maître que vous, laissera-t-il percer des caveaux pour faire un purgatoire et des limbes? Dites ? »

P. 448. — « *Mathe.* Monsieur, voyez-vous, je n'entends point toutes ces vétilles; Clochard a beau faire pirouetter son bonnet devant les yeux des gens quand il parle : il me souvient qu'une fois vous lui demandiez s'il vous vouloit vilbrequiner la cervelle. — *Cl.* C'est ma manière, mais voilà le bonnet à terre. — *M.* Voyez, Messieurs, il y a une chose pour quoi je serai toute ma vie de la Messe, et Clochard, qui est un beau parleur, ne me sauroit gagner de ce côté. Est-il pas vrai que les noisetiers fleurissent toujours à la Notre-Dame? — *Cl.* Eh bien, pourquoi cela? — *M.* C'est que l'Église l'a bien ordonné. — *Cl.* Est-il pas vrai qu'il y a deux ans qu'il n'y a point eu d'hiver et que cette année encore les noisetiers n'ont point donné fleur? Voudrois-tu dire qu'il y auroit eu fête toute l'année? — *M.* Vertudieu! par là tu ne me feras pas changer; voyez-vous, Monsieur le baron, un sot avise bien une bête : ne changez jamais, pas plus que moi. »

P. 449. — *Monfur lou Duc*, le duc d'Épernon.

— *en changeant de quelque nom feulement*, c.-à-d. que le nouveau propriétaire donnera son nom au domaine confisqué.

P. 450. — *routurier*. Var., *roturier* et *routier*.

— *Tadon*, faubourg de la Rochelle.

— *qu'ainfi foit de bous*. Ce souhait *délicat* termine heureusement cette lettre, dont le style prétentieux et recherché rappelle celui de Thomas Diafoirus.

— *l'homme que l'on cherchoit*. Ce mode de divination existe encore en Orient. On peut consulter un passage très intéressant du *Commentaire sur l'Exode & les Nombres* du comte L. de Laborde, p. 22 et suiv. [Mérimée].

P. 451. — *Un Italien.* D'A. veut sans doute désigner ici le Florentin, Cosme Ruggieri, confident de Catherine de Médicis. Il mourut en 1615.

P. 452. — *meſſe de S. Roch.* Ce saint passait pour préserver et guérir de la peste.

P. 455. — *Cayer,* Pierre Victor Palma Cayet, 1525-1610, auteur d'un grand nombre d'ouvrages de polémique, d'histoire, d'érudition, de magie, etc.

— *lou petit homme.* La recherche de la génération de l'homme (Cf. ci-dessus, p. 313) était à cette époque, autant que celle de la pierre philosophale, l'objet des expériences des amateurs de sciences occultes ; c'était, en même temps, un moyen de duper les gens crédules, dont abusaient volontiers les charlatans de toute espèce.

— *que je ne vous nommerai pas.* D'Aubigné lui-même. Voir t. I, p. 436 et notre *Notice littéraire* ci-dessus, p. 123 et suiv.

P. 456. — *Monſieur Gillot,* Jacques Gillot, 1550-1619, conseiller au Parlement de Paris et l'un des collaborateurs de la *Satyre Menippee.*

P. 457. — *& deboit en eſtre.* Var., *et [je] debois en estre.*

P. 458. — *Etiam nos, poma natamus.* Voir ci-dessus, p. 315.

P. 459. — *Nous bous mettrons la caiſſe dans la teſte.* Le curé de Saint-Eustache s'étant pris de dispute avec Jean du Pont-Alais, celui-ci le coeffa de son tabourin. Cf. un récit analogue dans les *Contes* de Bonav. Des Periers (édit. Nodier, p. 140).

P. 460. — *tous eſperonnez.* C'était une inconvenance d'entrer au Palais avec des éperons. En 1610, Concini, l'ayant fait par mégarde, eut fort à s'en repentir.

P. 461. — Le commencement du chapitre XIV jusqu'à : *Il arrive de grans accidens,* n'a été ajouté qu'en 1619.

P. 466. — *à Noſtre Dame,* faubourg de Saintes, sur la rive droite de la Charente.

P. 467. — *au pré lou Roi,* terrain compris entre l'abbaye Sainte-Marie des Dames et la Charente.

— *Therac*, Thézac, entre Saintes et Royan.

— *Encor lou pis... appeller en duel*. Addition de l'édit. de 1630.

— *Jehan Foutaquin*. D'après Le Duchat, Jean Foutaquin tu-relure est le refrain d'une chanson qui se trouve au feuillet 111 b. de la 2ᵉ partie de la traduction française du livre de la Lesine (Paris, 1604). Cf. ci-après, p. 614.

P. 469. — *Cofme*, Cosimo Ruggieri.

— *Cafar*, Jean du Chastel, fameux affronteur, mort en 1615.

— *lou petit Preftre*, inconnu.

— *lou Curé Sant Saturnin*, à Toulouse?

— *Louys de Marfeille*, Louis Gaufridi, curé des Accouls à Marseille, brûlé en 1611.

P. 470. — *Taffius ei*, c'est-à-dire en lisant à l'envers « je suis fat » et de même p. 471 pour les mots, *te uo fel faruaut* et *te uo fel iaruaj*.

P. 473. — *Marroquin*. Voir ci-dessus, p. 266, et aux poésies, l'ode XXII, t. III, pp. 165-168.

— *Duras*, Jean de Durfort, vicomte de Duras, chambellan du roi de Navarre.

— *Brilbaut*, Jean-Baptiste de la Châtre, seigneur de Breuillebaut, écuyer du roi.

P. 474. — *Frontenac*, Antoine de la Buade, seigneur de Frontenac, écuyer du roi et son premier maître d'hôtel en 1607.

P. 481. — Avertissement du troisième livre, qui ne se trouve pas dans l'édition de 1630 : « L'Imprimeur au Lecteur. Le baron, continuant fes voyages, nous a donné matiere pour un troifiéfme [livre], lequel (fuivant ma promeffe) je vous envoie. Et pource que l'impreffion des deux premiers m'a efté comme arrachee des mains (bien que r'imprimez fur ma copie en plufieurs lieux & diverfes fois), j'ai prié l'autheur de les revoir, ce que j'ai obtenu, avec augmentation de plufieurs bons contes & vers fur les fujets. Partant, je fais marcher les trois enfemble, & les deux aifnez les premiers. J'efpere qu'avec le temps nous pourrons voir un quatriefme, l'humeur du baron n'eftant pas d'eftre oifif, ni la mienne fans occupation. » Cette quatrième partie, que nous donnons ci-après, ne parut qu'en 1630.

P. 482. — *Madamoiſelle Caboche*, la fille ou la femme d'un fameux entremetteur du temps.

P. 483. — *nous emportons tousjours quelque ſerviette* : Cf. Racine (*Les Plaideurs*, I, 4) :

> Elle euſt du Buvetier emporté les ſerviettes
> Plûtoſt que de rentrer au logis les mains nettes.

P. 484. — *Maſſigni*, Massignac ou Massignat, près de Montembeuf (Charente).

P. 485. — *S. Cire*, Saint-Ciers, près de Manles (Charente).

— *Charle Anthoine*, chef de Bohémiens.

— *la petite Egypte*, tribunal d'appel imaginaire que le prétendu condamné invoque pour duper le public qui s'attendait à le voir pendre. Voir Tallemant des Réaux, t. VII, p. 485.

P. 486. — *qu'il porta... accoucher*. Addition postérieure à l'édit. de 1619.

P. 487. — *Meſſire Julien, Cure de Boulié*. Il y a deux Bouillé dans les Deux-Sèvres et un dans la Vendée; mais il y a aussi près de Niort un village de Vouillé, qui pourrait bien être la cure en question. Quant à *Meſſire Julien*, ce nom rappelle le *maître Jullien* cité peu honorablement par Sully dans ses *Economies royales*, t. I, p. 519.

— *S. Remi*, endroit voisin de Niort et de Saint-Gelais.

P. 488. — *Il y avoit lors... un preſent*. Cette fin de chapitre ne se trouve pas dans l'edit. de 1619.

— *S. Gelais*. Voir t. I, p. 31.

P. 490. — *la Bithe, et l'Eſtrille*, citée plus loin, sont des villages voisins de Niort, du côté de S. Pezenne.

— *harangue en poictevin*. « Voilà, mon maître, que passé ce jour, vous ne me verrez jamais; je suis venu vous dire adieu et à ma maîtresse que voici. Cela me fait grand courroux de m'en aller hors du pays pour trois misérables faux témoins. » ... « Voyez-vous, mon maître, je n'avais plus qu'un terrain de quatorze boisselées, clos d'une muraille de sept pieds... il faut dire que c'était une baronnie que cette terre; elle n'a chômé de vivant d'homme; les voisins en sont tous dépendants et tenus de la fumer. Voyez-vous, mon ami, je pensais le garder et que. par le moyen de cette piece, je n'aurais plus faute de pain ; mais quand ma ménagère a été morte de maladie, ma foi, j'ai tout vendu et les barbouilleurs de papier sont ici à l'Etrille qui m'attendent pour achever. »

P. 491. — « Ma foi, mon maître, vous me disiez jeudi, quand je vous demandai quatre francs à emprunter, que vous n'aviez pas un denier. » ..... « Je sais bien maintenant où c'est à cette heure, M. le Bailli. Par la vertudieu, Matelin a été le maître à ce coup ; il est bien vrai qu'il a une part dans la pièce, mais elle n'est pas toute à lui. »

P. 492. — « Ma foi, c'est le cimetiere qu'il vous a vendu. »

P. 493. — *la Roche-Boiſſeau*, Charles de Souvigné, seigneur de la Roche-Boisseau, se signala par ses mœurs dépravées et sa tyrannie. Il se maria trois fois, étrangla sa seconde femme, Yolande de Bourré, en 1600, fut condamné à mort, mais ne fut exécuté qu'en effigie, et vécut encore vingt ans, enfermé dans son château qui n'avait pu être forcé.

— *noces de Baché.* Voir Rabelais, *Pantagruel*, IV, 12.

— *Mauleyrier*, près de Cholet (Maine-et-Loire).

P. 494. — *Doüai*, Doué, près de Saumur, même département.

— *chanter le beau pinceau*, allusion à une chanson alors connue, dans laquelle on disait sans doute que le vin est le pinceau du nez.

P. 495. — *Villebois.* Est-ce bien le château de Villebois près d'Agen ? ou n'est-ce pas plutôt le hameau de Villebois dépendant de Lavalette, dans la Charente ?

— *ce grand ongle qu'il porte.* Cette mode a subsisté pendant tout le XVIIe siècle. Témoin l'observation d'Alceste dans le *Misanthrope* (II, 1) :

Eſt-ce par l'ongle long qu'il porte au petit doigt, etc.

P. 496. — *Eſcure* ou *Escures.* Mérimée suppose qu'il s'agit de Lescure près d'Alby ; il y a aussi non loin de Pau et près de Lambeye, une petite ville d'Escurés, et plus près encore de la capitale du Béarn, l'ancienne petite ville de Lescar.

P. 497. — *le medecin Baumier.* Voir ci-dessus, p. 365.

P. 498. — *M'arme.* « Sur mon âme, c'est qu'il n'y a plus de dévotion, depuis qu'on va à cheval. — C'est une mule, dit l'autre. Vont-ils pas bien sur bêtes aux Ardilières, et les curés les beaux premiers?... C'est pourtant un homme bien fantasque; il a baillé à sa femme un cotillon pour qu'elle ne couchât pas avec lui, et un autre [lui a donné une robe] pour qu'elle ne couchât pas seule. Il y a un an à cette Chandeleur qu'il m'avait pris pour le mener à Parthenay; je pris le sentier à cause de la boue. Cordieu, il se fâcha contre moi et dit que je le menasse par le grand chemin, le chemin de l'Eglise catholique et du [S.] Père. — Ma foi, fis-je, ce n'est pas le plus chevauchant, ni le plus court. Voici mon homme qui s'en va par le beau milieu. [Dieu] garde mon âme! ils n'avaient pas traversé, sa mule et lui, la largeur d'un sillon, qu'ils chaviraient dans une fondrière où il ne paraissait que les oreilles de la mule et le chapeau du médecin. Il fallut avoir des gens pour les arracher de là. Diantre, fis-je après, est-ce là le chemin de l'Eglise? J'avais bien ouï dire à Guillemard de Champdeniers que le grand chemin de charroi mène tout droit en perdition. »

— *Chandenez*, Champdeniers, à 20 kil. N. de Niort.

— *cria : le cofté*, c'est-à-dire qu'il avait mal au côté.

P. 499. — *Chorais*, Chauray, à 8 kil. S.-E.

— *Pillas*, nous est inconnu.

— *Maiftre François.* Voir dans Rabelais (*Pantagruel*, IV, 13) comment Villon se vengea du cordelier Tappe-coue.

P. 500. — *qui ne s'eft point peigné*, tant il avait hâte de rendre ses devoirs à son hôte.

— *les Oufches*, gentilhomme protestant. Voir *Hift. univ.*, III, col. 25.

— *faboir l'hure à la chandelle.* On lit un trait d'ignorance tout à fait semblable dans la treizième *ferée* de Bouchet.

P. 501. — *compagnon de S. Auguftin.* Ce père de l'Église n'admettait pas l'existence des Antipodes. Voir *Cité de Dieu*, XVI, ix. Cf. aussi Lactance, *Inftit. div.*, III, xxiv.

P. 502. — *Prince de Condé.* Il fut arrêté le 1er sept. 1616.

P. 506. — *Cathoulique*, mauvais jeu de mots sur cette

expression, qui en grec veut dire : *universelle* et par conséquent *commune, publique*.

P. 507. — *parlé à maſſe*. Var., *parle amasse* (édit. Mérimée, avec cette note, *amassa* en gascon, *ensemble*).

— *Grand Jean, Jean Petit*, maîtres d'armes du temps.

— *Valeri*, Vallery, dans l'Yonne, près de Sens?

P. 509. — *Glenay*, village près de Bressuire (Deux-Sèvres).

P. 511. — *Hiſtoire de Pautrot*. Ce joli conte a été introduit pour la première fois dans l'édition de 1630; mais on remarquera qu'il se rattache assez mal à la fin du chapitre précédent. D'après Mérimée il a été tiré des *Faceties de Bebelius*; on le trouve aussi dans les *Sermones convivales* de Gassius et dans les contes d'Eutrapel. L'imitation de Sterne est le dernier récit du *Voyage sentimental*.

— *la ruë des Maraiʒ*. Cette rue n'existe plus; elle avait commencé à être bâtie en 1543, à la suite de la rue du Colombier.

P. 512. — *Une Dame de Noaillé*, Jacquette de Parthenay, femme de Sébastien de Barbezieres, baron de Nuaillé.

— *le Sieur de Pautrot*, Mathurin de S. Gelais, sieur du Pontereau.

— *Biraut*. Elle aurait dû prononcer *viroté*, ce qui signifiait en espagnol trait d'arbalète et en gascon tout autre chose.

P. 515. — *De Bourron*. De Thou (liv. 99) cite un nommé Sallart, sieur de Bourron. La maison de Bourron était originaire du Brabant.

— *ænigme de Filaſſe*. *Filaſſe* est le mot même de l'énigme.

— *le tapis eſt mis*. Le déjeuner fini, on desservait et l'on recouvrait la table d'un tapis.

P. 516. — *Mareſchal d'Aſai*. Si ce maréchal a réellement existé, ce ne pouvait être qu'un maréchal de camp; il n'y a point eu de maréchal de France de ce nom. — Il existe dans l'Indre-et-Loire, près de Tours, deux Azay, *Aʒay-sur-Cher* et *Aʒay-le-Rideau*.

P. 522. — *C'eſt de la corde qu'on ſe ſert*, etc. Cette corde, appelée *mèche* ou *boutefeu*, servait à allumer la poudre des arquebuses et des mousquets.

P. 524. — *un Poete Chreſtien,* Claudien *(Troisième Consulat d'Honorius,* vers 96). Ce poète n'était pas chretien, comme on l'a cru longtemps, mais à tort.

P. 526. — *un Signur qui aboit à Chartres,* etc. François d'Escoubleau de Sourdis, gouverneur de Chartres, sous Henri IV. Voir ci-dessus, p. 254.

P. 527. — *Les alliances en font changees.* Il s'agit en effet d'un *frère* et d'une *sœur,* M. de Guise et la princesse de Conty, Louise Marguerite de Lorraine. Voir Tallemant des Réaux, t. I, p. 84.

— *Jenevieres.* Var., *Vanechieres.* Le Duchat voit sous ce pseudonyme le maréchal de Lesdiguières. Quoi qu'il en soit, la réputation de sa seconde femme, Marie Vignon, était des plus mauvaises.

P. 528. — *Bougoin,* le même sans doute que celui dont il a été question, t. I, pp. 47 et 48.

— *Qu'il viroit en Eſté,* etc. Il faut supposer à cette épigramme un sens obscène; autrement elle n'aurait aucun sel.

— *Place aux veaux.* Plusieurs places de Paris ont porté ce nom. Au commencement du xviie siècle c'était une place entre le quai de la Grève et le quai Saint-Paul.

P. 529. — *Monſur lou Maneſchal,* le maréchal d'Ancre, Concini.

— *Stincs.* Ce nom est hollandais, mais le personnage est inconnu, ainsi que les huit autres pirates qui l'accompagnaient. Si de pareils aventuriers ont jamais existé, c'étaient les précurseurs des *Flibustiers,* si fameux pendant la seconde moitié du xviie siècle.

P. 530. — *Madame,* Léonora Galigaï femme de Concini.

— *Mangot & Varvin (Barbin).* Voir ci-dessus, p. 420.

— *Maran* et *l'Aiguillon* sont deux petits ports de la Vendée : le premier près de la pointe de même nom, l'autre à l'entrée de la Sèvre Niortaise.

P. 531. — *la Generale Chau.* Autre personnage inconnu. Mérimée voit ici un nom anglais, *Shaw.*

— Cette *licorne* et ce *pelican* sont des pièces d'orfèvrerie.

P. 534. — *M. de l'Orme.* Ce nom convient parfaitement à

un tel affronteur : ceux qui se laissaient prendre à ses promesses pouvaient aller les *attendre sous l'orme*.

P. 537. — *des sires & des chapperons de drap*. Les *sires* sont les marchands, et les *chapperons*, leurs femmes.

P. 541. — *le petit Taillur*, sans doute à cause de son origine. Cette phrase, depuis *Je bous puis affuren*, est dite par Fæneste.

— *la Poulette qu'ils ont efteinte*. L'impôt de la Paulette, créé en 1605 pour neuf ans, fut renouvelé en 1614 et nullement supprimé; mais le bruit de la suppression devait avoir couru.

P. 545. — *ce quatrin*. L'édit. de 1619 ne donne en effet que les quatre derniers vers. Les quatre autres ont été ajoutés depuis par l'auteur, sans qu'il ait songé à modifier le mot *quatrin*.

— *Philippes*. Var., *Alexandre* (1619). L'auteur a corrigé lui-même son erreur et il ajoute un *s* à *Philippe* pour la mesure du vers. Mérimée a remplacé *Philippes* par *Philippus*.

— *Don Guichot*. La première partie du *don Quichotte* de Cervantes avait paru en 1605; la seconde partie, en 1615.

P. 546. — *Calopfe*, serait, d'après Le Duchat, le baron de Beauvoir (καλὴ ὄψις). Mérimée pense que c'est plutôt Jacques de Pons, baron de Mirembeau *(mire en beau)*, beau-frère de Riou, cité au chapitre suivant. — Sous le nom de personnages véritables, d'Aubigné trace dans ces deux chapitres le plan d'un ouvrage conçu évidemment sur le plan du roman de Cervantes.

P. 547. — *feu Segur*, Jacques de Ségur-Pardaillan, gentilhomme d'honneur et de probité, mais très crédule.

— *Brocart*, Jacques Brocard, Piémontais, auteur de plusieurs livres sur la Sainte Écriture, remplis, dit Le Duchat, « d'erreurs très pernicieuses, principalement en matière de révélations et de prophéties. »

— *Renaudiere*, ou plutôt *Renardiere*. Voir ci-après, p. 586.

— *Bodin*, le publiciste Jean Bodin, 1530-1596, auteur d'un traité *De la République*.

P. 548. — *Mademoifelle Sevin*, la petite Sevin, folle de la reine de Navarre. Elle entendait parler des pèlerinages faits en vue d'avoir des enfants.

— *Madame de Bonneval*. Voir ci-dessus, p. 386.

— *Prince Malaiſé*. Est-ce le prieur de Crato, don Antonio, fils naturel de l'infant don Luiz et prétendant au trône de Portugal ? En 1585 il était à la Rochelle dans une gêne fort grande, et c'est alors qu'il vendit à de Sancy le fameux diamant connu sous ce nom.

— *Conſtantin*, Robert Constantin, mort en 1605, auteur d'un *Lexique grec-latin* en 2 vol. in-fol. (Genève, 1566).

— *Maiſtre Gervais*. Voir ci-dessus, p. 324.

— *Bous eſtes philoſophe*, c'est-à-dire vous êtes fou, à moins qu'il n'y ait ici une allusion à l'amour philosophique. V. t. II, p. 286.

P. 549. — *& comme dit Coton, veſve de jugement*. Ajouté depuis 1619. — Au lieu de *veſve*, la phrase demanderait *veufs*; ou bien d'A. a-t-il connu ces deux vers du poète Maynard, 1582-1646 :

> *Ton diſcours eſt une nuit*
> *Veuve de lune & d'eſtoiles ?*

P. 552. — *Ars*, près de Cognac. Le seigneur d'Ars, Josias de Brémond, était de la maison de Pons; il fut député de la noblesse aux États-Généraux de 1614.

— *Saugeon*, Saujon, près de Saintes. Le baron de Saugeon était Eusèbe de Campet.

P. 553. — *Cherveux* et *Chef-boutonne* sont situés dans les Deux-Sèvres.

— *Riou*, Jacques de Beaumont, sieur de Rioux, qui avait épousé Jeanne de Laporte.

P. 554. — *Pons*, près de Saintes.

— *la Dame, ſa couſine*, Antoinette de Pons, qui épousa Henri d'Albret, baron de Miossens. Les sires de Pons faisaient remonter leur origine à Ælius Pontius, petit-fils de Pompée et fondateur de la ville de Pons.

P. 557. — *le 20 d'Exode*. C'est le chapitre qui contient les commandements de Dieu.

P. 559. — *le Sieur de Beaujeu*, avait commandé sous le duc

de Bouillon en 1587, et en 1589 il était un des chefs des Suisses qui formaient la garde du Roi.

P. 560. — *la vataille de Sainct Pierre*, en 1628.

— *la vataille du pont de Sey*, en 1620.

— *celle de Trahonne*, en 1625.

— *Arnaud*, Pierre Arnauld, fils d'Isaac Arnauld, intendant des finances sous Henri IV. Il fut maistre de camp d'un régiment de carabins qu'il avait levé à ses frais. Il conseilla la construction du fort Louis, pour incommoder les Rochelois; d'où le surnom d'Arnauld du Fort, qui lui fut donné.

— *les Procureurs de Londres*. Voir t. I, p. 360, une lettre de d'Aubigné au baron de Vijan.

P. 563. — *un vrabe Duc*, le duc de Retz.

— *du Comte Sainct-Aignan*, qui essaya de charger avec un escadron, mais ne fut point secondé.

P. 564. — *cette meschanceté au Palais*. Voir ci-dessus, p. 460.

— *l'inventeur Sainct Michel*. Voir ci-dessus, p. 388.

— *quand ils ont de grands cheveux*, comme étant suspects de vouloir cacher la place de leurs oreilles coupées en punition d'un méfait.

— *faire le tour par la bille*. Cette punition équivalait à une exposition publique.

P. 565. — *pedants du bieux temps*, du temps où le règlement de 1535 interdisait encore à certaines personnes le port de la barbe.

— *Monsur lou Bidasme*, François de Vendôme, vidame de Chartres.

— *& s'y essuia les mains*. Voir ci-dessus, p. 310.

— *un de ses Escuiers*, d'Aubigné.

— *Ont les garcettes sur le front*. Le mot *garcette*, en espagnol *garceta*, boucle de cheveux, est pris ici avec un double sens facile à comprendre.

P. 566. — *l'armee qui alloit à la Balteline*. Elle était commandée par le marquis de Cœuvres pour le roi de France, le duc de Savoie et les Vénitiens.

P. 567. — *qui porte l'escarlatte*, probablement le cardinal François de Sourdis, archevêque de Bordeaux.

P. 568. — *Papnem,* Pappenheim.

P. 569. — *qui bont* 622222222, c'est-à-dire à bride abattue, en pressant tout le monde. On trouve la même expression figurée dans Rabelais, à la fin du *Prologue* de son IIIe livre; seulement le 6 est remplacé par un G. On pense que c'est une onomatopée, imitant le cri des valets de chiens excitant une meute.

P. 570. — *le Duc d'Agaran,* probablement le duc de Bellegarde, connu à la cour sous le nom de *M. le Grand* et qui fut envoyé en 1616 auprès du duc de Savoie. — Au sujet des *pieds puants,* Cf. Tallemant des Réaux, t. Ier, p. 61.

— *en ces dus guerres,* etc., en Languedoc, où les protestants étaient commandés par le duc de Rohan, 1625-1629.

P. 571. — *Le Sieur de la Cheze,* personnage inconnu.

P. 574. — *m'appelli Perot.* Imité du *Scelto di facetie del Piovano Arlotto ed altri,* Venise, 1599. Voir aussi le *Praxis jocandi,* Francf., 1602. (L. D.).

P. 575. — *un pacquet, cacheté des armes de Portugal.* Tiré du *Lingua* d'Erasme, et appliqué à l'Abbé Malotru dans le *Furetierana* (L. D.).

P. 578. — *la guerre de Monsieur le Prince,* de Condé, Henri de Bourbon, allié aux Protestants contre la reine régente et le maréchal d'Ancre : elle fut bientôt terminée par la paix de Loudun, 1616.

— *On pensoit que ce fut un masle.* Le mot *guide,* dérivé de l'ital. *guida,* était alors du féminin.

P. 579. — *pour la laisser buide,* c'est-à-dire pour n'y point loger de soldats.

— *la charge,* de la répartition des troupes.

— *Monsin,* le prince de Condé.

P. 580. — *les menees & entreprises du Limousin.* En 1601 ou 1605, probablement, mais les données sont trop vagues, pour qu'on puisse préciser.

P. 581. — *autant de pribautai avec Sa Majesté à mon retour qu'auparavant.* Tout ce récit est rempli d'anachronismes. Les faits racontés sont tantôt postérieurs, tantôt antérieurs à la mort de Henri IV.

— *Frontenac.* Voir ci-dessus, p. 473.

— *Artez, Arthez,* dans les Basses-Pyrénées.

— *Yemant,* mot corrompu pour *Hagetmau,* dans les Landes.

— *la Comteſſe,* de Guiche, la belle Corisande.

P. 582. — *font leur preuve de cinq cents ans.* D'Aubigné possédait une généalogie de sa maison qui remontait à 1030 (Voir t. Ier, p. 48); mais peut-être n'y croyait-il guères.

P. 584. — *eſcus, petits s'entend,* des écus de Bordeaux, ne valant que quarante-cinq sols. Voir ci-dessus, p. 393.

— *une feneſtre.* On prononçait sans doute une *feneſte,* et ces armes étaient de celles qu'on appelle *parlantes.*

— *Renardiere.* Voir ci-dessus, pp. 286 et 547.

P. 585. — *maloedis,* maravédis. Sur le revers de ces monnaies était gravé l'écu de Castille et Léon, supporté par les colonnes d'Hercule.

P. 586. — *Guarigues,* ou *Garigues.* C'est le nom d'une noble famille de Castres. Ci-dessus, p. 548, l'*Abregé de l'Almanac* ne contenait que trente-quatre mains de papier; il s'est accru à la façon de Gascogne.

P. 587. — *Sponde,* Jean de Sponde. Voir ci-dessus, p. 237.

P. 588. — *Guilbidonin,* ou plutôt *Guillebedouin,* nom donné au Réformé qui se laissait gagner par la cour. Mérimée le traduit par *trompe-massacreurs,* de *guille,* trompeur et *bedouin,* assassin. Voir dans la *Satyre Menippee* la description des tapisseries de la salle des États (quatrième pièce).

P. 589. — *en la Confeſſion de Sanci.* Voir ci-dessus, p. 325.

— *la bielle de Merſec.* Voir ci-après, p. 634.

P. 590. — *Quis tanto,* etc. Cette plaisanterie nous a été rapportée par Macrobe, *Saturn.,* II, 3.

— *un Grec,* Démosthène. Voir, entre autres, Plutarque, *Vie des dix Orateurs,* VIII.

— *Croucodile.* Voir Lucien, *Les sectes à l'encan,* 22.

— *Panigarole.* Voir t. I, p. 59.

P. 591. — *le plonge,* en la chaire, en s'agenouillant pour dire une courte prière.

— *touſſit en E-la, mit le haut mout devotieuſement.* Var., *tous-*

fit en E-la, mi, la, ut, moult devotieufement. — Dans l'ancienne musique *E-la* était le plus haut ton de la voix.

P. 595. — *Monfur Sant Longis,* saint Longin. S. Jean, qui insiste sur le détail du côté percé d'un coup de lance (XIX, 31-35), ne dit point le nom du soldat qui porta le coup.

— *le Comte de Briffac.* Voir *Hift. univ.,* III, col. 113.

P. 596. — *les Bretons à Fontenai.* Voir *Hift. univ.,* II, col. 697.

— *Maillé Benneard.* Voir ci-dessus, p. 363.

P. 598. — *une tefte de mort.* Voir Érasme, *De ratione concionandi,* et H. Estienne, *Apologie pour Hérodote,* ch. 59.

P. 599. — *Lou prince de Guimeney,* Louis de Rohan, premier prince de Guimené, qui avait épousé Léonore de Rohan, dame du Verger.

— *Denee,* près d'Angers.

— *Madame de Mercure,* femme de Philippe-Emmanuel de Lorraine, duc de Mercœur. — Il y a là une allusion à quelque aventure galante de la duchesse.

P. 600. — *c'eft du Cordelier Portugais,* Jacques Suarès, docteur en Sorbonne et prédicateur du roi Henri IV.

P. 601. — *comme vous les pouvez avoir levez.* Var., *avoir leus,* (édit. Mérimée).

— *un jeune Pafteur.* Ce conte, mis en vers, se trouve dans les *OEuvres meflees* de M. de R. P., p. 172 (Amst., 1722). L. D.

P. 602. — *le quamquam, son discours, sa thèse.* — On donnait ordinairement ce nom aux thèses latines de philosophie et de théologie soutenues en Sorbonne, parce qu'elles commençaient presque toujours par le mot *quamquam.*

— *Chambres mi-parties,* cours d'appel, composées de juges catholiques et protestants en nombre égal, pour connaître des affaires religieuses et politiques.

P. 603. — *Bellignan,* probablement Beringhen, secrétaire du Roi.

P. 604. — *ce rivaud de Defunctis.* Voir ci-dessus, p. 424.

P. 605. — *une bieille Chronicque.* Cet événement est relaté dans la continuation de Monstrelet, et aussi dans la *Chronique fcandaleufe,* sous l'année 1478.

P. 606. — *Louis de Marfeille.* Voir ci-dessus, p. 469.

— *lous Mercures*, le *Mercure français*, sous l'année 1611. L. D.

— *Le pape Boncompagne*, Grégoire XIII.

P. 607. — *Pourquoi porta deux ans*, etc. Ceci est tiré de la *Mappemonde papiste*. p. 89. (L. D.) Quant aux quatre lignes qui suivent, c'est une note de d'Aubigné, qui a été insérée maladroitement dans l'édition de 1630.

— *au Curé d'Onzin*. Tiré de l'*Apologie pour Hérodote*, ch. XV.

P. 609. — *Jovi*, Jouy en Josas, près de Versailles.

— *l'Abbesse de Montmartre*, Marie de Beauviller, maîtresse de Henri IV.

P. 610. — *l'Abbaye de Maubuysson*, près de Pontoise.

P. 611. — *au jeune Oraison*, André d'Oraison de Soleillas, nommé en 1576 à l'évêché de Riez, se maria en 1585 et depuis servit en Guienne sous le maréchal de Matignon.

P. 612. — *ce que nous avons dit ailleurs*. Voir p. 444.

P. 613. — *la Terne*, près de Mansle, dans la Charente.

P. 614. — *Jean Pcraquin*. Répétition adoucie d'un récit déjà fait ci-dessus, p. 467.

— *Bourdeille*, le conteur Brantôme.

— *un Chancelier à grand nez*. Mérimée croit y voir Pierre d'Espignac, archevêque de Lyon, appelé le *chancelier de la lieutenance*, dans la *Satyre Menippée*.

P. 615. — *Dominic de Jesu-Maria*, moine vagabond, qui passait pour prophète. Gabriel Naudé en parle dans son *Apologie*. Voir aussi le *Mercure français*, 1620, p. 435.

— *Godemard*. Voir le *Glossaire*.

— *Cardinal d'Est*, le cardinal Hippolyte, fils de Lucrèce Borgia, mort en 1572, ou son neveu le cardinal Louis d'Este, mort en 1586. On ignore ce que peut être cette *Chastellane de Milan*.

— *l'Evesque de Sisteron*, Aimeric de Rochechouart, d'après Le Duchat, ou son successeur, Antoine de Cuppis, d'après Mérimée.

P. 616. — *faite à Paris, le...*, en 1590, pendant le siège de Paris. — Il y a ici comme une réminiscence de la procession de la Ligue dans la *Satyre Menippée*.

— *Lamognon*, Chrétien de Lamoignon, président à mortier, mort en 1636.

— la *Procureuſe Le Clerc*, femme du ligueur Bussy Leclerc, qui avait été maître d'armes avant d'être procureur.

— *Puiſgenat*, ou *Pigenat*. La *Satyre Menippee* mentionne deux frères de ce nom.

P. 617. — *Inceſtre*, Lincestre, curé de Saint-Gervais. Cf. t. IV, p. 143.

— *Madame de Belin*, femme du gouverneur de Paris pour la Ligue.

— *la journee de S. Clou*, le jour où fut assassiné Henri III.

— *Madame de Nevers*, Henriette de Clèves, femme de Louis de Gonzague, duc de Nevers. Elle était bossue; la boiteuse était *Madame de Montpensier*, belle-sœur de *Madame de Guise*.

P. 618. — *ceſte roye rouge*, la casaque de drap rouge dont il a été parlé ci-dessus, p. 587.

— *le caillou vlanc de l'Apoucalypſe*. Voir *Apocalypſe*, II, 17, et aussi t. IV, p. 149.

P. 624. — *La bataille de Sainct-Pierre*, où le marquis d'Uxelles, qui marchait au secours du marquis de Mantoue, fut repoussé par le duc de Savoie et les Espagnols, en 1628.

P. 625. — *le Sieur d'Ayacete*, le financier florentin Luigi di Ghiaceti, plus connu sous le nom de comte de Châteauvilain.

— *ſon veau pere*. Jacques du Blé, marquis d'Uxelles, avait épousé Claude Phelypeaux, fille de Raymond, seigneur d'Herbaut, conseiller d'État et trésorier de l'Épargne.

P. 626. — *la bataille de Pragues*, 8 novembre 1620.

P. 627. — *Ponts*, Pons, dans la Charente-inférieure.

— *Monſieur d'Elbœuf*, Charles de Lorraine, marquis, puis duc d'Elbeuf.

— *un Comte de Champagne*. Voir *Hiſt. univ.* II, col. 941.

— *Caniſe*, Kanisa, ville de Hongrie, près de la rive droite de la Theiss. — La belle retraite du duc de Mercœur qui commandait les Impériaux eut lieu en 1601.

P. 628. — *Doou s'en penſe*, etc., c'est-à-dire « d'un côté pense l'âne [être frappé], de l'autre l'ânier *(toucadour)*, » litt. « le toucheur. »

— *des hures à l'uſage de Jean le Cocq*, c'est-à-dire sans

doute *les Heures à l'uſage de Troyes*, imprimées à Troyes, chez Jehan Lecoq.

— *ſine requie* est une faute pour *ſine requirere*, trad. latine de la formule ordinaire : *toutes au long, ſans riens requerir*.

— *Varletta & Menotus*. Les sermons du dominicain fra Gabriele di Barletta et du cordelier Michel Menot ont été souvent réimprimés au XVIᵉ siècle.

— *de la bieille impreſſion*, c'est-à-dire en caractères gothiques, ce qui en rendait la lecture plus difficile.

P. 629. — *Gerro*, c'est-à-dire fat, diseur de sornettes. Ce n'est pas un nom propre.

P. 631. — *du Monin*. Est-ce bien Édouard du Monin, le *poète philoſophe*, mort sous Henri III, comme le suppose Le Duchat?

— *Place aux veaux*. Voir ci-dessus, p. 528. — Nous n'essaierons pas de rechercher le nom de toutes ces dames *galantes*. Remarquons seulement que les expressions *Monſieur* et *Madame* désignent, au dire de Le Duchat, La Varenne, l'ancien cuisinier, et sa femme.

P. 632. — *les eſpinards de M. de Vandoſme*. H. Estienne, dans son traité *De la conformité du langage françois avec le grec* (p. 28, édit. Feugère), cite, sans nommer la personne (Guillaume du Bellay), un trait d'ignorance tout à fait semblable.

— *Madame*, Catherine, sœur du Roi.

— *la Ducheſſe*, de Beaufort.

— *la Farnache*. Var. *Famache*. Ne serait-ce pas *la Garnache*, près de Challans, dans la Vendée?

P. 633. — *le Mont du Chat*, entre la France et la Savoie.

— *au petit Chevalier*, La Varenne, le fils.

P. 634. — *Perrette*, sobriquet par lequel les Huguenots désignaient l'Église catholique, comme fille de saint Pierre.

— *Madame de Merſec*. Voir ci-dessus, p. 589.

P. 636. — *Achaz & Jeſabel, habillez en Amazones*. Mérimée propose la correction : *Achab, & Jeſabel, habillee en Amazone*.

— *Og*, roi de Basan.

— *Seon*, Sihon ou Sehon, roi des Amorrhéens. Voir *Nombres*, XXI, 21 et 33.

— *un pourtraict... que je n'ose dire,* celui de Henri IV?
— *Sua Santità,* Paul III.
P. 637. — *le Comte de Buendia.* Voir *Hist. univ.,* I, col. 166.
P. 638. — *l'Ignorance.* Cf. t. IV, p. 128.
— *qui estoit gaucher.* C'était du moins l'excuse qu'il croyait pouvoir donner.
P. 639. — *Lyberius,* le pape Liberius, 352-356.
— *comme faisoit Sanci.* Voir ci-dessus, p. 372.
— *Zambres,* Zamri, roi d'Israël?
P. 640. — *le Mystere d'iniquité.* Cet ouvrage, imprimé à Saumur, chez l'auteur, fut condamné par la Sorbonne, le 19 août 1611.
— *du Moulin,* le jurisconsulte.
— *Cachar, la Bastide,* etc. Voir ci-dessus, p. 255.
— *le Chancelier de Birague,* René de Birague, exilé Italien : accueilli à la cour de Charles IX, il aurait conseillé la Saint-Barthélemy.
— *Boulanger,* aumônier du Roi. Voir ci-dessus, p. 344.
— *le Roman de la victoire de l'Eglise,* autrement *la Victoire de la Verité* du jésuite Richeome.
— *le Curé de Sainct Eustache.* Voir ci-dessus, p. 459.
P. 641. — *un Mareschal de France,* Balagni? Voir p. 303.
P. 642. — *la Paresse.* Cf. t. IV, p. 236.
P. 643. — *de Montgomeri,* celui qui blessa Henri II.
— *de Montbrun,* Charles du Puy de Montbrun, capitaine protestant.
— *d'Aumont,* Jean d'Aumont, maréchal de France.
— *Givry,* Anne d'Anglure, seigneur de Givry
— *de Thoars,* Louis de la Trémouille, duc de Thouars.
— *Montbarot,* René de Marec, sieur de Montbarot.
— *Pralin,* Ch. de Choiseul Praslin, capitaine des gardes.
— *le feu Mareschal de Rez,* Albert de Gondy.
— *le Sieur de Lansac,* Louis de Saint-Gelais.
— *Maistre René,* René Bianchi, Milanais, empoisonneur et

— *Difpari Domino Dominaris*. Allusion au successeur de Henri IV.

P. 645. — *la Conneftable*, de Lesdiguières, Marie Vignon.

P. 646. — *l'Infolence*. Cf. t. IV, p. 131.

— *Madame de S. Du*, Madame de Duras?

— *la pauvre Epicaris*, la courtisane Épicharis. Cf. Tacite, *Annales*, XV, 57.

— *le Conneftable Montagu*, probablement Jean de Montaigu, grand maître de l'hôtel du Roi, décapité en 1409.

— *Gonfalve*, de Cordoue, le *grand Capitaine*, mort en 1515.

P. 647 — *Rocendolf*, Rockendorf, colonel allemand.

— *le Vidame de Chartres*, François de Vendôme.

— *Odet de la Noue*, fils du brave François de la Noue.

— *le brave Moüy*, Isaac de Vauldray, sieur de Moüy.

— *Ragot*, mendiant et bouffon du temps de François Ier.

— *du Halde*, premier valet de chambre de Henri III.

— *l'heritier de Piene*, ou Pienne, de la maison d'Hallevin.

— *Il Cardinale della Simia*. Voir ci-dessus, p. 294. Il s'appelait Innocent. Jules III en fit un cardinal; mais il ne devint jamais pape.

P. 648. — *le petit la Roche*, fut employé par Henri III dans ses négociations avec le roi de Navarre. Cf. p. 309.

— *car Belat*. Lire : *Car* ou *Carl Belat* ou en un seul mot *Carbelat*.

— *le maiftre de la tapifferie*, La Varenne.

P. 649. — *Capitaine Poulain*, Poulin ou Paulin, général des galères de France et excellent marin. Voir Brantôme, *Illuftres capitaines François*, Disc. 75e.

— *la Burlotte*, Claude la Bourlotte, servit l'Espagne dans les Pays-Bas.

— *le fruit fe change en canes*. Une fable, qui eut longtemps cours, faisait naître l'Oie bernache, soit du fruit d'un arbre, soit de la coquille de l'Anatife.

— *fe changent en velours*, allusion aux marchands, porteurs de chaperons, qui deviennent gentilshommes, coiffés de la barrette de velours.

— *au Purgatoire des Damoifelles*. Tout gentilhomme, jusqu'à ce qu'il eût été fait *Chevalier*, n'étant que simple *Écuyer*, sa femme n'avait qualité que de *Demoiselle*. L. D.

— *les Ducs voudroient bien devenir Rois*. Cf. t. I, p. 503.

P. 650. — *les balaffres de leurs pourpoints*. Voir p. 568.

P. 651. — *servir de cinquiesme livre à Fœneste*. Ce cinquième livre n'a pas été composé; le quatrième parut en 1630, année de la mort de d'Aubigné.

LE DIVORCE SATYRIQUE.

P. 655. — Dans l'édition de 1663, le titre porte : « *Divorce satyrique*, en forme de *Factum*, pour & au nom du Roy Henri IV, où il est amplement discouru des mœurs & humeurs de la Reine Marguerite, jadis sa femme, pour servir d'Instruction aux Commissaires députés par Sa Majesté à l'effet de la séparation de leur Mariage. »

— *seigne*. Var., *domine* (1744).

— *mais je ne loüe point, ny appreuve*. Var., *mais je n'approuve pas*.

P. 656. — *ma debonaire benignité n'ayant pas absous seulement*. Var., *ma debonnaireté ont assez paru, n'ayant pas voulu, que* etc.

N. B. — Nous n'indiquerons pour la suite que les variantes les plus importantes, laissant de côté toutes celles qui ne sont que des modifications apportées au style de l'auteur.

— *aprez vingt-huict ans de mariage*. La sentence de déclaration de nullité de ce mariage (conclu en 1572) est du 17 déc. 1599.

P. 657. — *& encor les premices*. Var., *eurent les premices*, et la phrase est coupée après *a depuis abregé la vie*.

P. 658. — *jusques à la mort*. Martigues fut tué au siège de Saint-Jean-d'Angely en 1569.

— *brave & ambitieux*. L'édit. de 1744 ajoute : *s'il en fut oncques parmi les hommes*.

— *luy cheta*. Var., *lui chût*.

— *François*, duc d'Alençon.

P. 659. — *Henry*, Henri III.

— *il ne la put aymer.* Var., *il ne la put estimer.*

— *car la nuict avant.* Var., *car la minuit avenant.*

— *soubz le nom d'Hyacinte.* Voir ci-dessus, p. 236.

P. 660. — *deguisant.* Var., *eguisant.*

— *la Vitry,* Louise de l'Hospital, qui épousa Jean de Simiers, maître de la garde-robe du duc d'Alençon.

— *& ses premiers amants.* Var., *A ces premiers amants.*

P. 661. — *que j'avois besoin.* Var., *parce que j'avois besoin.*

P. 662. — *ou de Villeclaire.* Var., *ou de Villequier (qui tous deux ont étranglé leurs femmes).*

— [*qui est... puis le recevoir*]. Tout ce qui est entre crochets est tiré de l'édition de 1663. De même plus loin [*A ce mot... il avoit esté nourri*].

P. 663. — *Esplaudian.* Var., *Esplandian.*

P. 664. — *Madame de Tirans.* Var., *de Trans* ou *de Trance.*

P. 667. — *Chauny.* Var., *Choisnin.*

— [*estoit des musiciens... N. Dame de Paris*]. Addition de 1663.

P. 668. — *Sainct Vincent.* Var., *Savença.*

— *du May.* Var., *du Mez* ou *du Muy.*

— *Gesilax de Firmaçon.* Var., *Agesilas de Fusmaca.*

— *Goute Raquette.* Var., *Gantes Raignettes.*

P. 669. — *Madame de Marie.* Var., *de Marce,* ou *Marze,* ou *Marignan.*

— *Missilac.* Variantes, *Misselac, Messilac, Marsillac.*

P. 670. — *Ivoy,* Ivoy-le-Pré (Cher)? Var., *Juroy.*

P. 671. — *ceste autre Alcine.* On sait que la magicienne Alcine joue un rôle important dans le poème de l'Arioste, ch. VI, VII et VIII.

— *Lugoly.* Voir ci-dessus, p. 274; — *à Aigueperse,* en 1596.

P. 672. — [*L'histoire est plaisante... & à toute la Cour*], addition de 1663.

P. 675. — *A ces bois, ces prez,* etc. Cf. t. III, p. 153.

P. 676. — *qui commencerent à Bonivet.* On a proposé : *à Bajaumont.*

— *osant impudemment.* Var., *O sang impudemment souillé!*

P. 680. — *tant de palmes,* allusion au nom de Julien *Dat* ou *Date.*

— [*d'un coup de piftolet... abattre & baftir*]. Addition de 1663.

P. 681. — *immemorialement.* Var., *inviolablement.*

P. 682. — *Elle donne, je le fçay bien,* etc. Cf. Molière, *Misanthrope,* III, 5 :

> *Elle eft bien à prier exacte au dernier point,*
> *Mais elle bat fes gens & ne les paye point.*

P. 683. — *Delain,* ou plutôt *de Louè.* Voir l'addition de 1663 : [*que de Louè,* etc... *Je vous diray en paffant*].

APPENDICE.

P. 687. — *A la Reyne.* Cette lettre semble se rapporter à ce que d'Aubigné, dans *Sa Vie à fes enfants* (t. Ier, p. 84), dit *d'un caprice* qui *prit à la Royne.*

P. 689. — *au Roy.* Cf. cette lettre avec celle que nous avons donnée t. I, p. 501.

P. 690. — *A M. de Pontchartrain,* acte de soumission qui a précédé la vente de Maillezais au duc de Rohan. Cf. p. 695.

P. 693. — *l'ufage des lettres, parolle des abfens,* expression familière à d'Aubigné.

P. 695. — *au Roy.* Cette lettre a été déjà donnée. Voir t. I, p. 283.

TOME III

LE PRIMTEMS.

P. 1. — Une phrase de *Sa Vie à fes enfants* (t. Ier, p. 18) avait fait connaître au public du xvII^e siècle que d'Aubigné avait composé dans sa jeunesse des poésies, qu'il avait réunies sous le nom de *Printemps;* mais personne ne les avait vues. On admit plus tard qu'elles avaient été imprimées et qu'après avoir été imprimées on les avait fait disparaître.

M. Sayous lui-même, qui a pu, avant nous, explorer les manuscrits de Bessinges, n'avait pas eu la chance de les y découvrir. Notre édition serait donc véritablement l'edition *princeps* du *Printemps* si, pendant que nous la préparions, M. Ch. Read n'avait publié, d'après un autre manuscrit (Voir notre *Notice bibliographique*, p. 209) ce même poème, avec des différences considérables toutefois, que nous signalerons pour la plupart dans nos *Variantes*.

P. 3. — *Préface*. Cette préface n'était pas dans le manuscrit dont s'est servi M. Read.

P. 4. — *Ny de la patte de l'ours*. Ce vers serait inintelligible, si l'on ne se rappelait que, dans l'ancien français, la conjonction *ni* équivalait à *et* avec un sens dubitatif. C'est comme s'il y avait : *Et peut-être auſſi de la patte de l'ours*.

P. 6. — *une courriere*, sans doute la lune ou Diane, « l'inégale courriere des mois » (Malherbe).

— *ma Diane*, Diane Salviati, fille du sieur de Talcy. Voir t. I, pp. 18-21.

— *De contenter que deſplaire*. On a proposé la correction *que de plaire*. Il nous semble qu'elle fausserait le sens.

P. 8. — *A Ronſard*. Ronsard étant mort le 27 déc. 1585, cette préface doit être antérieure à cette date. D'A. avait donc, dès cette époque, formé de ces poésies commencées en 1571 le recueil qu'il appelait son *Printems* et qu'il se proposait de publier avant *Les Tragiques*. Voir t. IV, p. 17.

— *Fait*. Var., *Fais*.

— *meſpriſer*. Var., *m'espriser* (en note, *mespriser* ou *me priser ?*)

P. 11. — *Eſtacades*. Sur la confusion entre *eſtacades* et *eſtocades*, Voir le *Glossaire*.

PREMIER LIVRE. — HECATOMBE A DIANE.

P. 15. — Les *cent sonnets* qui composent l'*Hecatombe à Diane* ne se trouvent pas dans le *Printemps* de M. Read.

P. 16. — *le couple Tindaride*, les Dioscures, Castor et Pollux, fils de Léda, femme de Tyndare.

P. 17. — *ta Caſſandre*. Voir t. Ier, p. 457. Diane de Talcy était nièce de Mlle du Pré.

— *de l'Ocean l'adultere obſtiné*, le soleil, qui se couche tous les soirs dans le lit de l'Océan. Cf. p. 28.

P. 21. — *L'amour ſurmonte tout*,... Cf. Virgile (Égl., X, 69) : Omnia vincit amor, et nos cedamus amori.

P. 22. — *Avecq' le ſang l'ame rouge ravie*, rappelle le *purpuream vomit ille animam* de Virgile (*Énéide*, IX, 349).

P. 24. — *Car l'eſpoir des vaincus eſt de n'eſperer point*. Autre imitation de Virgile (*Én*., II, 354) : Una salus victis, nullam sperare salutem.

P. 26. — *la mere de Cynire*, ou plutôt sa grand'mère : Cinyre eut pour père Paphos, fils de la statue, œuvre de Pygmalion (Ovide, *Métam*., X).

— *Laodamie*, femme de Protésilas.

P. 31. — *ceſte lignee*. Avant de venir en France, à la suite de Catherine de Médicis, les Salviati avaient joué un assez grand rôle en Italie.

P. 37. — *Sonnet* XLV. On peut rapprocher ce sonnet des deux pièces que nous donnons ci-après, t. IV, pp. 400-403.

P. 45. — *un Caucaſe, un autour*, peut-être 'un vautour.

P. 49. — *du borgne Affricain*, Annibal.

P. 52. — *Ceux qui font à leur dos un innocent outrage*, les pénitents qui se flagellent.

P. 54. — *ton malheureux pere*, Mars.

— *Thetis*, ou plutôt Téthys, la mer.

— *Cybelle*, la terre, *eſtranglee* par la mer lors du *deluge*.

— *Le Saturne* : les faiseurs d'horoscopes attribuaient à cette planète une influence funeste.

P. 60. — *en volant pour riviere*, probablement « pour oiseaux de riviere » tels que canards, poules d'eau, etc.

P. 61. — *la chemiſe ſanglante*, de Nessus.

— *la mere du Dieu par le fouldre conçeu*, Sémélé, mère de Dionysos ou Bacchus.

P. 63. — *la Tauroſcytiene*, la Diane de la Chersonèse Taurique ou Tauroscythie, à laquelle on immolait des victimes humaines.

— *D'un pendart boute-feu*, Érostrate.

P. 64. — *au beau Clitye*. D'A. s'est trompé. Clytie, et non Clitye, était une femme : dédaignée d'Apollon, elle se laissa mourir de faim et fut métamorphosée en héliotrope ou tournesol (Ovide, *Métam.*, liv. IV).

DEUXIEME LIVRE. — STANCES.

P. 67. — *Tous ceulx qui*, etc. Dans le manuscrit Maintenon, cette pièce était intitulée en marge : *L'Hermitage d'Aubigny*.

P. 68. — *Par les effetz fanglans d'une avare beauté*, pour avoir éprouvé au prix de leur sang les refus d'une beauté sévère.

P. 71. — *Mon eftre foit hyver*, c'est-à-dire que toute mon existence soit un long hiver. — M. Read propose, et peut-être avec raison : *Mon efté foit hyver*.

— *L'ufage de mon lict*. Var., *de mon luth*.

P. 72. — *Pour ne vouloir faillir*. Var., *Pour me vouloir faillir*.

— *entre nos mains*. Var., *mes mains*.

— *fe mourir*. Var., *le mourir*.

P. 73. — *cerf bruflant*. On pourrait lire : *serf bruslant*.

— *Mon eftommac pillé*. Variante :

> Mon estommac pillé, j'espanche sang et vie
> Par le chemin qui est marqué de ma douleur :
> La beauté de Diane, en s'eslongnant convie
> A la suivre mon cueur, le cors suit le malheur.

P. 74. — *Qui ne differnent plus*. Var., *qui discernent esmeuz*.

P. 75. — *de leurs grottes*. Var., *des crevasses*.

— *Par pitié gafouilloient*. Var., *Poussoient divinement*.

— *O Saine!* (Seine?) Var., *Osaine*, exclamation, *hosanna!*

P. 76. — *Et de triftes afpects*. Var., *et d'Erynnes aspects*.

— *Je ne fuis faciné de douces fictions*. Var., *Je me sens fasciné de leurs douces fictions*. Vers qui serait faux aujourd'hui et ferait un faux sens.

P. 77. — *Et dit : vis en regret*. Var., *Vis, cruelle, en regret*.

— Dans toute cette pièce, les mots *cruel, cruelle, cruellement*, cruauté, sont répétés à satiété dans le manuscrit dont s'est servi M. Read; on dirait la copie d'un texte primitif, que d'A. aurait corrigé avant de le destiner à l'impression.

— *qu'une chaleur nouvelle Embraze.* Var., *qu'une rage nouvelle Abuze.*

P. 78. — *que leur sentence mesme Punit.* Var., *que leur cruauté Tenaille.*

— *Je verray aux Enfers.* Var., *Là je verray pour toy.*

P. 79. — *Ha! miserable amant,* commence une autre pièce, chez M. Read.

P. 81. — *& au four de ma flame.* Var., *et au feu de ton yre.*

— *Sur un lit qui se courbe aux malheurs.* Var., *Sur un lit malheureux des malheurs.*

P. 83. — *secher de fievre.* Var., *secher de rage.*

— *Aveugle!* etc. Variante :

> *Aveugle que je suis! quelle mort est plus belle*
> *Qu'à coups de ses regards mortels et gratieux.*

— *Et plus longue & plus belle!* Var., *plus longue, plus cruelle!*

P. 84. — *je gazouille.* Var., *je desgorge.*

— *Le bel astre,* Var., *Le ciel astré.*

P. 85. — *la souffrance.* Var., *la cruauté.*

P. 86. — *Ha Deesse,* etc. Ce vers commence une pièce séparée chez M. Read.

— *Ce peche fait que,* etc. Variante :

> *Ce peché me fait triste et blesme,*
> *Et qu'en tirannisant moy mesme,*
> *Je me desplais en mon esmoy.*

— *Ne l'ayant que pour.* Var., *N'estant fait que pour.*

— *Mais celuy la est plein de folie* (vers faux). Variante :

> *Mais celuy la est plein de rage,*
> *Qui forcenant en son courage.*

P. 87. — *Lors, mon ame plus criminelle,* etc. Variante :

> *Je voy là ma faute mortelle,*
> *Mon desespoir se renouvelle.*

— *Le pardon fuit la repentance,* etc. Variante :

> *Le pardon vient de repentance,*
> *Le repentir de congnoissance*
> *Et de honte de son peché.*

P. 88. — *Bienheureux est celuy...* Cette dernière stance manquait au manuscrit de M. Read.

— *Meslez vos pleurs avec les pleurs.* Var., *Comme larmes parmi les pleurs,* et six vers plus loin : *Parmi les pleurs.* Var., *parmi les fruits.*

— *Cignes mourans.* Cette stance et la suivante sont fondues en une seule chez M. Read.

P. 91. — *Pour de nouveau venir.* Var., *Pour à jamais revivre.*
— *mon essence.* Var., *ma nature.*
— *le plus doux de la divinité.* Var., *le divin de la divinité.*
— *J'ay des autels,* etc. Variante :

> *J'ay des autels fumants comme des aultres Dieux,*
> *Et pour moy, Dieu segret, s'enfle leur jalousie*
> *Pour mon astre incongneu qui deguise les Cieux.*

P. 92. — *le sinquiesme fruict,* c'est-à-dire la quintessence. — Cette stance manque encore.

— *je mesprise.* Var., *je maistrise.*
— *en victoire.* Var., *cruellement.*
— *Sur toy qui vomiçois.* Var., *Dessus toy qui vainçois.*
P. 93. — *rechercher.* Var., *ressembler.*
— *d'une amour.* Var., *d'une rage.*
— *Osent.* Var., *Usent.*
P. 95. — *en ceste saison.* Var., *en nulle saison.*
P. 96. — *De ses.* Var., *de tes.*
— *ta soif aspre & sanglante.* Var., *ta cruauté sanglante.*
P. 98. — *Mesurent des haultz Cieux,* etc. M. Read n'a pas inséré cette pièce dans son *Printemps,* comme n'étant bien indiquée par d'A. comme en faisant partie, et aussi comme roulant sur un sujet tout à fait métaphysique. Est-ce un fragment du poème perdu *de l'Absence,* dont il est question, t. I, pp. 356-358 ?

P. 100. — *Elle change ſa faim en deſir.* Var., *Elle print pour la faim le desir.*

P. 101. — *Le cors loge les trois.* Variante :

> *Le corps* pour son mary loge l'intelligence,
> Et la conception & puis *la ſouvenance.*

— *ſans œuvres,* Var., *sans effectʒ.*

— *Certains eſchantillons & mirouers de nos ames.* Var., *Qui monstre les effects & l'humeur de nos ames.*

P. 102. — *ont meſmes paſſions.* Var., *ont mesmes affections.*

P. 103. — *Il falut qu'il dormiſt.* Variante :

> Il embrasse Penie & ne fut son amy,
> Que quant il fut de vin & de fleurs endormy.

Ces deux vers ont le défaut de terminer la stance par des rimes masculines.

— *n'eſt terminee.* Var., *n'est esloignee.*

— *preſſe.* Var., *purge.*

P. 104. — *en fumelles aymees.* Dans le dialecte poitevin *fumelle* est synonyme de *femelle.* Voir le *Glossaire.*

P. 105. — *apaiſant ta curioſité.* Si Diane a demandé à d'A. cette leçon de physique amoureuse, sa curiosité était pour le moins singulière.

P. 106. — *ma chere maitreſſe.* Il s'adresse à Olympe. Est-ce Diane ou une autre? ou même un nom en l'air? je le croirais plutôt.

P. 107. — *fuſt plus dure que ta vie.* Var., *plus durera que ta vie.*

P. 108. — *la cauſe qui les meine.* Var., *leur fureur inhumaine.*

— *Francion.* Voir le début du troisième livre de *La Franciade* de Ronsard, où Clymène, fille de Dicée, roi de Crète, essaie d'arracher du cœur de sa sœur Hyante l'amour que celle-ci ressentait pour le beau Francion, voulant garder pour elle seule le cœur du prince Troyen.

— *Tu as vaincu,* etc. Avant cette stance, il en existe une autre qui ne se trouve pas dans notre manuscrit :

> C'eſt ce qui fait trouver le plaiſir agreable,
> Alors qu'on romp le col d'un courage indomptable

> Au sort vainquant sans peur la peur heureusement.
> Puis l'amour m'a donné une seure deffence,
> Pour parer au malheur qui en mesme balance
> Ou nous aide ou nous nuit tous deux pareillement.

P. 109. — *A qui ne fut point ravie.* M. Read n'a point donné ce quatrain qui sert de titre.

— *Monteil,* probablement celui qui est cité, t. I, p. 54.

P. 110. — *Ces fruitz feront.* Var., *seront.*

— Les rimes *contraire, adversaire* ont pour variante *cruelle, infidelle.*

P. 113. — *de ces cendres esteintes Esteins le souvenir.* Les stances de la célèbre *Consolation à M. du Perier,* écrites par Malherbe en 1599, sont pour la disposition pareilles à celles de d'A., et de plus on y trouve des expressions semblables : *Aime une ombre comme ombre, & des cendres éteintes Eteins le souvenir.* L'imitation est évidente.

P. 117. — *pleurs,* riment avec *feux :* ce n'est qu'une assonance; mais on sait qu'au XVIe siècle la finale *eurs* se prononçait très souvent *eux.* Voir Ch. Thurot, *De la Prononciation française,* t. II, pp. 83, 84.

P. 118. — *du Grec ambitieux,* Empédocle, qui ayant voulu visiter le cratère de l'Etna y périt englouti.

TROISIEME LIVRE. — ODES.

P. 119. — *essuié.* Var., *essaié.*

P. 121. — *Tarira, ma sueur,* etc. Variante :

> Et en tarissant ma parole,
> Finira tout ce qui m'assole
> Et ce qui me faict malheureux.

P. 122. — *Fais* (2e pers.). Var., *faict* (3e pers.).

P. 123. — *A mes despens vostre pouvoir.* Var., *Mon martyre & vostre pouvoir.*

— *Et donner vie à mes espris,* etc. Var., *Et à mes inutilles cris Secourir de ce que je pris.*

P. 125. — *Vous aimez mieux*, etc. Variante :

> N'estes vous pas de pure essence,
> N'aimez vous pas mieux la substance
> De l'entier que de l'imparfaict.

P. 126. — *le fiel de soucy.* Lire : *le fiel de son soucy.*

P. 128. — *Celuy qui s'afronte.* Var., *Celuy qui deplaist.*

P. 129. — *Departez.* Var., *Espendez.*

P. 130. — *imploiable.* Var., *impitoyable.*

P. 132. — *Eh bien! je suis content de vivre*, commence, chez M. Read, une pièce séparée.

— *je vis de tout mon heur.* Var., *je vis et tout mon heur.*

P. 133. — *Gorge de laict.* Var., *Gorge de lys.*

P. 135. — *Mais sa prison n'est criminelle*, etc. Var., *Mais sa prison lui est si belle Qu'il en a faict son paradis.*

P. 136. — *l'homme-Volussien.* Voir ci-après, p. 316.

P. 137. — *Je ne suis pas de la troupe*, etc. Allusion à la Pléiade et en particulier, à Jodelle.

P. 139. — *J'ay aidé, quoy que je die.* D'A. donne ici un résumé très intéressant de sa biographie.

P. 141. — *Nicollas, tes serpelettes.* Quel est ce Nicolas à qui s'adresse d'A. ? Ce n'est ni l'historiographe Nicolas Bergier, 1551-1623, ni le Nicolas Ellain de qui on a des sonnets et un panégyrique adressé à l'évêque de Paris, Pierre de Gondi. Ce pourrait bien être Nicolas Le Digne qui a publié un recüeil de vers sous le titre de *Fleurettes du premier meslange.*

P. 146. — *Du ciel astre.* Lire : *astré.*

P. 147. — *Pour avoir feu.* M. Read donne aussi *feu.* On pourrait lire : *Pour avoir veu ?*

P. 148. — *Dames, donez*, etc. Var., *Que les dames par un gage Font redoubler le courage.*

P. 151. — *Que peut la mort.* Var., *Que peut l'amour.*

P. 153. — *À ce boix, ces pretz*, etc. Les quatre premiers de ces vers se lisent encore dans le *Divorce satyrique*, où ils sont attribués à la Reine Marguerite. Ils se trouvent, dans nos manuscrits, au milieu d'un farrago de vers non encore preparés pour l'impression. Voir t. II, p. 675.

P. 157. — *Que je te plains, beauté divine!* On peut rapprocher de cette invective deux pièces de Joachim du Bellay, l'*Anterotique* (t. I, pp. 169-174) et *Contre une vieille* (t. II, pp. 369-372). Voir aussi Ovide, *Amores*, VIII, 1, et Properce, IV, 5, *Ad lenam*.

P. 163. — *Donné un coup de pied au loup.* Allusion à la fable bien connue du Cheval et du Loup. Peut-être pour d'A. est-ce un souvenir du roman de Renart. Voir le passage intitulé : *C'eſt d'Yſengrin & de la jument* (édit. E. Martin, t. II, pp. 247-250). — Deux lignes plus haut lire : *Trompant*.

P. 165. — *Marroquin.* Voir t. II, p. 473.

P. 175. — *Fonlebon*, un des compagnons de jeunesse de d'A. Voir t. I, p. 327.

P. 176. — *Ma jalouſie en croiſt.* Var., *Ma rage en naiſt et croiſt.*

P. 177. — *Sur le parfait.* Var., *Que le parfait.*

P. 180. — *de pois envieux.* Var., *de pois ennuyeux.*

P. 182. — *de l'ame de mes pleurs.* Var., *de la mer de mes pleurs.*

P. 183. — *Un verger d'amour.* Var., *Le beau paradis.*

P. 185. — *paſteur d'Amphriſe*, lorsque chassé du ciel, le dieu Apollon gardait les troupeaux d'Admète près d'Amphryse, en Thessalie.

P. 186. — *Sur gaillards ſubgectz.* Var., *Sellon mille subgectz.*

P. 187. — *La douce & blanche Cibelle.* Ce vers n'a que sept pieds.

P. 189. — *la terreſtre obſcurité.* Var., *la terrestre divinité.*

P. 190. — *Et voit ſous ſes piedz la tempeſte.* Var., *Hochant le nez à leur tempeste.*

P. 193. — *Mais ſi toſt que Jodelle eſt mort.* Voir ci-après, p. 317 et suiv., les *Vers funèbres* que d'A. a consacrés à la mémoire de Jodelle.

P. 195. — *De Laval.* Dans sa *Vie* (t. I, p. 54) d'A. cite un sieur de Laval et dans sa *Correspondance* (t. I, p. 458) il range parmi les poètes de la seconde bande un certain Laval, après Desportes et du Perron.

P. 196. — *Que Zerbin & qu'Yzabelle.* Les amours d'Isabelle

et de Zerbin jouent un rôle important dans le *Roland furieux* de l'Arioste (chants, 13, 16 et 20-24). Un nommé Antoine Mathe en avait composé un poème français intitulé *Loyales amours du prince Zerbin & de la princeſſe Yſabelle*.

P. 197. — *Des dars qui partent de tes yeux.* Var., *Des belles pointes qui partent de tes yeux.*

P. 200. — *aprés la mort tiene.* Var., *apres la mort cruelle.*

— *Et ta fin eſt la miene.* Var., *Ta mort à mourir m'appelle.*

— *L'ame avec moy ravie.* Var., *L'ame à la mienne aſservie.*

— *Mon ame diviſee.* etc. Var., *O qu'elle est crueliẓee, D'un volontaire joug esclave.*

P. 201. — *L. C.* probablement, *Le Curieux;* — *A. Amour.*

— *La Mort! & je cherche.* Var., *La Mort! hé, je cherche.*

— *tant de morts.* Point de rime. Lire : *tant de maux.*

— *Suſane*, Suzanne de Lezay, la première femme de d'A. Voir ci-après, p. 278.

P. 204. — *Dieu des armees*, etc. A l'exception peut-être du premier vers, cette pièce religieuse se compose de vers mesurés qui se scandent très bien, et elle eût été, ce nous semble, mieux placée plus loin. — On remarquera d'ailleurs que cette ode est la traduction littérale du psaume 84e (83e de la Vulgate).

POESIES DIVERSES. — SONNETS.

P. 207. — *aux neuf Cieux.* Voir ci-dessus, t. I, p. 260, notre Note sur le nombre des ciels admis autrefois.

— *la Maiſon d'honneur.* — Pour lire la destinée de l'homme dans les apparences du ciel, les astrologues ou faiseurs d'horoscopes partageaient la voûte céleste en douze *maiſons*, qui avaient chacune un nom particulier, et ils considéraient en même temps l'*aſpect*, c'est-à-dire la position relative, des astres dans ces différentes maisons.

P. 208. — *qui n'etes deſſerrce.* Lire : *qui ne t'es deſſerree.*

P. 209. — *Voici ma liberté.* etc. Var., *Il fault que mon malheur tout ainsi se descharge, Que j'aie ainsi repos.*

— *au giron de la mort.* Var., *en rencontrant la mort.*

— *Voicy mon calme doux.* Var., *Je sens un doux repos.*

— *Eſt un baume au dedans.* Var., *Est baume dans le corps.*

P. 210. — *Le cors & n'eſtant plus compagnon de ma peine.* Var., *Le cors ensanglanté de l'horreur de ma peine.*

P. 211. — *Meilleure qu'il n'en vient de la mymaure Heſpagne.* Var., *Autre que celle là qu'on apporte d'Heſpagne.*

P. 212. — *a plaiſir & faveur les bleſſeures.* Var., *à plaisir la mort que tu endures.*

— *Ne finiſſez vos jours.* Cette pièce fait suite, chez M. Read, à la pièce précédente.

P. 213 — *Fay'toy ſon vermillon.* Var., *O coup plain de plaisir.*

— *Tout ſoit un holocauſte.* Var., *Que je reduise en cendre.*

— *Qu'on n'aimoit plus.* Var., *Qui n'avoit peu.*

P. 214. — *Que je vous bais' encor,* etc. Ce vers et les sept suivants sont réduits à quatre, chez M. Read :

> Ame, eſprit, corps parfaict & cruauté parfaicte;
> Car tout le deſplaiſir & le pleur que tu jecte
> Ne s'eſmeut que du ſang qui fuit avec mes jours
> Et non du ſouvenir de mes fieres amours.

P. 215. — *ung grand fault.* Lire : *ung grand ſault.*

P. 219. — *ſoulages les coleres.* Var., *les miseres.*

P. 220. — *..... ta vertu.* Un manuscrit comble la lacune par le nom de *La Boulaie.* Voir t. I, p. 38.

— *reverſé de fortune.* Lire : *renverſe.*

— *Dés le matin natal.* Var., *Dés le tendre berceau.* — Passage à noter pour la biographie de d'Aubigné.

P. 221. — *pert la vie & la veuë.* Var., *pert bien souvent la veue.*

— *arrogamment parler.* Var., *& fierement parler.*

— *Mes deſſeins,* ou plutôt *Mes deſtins.*

P. 222. — *bien heureux qui a congneu les choſes,* etc. Imitation de Virgile, *Géorgiques,* II, v. 470-510.

P. 223. — *mes honneurs.* Var., *mes humeurs.*

— *Ne penſez pas icy...* Suppléez : *La Boulaye.*

P. 225. — *L'artifice qui fut enfermé.* Var., *La cruauté qui fut enclose.*

P. 226. — *ixiomenne*. Var., *extiomene*. Voir le Glossaire.

P. 227. — *en Chio, en Erice*. Var., *pour la rendre propice*.

P. 228. — *d'une here gaie*. Lire : *d'une chere gaie*.

— *Et le fait cliqueter*. Var., *Elle fait cliqueter*.

P. 229. — *Et nonchalant t'affoir*, etc. Var., *Et nonchalant à soy abandonner ta gloire, Sachant vaincre trop mieux qu'user de la victoire*.

— *vous est acquis*. Var., *nous est acquis*.

— *Changer; aux cours*, etc. Var., *Vray est qu'aux cours*.

P. 231. — *De la fleche*. Var., *Là la fleche*.

P. 232. — *la mere*. Var., *la mer*.

P. 235. — *uniquement*. Var., *iniquement*.

P. 240. — *Du second*. Var., *Le second*.

P. 246. — *ny point niais*. Var., *ny trop niais*.

— *la fuir*. Var., *ou la fuir*.

P. 247. — *Je fuis celle qui veult*. Imitation d'Ausone.

— *Je ne veulx ni saouler ma...* Suppléer *soif* ou *faim*. Au lieu de *ny tormenter*, on a proposé *ny l'augmenter*. Cette correction ne nous semble pas nécessaire.

P. 248. — *d'un enroué vineux*. Lire : *d'un evoué (évohé) vineux*. Cf. t. IV, p. 126.

P. 251. — *Et troubla*. Var., *Et troubler*.

— *faisoient*. Var., *et faisoient*.

P. 252. — *Kariclea voyoit*, sonnet inspiré par les aventures de Théagène et de Chariclée, roman du Grec Héliodore.

P. 259. — *Ce sont petits Amours*. Les variantes de ces stances sont très nombreuses; nous les indiquerons par le chiffre des vers.

— v. 4 et 5. *Oiseaux eschauffez de mes rages, Demy denuez de plumages*.

— v. 7. *Volez mes chers enfans, mes messagers fidelles*.

— v. 9 et 10. *Chargez de mes douleurs : Vos plumes naifves & franches*.

— v. 12. *Incarnates de sang, belles de ses couleurs*.

— Stance ajoutée : *Ilz s'en estoient volez emplumez d'esperance, Mais l'assier outrageux des cizeaux de l'absence Avoit auparavant Coupé les moignons de leurs aisles. Les pauvres messagers fidelles N'eurent pour les porter que les aisles du vent*.

— v. 15-17. *Mais en leur bel effort Ils dreffoient au ciel leur volee; La pauvre troupe defolee.*

— v. 20-23. *Toutes les nuits d'entreux vient quelque ame importune Des corps precipitez. De pafles vifions funeftes Ne veillez me montrer les reftes.*

— v. 25-27. *Mais, foufpirs maffacrez, n'affligez plus mon ame. Ah! efprits courroucez allez trouver ma Dame, Reprochez luy le tort.*

— v. 30. *Et ranger mon amour du prix de voftre mort.*

P. 260. — *les cornes de leur tefte.* Var., *le cornu de leur tefte.*

— *Mon cœur enflé.* Var., *Mon cœur s'enfle.*

— *Ce brave cœur fe trouve.* Var., *Ce brave cœur retrouve.*

P. 261. — *En approchant.* Var., *Si j'approche.*

— *furieux.* Var., *vicieux.*

— *Voftre ventre, etc.* Var., *Voftre ventre fe traine en terre, Et je veux monter jusqu'aux Cieux.*

— *carreaux.* Var., *caveaux.*

P. 263. — *Cachez.* Var., *Cherchez.*

— *Refentent.* Var., *Ils sentent.*

P. 264. — *delaiffe.* Var., *de l'ayfe.*

P. 265. — *S'il eft.* Var., *Sy tost.*

— *Trop long.* Var., *Trop loing.*

P. 266. — *Le paift.* Var., *Se paist.*

P. 267. — *On l'abhorre, je n'en fay conte.* Var., *On l'adore, je n'en tien conte.*

— *fa troupe.* Var., *sa trouce.*

— *chardons.* Var., *charbons.*

P. 268. — *une plume.* Var., *une piece.*

— *Les pieds & les mains.* Var., *Les poins et les pieds.*

— *les efforts.* Var., *ses efforts.*

— *qui lui convient.* Var., *qui vit commant.*

POESIES RELIGIEUSES ET VERS MESURÉS.
TOMBEAUX.

P. 271. — *vers mefures françois.* Voir. t. 1er, p. 453.

P. 276. — *Pfeaume huictante huict*, le 87e de la Vulgate : *Domine Deus salutis meæ, in die clamavi et nocte coram te.*

P. 280. — *J'aime mon Dieu,* etc. Psaume 114 : *Dilexi quoniam exaudiit Dominus vocem orationis meæ.*

P. 281. — *O Dieu tout-puiſſant, ſauve-moi.* Psaume 53 : *Deus in nomine tuo salvum me fac.*

P. 282. — *Pſeaume troiſieme* : *Domine, quid multiplicati sunt qui tribulant me.*

— *L'ombre du ſon.* Lire : *L'ombre du soir.*

P. 283. — *Pſeaume cent vingt & un,* le 120ᵉ : *Levavi oculos meos in montes.*

— *Pſeaume cent-dixieſme,* le 109ᵉ : *Dixit Dominus Domino meo.*

P. 284. — *Pſeaume cent vingt & huict,* le 127ᵉ : *Beati omnes qui timent Dominum.*

P. 285. — *Priere... tiree du pſeaume 143,* le 142ᵉ, verset 8ᵉ : *Auditam fac mihi mane misericordiam tuam.*

P. 286. — *Pſeaume ſeptante trois,* le 72ᵉ : *Quam bonus Israel Deus!*

P. 288. — *Pſeaume cinquante-un,* le 50ᵉ : *Miserere mei, Deus.*

P. 289. — *Pſeaume cent trente trois,* le 132ᵉ : *Ecce quam bonum.*

P. 292. — *Cantique de Simeon,* (Saint Luc, II, 29-32) : *Nunc dimittis.*

— *Pſeaume ſeiʒieſme,* le 15ᵉ : *Conserva me, Domine.*

P. 295. — *Muſes, preſenteʒ.* Var., *Muses, apporteʒ.*

— *feuillages & vers.* Var., *feuillages & bois.*

P. 296. — *A bonts, à petis ſautʒ.* Var., *Gay, à bons fretillans.*

— *De ſoy-meſme dur ennemy.* Var., *Tranſy, ſon cruel ennemy.*

P. 297. — *L'hiver du Sieur d'Aubigné.* — M. Heyer qui cite une partie de ces vers (p. 38), croit qu'ils ont été composés depuis son mariage avec Renée Burlamachi. « Ils témoignent en effet, dit-il, de certaines accalmies dans ce cœur aigri. »

P. 304. — *Priere de l'autheur.* Voir t. Iᵉʳ, p. 57.

P. 306. — *Monſieur la Ravaudiere,* Daniel de la Tousche, sieur de Ravardiere, 1570-1635, essaya en 1612 d'établir une colonie sur la côte du Brésil et à son retour commanda quelque temps la flotte des Rochellois.

P. 307. — *La princeſſe de Portugal.* Voir t. Iᵉʳ, p. 96.

P. 308. — *les pleurs d'un frere.* La princesse de Portugal, Émilie de Nassau, morte en 1629, vit mourir deux de ses frères, Philippe Guillaume, en 1618, et Maurice, en 1625. Il s'agit sans doute du premier.

— *Hyante*. Les filles d'Atlas furent si affligées de la mort de leur frère Hyas (ou Hyante) qu'elles moururent de chagrin et furent métamorphosées en étoiles : c'est la constellation des *Hyades*.

P. 309. — *Hymne. A ce beau jour*. M. Heyer (p. 40) pense que cette hymne fut composée pour une fête de l'Escalade.

P. 313. — *Tombeau de M. de la Caze*. Les seigneurs de la Caze étaient une branche de la maison de Pons, en Saintonge. Voir t. Ier, p. 15.

P. 314. — *Simon Goulart*. Voir t. Ier, pp. 472 et 517.

P. 319. — *Jodelle*, né en 1532; mort en 1573. — D'Aubigné exagère probablement en disant que ce poète « est mort de pauvreté; » mais il est vrai que par ses prodigalités et son désordre Jodelle avait compromis le peu de fortune qu'il pouvait posséder. Voir à cet égard la *Notice* de M. Marty-Laveaux (1878).

LA CRÉATION.

P. 325. — L'origine de la création a préoccupé nombre de poètes au moyen âge. Il en est question, notamment dans le *Breviaire d'Amour* d'Ermenguau, dans le *Tresor* de Pierre de Corbiac et chez bien d'autres; mais le véritable inspirateur de d'A. est l'auteur de la *Premiere sepmaine*, Guillaume de Saluste, seigneur du Bartas, né à Auch en 1544, mort en 1590 (V. t. Ier, pp. 441 et 458; t. II, p. 640). Le poème de du Bartas parut en 1579 et eut dès son apparition une vogue extraordinaire. D'A. en plus d'un endroit semble le copier. Nous regrettons que l'espace ne nous permette pas de faire ces rapprochements.

P. 327. — *Variantes*, v. 3 et 4. *Qui celuy sans relache, esmeu de faim canine Ce tout jusques à l'home enfin il ronge & mine.*

— v. 9-12. *Soit par les elemans contrayres et divers, Soyt par cent mile corps rempans en l'univers Creez et façonnez de differante* sorte..., et *Soyt par ce luyfant ayr et la terre au milieu Diceluy demeurer permanente en fon lieu, Soit par cent mile corps de differante sorte Tous nouriz des prefans que cete terre aporte.*

P. 328. — Var., v. 1. *Soit qu'on voye le cœur de l'homme eftre incité.*

— v. 3 et 4. *Qu'il eft un fouverain Dieu qui fur tout prefide Et d'un droyturier fiain à son plaifir le guide.*

— v. 12. *fon trofne.*

— v. 15 et 16. *Avecques fes haux faictz qu'il nous faict aparoiftre En ce qu'il a créé par fa puiffante dextre.*

— v. 31. *Joint que cil qui tout peut & l'efprit en nous donne.*

P. 329. — Var., v. 1 et 2. *Sur affeurance telle en cela que je faicts, Il ne me laiffera sucomber foubz le faix.*

— v. 12. *en matiere et en forme.*

— v. 23 et 24. *C'est de ce Dieu qui peut uzer de vertu telle Duquel je veux chanter la sageffe eternelle.*

— v. 26. *Dispofa ce grand ciel et toute œuvre en fix jours.*

— v. 30-32. *...tel comme il a voulu,... glorieux et fuperbe Du menager fourmi jusqu'au moindre brin d'herbe.*

P. 330. — Var., v. 4. *Borne et marque de l'an.*

— v. 9 et 10. Cette strophe a été inspirée par le *Cœli enarrant gloriam Dei.*

— v. 22. *genie* ou *genies.* Le manuscrit est ici illisible; on entrevoit *zemes.*

- P. 331. — Var., v. 11-13. *De foy, qu'il ne reffemble aucune creature, D'autant qu'il eft fans corps, fans forme fans figure* (ou *Soyt qu'il n'a point de corps, autant peu de figure*). *Comme on voyt qu'elles ont...*

— v. 31 et 32. *... ce qui ne fauroyt eftre; Autrement il faudroyt deux infiniz congnoyftre.*

P. 332. — Var., v. 6. *... foy lui dreffe place.*

— v. 8-10. *... dont on voit les effectz Tellement merveilleux que le moindre furpaffe L'efprit foyble de l'home, atendre l'efficace.*

— v. 13 et 14. *On apercoyt en eux quelle eft fa providence Avecques quelques points...*

P. 333. — Var., v. 22 et 23. *Luy, comme efprit n'a tefte, bras, ni main, Ny de langue mobile et autant peu d'aureille.*

P. 336. — Var., v. 1 et 2. *Aprés avoir chanté quel eſt le souverain, Ores il faut toucher des œuvres de ſa main.*

— v. 5 et 6. *Or comme l'Eternel, Dieu de clemence et paix, Euſt de tout temps preveu, ſeul conſeil de ſes faicts.*

P. 337. — v. 1. Ici deux strophes ont été rayées par l'auteur évidemment comme peu dignes du sujet.

— v. 9 et 10. *Comme il eſt de nature... Il euſt pu dire...*

— v. 18. *Sa force ne peut pas creer...*

P. 338. — Var., v. 2. *De luy depend la vie...*

— v. 4. *Ce ciel et ſon enclos...*

— v. 31. *Vice entre les humains et aparant à l'oiel.*

P. 339. — Var., v. 5. *Car folʒ et incenceʒ...*

— v. 11. *Leur feuilles et leur fleurs...*

P. 341. — Var., v. 6-8. *Du fouldroyant tonnerre on le voit moleſter; Car que peut le maſſif contre ſa violence? Rien : et rien n'eſt ici que ſa fureur n'offence.*

— v. 13. *Auſſi de l'Eternel...*

— v. 20. *Par un vouloir divin que l'un l'autre comporte.*

P. 342. — Var., v. 25. *Qu'un chacun de nous tous...*

P. 344. — Var., v. 1-4. *Qui au large et au long vouldroient bien exprimer Les effectʒ merveilleux de cete haute mer Et les corps monſtrueux que l'on luy voit produire, Je croy qu'il n'i a langue au monde pour le dire.*

— v. 7 et 8. *Et qu'elle abreuve auſſi l'univerſelle terre. Conſideron comment cela ſe peut bien faire.*

— v. 23. *Meſmes quand.* Le ms. porte : *Meſmes qu'en.*

— v. 30. *Soyt en gouſt, ſoyt en forme.*

— v. 32. *& Dieu demonſtre là...*

P. 346. — Var., v. 33. Ici sept strophes ont été transposées.

P. 347. — Var., v. 2. *Qui ſauroit bien nombrer les vivres qu'elle donne.*

P. 357. — Var., v. 13. *Le branchage d'aucuns eſt fort long et touffuʒ.*

P. 358. — Les indications trop vagues de l'auteur ne permettent pas de reconnaître toujours et d'identifier les espèces végétales auxquelles il fait allusion. Nous signalerons cependant : p. 358 : *l'oranger* (v. 23), le *dattier* (v. 27), le *marronnier* ou *châtaignier* (v. 29), le *cocotier* (v. 31); — p. 359 : le *yucca* (v. 5), le *palmier* (v. 9), les *pruniers* (v. 13-16), le *houblon* (v. 31), le *prunellier* (v. 34); — p. 360, le *cotonnier* (v. 3), le *cocotier* (v. 5), les *clous de girofle* (v. 7), le *cubèbe* (v. 9), le *gingembre* (v. 13), l'*olivier* (v. 27); — p. 361, le *pied de veau* (v. 3.)

P. 362. — Var., *Un mal par accident luy peut eſtre donné; Son recours eſt au simple ou bien à la racine, D'autant qu'il a un corps ſubject à medecine.*

P. 363. — On reconnaît ici : la *canne à sucre* (v. 1), le *poivrier* (v. 5), les *cucurbitacées : courges, concombres, melons*, etc. (v. 10-18), le *houx* (v. 21), la *violette* (v. 25), l'*aloès* (v. 29), l'*iris* (v. 33).

— *D'un gouſt brulant.* Var., *Aspres et fors.*

— *bien que ſoyent.* Le ms. donne *bien quel ſoyent* : peut-être faudrait-il *bien quels* (p. *qu'elles*) *ſoyent.*

P. 364. — *deux petitʒ plants* : le *lin* et le *chanvre* (v. 3).

— *Mathiolle,* Pierre-André Mattioli, de Sienne, médecin et naturaliste, 1500-1577.

— *cela ne part au reſte.* Var., *telle chose n'est faicte.*

P. 365. — Citons encore le *manioc* (v. 11), le *riʒ* ou l'*orge* (v. 28), le *fraisier* (v. 34); — p. 366 : la *rhubarbe* (v. 3), le *safran* (v. 7), l'*euphorbe* (v. 15), le *café?* (v. 22); — p. 367 : la *scammonee* (v. 3), la *truffe* (v. 5), le *colchique* (v. 9), l'*absinthe* et le *pavot* (v. 20).

P. 367. — *Sugguir* est une contrée de la Tartarie d'où l'on tirait alors plusieurs plantes médicinales.

P. 377. — Var., v. 26. *Un la roe d'un char proprement il reſſemble.*

P. 378. — Var., v. 18 et 19. *L'Immortel les voulut à chacun preparer ainſi comme à l'eſpece il voulut eſtre utille.*

P. 379. — *tanne.* Var., *tenne.* — Lire : *tanné.* Cf. ci-dessus, p. 70, *un tané de triſteſſe.*

P. 383. — Le *coquillart poyſſon*, d'où l'on tire le pourpre, est le *Murex brandaris* (vulg. *Rocher*), mollusque gastéropode pectinibranche et non poisson.

P. 384. — *Ayans cela de plus.* Var., *& ont cela de plus.*

P. 385. — *les autres n'en font qu'une.* Suppléez : *couvee.*

P. 389. — Var., v. 3. *La clarté sans flechir des yeux; s'il voit qu'ilz pleurent.*

— v. 18. *Un comme s'il mordoyt*, le loup. Cf t. II, p. 215.

— v. 24. ... *sans que masle entre en elle.*

P. 392. — *La faculté d'entendre.* Var., *Un point d'intelligence.*

P. 393. — *soyre jusque aux rampans.* Var., *sur la terre rampans.*

— *Fors un*, l'éléphant. Var., *Sous la plante l'un d'eux cinq clouz de corne porte.*

— *Fend du contre tranchant.* Lire : *du coutre.*

— v. 22. *Roides & bien puissans, qui ne sont de rien moins.*

— v. 29 et 30. *Un animal à corne... Qui d'un long jambage a son devent eslevé* (la girafe).

— v. 33. *Davantage celuy à qui tout est congneu.*

P. 394. — v. 4 et 5. On reconnait la *licorne* et le *rhinocéros*.

— v. 13 & 14. *Aiguisez & pointuz, ramures deliees. Un seul ses cornes a l'une a l'autre liees.*

— v. 22. *D'iceux les cornes sont bonnes en medecine.*

P. 395. — *qui contre elles s'eforce.* Var., *qui les percer se force.*

— Notons : v. 8, le *porc épic*; — v. 14, le *castor*; — v. 27, le *bouc* et le *bouquetin*.

P. 397. — v. 13. L'*ours*.

— v. 31 et 32. *Six moys d'age, outre plus ses ongles durs de pointe, Ayant de les user ou espointer grand crainte.*

— v. 33. *Un autre affectionné de son fan outre bord.*

P. 398. — Notons encore : v. 21, la *marmotte*.

P. 399. — *Un se voyant chassé du veneur*, le *castor*. Cf. t. IV, p. 88.

P. 400. — *Celuy qui faict demeure au fluve Menphien*, c.-à-d. le *crocodile*.

P. 401. — *L'un d'eux est entre tous*, etc., le *caméléon*.

P. 408. — Var., v. 3 et 4. ... *comprimé par chaleur Puys converti en chair est engendré le cœur.*

P. 410. — *lomentum.* Lire *l'omentum*, l'épiploon.

P. 414. — Var., v. 6. *Chose qui lui pourroyt causer l'apoplexie.*

P. 416. — *les nerfs reverfis,* le pneumogastrique.

P. 419. — *fecond enclos* ou *fecund.* Le ms porte *cecun.*

P. 423. — Var., v. 5 et 6. Outre *faictes, affin de tafter et toucher, Pour recepvoir auffi, de mufcles,* etc.

P. 425. — Var., v. 2. *Operans tous en luy...*

— v. 33... *l'ombe,* pour *le lombe.*

P. 426. — Var., v. 5 et 6. *Les coftes, qui font os en arceaux faconnez, Au metaphrene font fermes enracinez* (*fic,* au masc.).

P. 431. — Var., v. 17 et 18. *Ame divine, vien, ne foy plus à requoy, D'autant que je veux faire un cantique de Roy.*

P. 432. — *Ame, je fuys d'un nom qui fans fang fignifie,* c'est-à-dire *anima* (en grec ἀν-αἷμα). Laissons à d'A. cette étymologie bien digne de son temps.

— v. 20... *que le corps vivifie.* Lire : *qui le corps vivifie.*

P. 439. — v. 2. ... *qui en eft le confierge.*

— v. 28 & 29. ... *jufques au moindre bout Du doy & qui plus eft ;*...

— v. 33. *L'ame en fait tout ainfi...*

P. 442. — v. 25-27. *D'autre part je congneu que, voulant manœuvrer, Les fignes vrayz d'une ame, en oubli, fans penfer, J'avoys mis, bien qu'ilz foyent dignes qu'on les propofe.*

TOME IV

LES TRAGIQUES.

P. 3. — *Angrongne,* vallée du Piémont, où s'étaient réfugiés les Vaudois et d'où la persécution les chassa vers le milieu du XVIᵉ siècle.

P. 4. — *l'Eftat de l'Eglife* [*du temps des Apoftres*], par J. Crespin, 1564 ; *le Refveille-matin* [*des François*], par Eus. Philadelphe, 1574. Ce sont deux dialogues, dont le premier a pour interlocuteurs *Alithie* et *Philalithie.*

— la *Legende Saincte Catherine*, ou plus exactement, *le Discours merveilleux de la vie de Catherine* (de Médicis); en latin, *Legenda sanctæ Katharinæ Mediceæ*, 1575.

— *comme pour testament*. Voir t. Ier, p. 33.

P. 5. — *je desrobay de derriere les coffres... les paperasses*. Le poète Pierre de Larivey, 1550-1612, dit aussi dans la préface de ses *Comedies facetieuses* (Paris, 1579), qu'il a « retrouvé ses pièces parmi de vieux papiers. »

— *une edition seconde*. Cette édition a paru du vivant de d'A. (Voir notre *Notice bibliogr.*), mais sans « annotations. »

— *jusques à trois vers*. On trouve en effet dans le 4e quatrain des *Tablettes de la Vie et de la Mort*, de P. Mathieu, *deux* vers empruntés aux *Tragiques*. Voir ci-après, p. 155. — Quant au *Traitté des douceurs de l'affliction*, Voir t. Ier, p. 531.

P. 6. — *estre present à tout*. Voir t. Ier, pp. 158-174.

— *cet Empereur*, Héliogabale. Voir Lampride, c. 22.

P. 7. — *l'escolier de Limosin*. Voir Rabelais, *Pantagruel*, I. 6.

— *Voyla les propres termes de Ronsard*, ou tout au moins « les idées. » Voir la préface de sa *Franciade* et celle de son *Art poetique*.

P. 8. — *Monsieur de Saincte-Marthe*. Ce Scévole de Sainte-Marthe, poète latin et français, 1536-1623, est le père du Scévole à qui d'A. écrivait la lettre que nous avons donnée, t. Ier, p. 186.

P. 9. — *Et ce qui s'en suit de la stance*. Voir ci-après, p. 24.

— *tout ce qui est dit du fauconier*, etc. Voir ci-après, p. 100.

— *Ubris* et *Dan, La Chambre doree* et *Jugement*. Le dernier titre, *Dan*, est cité dans l'*Hist. univ.*, I, col. 111.

— *les commentaires*. Ces commentaires et surtout l'*onomastic*, c'est-à-dire la liste et l'explication des noms propres, n'ont jamais été composés. Ils nous auraient été fort utiles.

— *J'ay encor par devers moy*, etc. En comparant l'énumération qui suit avec tout ce que nous avons publié de notre auteur, on voit combien d'écrits de d'A. ont disparu sans avoir jamais vu le jour.

P. 10. — *Sieurs du Fay & du Pin*. Le premier était petit-fils du chancelier de l'Hôpital (Cf. t. II, p. 331); le second appartenait à la maison d'Entragues et était secrétaire du roi de Navarre.

— *du Haillan,* Bernard de Girard, sieur du Haillan, 1535-1610. Cf. t. II, p. 52.

P. 11. — *parmy les meſlanges.* Ces « meſlanges » n'ont point paru.

— *Roy, qui te ſieds,* etc. Cf. ci-après pp. 323 et 324.

P. 12. — *Daniel Chamier.* Voir t. II, p. 352.

P. 13. — *une Princeſſe.* Anne de Rohan, 1584-1646. Cf. t. Ier, p. 447.

P. 15. — *fille du Romain griſon.* Dans Valère Maxime (V. IV, 7), c'est une mère qui est allaitée par sa fille.

— *Sois hardy.* Var., *Pour hardy.*

— *du vilain Qui vint du Danube ſauvage.* C'est le *Paysan du Danube,* que les nombreux traducteurs de Guevara avaient rendu populaire en France, bien avant La Fontaine.

P. 17. — *Bien que de moy,* etc. Cette strophe et les suivantes font allusion au *Printemps* (Voir notre tome III) que d'A. ne laissa point paraître de son vivant et qui resta inédit jusqu'à nos jours. En paraissant avant ce poème de jeunesse, le poème des *Tragiques deniaiſoit ſon aiſné,* pour parler comme d'A., dont le style, dans tout ce passage, est particulièrement obscur.

P. 21. — *voloit en vain.* Var., *en main.*

— *cœurs de ſoy victorieux.* Var., *de foy.*

P. 23. — *Scevole,* le Romain Mucius Scævola.

— *entre les aſneſſes,* Saül; — *entre les brebis,* David.

— *Un Prince,* Henri de Navarre.

— *ſur François,* sur le duc d'Alençon, qui devint duc d'Anjou à l'avènement de Henri III.

P. 24. — *Dalide,* Dalila, la maîtresse de Samson.

P. 26. — *pour eſtreindre.* Var., *pour esteindre.*

P. 29. — MISERES. — *d'aigre humeur arroſez,* c'.-à-d. de vinaigre. Cf. Tite Live, XXI, 37.

— *Il vit Rome.* Allusion à la célèbre prosopopée de la *Pharsale* de Lucain, I, v. 190.

P. 30. — *accreuè.* Var., *est creuè.*

P. 31. — *Je n'eſcry plus les feux.* Nouvelle allusion au *Printemps.*

— *& l'ancre de fueurs.* Var., *et nostre ancre de pleurs.*

P. 33. — *Je n'ay plus que du fang pour voftre nourriture.* Voir ci-après, p. 330, ce beau passage condensé en un sonnet vigoureux.

— *Quand efperdu.* Var., *Quand languiffant.*

— *Le fang pur ha le moins.* Var., *De sang pur a le moins.*

P. 34. — *N'envoye plus aux bords.* Var., *au loin.*

P. 35. — *& la charge.* Var., *et la rage.*

— *Vainqueur, comme l'on peut vaincre à la cadmeenne.* Var., *Vainqueur, mais hélas! c'est vaincre à la cadmenne,* et *Vainqueur, comme l'on peut, c'est vaincre à la cadmene.* Cf. ci-après, p. 203. Allusion à Cadmus, qui vainquit et tua le dragon, mais vit s'entre-tuer les hommes nés des dents du monstre.

— *bannis pour leur bien,* expression équivoque, qui peut signifier soit « à cause de leur richesse, de leur bien, » soit « dans leur intérêt, pour leur sauver la vie. »

P. 36. — *les tremblantes meres.* Var., *les pitoiables meres.* Cf. Virgile, *Et trepidæ matres pressere ad pectora natos.*

— *leurs enfans.* Var., *leurs pouppons.*

— *Quand les grondans tambours,* etc. Var., *Quand les tambours françois sont de loin entendus.*

— *Pour loy de la rançon.* Var., *Pour loy de la nature.*

P. 37. — *Ta pentelante vie,* etc. Var., *Une piteuse vie en tes sueurs trainee.*

— *picqué de son ouvrage,* etc. Var., *meu de faim et de rage, Pour n'avoir peu trouver que (quoi) piller au village.*

P. 39. — *Sont meubles.* Lire : *Sans meubles.*

P. 40. — *Montmoreau,* dans la Charente, près de Barbezieux.

— *Nous vinfmes,* pour *vifmes* du verbe *voir* ? Passage d'ailleurs obscur et qui doit avoir été altéré.

P. 42. — *Mes cheveux eftonnez heriffent en ma tefte.* Cf. la *Vie a ses enfans,* p. 17.

P. 43. — *au champ de Moncontour.* Les protestants y furent défaits le 3 octobre 1569.

P. 44. — *La mere du berceau fon cher enfant deflie.* Cf. la *Henriade,* ch. X, vers 281-312.

P. 45. — *s'embraʒoient.* Var., *embraʒoient.*

— *Un pourtraict*. Var., *Vif portraict*.

P. 46. — *le rideau de Thimante!* Ce peintre grec ayant à peindre le sacrifice d'Iphigénie et se sentant impuissant à exprimer la douleur d'Agamemnon, couvrit d'un voile le visage de ce malheureux père. *Pline l'ancien*, XXXV, 36.

P. 47. — *Quand le sceptre des lis joindra le Navarrois*. Ces vers ont-ils été écrits avant 1589, à l'adresse du roi de Navarre? ou bien est-ce une de ces « apopheties » dont d'A. parle dans sa Préface (Voir ci-dessus, p. 9)? La chose est au moins douteuse.

— *Si tu peux allouyi*. Var., *Si en louye tu peux* et *Que si tu peux encor*.

P. 48. — *Icy marquez honteux, degenerez François*. Var., *Ici marquent, honteux, les genereux Francois*.

P. 50. — *Et dit: Ce feu menace,* etc. Cf. t. Iᵉʳ, p. 447 et ci-après, p. 340.

— *A ces trois*. Suppléez *maux* ou *calamités*.

— *Une fatale femme*, Catherine de Médicis.

— *un Cardinal*, le cardinal de Lorraine, Charles de Guise.

P. 51. — *Du venin florentin*. Var., *Du vice florentin*.

— *Tes Ducs predecesseurs*, les Médicis, ducs de Florence.

P. 52. — *Ton filz*, Charles IX.

— *Comme celle qui vit en songe*, Hécube, femme de Priam.

— *son fils*, Pâris.

P. 53. — *Encor ris tu,* etc. Avant ce vers, l'édition Jannet contient le vers suivant: *Quand le courroux de Dieu prendra fin sur ta teste*. Ce vers qui triple à tort la rime féminine ne se trouve pas dans nos manuscrits et paraît être le résultat d'un raccord maladroit de la seconde édition.

— *sauvage & carnasiere beste*. Var., *sauvage & dangereuse beste*.

— *Fais voile à*. Var., *Fais voir à*.

P. 54. — *du noir sanglier*, du sanglier d'Érymanthe.

— *Antiochus*, Épiphane, le persécuteur des Juifs.

— *Perille*, l'inventeur du taureau d'airain qui servit d'instrument de supplice au tyran Phalaris.

— *L'infidelle croiant*. Var., *Celle qui en croiant*.

P. 55. — *Tu ne peux empefcher*, etc. Ce vers et les trois suivants manquent dans l'édition Jannet.

— *par arc boutant ni fulcre*. Var., *par arc-boutant qui fulcre*.

— *fon fepulchre*. Var., *ton sepulcre*.

— *ingratte Catherine*. Var., *ingratte Florentine*.

P. 57. — *du poiffon, ancre des matelots, le remora ou cchénéis*, Voir Pline l'anc. XXII, 1, 1.

— *d'efficace d'erreur*, c.-à-d. grâce à l'efficacité, au pouvoir de l'erreur.

P. 58. — *La traiftreffe Pandore*, Catherine de Médicis.

— *L'Achitophel*. Sous ce nom du complice d'Absalon, d'A. désigne évidemment le duc Henri de Guise, et le *Cardinal sanglant* est son frère, Charles de Guise, cardinal de Lorraine.

P. 59. — *Confondirent la terre & les trois elements*. Une terrible tempête sévit en France le jour de la mort du cardinal, le 26 décembre 1574.

— *ta fraieur*. Var., *sa fraieur*.

P. 61. — *aux degres*. Var., *au degré*.

P. 63. — *Lybithyne*, Libitine, divinité romaine, qui présidait aux funérailles, est mis ici pour la mort elle-même.

P. 64. — *La Boutonne*, affluent de la Charente.

— *Le premier champion*, saint Étienne, premier martyr, lapidé quelques mois après la mort de Jésus-Christ.

P. 65. — *Je difpenfe, dit-il*, etc. Cf. t. II, p. 65.

P. 68. — *morts afferrez*. Var., *morts massaciez*.

P. 71. — PRINCES. — Cf. t. Iᵉʳ, p. 89 : « Le mefme prince (le prince de Condé) fit envie au duc d'Efpernon de lire les *Tragiques*; & luy ayant expofé les traicts du fecond livre, comme efcripts pour luy, [luy] fit jurer la mort de l'autheur. » Voir aussi, même tome, p. 352.

P. 72. — *loué de tous, meurt de faim & de froid*. C'est le *laudatur et alget* de Juvénal (I, 74).

— *Je n'avois jamais faict*, etc. Cf. ci-dessus, pp. 17 et 31.

P. 73. — *en ne penfant que boire*. Var., *en ne pensant qu'y boire*.

— *Quand j'eftois fol heureux*. Nouvelle allusion aux poésies de sa jeunesse.

— *aiant fur foy fa maifon demolie*, rappelle l'expression de la *Vie à fes enfans* (p. 94) : « Ils demandent qu'on vous rafe voftre maifon fur vos oreilles. »

— *Ce fiècle autre en fes mœurs demande un autre ftyle!* Cf. le prologue des *Iambes* d'Aug. Barbier :

> Si mon vers est trop cru...,
> C'est qu'il sonne aujourd'hui dans un siècle d'airain.

P. 74. — *Ils chaffent les efprits*. Var., *Ceux de qui les esprits*.

— v. 33 et 34. *Que le flatteur, fans plus, est tenu pour ami : C'est crime envers les grands que flatter à demi.*

P. 75. — *Gnatons du temps paffé*, Gnathon, parasite de l'*Eunuque* de Térence, a donné son nom à tous les parasites en général.

— *un Roy fanglant*, Charles IX.

— *Chafte le malheureux*, Henri III.

— *il tremble*. Var., *je tremble*.

P. 76. — v. 15 et 16 : *L'injure, le desdain, sa robbe deschiree, Est des pauvres bannis & des sainéts reveree.*

— *j'y ay trouvé la mort*. Allusion à sa quatrième condamnation à mort (1623). Voir t. Ier, p. 105.

— *qui fe perdent pour vivre*. Souvenir classique : *Et, propter vitam, vivendi perdere causas*.

P. 78. — *eft changé en poulets*, ou plus exactement en *porte-poulets* (*Mémoires de Sully*, II, LXXXII, 248). Cf. aussi Regnier (*Sat.*, III) :

> De porter un poullet je n'ay la suffifance.

P. 79. — *Change un pfeaume en chanfon*. M. Read cite un passage de Florimond de Rœmond (*Hist. de la naissance de l'herésie*, p. 1043) où il accuse de cette inconvenance Henri II, Diane de Poitiers et Catherine de Médicis.

P. 80. — *Fit... tüer ces animaux*. Le 21 janvier 1582, Henri III, à l'occasion d'un songe qui l'avait effrayé, fit tuer à coups d'arquebuse les bêtes fauves qu'il nourrissait pour combattre contre les dogues. « Quelques-uns de fes ferviteurs, rapporte l'Estoile, lui dirent que ce n'étoient pas ces animaux-là qui lui en vouloient, mais les grands feigneurs du temps qui étoient contre fon Eftat et fon fervice. »

P. 81. — *fe change en une aumuffe.* Allusion à la confrérie des pénitents inftituée par Henri III, en 1583.

— *Germanic,* Germanicus. Cf. Tacite, *Ann.,* II, 13.

P. 82. — *d'une couppe.* Var., *de sa couppe.*

— *et lyons devoreurs.* Var., *rugissans de fureurs.*

P. 83. — *Voz crimes.* Var., *Vos pechez.*

— *eft falie en ordures.* Var., *a parlé en ordures.*

P. 84. — *de Canaan la langue,* le langage habituel des miniftres réformés, langage tout plein d'expressions empruntées à l'Écriture. Voir à ce sujet les *locutions confiftoriales* de Catherine de Médicis. *Hift. univ.,* II, col. 978.

— *mon fein bouillant.* Var., *mon sein rempli.*

— *ils n'ont bronché.* — Var., *ils n'ont failli.*

— *les baftards de la terre,* les géants, *terrigenæ.*

P. 85. — *les remedes mefprifent.* Var., *les remedes maistrisent.*

P. 86. — *amy du miferable.* Var., *aux amis secourable.*

P. 87. — *un preftre apoftat,* probablement le cardinal du Perron.

— *Un charlatan de Cour,* Pibrac.

— *Un boiteux eftranger,* Louis de Gonzague, duc de Nevers.

— *Un afne Italien,* le Milanais René de Birague.

P. 88. — *du membre de castor.* Var., *de membre & de castor :* cette variante est inintelligible. « Selon une ancienne croyance populaire, dit M. Read, le castor poursuivi coupait avec ses dents le sac contenant le parfum auquel en voulait le chasseur; de même le riche sauve sa vie en abandonnant son or. » Cf. t. III, pp. 399-400.

P. 89. — *aux bouches du canon.* Var., *aux rages du canon.*

— *tournent leurs loufches vuës.* Var., *bouschent leurs tristes veues.*

— *Courants... par les ruës.* Voir le *Journal de l'Eftoile,* passim.

P. 90. — *& qui mangent matin!* Cf. ci-dessus, p. 51.

P. 91. — *les hermaphrodits.* Voir le pamphlet intitulé : *Defcription de l'Ifle des hermaphrodites,* dans le *Journal de Henri III,* t. IV, pp. 3-191 (édit. de 1744). Ce pamphlet avait paru pour la première fois en 1605.

P. 92. — *Qu'il n'ait jà en defdain.* Var., *qu'il n'ait jà mesprisee.*
— *Sarmates razez*, les Polonais.
N. B. Il y a ici une lacune de deux vers, ou bien l'auteur a mis par inadvertance quatre rimes masculines de suite.
— *Qui vous liez au bien.* etc. Var., *Qui, dedans l'interregne, observiez la justice.*
— *Vengeoyent la mort.* L'arrivée des ambassadeurs Polonais apporta une courte trêve aux persécutions contre les Réformés.
— *un poltron vaillant.* Cf. *Hift. univ.*, II, v, 12, col. 1117.
P. 93. — *Si leurs corps font lepreux*, etc. Var., *Si leurs corps sont mezeaux, aussi le sont leurs âmes.*
— *Une mere douteufe.* Var., *Une reyne regente.*
— *Sauvage dans les bois*, Charles IX.
— *un chartier furieux.* Var., *un traistre, un furieux.*
P. 94. — *L'autre*, Henri III.
P. 95. — *le fecret d'un village*, Olinville ou Ollainville près d'Arpajon, où Henri III s'était fait construire une *petite maifon.* Voir plus bas. v. 32.
— *De honte de l'infame.* Var., *De honte de la rage.*
— *avec fon Pythagore*, pour le Néron romain, le jeune Sporus, (Voir Suétone, *Néron*, 28) et pour le Néron moderne, le fameux Quélus. On lit dans *l'Ifle des Hermaphrodites* (p. 36) : « Je lui demanday quelle hiftoire étoit repréfentée au ciel du lit... Il me dit que c'étoit les époufailles de l'Empereur Néron avec fon mignon Pythagoras. »
— *un contract tout nouveau.* Cf. t. II, p. 283.
— *Chicot*, le bouffon; *Hamon*, le précepteur de Charles IX.
P. 96. — *un' autre Catherine.* Var., *un' autre Florentine.*
— *Ni penfer ce qu'il void.* On lirait volontiers : « ce qu'il veut. » Cf. Tacite, *Hift.*, I, 1 : *Rara temporum felicitate, ubi sentire quæ velis et quæ sentias dicere licet.*
— *Les arbres fans oreill'.* Var., *Et les arbres muets.*
— *Le tiers*, François d'Alençon.
— *Un Sodomite athee*, le maréchal de Retz.
P. 97. — *Il s'enfuit depité.* Tout ce passage assez obscur fait allusion aux intrigues du lâche et perfide duc d'Alençon,

ainsi qu'à la conspiration de La Mole et Coconnas, décapités en 1574.

— *triomphe de sa femme.* Var., *triomphe d'une femme.*

P. 98. — *banni de son Anvers.* Allusion à l'entreprise connue sous le nom de *folie d'Anvers,* 17 janv. 1583. Cf. ci-après, p. 231.

P. 99. — *Les trois en mesme lieu.* Il s'agit des relations incestueuses que Marguerite de Valois aurait eues avec ses trois plus jeunes frères. Cf. t. II, pp. 658, 659.

— *Arborent ces couleurs,* etc. Var., *Nous chantent ces douceurs comme amoureuses rages.*

— *Quelques Sedecias.* Sédécias était un faux prophète, qui vivait à Samarie du temps du roi Achab.

— *Le boute-feu de Rome,* Néron.

— *en procession.* Lire : *processions.* — Voir sur les processions indécentes de Henri III, le *Journal* de l'Estoile.

P. 100. — *Dieu tirera par eux.* Var., *Dieu 't'occira par eux.*
— Voir, sur cette prédiction, ci-dessus, p. 9.

— *des trois & des deux sœurs.* Pour les trois, Cf. ci-dessus, p. 99 et *Le Divorce satyrique,* t. II, p. 658; pour les deux sœurs, ce sont probablement la duchesse de Montpensier et sa belle-sœur, la duchesse de Guise.

P. 101. — *Les jeunes gens,* etc. Voir t. II, la *Confession de Sancy,* liv. I, ch. 7.

— *Des garces du Hulleu.* Les rues du *Grand* et du *Petit Hurleur,* à Paris, étaient habitées par les filles de mauvaise vie.

— *Qui blasment.* Var., *On blasme.*

P. 102. — *effraié du tonnerre.* Voir t. II, pp. 283-285.

— *Masse,* le frère Macé, et *François,* saint François, patron des Cordeliers. Cf. t. II, p. 249.

P. 103. — *Elle est le chaud fumier,* etc. Ici quatre vers qui ne sont pas dans l'édition Jannet.

— *Le bon pere Affriquain,* saint Augustin ou Tertullien.

P. 104. — *il est musicien.* Variantes, *il est un musicien,* et *c'est un musicien.*

P. 105. — *Marche un Duc,* le duc d'Épernon.

P. 107. — *Ce Bourbon,* Louis, prince de Condé, tué à Jarnac. Voir *Hist. univ.,* I, col. 396.

— *L'Admiral*, Coligny.

P. 108. — *le Parmefan*, Alexandre Farnèse, prince de Parme, mort en 1592.

— *Gonfalve*, de Cordoue, le Grand capitaine, 1443-1515.

— *Duc d'Auftrie*, don Juan d'Autriche, le vainqueur de Lépante, 1546-1578.

— *Duc d'Alve*, Alvarez de Tolède, duc d'Albe., 1508-1582.

— *un Prince Anglois*, le comte d'Essex, favori d'Élisabeth, décapité en 1601.

— v. 22-26. Dans l'édition de 1616, au lieu de ces cinq vers, on lit seulement : *Pour fembler vertueux, comme un finge fait l'homme.*

P. 109. — *Soit aux loix de la Cour*. Cf. t. II, pp. 309, 310 et 387-392. Voir ci-après, p. 129.

P. 111. — *parois moins, & fois plus*. C'est la conclusion du *Fanefte*.

P. 112. — *N'aime les faletés foubs couleur d'un bon conte*. D'A. n'a pas toujours mis ce conseil en pratique.

P. 113. — *ma doctrine j'applicque*. Les soixante-quatorze vers qui précèdent ne se trouvent pas dans la première édition; ils ont été ajoutés dans la seconde et se trouvent reproduits dans les *Petites œuvres meflees* (p. 161) avec ce titre : *Imitation d'un Italien.*

— *en ce point que la vid Scipion*. Cf. le *Songe de Scipion* (Cicéron, *Republique*, VI).

— *un de fes enfans chers*, Charles de Coligny, marquis d'Andelot, fils puîné de l'amiral (1564-1632). Pris par les Ligueurs, il abjura pour sauver sa vie.

P. 115. — *Va t'en donc imiter*. Var., *Là tu imiteras*.

P. 116. — *Lorfque le filz de Dieu*. Var., *Quand l'agneau fait lyon.*

P. 118. — LA CHAMBRE DORÉE. — *d'aide les affligez*. Var., *d'aise les affligez.*

P. 119. — *intervint*. Var., *intervient.*

P. 121. — *Firent des yeux de Dieu fortir l'ire allumee*. Var., *Firent des nareaux de Dieu*, etc., (le vers est alors faux).

— *Les Rois efpouvantez*. Var., *Les Rois qui l'ont hai.*

— *Que l'abisme profond,* etc. Var., *Il n'y a rien ça bas si ferme qui ne tremble.*

P. 122. — *un beau chasteau,* le Palais de Justice à Paris.

— *leur Dieu Juppiter.* Var., *leur feinct Juppiter.*

P. 124. — *par marchandise impure,* c'est-à-dire en obtenant leur charge à prix d'argent, par un honteux marchandage.

P. 125. — *Tout servil,* etc. C'est le mot de Tacite : *omnia serviliter pro dominatione. (Hist.,* I, 36.)

— *C'est une Alcine.* Voir t. II, p. 671.

P. 126. — *Sainct Mathurin.* Voir t. II, p. 291.

— *payer Dieu de fueilles.* Allusion aux indulgences.

P. 128. — *Present.* Var., *Presents.* Le sens de ce vers est très obscur; nous hésitons particulièrement sur la signification du mot *chevesche.* Voir le *Glossaire.*

— *L'Ignorance.* Cf. t. II, p. 638.

— *Changé par les objects,* etc., comme celui du caméléon.

— *aussy avec courroux Condamne les advis.* Var., *envoye avec courroux Ses regards aux advis.*

P. 129. — *ses chausses.* Var., *les chausses.*

— *le bègue on contrefaict.* Cf. ci-dessus, p. 109.

P. 130. — *Du but impatient.* Var., *Le charme et le desir.*

— *La Paresse.* Cf. t. II, p. 642.

P. 131. — *L'Insolence.* Cf. t. II, p. 646.

— *Harlais,* Achille de Harlay, premier président, 1536-1616; *de Thou,* Cristophe de Thou, premier président, 1508-1582; *Gillot,* Jacques Gillot, conseiller clerc, un des auteurs de la *Satire Menippee,* mort en 1619; *Thurin,* conseiller au Parlement.

P. 132. — *En la Mercuriale,* le mercredi 14 juin 1559. Voir *Hist. univ.,* I, col. 114.

— *En voicy un second,* la Bastille.

P. 133. — *le taureau d'airain.* Allusion au taureau de Phalaris. Cf. ci-dessus, pp. 53 et 54.

P. 134. — *Ferdinand* d'Aragon et *Ysabelle* de Castille, persécuteurs des Maures.

— *Sixte Pape,* Sixte-Quint.

— *en l'orchestre.* Var., *en l'Oreste,* ce qui n'offre aucun sens.

Il y a là une allusion à la mort de don Carlos, mort mystérieuse, qui fut attribuée à son père Philippe II.

P. 135. — *ils tournoient vers la terre le poulce.* Souvenir de Juvénal : *verso pollice vulgi, quem libet occidunt populariter* (III, 36), ou de Prudence : *pectusque jacentis virgo modesta jubet, converso pollice, rumpi (adv. Symm.,* V, 1097).

P. 137. — *du meurtrier Dominicque,* saint Dominique, le fondateur de l'ordre des Dominicains, à qui l'on attribue l'établissement de l'Inquisition.

P. 138. — *Phineez,* Phinéès, fils et successeur du grand-prêtre Éléazar, qui fit mettre à mort l'infidèle Zamri.

— *Achan,* anathématisé, puis lapidé par l'ordre de Josué pour avoir détourné une partie du butin *(Josué,* VII).

— *fit defole vainceur.* Les six vers qui précèdent n'en font que deux dans la première édition ;

> Le vaillant Jofué ; Jephthé que la rigueur
> De fon vœu efchappé fit defolé vainceur.

P. 139. — *Ochus l'Ægyptien,* roi des Perses, qui fut maître de l'Égypte pendant six ans et y tua le bœuf Apis.

— *Thomiris,* reine des Massagètes.

— *Cræfus* et *Craffus.* D'A. accepte toutes les légendes, sans beaucoup de critique.

— *celuy qui eut deuil,* etc., le Spartiate Lycurgue.

— *dans l'argille traitté,* Agathocle, tyran de Sicile, fils d'un potier, de qui Ausone a dit : *Fama est fictilibus cœnasse Agathoclea regem.*

— *un Roy des Bactres,* ou plutôt de Syrie, Antiochus IV.

P. 140. — *en deux fiecles infames.* Allusion aux régences de Catherine et de Marie de Médicis.

— *les lis en pillules changer.* Les Médicis avaient pour armes cinq boules (pillules) de gueules sur champ d'or.

— *Loix que... mains fidelles.* Dans la première édition ces cinq vers n'en font qu'un : *Dans ces justes cerveaux, entre ces mains fidelles.*

— *La Bourguongne a fon Duc,* Charles le Téméraire.

— *Il voulut.* Var., *Il vouloit.*

P. 141. — *Un Sforce,* François-Alexandre Sforza, duc de Milan, 1401-1466.

— *Prince de Melphe,* Jean Caraccioli, prince de Melfi, 1480-1550, fut maréchal de France en 1544.

— *Des quatre coings,* etc. Cf. Ézéchiel, ch. I et VIII.

P. 142. — *Cavagne & Briquemault,* gentilshommes calvinistes, pendus en 1572. Voir *Hift. univ.,* II, col. 566.

— *Mongommery,* celui qui blessa Henri II, exécuté en 1576. Cf. t. I, p. 22.

— *Montbrun,* exécuté en 1575. Cf. ci-après, p. 207.

P. 143. — *Briffon,* président; *l'Archer & Tardif,* conseillers, l'un à la Grand'Chambre, l'autre au Châtelet de Paris, pendus par les Seize en 1591.

— *Boucher & Pragenat,* curés de Saint-Benoît et de Saint-Nicolas-des-Champs; *Inceftre,* Lincestre, curé de Saint-Gervais, tous trois fougueux ligueurs.

P. 144. — *Fin de non recepvoir.* Cf. des énumérations anaogues, Rabelais, *Pantagruel,* III, 39, et Racine, *Plaideurs,* I, 7.

P. 145. — *de la geolle en ta falle.* Allusion à l'emprisonnement d'Élisabeth à la Tour de Londres, en 1544. Voir L. Wiesener, *La Jeunesse d'Élisabeth* (1878), pp. 196-263. Voir aussi t. II, p. 148.

P. 146. — *la Licorne.* Allusion aux armes d'Angleterre, dont l'un des supports est une licorne, et à la tradition d'après laquelle cet animal fabuleux s'apprivoisait à l'aspect d'une vierge.

— *Tels anticques tableaux.* Var., *Tes anticques tableaux.*

— *a tes bords brifent leurs exercites.* Autre allusion au désastre de l'*Invincible Armada* en 1585.

— *En tournoiant le tout.* Le voyage autour du monde de Drake eut lieu de 1577 à 1580.

— *aprés feptante ans... d'un fucceffeur d'eflitte.* Élisabeth mourut en 1603 à soixante-dix ans et eut pour successeur le *docte* Jacques Ier.

— *foullé de vivre, & non pas ennuyé.* Cf. t. I, p. 118, *mon ame rassasiee & non ennuyee.*

P. 147. — *Oyez David.* Toute cette fin du chant est remplie en effet d'expressions empruntées aux psaumes de David et au Cantique des Cantiques.

P. 149. — LES FEUX. — *le caillou blanc.* Il a été déjà question de ce caillou, t. II, p. 618.

P. 150. — *Que ſi Dieu prend à gré,* etc. D'A. manifeste ici son intention d'écrire l'*Hiſtoire univerſelle.*

— *Luiront en mes eſcrits.* Voir en particulier le livre ſecond de l'*Hiſtoire univerſelle,* dont ce qui suit semble être le sommaire. Cf. ci-après, p. 167 : « Je ne ſay qu'un indice à un plus gros ouvrage. »

P. 151. — *victime des idolles.* Var., *victimes des idolles.*

— *Hus,* Jean Hus; *Hyeroſme de Prague,* Jérôme de Prague, brûlés, l'un en 1415, l'autre en 1416.

— *Les pauvres de Lyon,* les Vaudois.

— *Gerard & ſa bande.* Voir *Hiſt. univ.,* I, col. 89.

P. 152. — *Bainan, Frich,* etc. Voir tout le chap. x du livre second de la dite *Hiſtoire,* col. 96-111.

— *Krammer,* archevêque de Cantorbéry, brûlé en 1555.

P. 154. — *Askeuve,* Anne Askeve, *Hiſt. univ.,* I, col. 101.

P. 155. — *l'autre,* Jane Gray, décapitée en 1554. — Voir t. Ier, p. 536, où d'A. a cité une partie de ces vers. Notons aussi que les vers copiés par P. Mathieu, dans ses *Tablettes de la Vie & de la Mort,* mais en les appliquant à Marie Stuart, sont les suivants :

> Priſonniere ça bas, mais princeſſe là haut...
> Changeant ſon royal throſne au ſanglant eſchaffaut.

P. 157. — *abbria de ſa robbe percee.* Var., *il couvrit,* etc.

— *Bilnee,* Thomas Bilnée. Voir *Hiſt. univ.,* I, col. 97.

P. 158. — *Gardiner.* Voir *Hiſt. univ.,* I, col. 103 et 104.

— *Les pleurs d'un jeune Roy,* Édouard VI, mort en 1553.

— *trois Agneʒ,* Agnès Forster, Agnès Snode, Agnès George, brûlées en 1556. Voir *Hiſt. univ.,* I, col. 106 et 107.

P. 159. — *Lions qui ont faict voir.* Var., *Peuple qui a fait veoir.*

— *Des beſtes du Breſil aux ſolitaires bords.* Sur la colonie de Calvinistes conduite au Brésil par Villegagnon, Voir *Hiſt. univ.,* I, col. 42 et col. 108.

— *Venot,* Florent Venot, prisonnier *en deux vaiſſeaux poinctus,* dits *chauſſes d'hypocras.* Voir *Hiſt. univ.,* I, col. 102.

P. 160. — *les teſmoings d'Irus.* D'A. a confondu le poète Ibycus avec le mendiant d'Ithaque. Cf. aussi t. II, p. 355.

— *& ſpectacle d'un Roy,* pendant l'entrée de Henri II à Paris en juin 1549.

— *un Roy d'entre les brebiettes,* David.

— *celuy dont les diſcours,* etc., un paysan de la forêt de Livry; — *des quatorze de Meaux.* Voir les noms de ces victimes dans l'*Hiſt. univ.,* I, col. 101.

P. 161. — *Du paumier d'Avignon.* Son nom est inconnu.

P. 162. — *deux freres ſaincts.* Pour ces deux martyrs, ainsi que pour les *cinq* écoliers de Lausanne, brûlés à Lyon, l'édit. Jannet renvoie au *Martyrologe* de Crespin, fol. 235, verso.

— *Le vulgaire anime.* Var., *Le peuple envenimé.*

P. 163. — *Heureuſe Graveron,* Philippe de Luns, demoiselle de Graveron. Voir *Hiſt. univ.,* I, col. 109.

P. 164. — *Aux termes de l'arreſt,* « pource que, dit l'*Hiſtoire,* le Dicton n'en faiſoit pas mention. »

— *à donner mort par elle.* Var., *à devenir cruelle.*

P. 165. — *Du Bourg,* Anne Dubourg, conseiller clerc au Parlement, brûlé à l'âge de trente-huit ans, le 23 déc. 1559, cinq mois après la mort de Henri II.

P. 166. — *à la voix d'une Caille,* Pauvre femme, mais riche, mauvais jeux de mots, sur les noms de Marguerite Le Riche, dame de la Caille. Voir *Hiſt. univ.,* I, col. 122.

— *O combien d'efficace,* etc. Un quatrain en l'honneur de Me Jehan Imbert, imprimé en 1583 commence ainsi :

    Combien plus efficace eſt la voix qui conſole.
    Quand joinct le sainct preſcheur l'exemple à la parolle.

P. 167. — *Montalchine,* Jean Molle, né à Montalchino en Toscane. Voir *Hiſt. univ.,* I, col. 104 et 105.

P. 168. — *aiant obtenu l'orcille & le ſilence.* Var., *ayant de ſa main commande le silence.*

P. 169. — *veullent plus que ces reigles certaines.* Var., *ont gloſé ces regles très certaines.*

P. 170. — *Gaſtine & Croquet*, Philippe de Gastine, marchand parisien de la rue Saint-Denis et Nicolas Croquet son beau-frère, pendus en 1569 avec Richard, fils aîné de Philippe. Les deux autres fils de celui-ci furent bannis.

P. 173. — *les charbons de Porcie!* Suivant Valère Maxime (IV, VI, 5), Porcia, femme de Brutus, se serait donné la mort en avalant des charbons ardents, à moins que l'expression *ardentes ore carbones haurire* ne signifie tout simplement qu'elle se serait asphyxiée.

P. 174. — *où elle veut s'envolle*. Var., *s'enroolle*.

— *nous peut ravir*. Var., *nous peut oster*.

P. 175. — *Nous defirons languir*, etc. Var., *Le petit feu nous plaiſt et languir sur la rouë*.

— *Le Brun, Dauphinois*, Étienne Brun. Voir *Hiſt. univ.*, I, col. 99.

P. 177. — *Pour vaincre d'arguments*. Var., *de raisons*.

— *leurs difcours*. Var., *leurs raisons*.

P. 178. — *Beroalde*, le maître de d'Aubigné, et aussi de Gastine. Voir t. Ier, p. 97.

— *Ton privé compagnon*, d'Aubigné.

— *je ne diray le nom ni la famille*. Cependant dans son *Hiſt. univ.* (II, col. 552), d'A. nous apprend que ce sont les deux filles du ministre Serpon.

— *Ce pere avoit tiré*, etc. Ce vers et les deux suivants sont remplacés dans l'édit. Jannet par les sept suivants :

> Le subject du massacre & non pas la furie,
> Laissoit dedans Paris reposer les cousteaux,
> Les lames, & non pas les ames des bourreaux.
> D'entre les sons piteux de la grand boucherie
> Un pere avoit tiré sa miserable vie ;
> Sa femme le suivit, & hors des feux ardans
> Sauva le moins aagé de trois de ses enfans.

P. 179. — *ilz fe jettent*. Var. préférable, *ilz les jettent*.

— *& ne peut ce difcours*, etc., c'est-à-dire je ne puis dire ce qu'il advint de cette jeune fille.

— *Qu'à la force du mal*. Var., *Qu'ainsi que le mal croist*.

P. 181. — *trois Anglois*. Leurs noms sont inconnus.

P. 182. — *Dans le nid de Sathan*, à Rome.

P. 183. — *Paul*, Saint-Paul.

— *& rengrener, ou plutôt rengreger.* Var., *Pour desguiser.*

— *Perilles.* Cf. ci-dessus, p. 54.

P. 184. — *Monte deſſus l'aſnon.* Var., *Estant ainsi monté.*

— *Le Maigre capucin.* Cf. t. Ier, p. 91.

— *Du Pape non clement*, le pape Clément VII ou Clément VIII.

P. 185. — *& chaſſer, barriquez*, etc. Allusion à la journée des barricades (12 mai 1588), qui chassa de Paris le roi Henri III, désigné ici sous le nom de *Nabucadnezer*.

— *ſon vieil Bernard*, Bernard de Palissy. Voir t. II, p. 351.

P. 186. — *Puis que je ſçay mourir.* Cf. t. Ier, p. 332 : « nul ne peut eſtre contrainct aux choſes vilaines, s'il fait mourir. »

— *ames Pariſiennes*, les filles du procureur Foucaud, pendues et brûlées le 28 juin 1588.

— *Nature s'emploiant*, etc. Les vingt-deux vers qui suivent avaient déjà paru, dans la *Lettre à Madame* (Voir t. Ier, pp. 549, 550); mais avec de notables différences. Là aussi ils sont appliqués aux demoiselles Graveron dont il a été parlé ci-dessus, p. 163.

P. 187. — *ce grand Eſtienne*, saint Étienne, premier martyr.

— *lunes du grand ſoleil.* Var., *livrés du grand soleil.*

P. 188. — *Cyprian*, saint Cyprien, évêque de Carthage, martyrisé en 258.

P. 192. — Les Fers. — *ayant pourſuivy.* Var., *ayant parfourni.*

P. 193. — *Et les aiſles croiſſoient.* Var., qui nous semble meilleure, *en elles (ou aiſles) se croisoient.*

P. 194. — *Ses yeux flambants*, etc. Var., *Ses deux yeux en la teste, horribles, enfoncez.*

— *la couleuvre Qu'on appelle Coeffee*, le Cobra capello des Portugais ou Vipère courte-queue.

— *Dieu juge tout & connoiſt ſa parole.* Var., *Dieu juge tout, et penser et parole*, ou *Dieu preuve tout et connoist sa parole.*

P. 196. — *Qu'ils manient du ſang.* On a proposé la correction : *Qu'ils mangent du ſang.*

— *d'honneur, d'or & de bien.* Var., *de l'honneur et du bien.*

— *Qu'ils foient de mes prudents.* Sur le sens de ce mot *prudents*, Voir *Le Caducée*, t. II, pp. 77 et suiv. Cf. encore ci-après, p. 213.

— *lafches le trahiront.* Lire : *les trahiront*.

P. 197. — *De mes cornus*, c'est-à-dire de mes doigts cornus (L. Lalanne) ?

P. 198. — *les Thuileries*. C'est en 1564 que Catherine de Médicis fit bâtir ce château. Il ne consistoit primitivement que dans le gros pavillon carré du milieu et les deux corps de logis y attenant et qui avaient une terrasse du côté du jardin (Saint-Foix, *Essais historiques sur Paris*, 1765, t. II, p. 21).

— *Le Confeil plus eftroit*, c'est-à-dire le plus intime.

P. 200. — *reluiferent*. Var., *reluisirent*.

— *leur race doubteufe.* Allusion au fils de Coligny. Voir ci-dessus, p. 113.

P. 202. — *Gardent fecret & fuy*. Allusion au début de la troisième guerre qui éclata tout soudainement le 28 sept. 1567.

— *une petite ville*. On a voulu voir ici un rappel, soit du massacre de Vassy, soit des exécutions qui suivirent la conjuration d'Amboise.

P. 203. — *Aprés fe vient enfler.* Var., *Ils contemplent s'enfler.*

— *en la plaine de Dreux*, le 19 décembre 1562. Les chefs des *deux* armées, le connétable de Montmorency et le prince de Condé, y furent faits prisonniers.

— *celuy qui prodigua fa vie*, Poltrot de Méré qui assassina le duc de Guise, au siège d'Orléans, le 18 février 1563.

— *affligeant*. Lire plutôt : *affiegeant*.

— *Babel*, Paris, attaqué par les Réformés en 1562 et en 1567, lors de la bataille de Saint-Denis, où périt le connétable de Montmorency.

P. 204. — *doublement Prince*, le prince de Condé, blessé et tué à la bataille de Jarnac, le 13 mars 1569.

— *Combat de Saint-Yrier*, en Limousin (1591). Voir *Hift. univ.*, III, col. 543 et 544.

— *Montcontour*, 3 octobre 1569.

P. 205. — *la pieufe Renée*, la duchesse de Ferrare, qui, a Montargis, offrait un asile aux Réformés.

— *Un messager de mort,* Malicorne. Voir à ce sujet *Hist. univ.,* I, col. 415.

P. 206. — *du Loire.* Lire : *de Loire.*

— *le Pasteur Beaumont.* Voir *Hist. univ.,* I, col. 415-417.

P. 207. — *Navarrin,* Navarrenx (Basses-Pyrénées), Voir *Hist. univ.,* I, col. 419.

— *Une ville, un chasteau,* la ville et le château d'Orthez.

— *conduits d'un lyon,* le comte de Montgommery.

— *Lusson,* le combat de Saint-Gemme, près de Luçon (juin 1570). Voir *Hist. univ.,* I, col. 467-472.

— *Montbrun,* vainqueur des Suisses, à Chastillon, près de Die, mai 1575. Voir *Hist. univ.,* II, col. 707 et 708.

— *Sainct Gille,* près de Nîmes (Gard). Voir *Hist. univ.,* I, col. 212. — Remarquer ici quatre rimes féminines de suite.

— *le golfe rouge &... la mer de sang.* Allusion au passage de la mer Rouge par les Israélites.

P. 208. — *Un Cardinal sanglant.* Voir ci-dessus, p. 58.

— Le massacre de *Vassi* eut lieu le 1ᵉʳ mars 1562. *Hist. univ.,* I, col. 183.

P. 209-210. — *Sens, Agen, Cahors, Tours.* Voir *Hist. univ.,* loc. cit.

P. 211. — *du chef de la justice,* le président Jean Bourgeau.

— *Un feu rouge qui peint Loire,* l'incendie de la tour Martinville, à Orléans. Voir *Hist. univ.,* I. col. 416.

P. 212. — *deux cents precipices.* C'est à la prise de Montbrison que se place ce trait de cruauté du baron des Adrets. Voir *Hist. univ.,* I, col. 206.

— *Mouvant,* Paul de Richien, sieur de Mouvans, tué près de Riberac, en 1568 ; *Tende,* Honoré de Savoie, comte de Tende, mort en 1580.

— Les massacres de *Merindol & Cabriere* remontent à 1546.

— *Angrongne.* Voir ci-dessus, p. 3.

P. 213. — *Zischa,* le Hussite Jean Ziska, mort en 1424.

— *la tragedie Qui efface le reste,* la Saint-Barthélemy.

P. 214. — *nostre Debora,* Jeanne d'Albret, morte le 9 juin 1572 et dont le deuil était porté par Henri de Navarre et par le prince de Condé.

— *doubles mariages,* d'Henri de Navarre avec Marguerite de Valois et du prince de Condé avec Marie de Clèves.

P. 215. — *Qui voulut eſtre nuict,* etc. Var., *Le soleil s'arresta, voulut tourner ses pas.*

— *D'y baigner ſes rayons,* etc. Var., *De rougir ses raions, le pur et beau soleil, Y presta, condamne, la torche de son œil;* et plus loin : *& noir nuage.* Var., *espais nuage.*

P. 216. — *le Roy depriſonné,* François Ier.

— *Pour vanger ſa rancœur.* Var., *Pour ronger son despit.*

— *noſtre Caton,* l'amiral Coligny.

P. 217. — *La cloche,* de Saint-Germain-l'Auxerrois, et aussi celle du Palais.

P. 218. — *Le pont,* le pont aux Meuniers, près du Pont au Change. Voir t. II, p. 361.

— *tes quatre bourreaux,* Tanchou, Pezou, Croizet et Perier. Voir *Hiſt. univ.,* II, col. 552.

— *Louvre.* Les anciennes éditions donnent ici le mot *louve,* qui paraîtrait désigner Catherine de Médicis.

— *Yverny,* nièce du cardinal Brissonnet. Voir *Hiſt. univ.,* II, col. 549.

— *Un chef* (une tête) *qui s'entortille,* etc. Voir *Hiſt. univ.,* II, col. 552.

P. 219. — *le viel Rameau,* le docte *Ramus,* Pierre de la Ramée; *Chappe,* conseiller au Parlement; *Briou,* gouverneur du prince de Conti.

P. 220. — *Noſtre Sardanapale,* Charles IX.

— *Des Gnatons,* parasites (Voir ci-dessus, p. 74); *des Taïs,* la célèbre courtisane grecque, Thaïs, qui vivait au temps d'Alexandre-le-Grand; *un Traʒon,* Thrason, soldat fanfaron dans *L'Eunuque* de Térence.

— *La Mere,* Catherine de Médicis.

— *Une de ſon troupeau,* la demoiselle Royan. Voir *Hiſt. univ.,* II, col. 550.

P. 221. — *De nos Princes captifs,* le roi de Navarre et le prince de Condé.

P. 222. — *Eliſabeth,* d'Autriche, femme de Charles IX.

— *enſeigné noʒ oreilles.* Voir *Hiſt. univ.,* II, col. 561, 562.

P. 224. — *Ton ventre te donna*, etc. Deux vers fort obscurs, dont le sens nous échappe. Voir d'ailleurs sur tout ce passage l'*Hift. univ.*, II, col. 557, 558.

— *Icy, l'Ange troifiefme*, etc. Ces six vers, en style de l'Apocalypse, sont remplacés dans l'édition de 1616 par les deux vers suivants :

> Puis ces coups tant blafmez enfin par ces citez
> Furent à moins de nombre à regret imitez.

P. 225. — *Dax fuivit mefme jeu*. Voir (*Hift. univ.*, II, col. 915) la terrible vengeance qu'en tira lui-même d'Aubigné. — On sait que la fameuse lettre du gouverneur de la frontière, le vicomte d'Orte ou Orthez, citée par d'Aubigné dans son *Hiftoire* (II, col. 960), n'a d'autre garant de son authenticité que notre auteur.

— *ce tableau De Bourges*. Voir *Hift. univ.*, II, col. 557.

P. 226. — *Caumont*, Jacques Nompar de Caumont, duc de la Force, 1558-1652, sauvé par miracle du massacre de tous les siens, s'attacha au roi de Navarre et devint maréchal de France sous Louis XIII.

P. 227. — *un Prophète caché*, Merlin, ministre de l'Amiral. Voir *Hift. univ.*, II, col. 552.

— *Sa main defpechera*, etc. Ce vers et le suivant sont cités dans les *Méditations* (t. II, p. 212).

— *Reniers*. Voir *Hift. univ.*, II, col. 553. Cf. aussi t. Ier, p. 39.

— *mon corps en divers lieux perce*. D'A. blessé en duel peu de jours avant la Saint-Barthélemy, avait quitté Paris sous la conduite d'un gentilhomme nommé Langoiran, depuis Montferrant. Voir t. Ier, p. 18 et aussi *Hift. univ.*, II, col. 537.

P. 229. — *En lignes, poincts & ronds*, etc. Var., *Font par lignes & ronds, caractères parfaicts, Desquels nous ne lisons d'icy bas les effects*.

— *Le Prophète*, Daniel.

P. 230. — *La fainste Bethulie*, La Rochelle. Il s'agit du siège de cette ville en 1572. Celui de *Sancerre* eut lieu en 1573, et ce fut le jour de sa reddition, le 19 août, que les ambassadeurs polonais arrivèrent à Paris.

— *les celeſtes dons,* la manne.

— *abrié de ſourdons.* Sur ce fait que d'A. qualifie de *petite merveille* et de *miracle,* Voir *Hiſt. univ.,* II, col. 595.

— *un comette.* Cette comète fut visible à Paris en nov. 1572.

— *Jeſabel,* Var., *Sa mere.*

P. 231. — *ſont tourmentez.* Allusion au rapprochement qui se fit alors entre les catholiques mécontents et les réformés.

— *en jurant,* Var., *va jurant.*

— *François,* duc d'Alençon. Voir ci-dessus, p. 98, et ci-après, p. 337.

— *trois Rois,* Sébastien, roi de Portugal, Muley-Mohammed-al-Montaser, roi détrôné de Fez, et Muley-abd-el-Mélik, son oncle, à la bataille d'Alcaçar-quivir en 1578.

— *s'achemine,* lorsque Catherine de Médicis mena au roi de Navarre Marguerite de Valois.

— *le grand Iberien,* Philippe II; *Ses peuples,* les Pays-Bas.

P. 232. — *Coutras,* la bataille de Coutras en 1587.

— *l'hypocrite renard,* Henri III.

— *ſa taſniere,* Blois, où fut assassiné le duc de Guise.

— *Son Procureur.* Ce fut par les mains de la Guesle, procureur général, que Jacques Clément fut présenté à Henri III. Cf. *Hiſt. univ.,* III, col. 251-253.

P. 233. — *Un ſurſaut,* l'escalade de Genève, tentée le 12 décembre 1602.

— *flambeau luiſant eſteint,* Henri IV converti, puis assassiné.

— *le filz de l'adultere,* Jacques Ier, fils de Marie Stuart.

— *Albion degeneree,* etc. Var., *Albion deſireux, non puiſſant, de dormir.* Les treize vers qui suivent sont remplacés par ceux-ci dans la seconde édition :

>Je voy jetter des bords de l'infidelle terre,
>La planche aux aſſaſſins aux coſtes d'Angleterre;
>La peſte des eſprits qui arrive à ſes bords
>Pouſſe devant la mort & la peſte & les corps.
>Revolte en Occident, au plus loin de la terre,
>Les François impuiſſants & de paix & de guerre;
>Un prince Apollyon, un Pericle en fermens,
>Fait voir au grand ſoleil les anciens fondemens

De ſes nobles citez qu'il reduit en maſures,
Roy de charbons, de cendre, & morts ſans ſepultures;
Les Bataves pipez, Ottoman combattu,
Les Allemands par eux contraincts à la vertu.
Quoy! la porque Italie, *etc.*

P. 234. — *l'aere*, etc., c'est-à-dire l'an 1666. On sait que dans l'*Apocalypse* 666 est le nombre de l'Antéchrist. Or, dès le commencement du XVIIe siècle on prédisait pour 1666 la fin du monde et l'avènement de l'Antéchrist.

— *Recueilly à Thalcy*. Voir t. I, p. 20.

— *Ta main m'a delivré*. Est-ce une allusion à sa prise par Saint-Luc, Voir t. I, pp. 56, 57,? Il y a du reste, dans tout ce passage assez obscur, une confusion des divers événements qui ont signalé la vie de d'Aubigné. On y a vu aussi une allusion à Suzanne de Lezay, seconde femme de d'Aubigné, dont la perte lui fut très sensible.

P. 235. — *Les Lymphes*, les eaux, ou les nymphes? d'A. semble avoir hésité entre ces deux sens.

P. 236. — *en rouge pluie*. D'A. signale une pluie de sang en 1586 ou 1587. Voir *Hiſt. univ.*, III, col. 143.

P. 238. — *Chaſtier de veryaine*, etc. Var., *Partager sa veryaine et sa barre de fer, Aux uns portés (ou arres) du ciel, aux autres de l'enfer.*

P. 240. — VENGEANCES. — *Puis il faut eſtre enfant pour voir des viſions*. Cf. t. I, p. 6.

P. 241. — *Quand Dieu frappe l'oreille*, etc. Ce vers et le suivant sont cités dans la lettre de d'A. au roy Louis XIII, t. I, p. 509.

— *Vous n'aurez point de ſigne*. Cf. Évang. S. Matth., XVI, 4.

P. 242. — *J'ay... caché le talent*. Cf. Évang. S. Matth., XXV, 24, 25.

P. 243. — *Le danger m'a ſauvé*. Cf. ci-dessus, p. 234.

— *le quicajon ſeiché*. Cf. Jonas, IV, 6-9.

— *Simeis* ou *Semeis*. Voir Rois, II, 16, 19; III, 2.

— *Et feint*. Var., *Et feit*.

P. 244. — *L'Antechriſt & ſes loups*, etc. Var., *L'Antechriſt affame dit-il pas que son eau.*

— *Cain grinça des dents.* Lire : *les dents.*

P. 245. — *Il fuit d'effroy tranſy, trouble.* Var., *Il s'enfuit effrayé, transi.*

P. 247. — *Un pays abbruty*, etc., Sodome.

— *violer jusqu'aux Anges.* Voir la *Genèse*, ch. xix.

P. 248. — *Se joüa ſur la mort,* etc. Les huit vers suivants manquent dans les premières éditions.

— *Un pont pour les agneaux,* etc., le passage de la Mer Rouge.

Il y a ici quatre rimes masculines de suite. Les anciennes éditions ajoutent les deux vers suivants :

> Le Jordin, voſtre fils, entr'ouvrit ſes entrailles
> Et fit à voſtre exemple au peuple des murailles. Cf. *Josué*, III, 13-16.

— *Dathan & Abiron.* Voir *Nombres,* ch. xvi.

P. 249. — *Flambeau,* etc. Ici au contraire deux vers ont été ajoutés maladroitement dans les anciennes éditions :

> Donne gloire au grand Dieu, monſtre toi à ton rang,
> Ieſabel alteree et puis yvre de ſang.

P. 250. — *cet arbre eſlevé,* etc., vision de Nabuchodonosor. Cf. *Daniel,* iv, 5-7 et suiv.

— *par vanité, par vœux.* Var., *pour estre furieux.*

P. 251. — *les yeux du filʒ,* de Balthasar.

— *Qu'il faict fondre de l'air.* Var., *Qu'il faict fondre en l'air.*

P. 252. — *Comme le fol malin.* Var., *Ainsy le fol malin.*

— *avoit coupé les doigts.* Cf. *Juges,* 1, 5, 6 et 7.

— *Antioch,* Antiochus Épiphane. Cf. *Macchabees,* 11, 19.

— *& l'outrageuſe main,* etc. Var., *et laisse entre les mains Des saincts le jugement aux tesmoignages saincts.*

P. 253. — *jamais rançon, jamais la vie.* Var., *jamais nulle rançon, ni vie.*

— *que la tendre mercy.* Var., *et que l'amer soucy.*

— *Il fit tüer ſon filʒ,* Antipater.

— *le tiers triomphant,* Hérode Agrippa.

P. 254. — *Paul,* le pape Paul III, Alexandre Farnèse, 1534-1549. Voir l'*Apologie pour Hérodote,* ch. xxxix.

— *Philippe*, Philippe II qui épousa en 1543 sa cousine germaine Marie de Portugal, puis Élisabeth de France qui avait été fiancée à son fils don Carlos.

— *ton vieux Precepteur*, Sénèque.

P. 256. — *On refuſa la mort*. Cf. Dion Cassius et Spartien.

— *Herminian*, Claudius Herminianus. Cf. Tertullien, *Ad Scapulam* (édit. Rigault, 1675, p. 70).

— *s'il faut ouvrer, les ploieʒ dans voʒ ſeins*. Var. inintelligible : *s'il faut ouvrer les plaines de vos seins*.

P. 257. — *il le receut des ſiens*. Aurélien fut assassiné par ses soldats en 275.

— *Le ſecond*. Dioclétien se laissa mourir de faim ou s'empoisonna en 313.

— *Maximian*, Maximien Hercule, assiégé dans Marseille par Constantin en 310, se vit réduit à s'étrangler.

— *Maximin frauduleux*, Maximin Daia, mort à Tarse en 311. Cf. Lactance, *De mortibus persecutorum*, 49.

P. 258. — *un faux meurtrier*. Var., *un froid meurtrier*. Julien l'Apostat.

— *Libanie*, le rhéteur grec Libanius, 314-390.

P. 259. — *Zenon Iʒaurique*, Zénon l'Isaurien, enterré vivant en 491 sur l'ordre de sa femme Ariadne.

— *Honorique pervers*, Honorius.

— *Conſtant*, tué ou empoisonné par Magnence en 350.

— *Arius*, l'hérésiarque, mort en 336.

P. 260. — *les marques anciennes*. Var., *les couleurs anciennes*.

— *affection*. Var., *affliction*.

— *Eut au front & au ſein*. Var., *Eut au milieu du sein*.

— *La simple Sephora*. Voir *Exode*, IV, versets 25 et 26.

P. 261. — *gage*, Var., *marque*.

— *du ver grincements de dents*. Lire peut-être : *du ver et grincements de dents*. Voici au reste une variante de ce vers obscur, *De l'eternel jouir d'un grincement de dents*.

— *Et à l'œil poſſedons*. Var., *Et à l'œil regardons*.

P. 262. — *Aroñdel*, Thomas Arundel, archevêque de Cantorbéry, mort de faim en 1413, ardent adversaire des sectateurs de Wiclef. Cf. *Hiſt. univ.*, I, col. 111.

— *L'affamé*, « un Piemontois en Angrogne. » Voir *Hiſt. univ.*, ibid.

— *ſa brute rage.* Var., *ſa folle rage*.

— *le Comte Felix*, chef de lansquenets. Voir *Hiſt. univ.*, ibid, col. 112.

— *Le ſtupide Meſnier*, Jean Mesnier, baron d'Oppède, auteur et rigoureux exécuteur des massacres de Merindol et de Cabrières. Cf. ci-dessus, p. 212.

P. 263. — *deux... Princes de noſtre aage*, Charles IX et son frère François.

— *les vers perſecuteurs.* Var., *les fiers persecuteurs*.

P. 264. — *Du Prat*, Antoine Duprat, chancelier de France et cardinal, 1463-1535, provoqua toutes les mesures de rigueur qui furent prises contre les Réformés sous le règne de François Ier.

— *L'Aubeſpin*, conseiller au Parlement de Grenoble. Voir *Hiſt. univ.*, ibid., col. 112.

— *Prince mi-More*, Philippe II.

P. 265. — *Bellomente*, ou *Bellomonte*; *Pont-cher*, Étienne Poncher, archevêque de Tours, de 1551 à 1553. Voir *Hiſt. univ.*, ibid., col. 112. Voir aussi l'*Apologie pour Hérodote*, ch. XXVI, et le *Martyrologe de Crespin*.

— *ſes deux jambes haſchees.* Var., *ses jambes retranchees*.

— *L'Eveſque Caſtelan.* Pierre Chastelain ou Duchatel, grand aumônier de France, 1480-1552. Voir *Hiſt. univ.*, ibid., col. 112.

P. 266. — *l'impoſteur Picard.* D'A. fait mention de ce docteur en théologie dans son *Hiſt. univ.*, I, col. 101.

— *Rendit, exerça*, etc. Ce vers et le suivant sont également cités dans la lettre de d'A. au roy Louis XIII, t. Ier, p. 509. Quant à l'allusion à la mort de Henri II, de François II et d'Antoine de Navarre, elle rappelle ces vers connus :

> Par l'œil, l'eſpaule et l'oreille
> Dieu a fait en France merveille;
> Par l'oreille, l'eſpaule et l'œil,
> Dieu a mis trois rois au cercueil;

> Par l'œil, l'oreille et l'efpaule,
> Dieu a tué trois rois en Gaule;
> Antoine, François et Henry,
> Qui de luy point n'ont eu soucy.

P. 267. — *Latome,* Jacques Latomus, prédicateur flamand, mort en 1544.

— *Coffeins,* l'un des assassins de Coligny, tué au siège de la Rochelle en 1573; *Tavanes,* Gaspard de Saulx, seigneur de Tavannes, 1509-1573 : il avait fait partie du conseil où fut décidée la Saint-Barthélemy. *Bezigny,* nous est inconnu.

P. 268. — *Le Cardinal Polus,* Pole ou Poole, archevêque de Cantorbéry, 1500-1558.

— *charlatan Florentin,* le maréchal de Raiz ou Retz, né à Florence, mort en 1602. Cf. t. I, p. 72.

— *T'ofte efprit, fens.* Var., *T'ostera sens.*

— *te faifant.* Var., *te fera.*

— *Empuanti de toy,* etc. Var., *Periffant à regret par si juste vengeance, Au poinct que fentira quelque repos la France.*

— *les liens de la proximité.* D'Aubigné était parent de la duchesse de Retz.

— *Dans mon fein allié,* etc. Ce vers et les cinq suivants n'en font que deux dans la première édition :

> Du malheur domeftiq' tu as versé les plaintes
> En mon fein, et je fuis prophète de nos craintes.

— *cinquiefme autheur.* Ces cinq conseillers étaient : Henri d'Angoulême, le duc de Nevers, Saulx-Tavannes (Voir ci-dessus), René de Birague et le duc de Rez, qui fut le dernier survivant.

P. 269. — *Crefcence,* le cardinal Marcello Crescentio, président du concile de Trente, mort fou en 1552.

— *Olivier,* François Olivier, chancelier de France, mort en 1560.

— *du Cardinal fans pair,* le cardinal de Lorraine.

P. 270. — *d'impetueux orages.* Cf. ci-dessus, p. 59.

P. 271. — *enfants de vanité.* Var., *serfs de la vanité.*

P. 272. — *Spera,* Francesco Spiera, avocat padouan, qui

embrassa la Réforme, puis se rétracta et finit par se laisser mourir de faim en 1548.

— *Lizet*, président au Parlement de Paris, 1482-1554, persécuteur des Réformés et plat valet des Guise.

— *Simon*, probablement Simon Guichard, général de l'ordre des Minimes.

— *Romma*, Jean de Romma, inquisiteur jacobin.

— *Morins*. Il y eut de 1529 à 1548 un lieutenant criminel au Châtelet, appelé Jean Morin.

— *Ruzé*, Jean Ruzé, conseiller au Parlement.

— *Faye d'Espesse*, Jacques Faye, sieur d'Espeisses, avocat général, puis président du Parlement, mort en 1590.

P. 273. — JUGEMENT. — D'A. fait allusion au contenu de ce livre dans son *Hist. univ.* (I, col. 111).

— *Paul*, saint Paul.

P. 274. — *comme Paul Ananie*, c'est-à-dire comme Ananie entendit Paul, ou plutôt Pierre (*Actes des Apôtres*, X).

— *l'eau d'Oreb*. Voir *Juges*, ch. VII, 24, 25.

P. 275. — *Le jour s'approche*, etc. Remarquer ici quatre rimes féminines de suite.

— *Où en est la monnoye ?* Les 58 vers qui précèdent ne sont pas dans la première édition.

P. 276. — *apostats degeneres*, etc. Var., *bastards ou degeneres Lasches cœurs qui leschez le sang frais de voz peres*.

— *mains... de mon sang gouttantes*. Var., *getantes*.

P. 277. — *Les enfans de ceux là*, etc. Var., *Puis les enfans ont faict leurs amis ces bourreaux !* Cf. ci-dessus, p. 113.

— *son Posthume*, Postumus Agrippa. Cf. Tacite, *Ann.*, I, 6; II, 39, 40. — Le *serf*, ou plutôt l'esclave de Postumus, s'appelait Clemens.

— *Trois Bourbons*. Var., *Trois freres*, ce qui est une erreur, s'il s'agit de Charles, connétable de Bourbon, de son fils et de son petit-fils, Louis et Henri de Bourbon, princes de Condé; mais il est plus probable que d'A. aura voulu désigner l'amiral Coligny et ses deux frères, le cardinal de Châtillon et Dandelot : ce qui justifierait la variante.

P. 278. — *Tu dirois... que l'engeance est doubteuse*. Henri II de

Bourbon, prince de Condé, naquit le 1ᵉʳ septembre 1588, six mois après la mort de son père. Il devint catholique en 1596.

— *que Louys Et comment il mourut.* Cf. ci-dessus, p. 107.

— *Scanderbeg,* Georges Castriot, dit Scanderbeg, prince d'Albanie, mort en 1467.

P. 279. — *Quand le terme,* etc. Ce vers et les cinq suivants n'en font que deux dans l'édition de 1616 :

> Car quand Dieu veut livrer les princes en servage,
> Pour la premiere piece il oste le courage.

P. 280. — *fe vendront.* On a proposé *se rendront.*

— *Vous, barbares cite\<,* etc., jusqu'à *braves ennemis.* Ici huit vers qui ne sont pas dans les anciennes éditions.

P. 281. — *Refte de ton palais,* etc. Var., *Seul reste des tués et des palais en cendre.*

P. 282. — *L'œil have & affamé.* Var., *L'œil cruel, affame.*

P. 283. — *Saduciens pervers.* La secte juive des Sadducéens niait l'immortalité de l'âme et la résurrection des corps.

P. 286. — *L'homme de qui l'efprit,* etc. Les six vers qui suivent sont cités avec quelques variantes dans les *Meditations fur les pfeaumes.* Voir t. II, p. 220.

— *Avoir droict quelque jour,* etc. Les six vers qui suivent n'en font que deux dans l'édit. de 1616 :

> Participer un jour : de vos fens le fervice
> Pour foy avec autruy a prefté fon office.

— *Obelifques logeants les cendres aux lieux hauts.* Nous ne voyons pas bien à quoi d'A. fait ici allusion. Cf. t. Iᵉʳ, p. 336.

P. 287. — *oye\< chanter Pymandre.* Allusion au livre d'*Hermès trismégiste,* si célèbre aux XVᵉ et XVIᵉ siècles sous le titre de *Divinus Pœmander* ou *Pimander.* Apporté de Macédoine à Florence par Léonard de Pistoie, il fut traduit du grec en latin par Marsile Ficin en 1491 et bientôt après en français (1557 et 1574).

P. 288. — *Voye\< dedans l'ouvroir,* etc. Ici seize vers qui ne se trouvent pas dans les anciennes éditions.

P. 289. — *Aran* ou *Aram,* nom de la Syrie dans l'Écriture.

P. 290. — *Panorme*. D'A. a voulu désigner sans doute le port de la Marmarique, cité par Ptolémée comme étant situé dans l'ouest du nome de Libye et comme dépendant de l'Égypte.

— *Biſerte* (l'anc. *Hippo-Zarytos*), située au N.-O. de Tunis.

P. 291. — *Ravis en contemplant*. Var., *Peu ou point admirans* (ou *eſlevans*).

— *Ante matharaſde kali*. On trouve dans le *Threſor d'hiſtoires admirables* de Simon Goulart (t. Ier, *Apparitions merveilleuſes*), ce récit de résurrections annuelles près du Caire. On y lit en particulier ce fait qu'un orfèvre, appelé Estienne Duplais, ayant voulu saisir la chevelure d'un enfant qui sortait de terre, fut arrêté par un indigène qui s'écria : *Kali, kali, ante ma taraf de*, c.-à-d. laisse, laisse, tu ne sais ce que c'est.

P. 292. — *Unis au grand triomphe*, etc. Var., *Au grand triomphe unis comme ils furent aux peines*.

— *corps gueris du meſpris*. Var., *o corps enſevelis*.

P. 293. — *Tyle froiduleuse*, l'île de Thulé.

— *Voicy le Filʒ de l'homme*, etc. A partir d'ici jusqu'à la fin du poème, d'A., pour peindre le jugement dernier et la résurrection générale, emprunte plus que jamais à l'Apocalypse et aux prophètes leur style imagé et métaphorique. Ce n'est plus seulement un poète; c'est un prophète et un inspiré.

P. 297. — *la Sodomie en eſté concedee*. Duplessis-Mornay, dans son *Myſtère d'iniquité* (p. 557), affirme qu'on avait présenté à Sixte IV une requête pour obtenir qu'on pût se livrer à ce vice honteux pendant trois mois de l'année.

— *la putain qui monta ſur le ſiege*. Allusion à la prétendue papesse Jeanne.

P. 298. — *Appollion*, c.-à-dire *l'Exterminateur*. On suppose que, sous ce nom de l'un des anges de l'Apocalypse (ch. IX), d'A. a voulu désigner le pape Léon X.

— *le grand nom de myſtere*. Allusion aux lettres mystérieuses et sacrées qui étaient gravées sur la tiare du grand-prêtre des Juifs.

P. 299. — *de victoire & de paix*. Var., *d'une eternelle paix*.

P. 300. — *des aquilons de feu.* Var., *des aiguillons de feu.*

— *Les Prophetes fidelles Du Deſtin,* c.-à-d. les comètes et les météores.

P. 301. — *inventez des cagots Et preſentez.* Var., *tels que les idiots Les presentent.*

P. 303. — *Celuy qui le nommoit.* Variante préférable, *Celuy qui le mouvoit.*

— *Vous vous peigniez des feux,* etc. c.-à-dire votre esprit vous représentait des feux, des flammes ordinaires.

Remarquer, à partir de ce vers, quatre rimes féminines de suite, suivies de quatre rimes masculines.

P. 304. — *Où le camp triomphant,* etc. Var., *Où le sacre concert de la joye indicible Habite la lumiere à eux inaccessible.* — L'alinéa entier, à partir de : *Mais de ce dur eſtat,* est cité dans les *Meditations ſur les pſeaumes.* Voir t. II, p. 172.

P. 305. — *au filz de Zebedee.* Il serait plus exact de lire : *aux filz de Zebedee,* Jacques et Jean. Cf. *Évang. S. Matth.,* XX, 21 et suiv.

— *Nul ne monte trop haut,* etc. Encore deux vers cités dans les *Meditations.* Voir t. II, p. 224.

P. 306. — *En Chriſt transfigure.* La scène de la transfiguration a été décrite par deux évangélistes, S. Mathieu (ch. XVII.) et S. Luc (ch. IX).

— *une aide,* Ève, sa compagne.

P. 308. — *Puis en ſubjects tres purs,* etc. Var., *Car ailleurs leurs effects iront cercher et prendre.*

DISCOURS PAR STANCES.

P. 313. — Les quatre premières stances de ce *Diſcours* se trouvent insérées au début de l'*Appendix* de l'*Hiſtoire univerſelle,* col. 733; la cinquième, la douzième et la treizième se trouvent plus loin, col. 741.

P. 314. — *Tu nous monſtres ta langue,* ou plutôt *ta lèvre.* Voir sur ces paroles, t. Ier, p. 69.

P. 315. — *M'enquis ſi ton changer bleſſoit le Sainct Eſprit.* Voir t. Ier, ibid.

P. 316. — *Le deshonneur du lict.* Cf. *Le Divorce ſatyrique* (t. II).
— *tant avare aux guerriers.* Voir *Hiſt. univ.*, t. III, col. 190.

P. 317. — *à la Juliane*, à la manière de Julien l'Apostat.

P. 318. — *Ingrats*, etc, D'A. fait allusion à cette stance et la cite avec quelques variantes dans une lettre à M. d'Expilly, t. Ier, p. 358.

— *Noz prudents.* Voir *Le Caducee* (t. II).

— *Ne cachent plus Joas.* Allusion aux intrigues des grands pendant la minorité de Louis XIII.

P. 319. — *L'edifice qui fut*, etc. Il s'agit de la pyramide qui fut élevée devant le Palais de Justice, en mémoire de l'attentat de Jean Châtel. Cette pyramide portait une inscription injurieuse pour l'ordre des Jésuites, et ceux-ci « rappelez de leur bannissement » obtinrent d'Henri IV qu'elle fût abattue. Voir l'*Appendix* de l'*Hiſt. univ.*, col. 735. — Var., *tirant* et *porta*, au lieu de *tira* et *portant*.

— *honteuſes ambaſſades.* Voir dans l'*Hiſt. univ.* (III, col. 592 et 593) les cérémonies humiliantes auxquelles d'Ossat et du Perron, représentants du Roi, furent obligés de se soumettre.

P. 320. — *ta ſœur unicque.* Catherine de Bourbon, duchesse de Bar. Voir la *Lettre à Madame*, t. Ier, p. 451 et suiv.

P. 321. — *Te voyla reſveillé*, etc. Variante pour les trois premiers vers de cette stance (*Appendix*, col. 740) :

> A ton reſveil Madril vouloit cacher ſes armes ;
> Qui n'y contribuoit eſtoit armé de larmes ;
> Vienne alloit ſubir le joug du vertueux.

— *l'executeur*, François Ravaillac.

— *Ne s'eſmeut de ces coups juſques au quatrieſme.* « Le meurtrier levoit la main pour le quatrieſme coup, quand il fut arreſté & pris par le va-de-pied. » (*Hiſt. univ.*, III, Append., col. 741.)

P. 322. — *Beauvois aſſiegé*, Beauvoir-sur-Mer, où d'A. sauva la vie à Henri IV. Voir t. I*er*, p. 61, et l'*Hift. univ.*, III, col. 187 et 188.

P. 323. — *Tu as foubs ton chevet l'homicide coufteau.* Cette menace se trouve reproduite et développée dans la *Lettre au Roy Louis XIII*, t. I*er*, p. 501.

P. 324. — *Royne*, Marie de Médicis.

— *Le Coq.* Si le *coq gaulois* est une légende ou un simple calembour, il n'en apparaît pas moins comme emblème de la France dès le règne de Louis XIV, et peut-être plus tôt. Cf. Ernest Desjardins, *Recherches sur les drapeaux français*, pp. 77 et 135.

— *en tefte.* Lire : *entefte,* en un seul mot.

SONNETS EPIGRAMMATIQUES.

P. 329. — *Sonnet* I. — *de Rocquelaure*, Antoine, sieur de Roquelaure, 1543-1625, fidèle serviteur de Jeanne d'Albret et de Henri de Navarre, devint en 1589 grand maître de la garde-robe, puis gouverneur de la Guyenne. Il fut nommé maréchal de France en 1615. — Dans l'*Hift. univ.* (II, col. 773), d'A. rappelle et explique ce sonnet.

P. 330. — *Sonnet* II. — *La France alaicte,* etc. Ce tableau se trouve développé dans *Les Tragiques (Miferes).* Cf. ci-dessus, pp. 32 et 33.

P. 331. — *Sonnet* V. — *Amadis*, Amadis Jamyn, poète de l'école de Ronsard, 1530-1585. Ses *OEuvres poétiques* parurent pour la première fois en 1575. Il acheva la traduction en vers de l'*Iliade* commencée par Hugues Salel, et commença celle de l'*Odyssee.*

— *Vatel*, autre poète, est beaucoup moins connu.

P. 332. — *Sonnet* VI. — Vers 2. *un efchaife trafique* Lire *un'* (pour *une*) *efchaife trafique.*

P. 334. — *Sonnet* IX. — *Denis,* Denys le jeune, tyran de Syracuse, puis maître d'école à Corinthe.

P. 335. — *Sonnet* XI. — *Pandolphc.* Cf. t. III, p. 252.

P. 336. — *Sonnet* XIV. — *L'autheur de Mont-Faucon,* Enguerrand de Marigny.

— *Thrafie & Perille.* Le conseiller de Phalaris et son taureau d'airain sont bien connus. Je n'ai pu trouver où d'A. a pris le nom de *Thrafie,* conseiller du légendaire *Busiris.* — C'est sans doute à ce sonnet que d'A. fait allusion dans son *Hift. univ.*, t. II, col. 699.

P. 337. — *Sonnet* XVI. — *François,* duc d'Alençon, frère du roi Charles IX; mort en 1584. Voir t. I, p. 510 et t. IV, p. 231.

— *Sonnet* XVII. — *De Chiverny,* Philippe Hurault, comte de Chiverny, 1528-1599, devint garde des sceaux sous Henri III en 1578, fut disgracié en 1588, mais reprit les sceaux sous Henri IV.

— *Sardanapale.* C'est ici Henri III, dont d'A. fait le portrait en le comparant à l'ancien roi d'Assyrie. Cf. ci-dessus, pp. 94 et 220.

P. 338. — *Sonnet* XVIII. — *Caffiopee accreuë.* Dans cette constellation apparut, le 11 novembre 1572, une étoile qui, après avoir brillé quelque temps du plus vif éclat, disparut tout à coup au mois de mars 1574.

P. 340. — *Sonnet* XXI. — *Ce comette nouveau.* Voir ci-dessus, p. 50.

— *Sonnet* XXII. — *la Comteffe,* la belle Corisande. Cf. t. Ier, p. 50.

— *la Ducheffe,* Gabrielle d'Estrées. Cf. t. Ier, p. 68.

— *Au fiege de La Fere,* en 1596.

P. 341. — *Elle empoifonnera le nid de tes plaifirs.* Allusion a la mort subite de Gabrielle d'Estrées en 1599.

— *ce grand Mont,* le mont Etna.

— *Sonnet* XXIII. — *un chef de guerre,* le connétable de Luynes.

— *au fiege de Montauban,* en 1621.

— *Apollion,* c'est-à-dire *l'exterminateur.* (Voir ci-dessus, p. 298). — Supprimer la virgule avant et après ce nom. Il y a inversion : « Donc A. marche, faict fumier..., va foulant. »

PIECES EPIGRAMMATIQUES.

P. 346. — III. — *Vers brisés.* Ces vers peuvent se lire de deux manières, soit en suivant la ligne entière, soit en les partageant en deux colonnes. De la première façon, ils offrent un sens purement protestant; de la seconde, le sens est catholique pour la première colonne, protestant pour la seconde.

— IV. — *Sainct Claude,* ville du Jura, possédait une célèbre abbaye fondée au vᵉ siècle et réformée au viiᵉ par saint Claude qui y avait son tombeau.

— *Dortain,* Dortan, sur la limite de l'Ain et du Jura.

P. 347. — V. — ἀρνοῦμαι, c'est-à-dire « je renie. » — Cf. t. Iᵉʳ, pp. 110 et 399.

— VI. — *un duc de Guyſe.* Il s'agit d'Henri de Lorraine, dit *Le Balafre.*

P. 348. — VII. — *l'eſpine qui fleurit,* au cimetière S. Innocent, le dimanche qui suivit le massacre de la Saint-Barthelemy. Voir *Hiſt. univ.,* II, col. 551.

P. 349. — IX. — *ceux qu'on appeloit Fermes.* La grande assemblée, dite de Saumur, en 1611, fut le théâtre d'intrigues de toutes sortes. Les divisions suscitées entre les député protestants, les accusations réciproques de corruption et de trahison firent éclore une foule de pamphlets, dont cette pièce est un exemple remarquable. Quant aux qualifications relativement modérées de *Fermes* et de *Prudents,* Voir *Le Caducee,* t. II, p. 77 et suiv.

P. 352. — *Quand des feux la longue duree Fit place à la ſaiſon du fer.* Les Calvinistes font dater de 1553 ce qu'ils appellent l'*ère des Martyrs.* La première guerre religieuse après le massacre de Vassy, en 1562, peut être regardée comme le commencement de la saison du fer. Il y a en outre ici une allusion aux titres des chants IV et V des *Tragiques.*

— *à Tours.* Autre allusion à l'entrevue d'Henri III et du roi de Navarre en 1589.

P. 354. — *Trouve aux dents des Lions du miel.* Cf. *Juges*, XIV, 8.

P. 355. — X. — *Sur les Eſtats tenus à Paris en l'an ſeize.* L'ouverture des États-Généraux avait eu lieu le 27 octobre 1614. La date *en l'an ſeize* nous semble erronée.

— *Le Cardinal apoſtat,* le cardinal du Perron. — Le 2 janvier 1615 une députation collective du Clergé et de la Noblesse fut chargée de se rendre auprès du Tiers-État pour combattre l'article dit *loi fondamentale,* où il était dit « que le Roi tenant ſa couronne de Dieu ſeul, aucune puiſſance, ſpirituelle ou temporelle, n'avoit aucun droit ſur ſon royaume. » On avait remis à l'éloquence du cardinal la tâche difficile de soutenir l'opinion des deux ordres.

P. 356. — *Il prenoit l'antifaticque.* Voir la *Confeſſion de Sancy*, t. II, p. 236.

— *Pena,* Penna, médecin dont le nom est cité dans *Le Divorce ſatyrique,* t. II, p. 658.

— *L'autre.* Quel est cet autre cardinal? Serait-ce le cardinal de Sourdis? Cf. t. II, p. 294.

P. 359. — XVI. — *A Meſſieurs de la Societe,* de Jésus, c'est-à-dire les Jésuites.

P. 361. — XIX. — *la Reyne d'Ecoſſe,* Marie Stuart.

— XX. — *Le Cotton,* le père Cotton, jésuite, confesseur du Roy.

P. 362. — XXI. — *Nous fuſmes Troiens.* C. Virgile, *Énéide,* II, 325 : *Fuimus Troes, fuit Ilium,* etc.

— XXII. — *Aux degeneres Suiſſes.* La *Correspondance* de d'A. (Voir notre tome I) nous fait assister à ses espérances toujours déçues, à ses efforts inutiles pour secouer ce qu'il appelle l'indifférence et l'aveuglement des Suisses.

P. 364. — XXIV. — *Cardinal Boromé,* saint Charles Borromée, archevêque de Milan, 1538-1584, qui fut l'âme du concile de Trente. Paul V le canonisa.

P. 367. — XXVI. — *ſur la metouſſie.* Le sujet de cette pièce, comme celui de la pièce suivante, est le dogme de la *presence reelle* que ne reconnaissent pas les Calvinistes.

P. 370. — XXXIII. — *Coiffeteau,* Nicolas Coeffeteau, prédicateur dominicain, 1594-1623, connu aussi par plusieurs écrits de polémique et de morale. Sa traduction de *Florus* était regardée comme un modèle de style.

P. 372. — XXXVIII. — *Des Ardilliers.* Notre-Dame des Ardilliers, près de Saumur. D'A. revient souvent sur les miracles de ce curé, et sur le jeu de mots qui termine l'épigramme.

P. 373. — XXXIX. — *Richeome.* Sur ce Jésuite, Voir t. II, p. 341.

P. 374. — XLII. — *Au Comte d'Auvergne,* Charles de Valois. Voir t. II, p. 257.

— XLIV. — *Philippe,* le roi de Macédoine.

P. 375. — XLVII. — *Pour un fort,* probablement le Dognon situé au milieu des marais de la Vendée.

P. 376. — L. — *Cet orgueilleux palais,* le château de Blois.

P. 379. — LV. — *Margot,* Marguerite de Valois, femme de Henri de Navarre. Voir *Le Divorce fatyrique.*

TOMBEAUX.

P. 383. — *Du ſtyle de Sainct Innocent.* Nous avons déjà noté ailleurs qu'il y avait alors sous les charniers du cimetière S.-Innocent des écrivains publics, qui, sans doute, se chargeaient de rédiger des épitaphes. Cf. t. Ier, 27, et t. II, 312.

P. 384. — IV. — *Ouarty, gendre de Tors.* Les Ouarty ou Warty sont une branche de la maison de la Bretonnière ; les de Tors ou Thors appartiennent à la maison de Vivonne. Dans sa *Corresposdance,* d'A. parle d'un capitaine de Tors (t. Ier, p. 157).

P. 385. — VI. — *Brantome,* dans la Dordogne, au nord de Périgueux.

P. 386. — VIII. — *Duc de Mayne,* le duc de Mayenne.

— X. — *Du Vair,* Guillaume Du Vair, 1556-1621, était ecclésiastique. Il fut fait comte et évêque de Lisieux an 1620.

P. 387. — XI. — *Monfieur Servin,* célèbre avocat. Cf. t. Ier, p. 282.

APPENDICE.

P. 392. — III. — *Ce que Heidelberg ha perdu.* En 1622, les Bavarois commandés par Tilly prirent Heidelberg : sa belle bibliothèque fut enlevée et envoyée au Vatican.

P. 393. — IV. — *De ma douce priſon* etc. Cette pièce et les quatre suivantes sont écrites de ce style précieux et maniéré qui gâte trop souvent les œuvres de jeunesse de d'Aubigné.

P. 397. — VI. — *Pour te ſuivre obſtiné.* Ces trois strophes font partie d'une pièce déjà donnée, t. III, pp. 90-91.

P. 400. — IX. — *à Meſſieurs des Grans Jours.* On sait que les *Grands jours* étaient des assises extraordinaires que les rois de France envoyaient tenir par leurs commissaires, ou qu'ils tenaient eux-mêmes, dans les provinces eloignées de la capitale. En 1580 des Grands Jours furent tenus à Poitiers : c'est peut-être cette circonstance qui donna naissance au double badinage que nous donnons ici.

P. 401. — X. — *Memoire à Damboiſe, advocat.* Il ne s'agit ici ni de Clermont d'Amboise, ni de Bussy d'Amboise, mais de François d'Amboise, fils du célèbre chirurgien de François Ier et de Henri II, lequel se fit un nom comme avocat, devint ensuite maître des requêtes et conseiller d'État. Il mourut en 1620. On a de lui des vers *sur la Saint-Barthélemy.* Pierre Larivey lui a dédié ses six premières comédies.

P. 402. — *Cotel,* probablement le poète Antoine de Cotel, 1550-1610, auteur de *Mignardes poéſies* (1578).

P. 403. — *Paſquier,* Étienne Pasquier, avocat, érudit bien connu, poète latin et français, 1529-1615. Il fut délégué aux Grands Jours de Poitiers en 1580 et à ceux de Troyes en 1583.

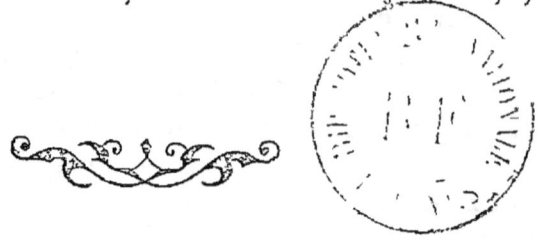

TABLE DES MATIÈRES

Avertissement. 1

Notice. 1

   I. Biographie. 3
  II. Appréciation littéraire. 57

Bibliographie. 193

    I. Les Manuscrits. 195
   II. Éditions imprimées du vivant de l'auteur. 199
  III. Éditions des XVIIe et XVIIIe siècles. . . 204
  IV. Éditions modernes 208
   V. Ouvrages perdus ou apocryphes . . . 210

Notes et Variantes 213

 Tome I. — Sa Vie à ſes enfants. 215
  Teſtament de d'Aubigné 241
  Correſpondance : 1° *Livre des Miſſives & Diſcours militaires* 242
   2° *Lettres & Memoires d'Eſtat*. 248
   3° *Lettres d'affaires perſonnelles*. 255
   4° *Lettres familieres*. 259
   5° *Lettres de pieté ou poincts de theologie* . . . 261
   6° *Lettres touchant diverſes ſciences* 262
   7° *Lettres diverſes de la Collection Tronchin*. . . 266
   8° *Lettres de ſources diverſes* 270

 Tome II. — Traitté ſur les guerres civiles . . . 271
  Du debvoir mutuel des Roys & des ſubjects . . 273
  Le Caducee. 274
  Meditations ſur les Pſeaumes. 275
  L'Hercule chreſtien. 277
  Confeſſion de Sancy : *Livre premier*. 277
   Livre ſecond. 292
  Avantures du baron de Fæneſte : *Livre premier*. . 306
   Livre ſecond. 311
   Livre troiſieſme 316
   Livre quatrieſme. 324
  Le Divorce ſatyrique. 333
  Appendice : Lettres diverſes. 335

 Tome III. — Le Printemps. *Preface* 335
  Premier livre, Hecatombe à Diane. 336
  Deuxième livre, Stances. 338
  Troiſieme livre, Odes 342
 Poeſies diverſes 345
 Poeſies religieuſes & Tombeaux 348
 La Creation : *Chant I*. 350
  Chant II. 352
  Chant III 352
  Chant IV. 352

TABLE DES MATIÈRES

Chant V	352
Chant VI	353
Chant VII	353
Chant VIII	353
Chant IX	353
Chant X	354
Chant XI	354
Chant XII	354
Chant XIII	355
Chant XIV	355
Chant XV	355
TOME IV. — Les Tragiques.	355
Preface	355
Livre premier, Miseres	357
Livre second, Princes	360
Livre troisiesme, La Chambre doree	365
Livre quatriesme, Les Feux	369
Livre cinquiesme, Les Fers	372
Livre sixiesme, Vengeances	378
Livre septiesme, Jugement	383
Discours par stances avec l'Esprit du feu Roy . .	386
Sonnets epigrammatiques	388
Pièces epigrammatiques	390
Tombeaux du style de Sainct-Innocent . . .	392
Appendice : Pieces diverses	393

Achevé d'imprimer

le onze juin mil huit cent quatre-vingt-onze

PAR

ALPHONSE LEMERRE

25, RUE DES GRANDS-AUGUSTINS, 25

A PARIS

www.ingramcontent.com/pod-product-compliance
Lightning Source LLC
Chambersburg PA
CBHW052139230426
43671CB00009B/1306